财政部“十三五”规划教材
高等财经院校“十三五”精品系列教材

JINGPIN XILIE JIAOCAI

财产与责任保险

刘素春　于新亮　主编

Property and Liability Insurance

中国财经出版传媒集团
经济科学出版社
Economic Science Press

图书在版编目（CIP）数据

财产与责任保险/刘素春，于新亮主编．—北京：
经济科学出版社，2020.11
高等财经院校“十三五”精品系列教材
ISBN 978-7-5218-2040-9

Ⅰ．①财…　Ⅱ．①刘…②于…　Ⅲ．①财产保险-
高等学校-教材②责任保险-高等学校-教材
Ⅳ．①F840.6

中国版本图书馆 CIP 数据核字（2020）第 213585 号

责任编辑：于海汛　李　林
责任校对：靳玉环
责任印制：李　鹏　范　艳

财产与责任保险
刘素春　于新亮　主编
经济科学出版社出版、发行　新华书店经销
社址：北京市海淀区阜成路甲 28 号　邮编：100142
总编部电话：010-88191217　发行部电话：010-88191522
网址：www.esp.com.cn
电子邮箱：esp@esp.com.cn
天猫网店：经济科学出版社旗舰店
网址：http://jjkxcbs.tmall.com
北京密兴印刷有限公司印装
787×1092　16 开　26.25 印张　450000 字
2020 年 11 月第 1 版　2020 年 11 月第 1 次印刷
印数：0001—2000 册
ISBN 978-7-5218-2040-9　定价：65.00 元
（图书出现印装问题，本社负责调换。电话：010-88191510）

总　序

大学是研究和传授科学的殿堂，是教育新人成长的世界，是个体之间富有生命的交往，是学术勃发的世界。* 大学的本质在于把一群优秀的年轻人聚集一起，让他们的创新得以实现、才智得以施展、心灵得以涤荡，产生使他们终身受益的智慧。

大学要以人才培养和科学研究为己任，大学教育的意义在于它能够给人们一种精神资源，这一资源可以帮助学子们应对各种挑战，并发展和完善学子们的人格与才智，使他们经过大学的熏陶，学会思考、学会反省、学会做人。一所大学要培养出具有健全人格、自我发展能力、国际视野和竞争意识的人才，教材是实现培养目标的关键环节。没有优秀的教材，不可能有高质量的人才培养，不可能产生一流或特色鲜明的大学。大学教材应该是对学生学习的引领、探索的导向、心智的启迪。一本好的教材，既是教师的得力助手，又是学生的良师益友。

目前，中国的大学教育已从“精英型教育”走向“平民化教育”，上大学不再是少数人的专利。在这种情况下，如何保证教学质量的稳定与提升？教材建设的功能愈显重要。

为了全面提高教育教学质量，培养社会需要的、具有人文精神和科学素养的本科人才，山东财经大学启动了“十二五”精品教材建设工程。本工程以重点学科（专业）为基础，以精品课程教材建设为目标，集中全校优秀师资力量，编撰了高等财经院校“十二五”精品系列教材。

---

* 雅斯贝尔斯著，邹进译：《什么是教育》，生活·读书·新知三联书店1991年版，第150页。

本系列教材在编写中体现了以下特点：

1. 质量与特色并行。本系列教材从选题、立项，到编写、出版，每个环节都坚持“精品为先、质量第一、特色鲜明”的原则。严把质量关口，突出财经特色，树立品牌意识，建设精品教材。

2. 教学与科研相长。教材建设要充分体现科学研究的成果，科学研究要为教学实践服务，两者相得益彰，互为补充，共同提高。本系列教材汇集各领域最新教学与科研成果，对其进行提炼、吸收，体现了教学、科研相结合，有助于培养具有创新精神的大学生。

3. 借鉴与创新并举。任何一门学科都会随着时代的进步而不断发展。因此，本系列教材编写中始终坚持“借鉴与创新结合”的理念，舍其糟粕，取其精华。在中国经济改革实践基础上进行创新与探索，充分展示当今社会发展的新理论、新方法、新成果。

本系列教材是山东财经大学教学质量与教学改革建设的重要内容之一，适用于经济学、管理学及相关学科的本科教学。它凝聚了众多教授、专家多年教学的经验和心血，是大家共同合作的结晶。我们期望摆在读者面前的是一套优秀的精品教材。当然，由于我们的经验存在欠缺，教材中难免有不足之处，衷心期盼专家、学者及广大读者给予批评指正，以便再版时修改、完善。

山东财经大学教材建设委员会

2012 年 6 月

目 录

第一章
财产保险概述

本章提要

本章是财产保险概论。首先阐述了财产和财产保险的定义；其次介绍财产保险的理论分类和法律分类、财产保险的特征；最后是财产保险的产生与发展、财产保险市场状况。

学习目标

了解财产的定义，掌握财产保险的定义。
掌握财产保险的不同分类。
掌握财产保险的特征。
理解财产保险的产生、发展，了解财产保险市场现状。

第一节　财产保险的定义

一、财产的定义与分类

马克思说："财产最初无非意味着这样一种关系，人把他的生产的自然条件看做是属于他的、看做是自己的、看做是与他自身存在一起产生的前提。"① 财产是金钱、财务及民事权利、义务的总和，包括有形财产和无形财产。有形财产如房屋、机器设备、运输工具、农作物等动产和不动产，无形财产如运费、预期利润、责任、信用等。

① 马克思恩格斯全集（第46卷）[M]. 北京：人民出版社，2003：492.

除了按财产的形式分为有形财产和无形财产外，财产还可按照使用性质、经济运动方式和在再生产中的功能进行分类。

1. 按财产的使用性质，分为生产性财产和消费性财产

生产性财产是用于生产中的占有对象，其目的是用于财富的直接生产与增值，它包括实物财产和非实物财产。

消费性财产是用于生产之外的占有对象，主要包括个人、社会或集团等消费对象的消费。

2. 按财产的经济运动方式，分为不动产和动产

不动产是指营运过程中不能移动或移动后会引起性质、形态变化的财产，如房屋等建筑物等。动产是指要在空间上发生转移的财产，如运输工具、农作物等。

3. 按财产在再生产中的功能，分为固定资产和流动资产

固定资产是指使用年限长、单位价值高，并在使用中保持原有实物形态的资产。固定资产的基本特征表现在：（1）使用年限超过一年，且在使用过程中保持原来的物质形态不变。（2）使用寿命是有限的（土地除外）。（3）用于生产经营活动，而不是为了出售。

流动资产是指可以在一年内或者超过一年的一个营业周期内变现或者耗用的资产。其主要包括：（1）货币性质的资金，包括库存现金、银行存款。（2）实物性质的存货，是指处在企业供、产、销各环节的流动性实物资产。包括原材料、燃料、包装物、低值易耗品、委托加工材料、在途材料、在制品、自制半成品、产成品、发出商品等。（3）债权性质的应收及预付账款、有价证券、应收票据。

二、财产保险的定义

财产保险，简称财险或产险，是以各种财产物资和有关利益为保险标的，以补偿被保险人的经济损失为基本目的的一类保险。《中华人民共和国保险法》第十二条说明了财产保险是以财产及其有关利益为保险标的的保险。

作为现代保险业的两大部类之一，财产保险满足了人类社会除自然人的身体与生命之外的各种风险保障需求，是当代社会不可缺少的一种风险管理机制和经济补偿制度。这个定义揭示了以下几点。

1. 财产保险的对象

表明财产保险是为物质财产和经济利益提供保险保障，财产保险的本质就是处理物质财产和经济利益所面临的风险集中与分散问题。这里所说的财产泛指一切可以用货币衡量价值的物质，利益则包括由于财产价值的变化对于财产所有人的经济活动的影响和人们的社会活动对于他人经济生活所造成的影响两个方面。

2. 财产保险的标的

这是能够用货币衡量价值的财产或利益，表明了财产保险与慈善行为和社会救灾的区别。无法用货币衡量价值的财产或利益不能成为财产保险的标的，如国有土地、矿藏、江河、政府信用等。

3. 财产保险业务受法律约束

财产保险的服务是围绕着物质财产和经济利益所展开，在法律允许的经营范围内，为社会提供多种形式的保障服务。

4. 财产保险符合商品经营的一般原则

财产保险由经过国家金融管理部门和工商管理部门审批的机构所经营，是商业性活动。商业保险与社会保险之间存在本质的区别，财产保险是商业保险业务的重要组成部分，是社会商业活动不可缺少的一个重要环节。

财产保险有广义与狭义之分。广义财产保险是指以财产及其有关的经济利益和损害赔偿责任为保险标的的保险，其保险标的既可以是客观存在的、可以触摸到的有形财产，如房屋、机器设备、运输工具、农作物等动产与不动产，也可以是不以物质形式存在的、无法触摸的无形财产，如预期利益、责任、合同权利与义务、信用等。狭义财产保险是指仅以物质财产为保险标的的保险。因此广义财产保险包含了财产损失保险、责任保险和信用保证保险等，而狭义财产保险仅指广义财产保险中的财产损失保险，例如船舶保险、火灾保险、家庭财产保险、机动车损失保险、货物运输保险、农业保险等。《中华人民共和国保险法》（以下简称《保险法》）将全部保险业务划分为人身保险与财产保险两大类，其中财产保险业务包括财产损失保险、责任保险、信用保险和保证保险等。

三、各国财产保险的界定

英、美等国的保险书籍对财产保险概念一般都作狭义解释，不把财产保险、责任保险、信用和保证保险等统称为财产保险。苏联和日本等国的保险书籍一般对财产保险的概念作广义解释，我国亦然。财产保险在不同的国家有不同的名称，新加坡称为普通保险；意大利、德国、日本和韩国，均称为损害保险；有的国家则包括在非寿险中，财产保险、意外伤害保险和健康保险都属于非寿险范畴；还有的国家或地区称为产物保险。产物保险，一般是以各种物质财物为保险标的的保险，其范围较窄，实际范围为财产损失保险。

第二节　财产保险的分类

一、财产保险的理论分类

财产保险的理论分类按照不同的标准有多种，例如按照保险标的的内容、保障范围、实施方式、承保时保险价值确定与否、承保方式等标准。

1. 按保险标的的内容分类

按保险标的的内容不同，财产保险可以分为物质财产保险、经济利益保险和责任保险。

（1）物质财产保险（material property insurance）是以各类物质财产为保险标的的保险，分为企业财产保险、家庭财产保险、运输工具保险、货物运输保险、工程保险、农业保险等。

（2）经济利益保险（economic benefit insurance）是以各类物质财产损失所产生的间接损失，或者对他人依法应履行的经济责任为保险标的的保险。如出口信用保险、保证保险、信用保险等。

（3）责任保险（liability insurance）是以被保险人对第三者依法应负的赔偿责任为保险标的的保险。如产品责任保险、雇主责任保险、职业责任保险、公众责任保险、机动车辆第三者责任保险等。

2. 按保险保障范围分类

按财产保险的保障范围，财产保险可以分为财产损失保险、责任保险和信用保证保险。

（1）财产损失保险（property loss insurance）是以物质财产及有关利益为保险标的的保险。这是一种狭义的财产保险，可分为火灾保险、货物运输保险、运输工具保险、工程保险、农业保险等。火灾保险包括企业财产保险、家庭财产保险、营业中断保险；运输工具保险分为机动车辆保险、飞机保险、船舶保险；工程保险则包括建筑工程保险、安装工程保险、机器损坏保险、船舶工程保险、科技工程保险等，各险种还可进一步细分。

（2）责任保险（liability insurance）是以被保险人依法应负的民事损害赔偿责任或经过特别约定的合同责任作为保险标的的保险。责任保险可以单独承保，也可以作为其他财产保险的附加险承保。可以单独承保的责任保险主要有：公众责任保险、产品责任保险、雇主责任保险和职业责任保险。作为其他财产保险的附加险予以承保的如有建筑工程、安装工程的第三者责任保险。

（3）信用保证保险是以信用风险为保险标的保险，本质上是保险人作为保证人为信用关系中的义务人（被保证人）提供信用担保的一类保险业务。在业务习惯上，根据投保人在信用关系中的身份不同，可以将其分为信用保险（credit insurance）和保证保险（guarantee insurance），权利人投保义务人信用的保险业务是信用保险，义务人根据权利人的要求投保自己信用的保险业务是保证保险。常见的信用保险有国内商业信用保险、出口信用保险、投资保险。常见的保证保险有合同保证保险（又称契约保证保险）、忠诚保证保险（又称诚实保证保险）和产品质量保证保险（又称产品保证保险）。

3. 按实施方式分类

按财产保险的实施方式，财产保险可以分为强制保险和自愿保险。

（1）强制保险（compulsory insurance），又称法定保险，是以国家的有关法律法规为依据而建立保险关系的一种保险，它通过法律规定强制实施，例如我国2006年实施的机动车交通事故责任强制保险（简称“交强险”）、2015年5月1日起正式实施的存款保险。强制保险的强制性表现为对保险双方均具有强制性：对投保人来说，凡是在法律法规规定范围内的单位或个人，不论保险对象是否愿意，都必须参加保险；对保险人来说，具备从事强制保险业务资格的保险人，不能在投保人选择向它投保时拒绝承保或拖延承保。因此在某种程度上，强制保险表现为国家对个人或个体意愿的干预，强制保险的实施必须受到严格的限制。

（2）自愿保险（voluntary insurance）是指投保人和保险人在自主自愿的原则上协商一致后签订保险合同而建立保险关系的一种保险，例如机动车损失保险、家庭财产保险等。自愿保险强调等价交换、自愿成交，投保人可以自行选择是否投保，保险人可以决定是否承保、以怎样的条件进行承保。《保险法》第十一条规定：“订立保险合同，应当协商一致，遵循公平原则确定各方的权利和义务，除法律、行政法规规定必须保险的外，保险合同自愿订立。”因此，大多数财产保险都是自愿保险。

4. 按承保时保险价值确定与否分类

按承保时保险价值是否确定，财产保险可以分为定值保险和不定值保险。

（1）定值保险（valued insurance）是指保险人与被保险人双方在签订保险合同时事先约定保险标的的保险价值并作为保险金额载明于保险合同，在保险事故发生时根据载明的保险价值进行赔偿的保险。通常，如果发生保险事故并造成标的全部损失，无论保险标的的实际价值是多少，保险人都把保险合同约定的保险价值作为计算赔偿金额的依据，不再对保险标的重新估价；如果造成部分损失，则只需要确定损失的比例，该比例与保险合同约定的保险价值的乘积即为保险人应支付的赔偿金额。定值保险通常适用于价值变化较大或不易确定价值的特定物，如字画、古玩、船舶、海上货物运输等，目的是为了避免理赔争议。

（2）不定值保险（unvalued insurance）是指投保人与保险人在订立保险合同时并不事先约定保险标的的价值，仅约定保险金额，当保险标的发生承保风险损失时，保险人根据损失发生时保险标的的实际价值与保险金额的对比进行赔偿的保险。因此，不定值保险的保险价值处于不确定的状态，如果损失发生时，保险标的的保险价值正好与保险金额相同，则为足额保险，保险人将根据保险标的的实际损失对被保险人进行赔偿；如果损失发生时保险价值高于保险金额，则为不足额保险，保险人将按照保险金额与保险价值的比例对标的的实际损失进行赔偿；如果损失发生时保险价值低于保险金额，则为超额保险，保险人将以保险价值为限对标的的实际损失进行赔偿，保险金额超过保险价值的部分无效。实务中财产保险大多采用不定值保险。

5. 按保险标的的性质分类

按保险标的的性质不同，财产保险可以分为积极型财产保险和消极型财产保险。

财产按照性质可以分为积极财产和消极财产：积极财产是指可以给财产权人带来收益的财产，例如所有人享有的动产、不动产，债权人的债权，专利权，商标权，著作权等；积极财产之外的财产为消极财产，例如债务人的债务。积极财产保险（active property insurance）是指以积极财产为保险标的的保险，例如机动车损失保险、企业财产保险、信用保险等；消极财产保险（negative property insurance）是指以消极财产为保险标的的保险，例如保证保险。

6. 按承保风险分类

按承保风险的多少不同，财产保险可以分为单一风险财产保险和综合风险财产保险。

单一风险财产保险（single risk property insurance）是在保险合同中规定只对某一种风险造成的损失承担保险责任的保险，如地震保险只对地震灾害负赔偿责任。综合风险财产保险（comprehensive risk property insurance）是指保险合同中规定对数种风险造成的损失承担保险责任的保险。如我国企业财产保险的保险责任就包括火灾、爆炸、冰石、雷击、洪水等多种风险造成的损失。

7. 按经营目的分类

按财产保险的经营目的，财产保险可以分为营利性财产保险和非营利性财产保险。

营利性财产保险（profit property insurance），即商业财产保险，是指由专门的保险企业通过与投保人平等自愿地订立财产保险合同，以盈利为目的的保险形式。相反，非营利性财产保险（non-profit property insurance）则是不以盈利为目的的财产保险。按照经营主体的不同，又可以将非营利性财产保险分为政策性保险、相互保险和合作保险。

政策性保险（policy insurance）是政府为了实施某项经济政策而由政府或政府委托的机构实施的一种非营利性自愿保险。政策性保险所经营的险种的风险通常很高或很特殊，经营这种保险的利润很低甚至可能发生亏损，因此一般商业保险公司不愿开办或者无力开办此类业务，但政府为了促进相关产业的发展，通常会对其风险保障机制加以特殊考虑，通过政策保护或财政补贴等手段对政策性保险给予支持。因此，对政策性保险而言，盈利并非其目的。也就是说，政策性保险追求的是为产业发展政策配套服务的宏观效益，只要国家的相关产业政策得到落实和发展，即使政策性保险业务亏损也可以开办，国家就会充当经营主体的经济后盾对经办主体给予经济上的补偿。例如政府为分散和转移农业风险、稳定农业生产、保护农民利益而开展的政策性农业保险，就是由各级财政给予高额的保费补贴。目前我国开办的政策性保险有出口信用保险、海外投资保险和农业保险。

相互保险（mutual insurance）是参加保险的成员之间相互提供保险的制度。其组织形式有相互保险公司（mutual insurance company）和相互保险社（mutual insurance association）。合作保险（cooperative insurance）是指参加保险的人以资金入股的方式积聚保险基金，为入股成员提供经济保障的制度，其组织形式是保险合作社（cooperative insurance association）。相互保险和合作保险均为非营利性保险，法律性质相同，均为非营利性的法人；保险人相同，投保人即为社员；决策机关相同，均为社员大会或社员代表大会；权利和义务的归属相同，均为社员。但区别在于：第一，经营资金的来源不同。相互保险的经营资金为基金，而保险合作社的经营资金为基金和股金。第二，适用的法律法规不同。合作保险主要适用保险法及保险合作社的各项规定，相互保险适用公司法及保险法的规定。第三，社员与保险组织关系的持续性不同。保险合作社的社员与保险合作社之间的关系是永久的，而相互保险的公司与社员之间的关系则随保险关系的终止而解除。第四，保险关系的取得不同。相互保险的保险关系与社员关系基于保险合同而同时取得，而合作保险的保险关系和社员关系则不同，合作保险的保险关系基于保险合同而取得，社员关系是取得保险关系的必要条件，投保的必须是社员，但社员未必投保，而社员关系的建立是基于协议。

8. 按承保方式分类

按财产保险的承保方式，财产保险可以分为原保险、再保险和共同保险。

(1) 原保险 (original insurance) 是投保人与保险人之间直接签订保险合同建立保险关系。在原保险关系中，保险需求者将自己面临的风险转嫁给保险人，当保险标的发生保险责任范围内的损失时，由保险人直接承担赔偿责任。

(2) 再保险 (reinsurance)，又称分保，是保险人之间建立保险关系的保险，由保险人在原保险合同的基础上将其承保的风险和责任以投保的方式部分或全部转移给其他保险人，以实现对原始风险的二次转嫁，目的是分散风险、稳健经营。在再保险关系中，转让业务的是原保险人，接受分保业务的是再保险人。

(3) 共同保险 (co-insurance)，简称共保，是指保险标的的风险由两个或两个以上的风险责任者共同承担。广义的共同保险有两种含义：其一是保险人与被保险人共同承担风险，在财产保险合同中表现为不足额保险或含有免赔额或免赔率的保险；其二是指两个或两个以上保险人就同一保险标的、同一保险利益、同一保险事故与同一投保人共同缔结保险合同，且保险金额总和不超过保险标的的保险价值的保险。我们通常所说的共保是指第二种含义。在实务中，可能是多个保险人分别与投保人签订保险合同，也可能是多个保险人以某一保险人的名义签订一份保险合同，在保险事故发生时，每一保险人按照各自的承保比例分摊损失赔偿责任。需要注意的是，共保是多个保险人与投保人之间直接建立保险关系的保险，共保的保险人之间没有再保关系，但共同保险人在联合承担保险责任后可以根据需要进行再保险，与再保险人建立再保险关系。共同保险与再保险的相同之处是两者都能达到分散风险的作用，但两者也有着本质的区别：首先，共同保险是多个保险人与投保人之间的直接关系，而再保险是原保险人与再保险人之间的关系，与原保险的投保人无直接关系；其次，共同保险是一种风险的横向分担机制，是对原始风险的首次分摊，而再保险是一种风险的纵向分担机制，是对原始风险的二次分摊。

二、财产保险的法定分类

《保险法》将商业保险分为财产保险和人身保险两大类。《保险法》第九十五条规定："财产保险业务，包括财产损失保险、责任保险、信用保险、保证保险等保险业务"。同一保险人不得同时兼营财产保险业务和人身保险业务；但是，经营财产保险业务的保险公司经保险监督管理机构核定，可以经营短期健康保险业务和意外伤害保险业务。

我国《保险公司业务范围分级管理办法》对保险公司的业务范围进行管理，其中将财产保险业务分为基础类业务和扩展类业务。基础类业务包括：机动车保险，包括机动车交通事故责任强制保险和机动车商业保险；企业/家庭财产保险及工程保险（特殊风险保险除外）；责任保险；船舶/货运保险；短期健康/意外伤害保险。扩展类业务包括：农业保险；特殊风险保险，包括航空航天保险、海洋开发保险、石油天然气保险、核保险；信用保证保险；投资型保险。

第三节 财产保险的特征

一、财产保险的一般特征

1. 承保范围的广泛性

财产保险的承保范围既包括有形的财产，如家庭财产、企业财产、运输工具、运输货物等，也包括预期利益、民事法律责任、信用风险等无形财产。既包括常见的普通财产，如房屋、机器设备，也包括公众陌生的航空航天、海上石油开发、核电站等。可见财产保险的承保范围之广泛，涵盖除了人的生命和身体以外的风险载体。财产保险所能承保的范围尽管广泛、标的复杂多样，但必须能够用货币衡量。无法用货币衡量的标的不能承保，如矿产、江河、国有土地等。

2. 承保风险的多样性

由于财产保险承保范围广泛，导致了承保的风险复杂多样。承保风险有各种自然灾害，如暴风、暴雨、洪水、泥石流等，也有火灾、雷击、爆炸、碰撞等意外事故。复杂的风险造成的损失也多样化，既包括直接的财产损失和赔偿责任，也包括间接的费用损失和利润损失。

3. 经营内容的复杂性

财产保险经营内容的复杂性体现在投保对象复杂、保险标的复杂、承保过程复杂、风险管理复杂、经营技术复杂。投保对象复杂是指投保人包括自然人、法人；个人、家庭、不同企业等。保险标的复杂是指既包括无生命的家庭财产、企业财产、机器设备等，也包括有生命的种植作物、养殖产品；既有处于固定状态的房屋等标的，也有处于运动中的货物、运输工具等。风险管理复杂和承保过程复杂是由于标的的复杂多样，如农作物保险的价值和风险在生产的不同阶段有所不同；不同行业面临的风险不同，风险管理和承保过程各具不同的内容。经营技术复杂是因保险对象涉及不同的领域，如航空航天等高科技保险的承保需要具备相应的专业知识。

4. 单个保险关系的不对等性

从保险经营的原则和定价机制来看，总体保险关系是对等的。因为保险定价是根据大数法则，财产保险的经营是依据损失概率来确定各种财产保险的费率。保险人所收到的纯保险费，理论上与预期支出的赔款是相等的，因而总体保险关系是等价的。

但具体到每一笔财产保险业务，具体到一份财产保险合同，保险人所收取的保险费与支付的保险赔款并不等价。如果在保险合同有效期内发生了合同约定的损失，则投保人获得的保险赔偿会高于所支付的保险费；如果没有发生合同约定的风险事故，保险标的没有损失，则无损失无赔偿。因此单个保险关系具有非对等性。

二、财产保险的比较特征

与人身保险相比较，财产保险具有以下特征。

1. 基本职能是损失补偿

财产保险的基本职能是经济补偿或者损失补偿，人身保险的基本职能是约定给付。财产保险在风险事故发生后，根据被保险人的损失，在不超过保险金额的前提下，对被保险人的损失给予补偿，使之在经济上恢复到受损以前的价值。而且损失补偿原则强调被保险人不能通过购买财产保险而从中受益。

2. 保险期限短

财产保险是短期性的，保险期间一般不超过一年，飞机保险可达一年半。人身保险中的人寿保险是长期性的，大多数人寿保险期限超过 20 年甚至终生。因此财产保险通常一次缴清保险费，由于没有储蓄功能，定价时不考虑货币的时间价值。某些创新性的财产保险，如我国 20 世纪 90 年代初保险市场上热销的长效家庭财产保险、两全家庭财产保险，定价时考虑利率，属于例外的情况。

3. 保险价值明确

财产保险的标的有明确的保险价值，保险金额依据保险价值确定。人身保险中人的生命不是商品，无法用货币衡量，没有确定的保险价值。这个特征导致财产保险与人身保险的保险金额的确定存在差别，财产保险通常是不定值保险，依据客观的保险价值确定保险金额；寿险通常是定值保险，取决于投保人交纳保费的能力。财产保险中的古董、名画，也可以采取定值保险方式。

4. 获偿权益遵循损失赔偿原则

财产保险遵循损失赔偿原则，被保险人不能获得超过其损失价值的赔偿。如果存在负有责任的第三方，保险人按照合同给予足额赔偿后，投保人要把向第三方追偿的权益转让给保险人，即代位追偿。如果有两家或者两家以上的保险公司对损失承担赔偿责任，被保险人获得的赔偿也不能超过损失，此时适用重复保险分摊原则。人寿保险由于是定额给付，而不是损失赔偿，因此代位追偿和重复保险分摊在寿险中均不适用。

第四节 财产保险的产生与发展

一、世界财产保险的产生与发展

财产保险起源于海上保险，早期的财产保险主要是从事海上运输的货物与船舶针对不确定的损失采取的风险转嫁措施。

公元前2000年前后，地中海一带已经存在广泛的海上贸易活动，但海上贸易风险很高，如果航行过程中遇到灾难，有可能发生船舶倾覆，造成人、船、货的全部损失。通常避免航海船舶倾覆的最有效解救办法就是抛弃船上货物，以减轻船舶的载重量。在抛弃货物后，为了公平对待所有利益相关者，就要使被抛弃的货物能从其他受益方获得补偿，因此当时的航海商提出了一条共同遵循的原则："一人为众，众为一人"，由所有人共同分担被抛弃货物的损失。这种相互承担风险损失的方法被视为财产保险的原始状态，也奠定了财产保险的基本理念。这种共同分摊损失的方法被载入当时的法典，成为一种法律规范。公元前916年，《罗地安海商法》明文规定："凡因减轻船只载重投弃入海的货物，如为全体利益而损失的，须由全体分摊。"这就是著名的"共同海损"原则。这一分摊原则至今仍为各国海商法所采用，由于该原则最早体现了海上风险分摊损失、互助共济的要求，因而被视为海上保险的萌芽。

一般认为，船舶抵押借款是海上保险的初级形式。公元前800年至公元前700年间，船舶抵押借款开始在地中海的一些城市特别是在希腊的雅典广泛流行。船舶抵押借款方式最初起源于船舶航行在外急需用款时，船长以船舶和船上的货物向当地商人抵押借款。借款的办法是：如果船舶安全到达目的地，本利均偿还；如果船舶在中途沉没，债权即告消灭。这种借款办法意味着如果船舶中途沉没，则借款人无须再偿还所借款项，因此该借款实质上等同于海上保险中预先支付的损失赔款。由于当时航海的风险很大，船舶抵押后债主承担了船舶航行安全的风险，因此船舶抵押借款的利息高于一般借款利息很多，高于普通借款利息的部分本质上就是海上保险的保险费。而借款中的借款人、贷款人以及用作抵押的船舶，实质上与海上保险的被保险人、保险人以及保险标的相同。

在 1370 年 7 月 12 日热那亚的一份公证书中，可见到世界上最早关于“空买卖契约”的记录。按照契约规定，风险负担费由船货主于契约签订时以定金形式支付给资本主，如果船货安全到达目的地，则契约无效；如果中途发生风险事故，则买卖契约生效，由资本主支付给船货主人一定金额，以作补偿。可见，这种契约与现代保险已相差无几。

15 世纪初，意大利地中海沿岸诸港口城市早已是海上贸易的中心，最早的海上保险单便出现在佛罗伦萨，它载明承保海上风险，包括天灾、火灾等造成财产的损失。随着海上贸易中心的转移，海上保险的有关制度也随之由意大利经葡萄牙、西班牙于 16 世纪传入荷兰、英国和德国。

近代海上保险业的发展与英国海上保险业的发展是紧密相连的。1688 年，劳埃德在英国伦敦的塔街开设了一家咖啡馆，因该馆附近是一些与航海贸易有关的单位，因此，咖啡馆很快成为船主、船员、商人、经纪人、保险商人等聚集的场所。后来，劳埃德鼓励保险人在其咖啡馆开办保险业务，遂成为伦敦海上保险的总会。1692 年，劳埃德咖啡馆迁至伦巴第街，并正式组成“劳合社”。1774 年，劳合社又迁至伦敦皇家交易所，成为英国海上保险业的中心。英国劳合社曾是世界上最著名的保险市场，也是世界海上保险中心。1990 年底，该社已有社员 31 300 人，其共同组成 400 多个辛迪加，承保能力在 1988 年就已达到 110 亿英镑。现在，劳合社共有 500 多家代理机构，分布在世界各地 100 多个国家中。

火灾保险是财产保险业务中另一项古老的险种。直到现在，人们在研究财产保险业务运作过程时，仍然将火灾保险作为学习财产保险实务的入门基础。早在公元前 2000 年的巴比伦时代，著名的《汉穆拉比法典》中就出现了有关火灾保险的规定。到中世纪的欧洲各国，火灾保险已经成为有组织的社会经济行为。欧洲近代已经记载了许多有关这方面的史实，但当时人们并没有从科学的意义上认识火灾保险行为。正是由于人们在商业交易过程中将如何处理火灾风险作为一种买卖行为加以考虑，才有了近代商业性财产保险业务的出现和现代财产保险市场的形成。

近代财产保险业的发展，是以海上保险和火灾保险的并驾齐驱为特征。1666年伦敦城的大火是火灾保险史上的重大事件。1666年9月2日，伦敦市皇家面包店因烘烤过热而起火，火势失去控制，燃烧了5天，有13 200户住宅被焚毁，占全市房屋的85%以上，受灾面积达400多英亩，20多万人无家可归，估计损失达1 000万英镑以上。正是这场大火，使人们深刻认识到火灾保险的重要性。

1667年，牙科医生巴蓬按海上保险承保办法，创办为建筑物提供火灾保险的营业所。1680年，巴蓬与其他三人合股设立火灾保险公司，根据租金计算保险费，并规定木质结构的房屋较砖瓦结构的房屋，保险费要增加一倍。这种按照房屋风险程度分类收取保险费的方法，便是现代火灾保险差别费率的起源。1710年，英国的灭火器专家查尔斯·珀维创立伦敦保险公司，后更名为太阳火灾保险公司，开始承保不动产以外的动产险。1752年，美国科学家富兰克林建立了费城房产火灾分摊保险公司，开始强调风险分摊的意义。

1858年，英国出现了锅炉保险，揭开了工程保险的序幕。1880年，英国通过了雇主责任保险法，标志着现代责任保险的形成。1888年，美国签发了第一张汽车保险单，预示着机动车辆保险的开端。

进入20世纪，随着现代工业和科技的迅速发展，承保范围急剧扩大，从承保海上运输风险和建筑物火灾风险，扩展到承保一切自然灾害、意外事故、财产物资和利益；新的险种也在不断涌现，如石油综合保险、卫星保险、核电站保险、金融保险等。

世界财产保险的发展经历了共同海损制度—海上保险时代—火灾保险时代—工业、汽车保险时代—法律、信用、科技保险时代。

二、我国财产保险的产生与发展

我国的保险思想发源较早，古代的救济后备制度就是保险思想的萌芽。“仓储后备”是指平时储粮以备荒时所需，以使百姓能够平稳度过灾年。根据《周礼·大司徒》记载，自公元前11世纪的周朝开始，就已经有仓储后备的制度了。西汉宣帝时期的“常平仓”制度、隋文帝推行的“义仓”制度，以及宋朝和明朝时民间出现的“社仓”制度，都是一种仓储后备制度。这种思想基于对百姓生存保障的考虑，是一种朴素的社会保障的思想，也是相互保险的萌芽，为此后财产保险发展奠定了基础。尽管我国古代就有保险的萌芽，但由于我国商品经济的发展缓慢，因此我国保险业的起步也比较晚，直到中国被西方国家叩开国门，才开始逐步发展，迄今为止也只有100多年。综观我国保险业的发展，以1949年为界分为两个时期，而财产保险作为保险业的一部分，其发展历程与整个中国保险业一样，也以新中国成立为界分为两个时期。

（一）旧中国时期的财产保险

1949 年以前的中国财产保险业发展可以分为两个阶段，先是外商财产保险公司的垄断时期，然后是民族财产保险公司的建立与发展时期。

1. 外商保险公司的垄断时期

我国财产保险业起步较晚，在 1840 年之前，我国对外贸易仅限广州一地。为了保障运输货物和船舶的安全，1805 年英国商人在我国广州开设第一家外商保险公司——谏当保安行（Canton Insurance Society），亦译为广州保险公司，也曾译为广州保险社。该保安行的股份，归该行广州经理人及驻加尔各答和孟买的通信员所有。这是外商在中国开设最早的保险公司，主要经营海上保险业务，1841 年将其总公司迁往香港。1835 年，英商保险公司在香港设立了“保安保险公司”，并在广州设立了分支机构。其后英国的“太阳保险公司”和“巴勒保险公司”均在上海设立了分公司。1877 年“怡和洋行”在上海设立保险部。继英国之后，美国、法国、德国、瑞士、日本等国的保险公司也相继来华设立分公司或代理机构，经营保险业务，完全垄断了我国财产保险市场。

2. 民族财产保险业的产生与发展

1865 年 5 月 25 日，上海华商义和公司保险行成立，这是我国第一家民族保险企业，打破了外国保险公司对中国保险市场完全垄断的局面，标志着我国民族财产保险业的起步。1875 年 12 月，李鸿章授意轮船招商局集资 20 万银两在上海创办我国第一家规模较大的船舶保险公司——保险招商局。1876 年在保险招商局开办一年业务的基础上，又集股本 25 万两白银，开设了仁和保险公司，但仍属于轮船招商局。1885 年保险招商局被改组为业务独立的仁和保险公司与济和保险公司，主要承办招商局所有的轮船以及货物运输保险业务；1887 年合并为仁济和保险公司，有股本规模 100 万两白银，其业务范围也开始从海上转向内地，承办各种水险及火灾保险业务。

其后，我国民族财产保险业得到了一定的发展。从 1865 ~ 1912 年的 40 多年间成立的保险公司约有 35 家，其中财产保险公司 27 家。1912 ~ 1925 年成立的保险公司有 39 家，其中经营产险公司的 20 家。在此时期，民族资本保险公司的数量有了很大增加。[①]

同时，1935 年 10 月至 1943 年，国民政府相继成立了“中央信托局保险部”“中国农业保险公司”“太平洋保险公司”“资源委员

① 王绪瑾．财产保险［M］．北京：北京大学出版社，2011：23.

会保险事务所”。官僚资本的保险公司为了瓜分业务，调和利益冲突，由上面提到的前三家保险公司再加上“中国保险公司”四家联合组成“四联盐运保险管理委员会”，办理盐运保险。

抗日战争胜利后，各官僚资本及民营保险公司将其总公司从重庆迁回上海，投资保险业的热情高涨起来，仅上海一地的保险公司就有232家，其中华资保险公司168家，恢复经营的外资公司64家。当时外商的承保能力和华商相比，火险方面外商为10倍，水险方面外商为50～60倍。据统计，到1949年5月，上海约有中外保险公司400家左右，其中华商保险公司只有126家。在这些保险公司中，一部分公司经营财产保险业务。①

与此同时，再保险业务得到了一定的发展。1933年6月在上海成立了唯一经营再保险业务的“华商联合保险股份有限公司”，这也是第一家由华商组成的再保险公司。抗日战争期间，由于和外商的分保关系中断，又不愿与日本的保险公司合作，民族保险公司先后成立了久联、太平、大上海、中保、华商联合等分保集团。抗战胜利后，民族再保险业务主要由“中央信托局”“中国再保险公司”“华商联合保险公司”经营。但总的来说，再保险基本上由外商垄断，民族保险公司的再保险公司自留额很低，保费大量外流。

同时，涉及财产保险的法律也得到了一定发展。1929年12月30日国民政府公布了《保险法》，但由于多种原因，未能施行。1937年1月11日国民政府公布了修订后的《保险法》《保险业法》《保险业法施行法》，但均未得到实施。

1949年10月1日前，中国保险市场基本被外国保险公司垄断，保险业起伏较大，未形成完整的保险市场体系和保险监管体系。作为保险市场重要组成部分的财产保险市场，也具有当时我国保险市场的一般特征。外国保险公司通过组织洋商保险同业公会，垄断了保险规章、条款以及费率等的制定，民族资本的保险公司虽然也组织了华商同业公会，但由于力量弱小，只能处于被支配地位。

（二）新中国时期的财产保险

1. 新中国保险业的创立

中华人民共和国成立后，政府一度重视保险事业的发展，也做了多方面的工作来促进保险业健康发展。其一，政府开始整顿和改造原有保险市场，一方面接管官僚资本的保险公司，另一方面对私营保险企业进行重新登记，私营保险企业在缴纳保证金后，得到批准才可复业。其二，在1949年6月20日恢复中国保险公司的业务，统一办理

① 王绪瑾．财产保险［M］．北京：北京大学出版社，2011：24.

对外分保业务。其三，在1949年10月20日成立了国营的中国人民保险公司（PICC），这标志着新中国现代保险事业的创立，也揭开了中国保险史上新的一页。其四，对外资保险公司实行既限制又利用但以限制为主的政策，对原保险业务规定统一的费率，对再保险业务规定国外再保险业务只能由国营保险公司与复业后的中国保险公司统一办理。此后随着国营外贸系统和新中国海关的建立，对外贸易由国家专营，外商保险公司招揽不到业务，导致包括苏联国外保险管理局1946年在大连设立的驻东北总代表办事处在内的所有外资保险公司均于1952年底之前陆续申请停业，自动撤退。至于民族私营保险企业，尽管国家也曾给予过扶持性政策，并在1951年进行合并改组，后又经历资本主义工商业社会主义改造，但最终还是由于财力有限及其他社会原因在1956年宣告停业。至此，中国保险业实现了社会主义国有化的目标，开始了由中国人民保险公司独家经营保险业务的新格局。

2. 国内保险业务停办，保险业跌入低谷

随着中国计划经济的发展，灾害事故由国家和集体承担，保险在中国完成了其历史使命，走到了退出历史舞台的境地。1958年10月，中央的西安财贸会议正式提出，人民公社化以后，保险工作的作用已经消失，除国外保险业务必须继续办理外，国内保险业务应立即停办。于是1958年12月，武汉全国财政会议正式做出决定：立即停办国内保险业务。1959年1月，中国人民保险公司召开第七次全国保险会议，贯彻落实国内保险业务停办精神，并布置了善后清理工作。对国外保险业务是否继续办理也有过一场争论。据统计，1949～1958年海洋货物运输保险的保险费收入约2 400万英镑，赔付率仅为22.9%。因此，有人认为外贸部门可以自担风险或自保。但外贸部、中国人民银行、财政部考虑到保险是国际贸易和国际信贷中不可缺少的一环，决定继续办理国外保险业务，归中国人民银行领导。

3. 国内保险业务恢复，保险业迎来新的春天

1978年12月，党的十一届三中全会召开，制定的改革开放经济政策也给中国的保险业带来了勃勃生机，中国的国内保险业务在停办了20年之后终于等到了转机。1979年4月，国务院批转《中国人民银行全国分行行长会议纪要》，指出："开展保险业务，为国家积累资金，为国家和集体财产提供经济补偿。今后对引进的成套设备、补偿贸易的财产等，都要办理保险。凡需赔偿外汇的保险业务，其保险费，改收外币。保险公司所得的利润，不再上缴财政，留作国家发展保险事业的基金。为了使企业和社队发生意外损失时能及时得到补偿，而又不影响财政支出，要根据为生产服务、为群众服务和自愿的

原则，通过试点，逐步恢复国内保险。”紧接着，中国人民银行下发了《关于恢复国内保险业务和加强保险机构的通知》。1979 年 11 月，中国人民银行召开全国保险工作会议，决定从 1980 年起，恢复停办了 20 余年的国内保险业务。

国内保险业务恢复后的发展又可分为三个阶段：

（1）人保独营阶段。1980 ~ 1990 年，在全国范围内经营保险业务的只有中国人民保险公司（简称“人保”）一家，保险市场被中国人民保险公司垄断，中国人民保险公司的业务发展就代表了中国保险业的发展。1980 年中国人民保险公司保费收入为 4.6 亿元①，1990 年保费收入达到 177.9 亿元②，是 1980 年保费收入的 38.7 倍，年均业务增长率为 44.13%③。在此期间，人保同时经营财产保险业务和人身保险业务，1980 ~ 1981 年只办理财产保险业务，1982 年开办人身保险业务，但财产保险仍是保险业的主力，1990 年财产保险保费收入占全部保费收入的 80%④。

（2）三足鼎立阶段。1991 年 4 月中国太平洋保险公司成立，中国保险市场才出现了第二家全国性保险公司，中国人民保险公司独家经营保险业务的局面终被打破。于 1988 年在深圳成立的平安保险公司在 1992 年更名为中国平安保险公司，平安自此从一家区域性保险公司发展成为一家全国性保险公司。至此，中国保险市场形成了三足鼎立的态势。1995 年保险业的保费收入达到 683 亿元⑤，接近 1990 年保费收入的 4 倍，1990 ~ 1995 年的年增长率接近 31%⑥。

（3）充分竞争阶段。1996 年，中国保险市场发生了重大的变化。根据《中华人民共和国保险法》关于产寿险分业经营的规定，中国人民保险公司按照国务院的部署改建为集团公司，下辖 3 家独立法人性质的子公司：中保财产保险公司、中国人寿保险公司、中保再保险公司。平安保险、太平洋保险也产寿险分拆。经中国人民银行批准，1996 年初又成立了 3 家全国性股份制保险公司，即华泰财产保险股份有限公司、泰康人寿保险股份有限公司、新华人寿保险股份有限公司。与此同时，中国人民银行还批准成立了 2 家区域性财产保险公司，即永安财产保险股份有限公司和华安财产保险股份有限公司。截至 1996 年底，在中国保险市场上有全国性保险公司 8 家、区域性保险公司 13 家（内资 5 家、合资 1 家、外资分公司 7 家），中国保险市场初步形成。其中经营财产保险的公司有 4 家全国性保险公司、8 家区域性保险公司（内资 5 家，外资分公司 3 家）。此后，随着新保险公司的进入、中国保险业对外资的逐步

①②④⑤ 数据来源：中国保险年鉴（1981 ~ 1997）。
③⑥ 根据历年保险年鉴的保费收入数据，经计算而得。

开放，多种保险组织形式均有所发展，保险市场的竞争加剧。2004年9月，我国首家专业性的农业保险公司——上海安信农业保险股份有限公司成立。同年11月，经中国保监会批准，一家商业化运作、综合性经营并为政府代办政策性业务的全国性农业保险公司——安华农业保险公司成立。2004年12月，我国首家专业车险公司——天平汽车保险公司成立。2005年1月我国首家相互保险公司——阳光农业相互保险公司成立。2007年9月，国内首家专业责任保险公司——长安责任保险公司成立。2016年全国首家专业性航运保险公司——东海航运保险公司正式成立。

近几年，自保公司也在国内得到发展，中石油专属财产保险公司作为国内首家自保公司于2013年12月成立。2015年中国保监会批准中国铁路总公司筹建“中国铁路财产保险自保有限公司”，这是国内第二家自保公司。此外，2013年11月，国内首家互联网保险公司——众安保险公司正式成立，开展与互联网交易直接相关的保险业务，并不设分支机构。

三、财产保险市场

（一）世界财产保险市场

在介绍世界财产保险市场之前，我们再次强调一下“非寿险”与“财产保险”的区别。国际上通常将保险分为寿险与非寿险，非寿险包括了广义财产保险、短期健康保险和意外伤害保险。本节引用的世界统计数据都是非寿险口径，虽不仅仅是广义财产保险的口径，但短期健康保险和意外伤害保险在非寿险中的占比比较小，非寿险的市场现状几乎代表了财产保险的状态。

保险业的发展与经济的发展息息相关。近10年来，受全球经济发展的影响，保险业增长缓慢，特别是受金融危机影响，2008年非寿险出现了负增长，此后随着全球经济的复苏，保险业也逐渐恢复增长。如表1-1所示，2019年全球非寿险保费收入扣除通胀因素后的实际增长率为3.5%，保费收入达到33 763.3亿美元，其中发达市场的非寿险实际增长率较过去年份有所提下降，为2.7%，新兴市场的非寿险实际增长率相比过去年份有所提高，为7.7%，依旧明显高于发达市场的增速。

表 1－1　2005～2019 年全球非寿险保费收入及增长状况

项目	2005 年	2006 年	2007 年	2008 年	2009 年	2010 年	2011 年	2012 年	2013 年	2014 年	2015 年	2016 年	2017 年	2018 年	2019 年
全球非寿险保费收入（亿美元）	14 422.5	15 491.0	16 857.6	17 807.7	17 421.9	18 193.1	19 544.4	19 686.7	20 485.8	20 991.1	20 507.3	21 208.6	22 334.9	32 668.4	33 763.3
全球增长率（%）	－0.1	3.9	1.5	－0.5	0.3	1.9	1.9	2.7	2.7	2.4	4.2	3.3	2.9	3.7	3.5
发达市场增长率（%）	－0.8	3.2	0.3	－1.6	－0.2	0.7	0.9	1.5	1.4	1.1	3.3	1.7	2.1	3.1	2.7
新兴市场增长率（%）	7.0	11.2	11.8	7.5	3.1	8.8	8.1	9.3	8.6	8.6	7.9	9.8	5.9	6.9	7.7

注：增长率为扣除通胀因素后的实际增长率。

资料来源：瑞再控股股份有限公司经济研究咨询部在 Sigma 上发布的 2006～2020 年的报告。

保险密度和保险深度是衡量保险业发展情况及成熟程度的两个重要指标。保险密度的本质是人均保费，反映一个国家或地区保险的普及程度和保险业的发展水平。一般来说，保险密度越大，表明该国家或地区保险业越发达，市场发育水平越高。保险深度是指保费收入占国内生产总值（GDP）的比例，它反映一个国家的保险业在整个国民经济中的地位。纵观过去10年全球非寿险业务的保险密度和保险深度，如表1－2所示，我们可以看到全球平均的非寿险保险密度几乎保持了稳定增长的趋势，从2005年全球人均219美元的非寿险增长到2019年全球人均439美元，年均增长5.09%，说明全球非寿险业稳步发展。从保险深度的角度来看，2018年以前非寿险的发展并不乐观，2005～2018年期间全球平均保险深度几乎逐年下跌，2018年的保险深度尚不及3%，但2019年保险深度提高到3.88%，这说明非寿险在2019年得到了较好的发展。

就市场构成来看，世界非寿险市场通常按照各大洲的分布被划分为北美洲市场、拉丁美洲与加勒比市场、欧非中东发达市场、欧非中东新兴市场、亚太发达市场、亚太新兴市场6个市场。北美洲的非寿险保费收入长期以来始终占有绝对的比重，2019年其市场份额达56.61%（如表1－3所示），北美洲市场、欧非中东发达市场、亚太新兴市场三个市场的合计保费占全球非寿险保费收入的比例超过80%，亚洲等新兴市场的非寿险业务变得活跃，保费增长强劲。

从这六大市场的非寿险保险密度来看，北美洲的非寿险保险密度显著高于其他几个洲，达到5 226美元/人的非寿险保费，说明北美洲的非寿险业相对其他几个洲更为发达。而拉丁美洲与加勒比地区、欧非中东新兴市场、亚太新兴市场的非寿险保险密度则低于全球平均水平，其中欧非中东新兴市场的非寿险保险密度最低，仅为52美元/人（如图1－1所示），亚太新兴市场仅次于非洲，是87美元/人，还不足北美洲非寿险保险密度的1.7%。就非寿险保险深度来看，整体状况与保险密度类似，依然是北美洲最高，欧非中东新兴市场最低，此外，仅有北美洲的保险深度不低于世界平均水平（如图1－2所示）。

（二）我国财产保险市场

自1980年国内保险业务恢复以来，中国保险业得到了快速发展，财产保险也取得了显著的发展。

表 1-2

2005~2019 年全球非寿险保险密度与保险深度

指标	2005 年	2006 年	2007 年	2008 年	2009 年	2010 年	2011 年	2012 年	2013 年	2014 年	2015 年	2016 年	2017 年	2018 年	2019 年
保险密度（美元/人）	219.0	224.2	249.6	264.2	253.9	263.0	283.0	283.1	285.0	294.0	275.6	285.3	297.0	312.0	439.0
保险深度（%）	3.18	3.00	3.10	2.90	3.00	2.90	2.80	2.81	2.80	2.70	2.77	2.81	2.80	2.78	3.88

资料来源：瑞再控股股份有限公司经济研究咨询部在 Sigma 上发布的 2006~2020 年的报告。

表 1-3

2019 年非寿险业务全球市场份额

单位：%

指标	北美洲市场	拉丁美洲与加勒比市场	欧非中东发达市场	欧非中东新兴市场	亚太发达市场	亚太新兴市场
市场份额	56.61	2.46	18.71	4.83	8.57	10.13

资料来源：瑞再控股股份有限公司经济研究咨询部在 Sigma 上发布的 2006~2020 年的报告。

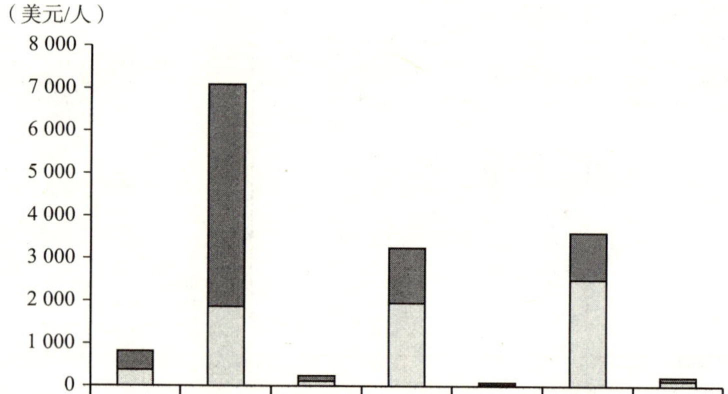

	全球	北美洲市场	拉丁美洲与加勒比市场	欧非中东发达市场	欧非中东新兴市场	亚太发达市场	亚太新兴市场
■非寿险	439	5 226	129	1 293	52	1 111	87
□寿险	379	1 864	115	1 953	32	2 502	120

图 1－1　2019 年全球六大市场的保险密度

资料来源：瑞再控股股份有限公司经济研究咨询部在 Sigma 上发布的 2006～2020 年的报告。

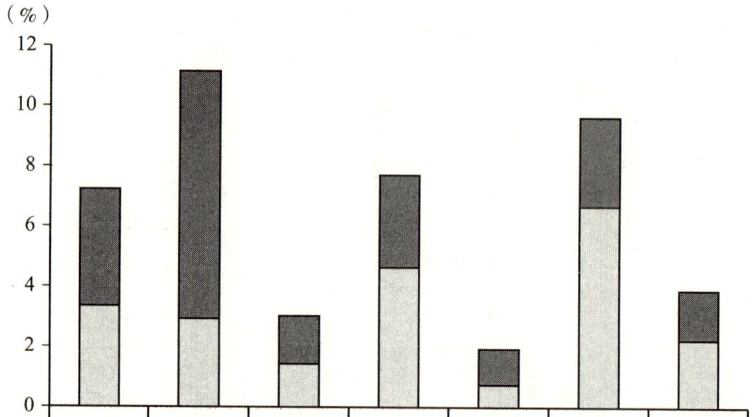

	全球	北美洲市场	拉丁美洲与加勒比市场	欧非中东发达市场	欧非中东新兴市场	亚太发达市场	亚太新兴市场
■非寿险	3.88	8.21	1.6	3.07	1.19	2.96	1.64
□寿险	3.35	2.93	1.43	4.64	0.74	6.67	2.25

图 1－2　2019 年全球六大市场的保险深度

资料来源：瑞再控股股份有限公司经济研究咨询部在 Sigma 上发布的 2006～2020 年的报告。

1. 财产保险公司主体逐步多元化

1980年我国恢复国内保险业务后，中国只有中国人民保险公司一家保险公司，市场处于独家垄断状态。随着1986年新疆生产建设兵团农牧业生产保险公司的成立，以及1988年深圳平安保险公司的成立，保险业的经营主体逐渐增加，但因为这些公司都是区域性保险公司，市场份额太小，因此市场几乎还是被人保垄断。直到1991年中国太平洋保险公司成立、1992年平安保险公司变更业务范围至全国，保险市场才打破了垄断局面，形成了三局鼎立的形势。至2001年底，财产保险公司发展到22家，其中，中资财产保险公司12家，外资、中外合资财产保险公司10家；至2003年底，财产保险公司发展到27家，其中，中资财产保险公司10家，外资、中外合资财产保险公司15家。2003年中国人民保险公司、中国人寿保险公司、中国再保险公司分别进行了股份制改造。中国人民保险公司设立中国人民财产保险股份有限公司、中国人保资产管理公司，并于2005年成立了中国人民人寿保险股份有限公司和中国人民健康保险股份有限公司；中国人寿保险公司设立中国人寿保险股份有限公司、中国人寿资产管理公司，并于2007年成立了中国人寿财产保险股份有限公司；2003年中国再保险公司改为中国再保险（集团）公司，控股设立中国财产再保险股份有限公司、中国人寿再保险股份有限公司和中国大地财产保险股份有限公司。此后，逐渐有更多的内资、外资、合资等形式的保险企业成立，财产保险市场的经营主体变得更加多元化。截至2019年底，我国经营财产保险业务的保险公司数量为88家，其中中资保险公司有66家，外资有22家，具体情况如表1-4所示。

伴随着财产保险市场经营主体的多元化，各险企的市场份额也发生了相应的变化，具体情况见图1-3~图1-7。1980年，财险市场为中国人保垄断，市场份额为100%。1996年，随着太平洋保险和平安保险的竞争，财险市场形成“三分天下”的形势：中国人保的市场份额被稀释到77%，太平洋保险与平安保险争夺到20%的市场，外资保险仅有1%的市场。2004年以后，市场充分竞争，“三分天下”的形势已不复存在：2005年中国人保的市场份额为52%，2019年中国人保的市场份额仅剩33.20%，但仍然保持市场第一的位置。另外，自1996年以来，财产市场的老三家没有发生过变化，一直是中国人保、太平洋保险和平安保险，只是太平洋保险和平安保险的排序略有变化，而市场的前六名则经常变化。外资保险的市场份额一直很低，2005年仍为1%，2014年增长到2.22%，2019年又下降到1.9%。

表 1－4　1980～2019 年我国经营财产保险业务的公司数量

单位：家

类别	1980 年	1996 年	1999 年	2005 年	2006 年	2007 年	2008 年	2009 年	2010 年	2011 年	2012 年	2013 年	2014 年	2015 年	2016 年	2017 年	2018 年	2019 年
外资	0	3	5	13	13	15	16	18	19	21	21	21	22	22	22	22	22	22
中资	1	9	9	22	23	27	31	34	34	38	41	43	43	48	59	63	66	66

资料来源：数据来自中国银保监会官网及中国保险会计研究中心网站。

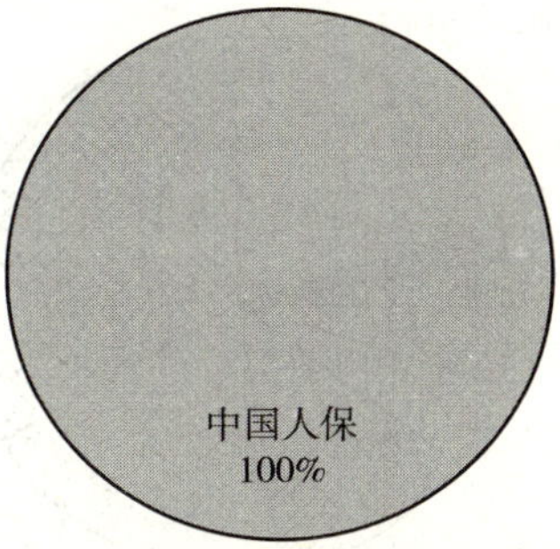

图 1-3　1980 年财险业务的市场构成

资料来源：根据中国银保监会官网数据整理计算得来。

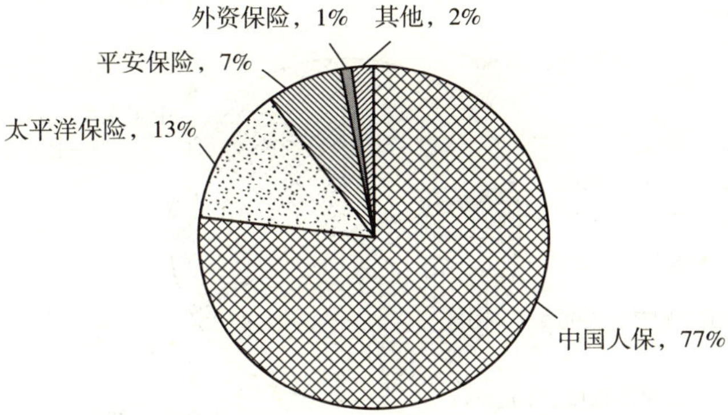

图 1-4　1996 年财险业务各公司的市场份额

资料来源：根据中国银保监会官网数据整理计算得来。

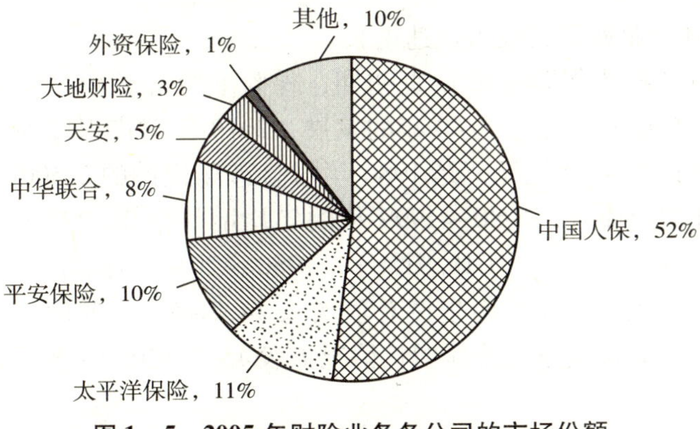

图 1-5　2005 年财险业务各公司的市场份额

资料来源：根据中国银保监会官网数据整理计算得来。

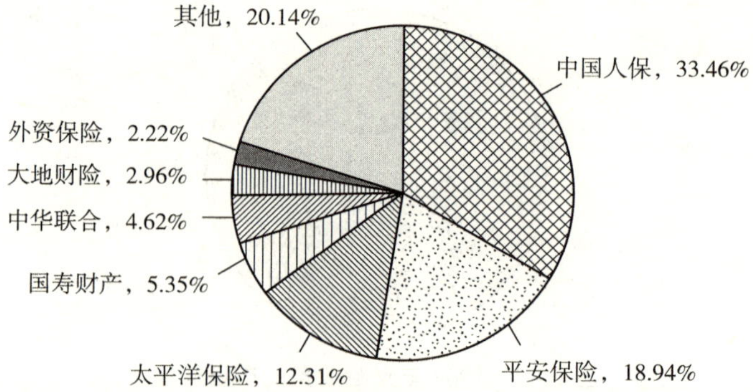

图 1-6　2014 年财险业务各公司的市场份额

资料来源：根据中国银保监会官网数据整理计算得来。

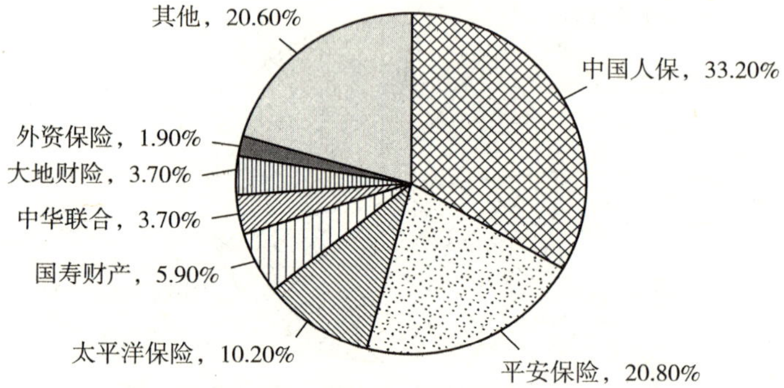

图 1-7　2019 年财险业务各公司的市场份额

资料来源：根据中国银保监会官网数据整理计算得来。

2. 财产业务保费收入快速增长

1980 年国内保险业务恢复初期，保险业只经营财产保险，保费收入为 4.6 亿元，经过近 40 年的发展，2019 年财产保险业务的原保费收入达到 11 649 亿元，是 1980 年财险市场规模的 2 500 多倍。就财险业务增速而言，1980～1999 年的年均增长率 28.27%①，2000～2019 年的年均增长率为 16.91%②，1980～2019 年的年均增长率为 22.26%③，远远快于国内生产总值增长 14.78%④的速度，这一期间内我国财产保险业务的具体增长情况如表 1-5 和图 1-8 所示。

①②③④　根据中国保险年鉴数据，计算而得。

表 1－5　　　1980～2019 年我国财险业务原保费收入

年份	国内生产总值（亿元）	增长速度（%）	财产保险保费收入（亿元）	增长速度（%）
1980	4 587.6	11.88	4.60	—
1981	4 935.8	7.59	7.80	—
1996	71 813.6	17.07	452.47	—
1997	79 715.0	11.00	480.73	6.25
1998	85 195.5	6.88	499.60	3.93
1999	90 564.4	6.30	521.12	4.31
2000	100 280.1	10.73	598.40	14.83
2001	110 863.1	10.55	685.40	14.54
2002	121 717.4	9.79	779.81	13.77
2003	137 422.0	12.90	869.40	11.49
2004	161 840.2	17.77	1 089.90	25.36
2005	187 318.9	15.74	1 229.90	12.85
2006	219 438.5	17.15	1 509.40	22.73
2007	270 092.3	23.08	1 997.70	32.35
2008	319 244.6	18.20	2 336.71	16.97
2009	348 517.7	9.17	2 875.80	23.07
2010	412 119.3	18.25	3 895.64	35.46
2011	487 940.2	18.40	4 617.82	18.54
2012	538 580.0	10.38	5 330.93	15.44
2013	592 963.2	10.10	6 212.26	16.53
2014	643 563.1	8.53	7 203.38	15.95
2015	688 858.2	7.04	7 994.97	10.99
2016	746 395.1	8.35	8 724.50	9.12
2017	832 035.9	11.47	9 834.66	12.72
2018	919 281.1	10.49	10 770.08	9.51
2019	990 865.1	7.79	11 649.00	8.16

注：1982～1995 年保险业还不是分业经营，只有总保费收入，没有统计单独的财产保险保费收入，因此表中进行了省略。

资料来源：根据国家统计局官网和中国银保监会官网数据整理计算得到。

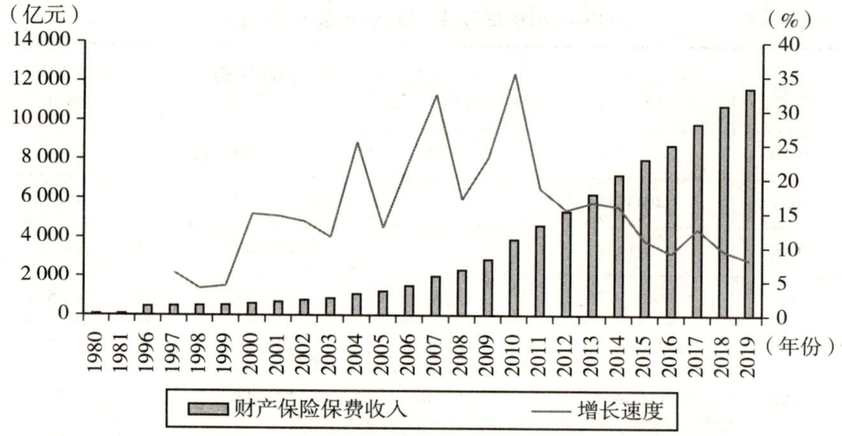

图1－8　1980～2019年我国财险业务原保费收入变化趋势

注：1982～1995年保险业还不是分业经营，只有总保费收入，没有统计单独的财产保险保费收入，因此表中进行了省略。

资料来源：根据中国银保监会官网数据整理计算得来。

3. 财产保险的保险密度和保险深度显著提升

经过近40年的发展，我国财产保险的保险密度和保险深度都得到了显著的提升，如表1－6所示。1980年，我国财产保险的保险密度是0.47元/人，即人均财产保险的保险费仅为0.47元；保险深度是0.10%，即财产保险的保费收入仅仅占GDP的0.10%。2019年，我国财产保险的保险密度增长到832.04元/人，保险深度也提高到1.18%。在此期间，财产保险的保险密度年均增长率为21.17%，保险深度的年均增长率为6.52%（如图1－9所示）。

表1－6　1980～2019年我国财产保险的保险密度与保险深度

年份	保险密度（元/人）	保险深度（%）	年份	保险密度（元/人）	保险深度（%）
1980	0.47	0.10	2004	83.85	0.67
1981	0.78	0.16	2005	94.06	0.66
1996	36.97	0.63	2006	114.83	0.69
1997	38.89	0.60	2007	151.19	0.74
1998	40.04	0.59	2008	175.95	0.73
1999	41.43	0.58	2009	215.50	0.83
2000	47.21	0.60	2010	290.52	0.95
2001	53.70	0.62	2011	342.73	0.95
2002	60.71	0.64	2012	393.71	0.99
2003	67.28	0.63	2013	456.54	1.05

续表

年份	保险密度（元/人）	保险深度（%）	年份	保险密度（元/人）	保险深度（%）
2014	526.63	1.12	2017	707.49	1.18
2015	581.61	1.16	2018	771.84	1.17
2016	630.97	1.17	2019	832.04	1.18

注：1982～1995年保险业还不是分业经营，只有总保费收入，没有统计单独的财产保险保费收入，因此表中进行了省略。

资料来源：根据中国银保监会官网数据整理计算得来。

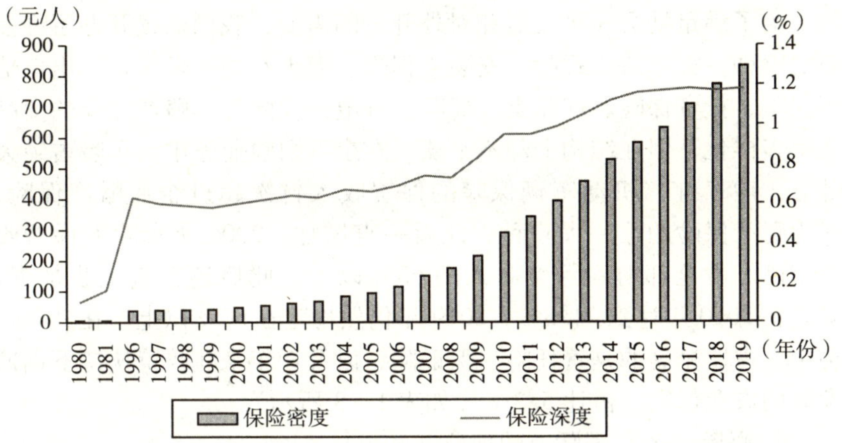

图1-9 1980～2019年我国财产保险的保险密度与保险深度趋势

资料来源：根据中国银保监会官网数据整理计算得来。

4. 财产保险在整个保险市场的比重逐年下降

1980年保险业得以恢复，1982年开办人身保险业务，此后财产保险与人身保险都得到了快速的发展，20世纪80年代末期财产保险占到全部保险市场的80%，人身保险争夺到了20%的市场。然而，人身保险因为保险期间长而具有储蓄性，因此在90年代中国的高利率时期得到了高速的发展，1996年，人身保险的市场占比达到了47.17%。1997年受国家降息政策影响，国民出现了“抢险”现象，使得人身保险保费收入大幅增长并首次超过财产保险。此后随着分红险、投连险的问世，人身保险在储蓄功能的基础上又增加了投资功能，为人身保险的高速发展提供了助力，人身保险一直保持着保费规模上的优势，2019年财产保险的市场占比仅为27.32%（如表1-7所示）。

表 1－7　1980 年、1996 年、2014 年、2019 年四年我国保险业财产保险与人身保险的占比

单位：%

险种	1980 年	1996 年	2014 年	2019 年
财产保险	100	52.83	35.60	27.32
人身保险	0	47.17	64.40	72.68

资料来源：根据中国银保监会官网历年数据整理计算得来。

5. 财险险种多样化

为了满足社会经济发展和对外开放的需要，我国陆续开办了许多新的险种，如建筑工程险、安装工程险、海上石油开发保险、出口信用保险、投资保险、产品责任保险、核电站保险等。财产保险的商品变得多样化，但在结构上却不平衡。在全部财险业务中，车险占绝大部分。1987 年，机动车辆保险的保费收入首次超过企业财产保险，成为财产保险的第一大险种；此后一直增加，2000 年车险的保费收入就已经占全部财险保费收入的 60% 以上；此后还在进一步加强，最高在 2010 年达到 74.6%，2019 年仍然稳定在 60% 以上。在其余险种中，占比稍高的是责任险、保证险，以及近年来在政策扶持下迅速发展的农业保险，占比 5.2%（如表 1－8 所示）。

6. 财险业务在国际上的地位

我国非寿险发展的现状是总量很大，但人均不足，发展空间依然很大。2019 年我国的非寿险保费收入在全球排名第 2 位，仅次于美国，虽然已是排名第 3 位的德国的 2 倍，但与美国的差距却很大，美国的全球市场份额是我国的 6 倍多（如表 1－9 所示）。

尽管我国总保费收入全球排名第 2 位，非寿险保费收入全球排名第 2 位，但因为人口众多，所以保险密度很低，排名在第 46 位，其中非寿险的保险密度为 201 美元/人，而世界上非寿险保险密度最高的国家能够达到 12 295 美元/人，是我国的 61.2 倍（如表 1－10 所示）。

从保险深度的角度来看，2019 年中国（不含港、澳、台地区）的保险深度为 4.30%，全球排名第 38 位，其中非寿险的保险深度为 2.01%，而世界上非寿险保险深度最高的开曼群岛是 18.48%（如表 1－11 所示）。

表 1－8　　**2000～2019 年财产保险的业务构成**　　单位：%

险种	2000年	2001年	2002年	2003年	2005年	2006年	2007年	2008年	2009年	2010年	2011年	2012年	2013年	2014年	2015年	2016年	2017年	2018年	2019年
企业财险	19.2	17.7	15.7	14.4	11.6	9.9	9.0	8.6	7.4	6.7	6.9	6.5	5.8	5.1	4.7	4.2	3.3	3.7	3.6
家财险	2.1	2.7	3.0	2.2	0.9	0.7	0.8	0.5	0.5	0.5	0.5	0.5	0.6	0.4	0.5	0.6	0.6	0.7	0.7
车险	61.5	61.3	60.6	62.1	66.8	70.1	71.1	69.6	72.0	74.6	73.3	72.4	72.8	73.1	73.4	73.6	62.2	66.5	62.9
货运险	5.9	5.9	5.4	4.7	4.0	3.5	3.0	2.9	2.0	2.0	2.0	1.8	1.6	1.3	1.1	0.9	0.9	1.0	1.0
工程险	0.9	0.9	1.0	0.0	1.8	1.6	1.5	1.6	1.7	1.8	1.5	1.1	1.2	1.1	1.1	1.1	1.0	1.1	0.9
责任险	3.4	4.0	4.7	4.0	3.5	3.5	3.2	3.3	3.1	2.9	3.1	3.3	3.3	3.4	3.6	3.9	3.8	5.1	5.8
信用险	0.6	0.4	1.0	0.9	1.8	1.8	1.7	1.5	2.3	2.4	2.4	2.9	2.4	2.7	2.3	2.2	1.8	2.1	1.5
保证险	0.3	0.6	1.2	0.2	1.4	0.5	0.2	0.3	0.3	0.6	0.1	0.2	1.9	2.6	2.4	1.9	3.2	5.5	6.5
农业保险	0.9	0.5	0.6	0.6	0.5	0.5	2.6	4.5	4.5	3.4	3.6	4.4	4.7	4.3	4.5	4.5	4.0	4.9	5.2
其他	5.3	5.9	6.8	10.8	7.6	7.8	6.9	7.2	6.1	5.3	6.4	6.8	5.6	6.0	6.6	7.1	19.4	9.6	11.9

注：由于2004年没有工程险的统计数据，会导致这一年的市场份额不准确，因此略去。
资料来源：数据根据《中国保险年鉴》和中国银保监会官网数据整理计算得到。

表 1－9　　2019 年主要国家或地区的非寿险保费收入比较

国家或地区	非寿险保费收入（亿美元）	全球市场份额（%）	全球排名
美国	18 316. 00	54. 25	1
中国	2 879. 67	8. 53	2
德国	1 423. 01	4. 21	3
日本	1 180. 19	3. 50	4
英国	1 020. 22	3. 02	5
法国	946. 94	2. 80	6
韩国	800. 37	2. 37	7
加拿大	798. 40	2. 36	8
荷兰	692. 20	2. 05	9
澳大利亚	476. 67	1. 41	10
中国台湾	204. 01	0. 60	16
中国香港	54. 13	0. 16	40

注：全球排名为非寿险保费收入的排名。
资料来源：瑞再控股股份有限公司经济研究咨询在 Sigma 上发布的 2020 年的报告。

表 1－10　　2019 年主要国家或地区的保险密度比较

国家或地区	排名	保险密度（美元/人）	寿险（美元/人）	非寿险（美元/人）
开曼群岛	1	12 764	469	12 295
中国香港	2	9 706	8 979	727
美国	3	7 495	1 915	5 580
瑞士	4	6 835	3 502	3 332
丹麦	5	6 384	4 757	1 627
爱尔兰	6	5 920	4 490	1 430
中国澳门	7	5 551	4 999	551
卢森堡	8	5 165	3 235	1 930
中国台湾	9	4 993	4 129	865
芬兰	10	4 948	4 037	911
中国	46	430	230	201

注：排名为各国家或地区整体保险密度的排名。
资料来源：瑞再控股股份有限公司经济研究咨询在 Sigma 上发布的 2020 年的报告。

表 1-11　　2019 年主要国家或地区的保险深度比较

国家或地区	排名	保险深度（%）	寿险（%）	非寿险（%）
中国台湾	1	19.97	16.51	3.46
中国香港	2	19.74	18.26	1.48
开曼群岛	3	19.18	0.71	18.48
南非	4	13.40	10.73	2.67
美国	5	11.43	2.92	8.51
韩国	6	10.78	5.84	4.95
丹麦	7	10.68	7.96	2.72
纳米比亚	8	10.44	8.31	2.14
英国	9	10.30	7.99	2.31
芬兰	10	10.17	8.30	1.87
中国	38	4.30	2.30	2.01

注：排名为各国家或地区的保险深度的排名。
资料来源：瑞再控股股份有限公司经济研究咨询在 Sigma 上发布的 2020 年的报告。

本章小结

1. 财产保险，是指以各种财产物资和有关利益为保险标的，以补偿被保险人的经济损失为基本目的的一种社会化经济补偿制度。财产保险有广义与狭义之分。广义财产保险是指以财产及其有关的经济利益和损害赔偿责任为保险标的的保险，狭义财产保险是指仅以物质财产为保险标的的保险。英、美等国对财产保险概念一般都作狭义解释，不把财产保险、责任保险、信用和保证保险等统称为财产保险，苏联和日本等国一般对财产保险的概念作广义解释。

2. 财产保险的分类有理论分类和法定分类两种，在理论分类下，按财产保险的承保方式可以分为原保险、再保险和共同保险；按财产保险的实施方式可以分为强制保险和自愿保险；按承保时保险价值是否确定可以分为定值保险和不定值保险；按财产保险的保障范围可以分为财产损失保险、责任保险和信用保证保险；按保险标的的内容不同可以分为物质财产保险、经济利益保险和责任保险；按保险标的的性质不同可以分为积极型财产保险和消极型财产保险；按承保风险的多少不同可以分为单一风险财产保险和综合风险财产保险；按财产保险的经营目的可以分为营利性财产保险和非营利性财产保险。在法定分类下，财产保险包括财产损失保险、责任保险、信用保险、保证保险等保险。国际上通常将保险分为寿险与非寿险，其中非寿险的范畴比财产保险更广，包含了广义财产保险、短期健康保险和意外伤害保险。

3. 共同海损分摊制度促成了海损保险的萌芽并逐渐产生了海上保险的雏形，是财产保险发展的原始阶段。海上保险和火灾保险的先后出现和大力发展代表了财产保险的近代阶段，其典型意义是确立了财产保险的基本形态，出现了专门经营财产保险业务的机构，使财产保险业务走向专业化和规范化。工业革命使得财产保险的发展进入现代阶段，出现了汽车保险等新险种，保险经营技术也逐渐成熟，还出现了信用保险和责任保险。进入20世纪，随着现代工业和科技的迅速发展，新的险种也在不断涌现，如石油综合保险、卫星保险、核电站保险、金融保险等。

4. 我国财产保险的思想发源很早，但真正的保险业起步却较晚。新中国成立后，我国的财产保险又经历了创立、停办、恢复三个阶段，随着市场主体的多元化，以及市场竞争程度的加剧，我国财产保险市场逐渐形成并丰富。

思考与练习

1. 财产的定义是什么？如何进行分类？

2. 财产保险的定义是什么？如何进行分类？

3. 广义财产保险与狭义财产保险有什么区别？

4. 财产保险按承保时保险价值确定与否分类，可以分为定值保险与不定值保险，它们的含义和区别是什么？

5. 简述财产保险的特征。

6. 请阐述世界与我国财产保险市场的现状。

第二章
财产保险合同

本章提要

财产保险合同是财产保险交易过程中对双方当事人权利与义务进行限定的协议，其规定的内容贯穿整个财产保险的交易过程。本章内容包括财产保险合同的概念、特点和分类；财产保险合同的基本要素；财产保险合同从订立到终止的各个环节以及合同争议的解释和处理。

学习目标

掌握财产保险合同的概念、特征和类型。

掌握财产保险合同的主体和客体；保险利益与保险标的的关系；保险合同的主要条款和形式。

了解财产保险合同双方当事人的权利义务。

理解财产保险合同的订立、变更与终止。

掌握保险合同争议的解释原则和处理方法。

第一节 财产保险合同概述

一、财产保险合同的概念

保险合同是一种法律契约，它规定了保险合同双方当事人的权利和义务。《保险法》第十条第一款规定："保险合同是保险人与投保人约定保险权利义务关系的协议。"由此定义可知，由保险合同确定的法律关系与其他法律关系一样，都包含三个方面：主体、客体与内容。财产保险合同是以财产及其有关利益为保险标的的保险合同，其本质就是规范合同当事人在财产保险合同订立、履行、变更和终止过程中的权利与义务。

二、财产保险合同的特点

1. 补偿合同

所谓补偿合同即保险人对投保人所承担的义务仅限于对损失的补偿，使被保险人在经济上恢复到受损以前的状态，赔偿金额不能高于损失的数额。这是财产保险合同区别于寿险合同的一个鲜明特点，因为在财产保险中，一般情况下，保险标的的受损情况是可以明确计算出来的，因此财产保险最重要的目的就是让保险标的恢复到损失发生前的水平，而不是改善被保险人的经济状况，否则被保险人将会故意使保险事故发生以便能够从保险中获得不当得利，容易产生道德风险问题。

2. 对人合同

对人合同是指保险合同保障的是遭受损失的被保险人本人，而不是遭受损失的财产。这一特点在财产保险中需要特别加以强调。因为，在财产保险中保险标的发生损失的概率和严重程度与个人的秉性、行为、习惯等密切相关，因此保险人在与投保人协商订立财产保险合同时，除了要调查了解保险标的的状况和特性外，还需根据不同投保人的条件决定承保条件和保险费率，因此，即使是状况和特性完全相同的两种财产同时投保，承保条件和保险费率也可能因为财产所有者的不同特性而完全不同。此外，财产保险合同这种对人特点还决定了投保人在转让被保险的财产时，必须经过保险人同意，否则转让无效。因为转让行为造成了保险标的危险程度显著增加而导致保险事故的发生，保险人将不承担赔偿保险金的责任。

3. 双务合同

合同有单务合同和双务合同之分。双务合同一般是指合同双方当事人互相负有义务，并且同时受到合同的约束。在等价交换的经济关系中，大部分的合同都是双务合同。在保险合同中，投保人承担缴纳保险费、如实告知等义务；而保险人则负有说明和及时履行赔偿或给付保险金等义务。但是保险合同的双务性与一般合同也有一些不同之处。在一般的双务合同中，双方当事人都是对等同时给付，而保险合同中这种关系是不对等的，例如，投保人履行了缴纳保险费的义务，但只有在保险事故发生后，保险人才会履行赔偿或给付保险金的义务，如果没有发生保险事故，保险人则不履行赔偿或给付保险金的义务。

4. 射幸合同

保险合同是一种射幸合同，射幸就是碰运气、赶机会的意思。它来源于保险事故发生的偶然性，是针对各个保险合同而非保险合同全体而言的，单个保险事故的发生是存在偶然性的，但是如果就全部承保的保险合同来看，保险费与赔偿金额的关系是以大数法则和数理计算为基础，原则上收入与支出保持平衡，因此，就总体而言，保险合同不存在射幸性的问题。

保险合同具有射幸的特点，在财产保险合同中表现得尤为明显。因为，在人寿保险中，由于保险人给付保险金的义务在大部分场合是确定的，只存在一个给付时间不同的问题，这就使得人寿保险具有了储蓄性的特点，射幸性较弱。在财产保险合同的有效期内，假如保险标的发生损失，那么被保险人能够从保险人处获得远高于保费支出的一笔赔偿金额，反之，如果没有损失发生，则被保险人付出了保费却得不到任何补偿；对于保险人来说情况恰好相反，一旦保险事故发生，保险人需要赔付的金额可能大于其所收取的保费，若保险事故不发生，则保险人可收取一笔保费，无须承担赔偿责任。

5. 条件合同

保险合同的条件性主要是指，只有在合同所规定的条件得到满足的情况下，合同的当事人一方才履行自己的义务；反之，则不履行其义务。作为投保人，他可以不去履行合同所要求他需要做的事情，但是如果投保人没有满足合同的要求，他就不能强迫保险人履行其义务。比如说，保险合同通常规定，投保人必须在保险事故发生以后的规定时间内向投保人报告。但是，如果投保人没有这样做，他也就不能强迫保险人赔偿其损失。

财产保险合同的条件性主要体现在两个方面：一是在财产保险合同生效后，只有发生意外事故并导致财产损失时，保险人才负赔偿责任，即保险人是以将来事故的发生为补偿条件，所发生的事故必须是财产保险合同中约定事故范围以内的事故，且必须造成保险财产损失，否则保险人不承担责任。二是保险人赔偿保险金的责任以保险合同约定的保险金额、保险责任限额为限，被保险人发生的超出保险金额或者保险责任限额的损失，保险人不负赔偿保险金的责任。

6. 附和合同

保险合同的附和性是指作为合同主要内容的条款由保险人事先拟订出来，投保人只能决定是否接受这些条款，而无法任意修改条款，一般没有商议变更的余地。财产保险合同的附和性是现代商业社会重复交易的产物，随着服务的标准化和销售的系统化，保险人为了降低交易成本，提高交易速度和经济效率，预先制定了格式条款，以供将来与不特定的多数人签订合同。

但是，保险合同也并不都是采用标准合同的形式，也就是说并非所有保险合同都是附和合同。因为，仍然有一些特殊的保险业务是需要双方当事人协商确定的，这与一般的民事合同性质是相同的。例如在商务保险领域，一些大型的财产保险项目，投保人可以聘请保险经纪人，通过专业的保险经纪人与保险公司就合同条款、价格等进行协商。因此，保险合同并不是典型的附和合同，而是具有附和性质的合同。

保险合同之所以具有附和合同的性质，其原因在于：保险人掌握保险技术和业务经验，而投保人往往不熟悉保险业务或者保险合同的全部内容，很难对合同条款提出异议。因此，一般在签订保险合同时，保险人都负有说明义务，并且采取询问告知的方式了解投保人或被保险人的一些情况。当保险合同出现由于条款的歧义导致的法律纠纷时，按照国际上的通常做法，法院往往会做出有利于非合同起草人的解释，即有利于投保人、被保险人的判决。

三、财产保险合同的分类

财产保险合同依不同的标准，通常有以下几种分类。

（一）财产保险合同订立时是否确定保险价值

根据这个分类标准，可以将财产保险分为定值保险合同和不定值保险合同。

定值保险合同是指保险合同当事人将保险标的的保险价值事先约定并在合同中给予载明作为保险金额的保险合同。其特点是：第一，无论保险标的的实际价值在发生保险事故时是怎样的，仅以保险合同约定的保险价值作为计算赔偿保险金的依据。第二，合同适用的对象通常为价值变化较大或不易确定价值的特定物，如字画、古玩或货物运输的标的物。第三，该合同突出的优点是减少理赔环节及纠纷的发生。

不定值保险合同是指只载明保险标的的保险金额而未载明其保险价值，在发生保险事故时根据保险价值与保险金额的关系进行保险金赔偿的保险合同。在不定值保险合同中，仅载明保险金额，并以此作为赔偿的最高限额，而保险标的的保险价值则处于不确定的状态。财产保险多采用不定值保险合同。一般而言，财产损失是以赔偿实际损失为原则的，因此，不定值保险合同通常以保险标的的实际价值作为判定损失额的依据。其特点是：第一，以保险事故发生时的当时、当地的市场价格为判断保险标的保险价值的根据。第二，当保险价值与保险金额一致时，产生足额保险；当保险价值与保险金额不一致时，则产生超额保险或不足额保险。

（二）按照保险金额与出险时保险价值的关系进行分类

按照该标准可以将保险合同分为足额保险合同、不足额保险合同和超额保险合同。足额保险合同是指保险标的在出险时的保险价值等于合同载明的保险金额，此时就会按照实际的损失额进行赔偿；不足额保险合同是指合同约定的保险金额小于保险标的的保险价值，此时按照规定以保险金额与保险价值的比例来确定赔偿责任；超额保险合同是指保险合同约定的保险金额大于保险标的的价值，此时超过部分无效。该分类主要会影响到保险标的出险时赔偿责任的计算，在此处不再详细展开。

（三）根据保险责任范围进行分类

根据这个分类标准，可以将财产保险合同分为特定责任保险合同和综合责任保险合同。

特定责任保险合同又称特定风险保险合同，是指保险人承保一种或几种指定或特定风险合同，该合同责任通常是以列举的方式规定的。比如一般情况下地震风险是财产保险的除外责任，如果需要承保这种特定的风险就需要购买单独承保地震风险的地震保险。

综合责任保险合同又称综合风险保险合同，是指保险人承保除了除外责任之外的一切风险的保险合同，除外风险责任一般在合同中写明。该合同订立的特点是以列举“责任免除”的形式约定保险合同的风险责任。在现实生活中，综合风险合同的使用越来越广泛，比如家庭财产综合险等险种属于该种合同类型。

（四）根据财产保险合同保障的标的是否确定进行分类

根据财产保险合同保障标的是否确定进行分类，可以分为特定式保险合同、总括式保险合同、流动式保险合同、预约保险合同。

特定式保险合同是指载明的保险标的是特定的、不变动的对象的保险合同，保险人只对事先商定的具体保险标的进行承保的保险合同。对保险人而言，该保险合同承保时相对烦琐，但保险标的发生损失时则较为有利。

总括式保险合同是指保险人承保可以变动的多数的集合体为保险标的的保险合同。该种合同规定保险人可以承保某种类别的保险标的，而对该类别保险标的不再分类的保险合同。该合同承保时较方便，但保险标的发生损失时的理赔工作较复杂。

流动式保险合同适合财产变化比较频繁的保险合同。该合同通常不规定保险金额，只规定保险人承担的最高责任限额，采用该合同的投保人通常是仓储性企业。

预约保险合同又称开口式保险合同，是保险人和投保人双方预先约定保险责任范围的长期性协议。在预约保险合同中，只是先载明保险合同的当事人、承保险别、保险标的、保险费率、保险责任和责任免除、保险费缴纳办法、每张保单或一个地点的最高保险金额，而不规定财产的具体保险金额，由被保险人按期向保险人报告财产价值，在最高保险金额范围内，所保财产由保险人自动承保。

按预约保险合同的约定，在货物发运时，由投保人向保险人对所有的货物发出起运通知书，保险人据此分别签发保险单或保险凭证，在预约保险范围内由保险人自动承保。因此，这种保险合同的作用主要是减少财产经常变动时须办理批改手续的麻烦。预约保险单在货物运输保险中运用得较为广泛，由于其本身没有保险金额的规定，也不必付保费，因此不具备实质意义上的保险合同的要件。

（五）根据合同的从属关系进行分类

按照此分类标准，可以将财产保险合同分为主保险合同和附加保险合同。

主保险合同是指可以单独进行投保，可以单独产生法律效力的保险合同。比如机动车辆损失保险合同、普通家庭财产保险合同等；附加保险合同是指依附在主保险合同之上的保险合同，其法律效力依赖于主保险合同是否成立。比如车身划痕险合同只有附加在机动车辆损失保险合同之上，才能成立。

（六）根据危险转嫁层次进行分类

按照此分类标准，可以将财产保险合同分为原保险合同和再保险合同。

原保险合同是指保险人与投保人直接订立的保险合同，属于投保人风险的第一次转嫁。保险人也直接负责合同规定的被保险人的相关经济损失赔偿。

再保险合同是保险人在原保险合同的基础上，通过签订合同，将其所承保的部分风险和责任向其他保险人进行保险的行为，属于风险的第二次转嫁。再保险中的标的是原保险人对被保险人承保的合同责任，可以是全部责任也可以是部分责任。再保险人不直接对原投保人的损失进行赔偿。

第二节 财产保险合同的基本要素

民事法律关系都包括主体、客体和内容三个不可缺少的部分。财产保险合同的法律关系也是由这三个方面所组成的。财产保险合同的主体包括当事人和关系人，财产保险合同的客体为保险利益，财产保险合同的内容是合同当事人和关系人的权利与义务。

一、财产保险合同的主体

财产保险合同和其他合同一样，必须有订立合同的当事人作为合同规定的权利和义务承担的主体。保险合同的当事人就是投保人和保险人。财产保险合同的当事人是直接参与合同订立、受保险合同约束其权利和义务的保险人与投保人。但保险合同也与一般合同有不同之处：一般合同多是当事人为自己的利益而订立，而保险合同则既可为自己的利益，亦可为他人的利益而订立。不仅如此，保险合同是一种保障合同，保障的对象，即意外事件在其财产或其身体上发生的人，也是与保险合同有重要关系的被保险人。所以，被保险人是保险合同的关系人。财产保险合同的关系人是受保险合同保障的对象，包括被保险人、受害第三人。保险合同的投保人、被保险人、保险人等通常均在合同中明确载明。

另外保险代理人、保险经纪人和保险公估人，他们在保险双方当事人订立保险合同以及履行合同权利义务的过程中起到辅助作用。本节也将对其进行简单介绍。

（一）财产保险合同的当事人

1. 保险人

保险人是向投保人收取保险费，在保险事故发生时，对被保险人承担赔偿损失或给付责任的人。《保险法》第十条第三款规定："保险人是与投保人订立保险合同，并按照合同约定承担赔偿或者给付保险金责任的保险公司。"财产保险合同的保险人是指在财产保险合同依法成立时有权收取保险费，并于保险事故发生时承担赔偿责任的法人。

保险人只有依法定程序申请批准，取得经营资格才可经营，此外，还必须在规定的经营范围内。《保险法》第六条规定："保险业务由依照本法设立的保险公司以及法律、行政法规规定的其他保险组织经营，其他单位和个人不得经营保险业务。”

因此对于财产保险合同的保险人来说，仅以国家保险监管部门许可经营财产保险业务的保险公司和保险机构为限，其他任何人或者组织都不能成为财产保险合同的保险人。

2. 投保人

投保人又称要保人，是对保险标的具有保险利益，向保险人申请订立保险合同，并负有缴付保险费义务的人。财产保险合同的投保人是指与保险人签订财产保险合同并依照财产保险合同负有缴付保险费义务的自然人或法人。《保险法》第十条第二款规定：“投保人是指与保险人订立保险合同，并按照合同约定负有支付保险费义务的人。”财产保险的投保人通常需要具备以下几个条件：

（1）投保人须具有完全的民事权利能力和行为能力。订立保险合同的行为是一种法律行为，并不是任何人都有该权利。投保人具有民事行为能力，订立的合同方为有效，限制民事行为能力人和无民事行为能力人缔结的保险合同无效。但这不是绝对的，当该合同的缔结是经过监护人同意后所为，则该保险合同有效。其他一些国家的法律也含有类似的规定。法人的民事权利能力和民事行为能力以它的组织章程或者核准登记的范围为限。

（2）投保人负有缴纳保费的义务。保险合同为有偿合同，投保人取得风险保障的代价就是支出保险费。支付保费的义务为投保人所有，保险人一方无权免除投保人的这一义务。不论保险合同是为自己的利益还是为他人的利益而订立，投保人均需要承担缴纳保费的义务。由于财产保险中的保险标的一般都是归投保人所有或者管理，因此财产保险合同的投保人是为自身的利益缴纳保费。

（3）投保人对保险标的必须具有可保利益。财产保险合同的投保人对保险标的必须具有保险利益，保险利益是指投保人或被保险人对保险标的具有的法律上承认的利益。财产保险合同的投保人一般为财产的所有者、保管者、经营管理者以及其他对保险标的具有利害关系的人。一般都是要求投保人在投保时对保险标的具有保险利益。但是，海上货物运输保险比较特殊，投保人在投保时可以不具有保险利益，但要求在保险事故发生时必须具有保险利益。

（二）财产保险合同的关系人

1. 被保险人

财产保险中的被保险人是指其财产及其相关利益受保险合同保障的人。在财产保险中，被保险人是保险财产的权利主体，在被保险财产发生保险事故时，保险人对被保险人的财产进行赔偿。《保险法》第十二条第五款规定：“被保险人是指其财产或者人身受保险合同保障，享有保险金请求权的人，投保人可以为被保险人。”在财产损失保险中，财产保险合同的被保险人必须是被保险财产（如房屋、汽车等）的权利主体，且对被保险财产具有保险利益。在责任保险中，被保险人以其对第三人的赔偿责任受保险保障，当被保险人因保险责任范围内的意外事故发生而对他人财产损毁或人身伤亡负有民事责任时，有权请求保险人承担赔偿责任。

在财产保险合同中，投保人与被保险人通常为同一人。财产保险合同中必须对被保险人有明确规定，确定方式有以下几种：

（1）在保险合同中直接列出被保险人名称，或者在保险合同中增加一项变更被保险人条款或共同被保险人条款，后者适用于存在财产承租人或受托人、保险标的为被保险人家庭成员共同所有以及在责任保险中存在管理被保险人事务的代理人等场合。例如房屋出租人和承租人因房屋租赁合同建立了相对固定的合同关系，双方可以同时作为租赁房屋保险的共同被保险人。

（2）采取订立多方面使用的保险条款确认被保险人。它不具体指明被保险人的姓名，而且不是用排序的方式确定被保险人，而是采用扩展被保险人的办法。在该方法中，每个人都具有同等的被保险人的地位。如机动车辆的第三者责任保险合同中规定被保险人除汽车所有人外还扩展到车主的家庭成员或经过车主允许而使用其汽车的对象等。

2. 受害第三人

财产保险合同的受害第三人主要是针对责任保险而言的。责任保险中的受害第三人，是指责任保险合同约定的当事人和被保险人以外的，对被保险人享有赔偿请求权的第三人。受害第三人并非责任保险合同约定的利益直接承受者，因此不得对保险人直接主张合同权益，但在保险实务中，由于责任保险在一定程度上已突破了合同的相对性，因此受害第三人也可根据合同约定或法律规定，取得直接请求保险人给付保险赔偿金的权利，但该索赔权利不得超过对被保险人享有的损害赔偿请求权。

然而，并非所有责任保险合同当事人和被保险人以外的人都可能成为受害第三人，责任保险受害第三人的范围因合同约定或法律规定而有所限制，例如汽车责任保险合同通常不将被保险汽车上的成员、被保险汽车承运的旅客等作为受害第三人看待，作出这种限制是为了防止道德风险的发生，上述人员可通过购买其他险种获得相应赔偿。再如雇主责任保险的受害第三人限于被保险人雇用且应当由被保险人承担赔偿责任的雇员，非被保险人的雇员而因被保险人或其雇员的行为遭受损失的其他受害第三人，并不属于雇主责任保险合同约定的受害第三人。

值得注意的是，财产保险合同的受害第三人和受益人在概念上易混淆，二者的区别主要体现在：首先，受益人由被保险人指定，为特定化的某人，且其名称、性质、地址等均需载入保险合同中，而受害第三人是在合同中抽象界定的，尤其是在以侵权赔偿责任为承保标的的责任保险中，受害第三人具有绝对性，范围较广。其次，受益人能够以被保险人的意思表示而变更，但受害第三人的地位是不随被保险人的意志而变更的。

（三）财产保险合同的特殊关系人

财产保险合同的辅助人是协助保险合同当事人办理保险合同有关事项的人。由于保险业务具有较强的专业性和技术性，因此需要借助专门的技术人员来协助办理有关业务。这样既可拓展业务，也可保障其合法权益。保险合同的辅助人一般包括以下几种。

1. 保险代理人

保险代理人是指根据保险人的委托，向保险人收取代理手续费，并在保险人授权的范围内代为办理保险业务的单位或个人。《保险法》第一百一十七条规定："保险代理人是根据保险人的委托，向保险人收取佣金，并在保险人授权的范围内代为办理保险业务的机构或者个人。"目前我国的代理人形式有专业代理人、兼业代理人和个人代理人。在财产保险实务中，主要是兼业代理人模式。

2. 保险经纪人

保险经纪人是基于投保人的利益，为投保人与保险人订立保险合同提供中介服务，并依法收取佣金的人。保险经纪人也成为投保人的代理人。《保险法》第一百一十八条明确规定："保险经纪人是基于投保人的利益，为投保人与保险人订立保险合同提供中介服务，并依法收取佣金的机构。"这说明，在我国保险经纪人限于机构，保险经纪公司是我国目前唯一认可的组织形式。

保险经纪人是投保人的代理人。其受投保人的委托代其办理投保手续及交纳保险费，或代被保险人或受益人提出索赔。根据《保险经纪机构管理规定》关于保险经纪人业务范围的规定，保险经纪人具有居间、代理、咨询的性质。因此，保险经纪人在财产保险合同中的作用在于：代投保人投保，或介绍保险人，或代投保人或被保险人咨询，或代被保险人索赔。

保险经纪人作为投保人或被保险人的代理人，应根据他们的需要，按照偿付能力、保险责任、保险金额和服务等相关标准，向投保人提供最合适的保险人和保险产品。保险经纪人的佣金一般按照保险费收入计收，通常由保险人支付。

3. 保险公估人

公估人是指受保险人或被保险人委托，向委托人收取佣金，办理保险标的的查勘、鉴定、估损、赔款理算，并出具公估报告的企业或个人。保险公估人的首要任务之一是确定保险人是否应当对损失承担赔偿责任，以及对现场进行查勘、鉴定以确定发生损失的原因和数额。

财产保险中的损失一般是部分损失，或者保险财产的价值已经不是合同订立时的价格水平，因此财产保险的损失额较难确定。保险公估人在财产保险中的辅助作用在于：在保险合同订立时对投保风险进行查勘，在风险事故发生后判定损失的原因及程度，并出具公估报告。公估报告不具备强制性，却是保险争议处理的权威性依据。被保险人、保险人都有权委托保险公估人办理公估事宜，公估人作为独立于保险人和被保险人的第三人，负责对保险标的的损失做出客观、公平、合理、令人信服的评价，使得保险双方能够达成一致。一般情况下，公估人往往是受保险人所托进行保险事故的查勘估损等工作。保险公估人由于工作中的过错给委托人造成损失的，由保险公估人承担赔偿责任。

二、财产保险合同的客体

财产保险合同的客体是保险利益。保险利益并不等同于保险标的。保险利益是指投保人或被保险人对保险标的所具有的法律上承认的利益。保险标的则是保险合同中所载明的投保对象，是保险事故发生所在的本体。虽然保险标的是保险合同订立的必要内容，但是订立保险合同的目的不是保障保险标的本身不发生损失，而是在保险标的发生损失后，被保险人能够获得经济上的补偿。因此，保险合同保障的是被保险人对保险标的所具有的利益，即保险利益。

投保人应当对其投保的财产保险标的具有保险利益，否则保险合同无效。作出这一规定的原因在于：明显区别保险与赌博的关系；规定保险保障的最高限额；有利于防止道德风险的发生。

（一）保险利益的种类

根据财产关系的不同，财产保险的保险利益被分为现有利益、预期利益、责任利益和或然利益四种。

现有利益是指权利人对当前财产存在并且可以继续存在的利益。主要包括所有权、共有权、抵押权等。

预期利益是指权利人因为现有利益和可以得到或实现的利益。例如，海上承运人对货物运达的预期收入就是一种预期利益。

责任利益是指责任人基于法律上的民事赔偿责任而产生的消极利

益，因此责任人对他因承担赔偿责任而要支付的赔偿金额及其他费用具有保险利益，以责任保险为例。

或然利益是指合同当事人对特定财产可能所具有的不确定的利益。

（二）保险利益的量

与人身保险相比，财产保险合同的保险利益的量是可以客观估计的，具有客观的估价标准。不仅需要考虑投保人或被保险人对保险标的有无保险利益，还要计算保险利益的金额。

从可能性的角度看，财产保险的保险标的的特性和保险合同的性质决定了无论是现有利益还是预期利益，保险利益都能够量化，并非凭主观臆测或推断来评估。从必要性的角度看，由于财产保险合同是损失补偿合同，需要明确保险利益的具体金额来衡量被保险人是否有损失以及损失金额的大小。若损失补偿数额不受保险利益具体金额的限制，则容易诱发道德风险。

（三）保险利益的存在时间

财产保险合同和人身保险合同的另一个显著差异，是对保险利益的存在时间要求不同。《保险法》第十二条规定：“人身保险的投保人在保险合同订立时，对被保险人应当具有保险利益。财产保险的被保险人在保险事故发生时，对保险标的应当具有保险利益。”

财产保险合同强调保险事故发生时被保险人具有保险利益，这也是由财产保险合同的补偿性所决定的。若签订保险合同时投保人对保险标的具有保险利益，而保险事故发生时被保险人对保险标的不具有保险利益，则表明他并未遭受损失，因此也不能获得保险人的经济赔偿。这种情况通常发生在财产的所有权、使用权、经营管理权在保险合同签订后发生转移，而被保险人未通知保险人或未获得保险人的允许等场合。例如，假定一个投保人购买了一份房屋保险。一年后，他将这所房屋的所有权转让给了另外一个人。这时，如果房屋受损，即使该投保人的保单仍在有效期内，他也不可能从保险人那里得到赔偿，因为此时，该投保人对房屋不具有保险利益。另一种情况是，投保人在签订保险合同时对保险标的不具有保险利益，但保险事故发生时被保险人对保险标的具有保险利益，此时保险人仍要承担赔偿责任。例如在海上货物运输保险中，买方可能在对货物并不具有保险利益时就签订保险合同。

（四）保险利益的转移

在财产保险实务中，被保险人对保险标的所具有的保险利益有时会随着表现标的的转移而有所变化，主要有以下几种情况。

1. 转让

大多数的财产保险通常规定，如果投保人或被保险人将标的物转移给他人而未取得保险人同意或批准的话，保险合同的效力中止。由于海上货物运输保险业务的特殊性，不受该规定的限制。该规定给予了保险人更多的权利，双方当事人的权利不对等，因此《保险法》第四十九条对此作出了进一步的说明，来平衡双方当事人的权利义务。

2. 继承

世界上大多数国家的保险法都规定，在财产保险中，如果被保险人死亡，其继承人自动获得被继承财产的保险利益，经保险人同意后，保险合同继续有效至合同期满。

3. 破产

如果被保险人破产，保险利益将转移给破产财产的管理人或债权人，但有一个期限规定。在此期限内，保险合同继续有效，超过该期限，破产财产的管理人或债权人应与保险人解除保险合同。

三、财产保险合同的内容

保险合同反映了保险当事人和关系人之间的一种权利与义务关系，对于保险合同的当事人和关系人来说，都有必要清楚地了解保险合同的主要条款、保险合同的形式、自己的权利与义务等相关内容。但由于财产保险合同种类各异，具体内容差异不小，因此这部分主要对财产保险合同中一般性的必备事项和条款进行概括性介绍。

（一）财产保险合同的主要条款

保险合同的条款是规定保险人与被保险人之间的基本权利和义务的条文，它是保险公司对所承保的保险标的履行保险责任的依据。根据合同的内容不同，财产保险合同的条款分为基本保险和附加条款。另外还有法定条款、保证条款等，由于财产保险合同种类较多，其内容也有不同，因此在此不逐一介绍，仅对财产保险合同的基本条款进行介绍说明。

根据《保险法》的规定，财产保险合同的基本条款主要包括以下几项：

1. 保险当事人和关系人的姓名（名称）和住所（地址）

明确当事人的姓名（名称）是对保险合同双方当事人的确认，是某一主体区别于其他主体的符号。明确当事人的住所（地址）是明确自然人的主要生活工作场所和法人的主要办事机构所在地。在财产保险中，明确投保人和保险人的姓名（名称）和住所（地址）后，就明确了保险标的的所有人和保障保险利益的负责人。在合同成立之后，保险费的交付、保险金额的赔偿均与当事人及其住所（地址）有关。因此，在财产保险合同中，要载明保险双方当事人和关系人的姓名（名称）和住所（地址）。

2. 保险标的

当事人在订立保险合同时，必须将保险标的明确记载于合同中，这样才能确定保险的种类，并判断投保人或被保险人是否对保险标的具有保险利益。

财产保险的保险标的是指财产保险合同双方当事人的权利与义务所共同指向的对象，即作为保险对象的财产及其有关利益。对保险人来说，明确了保险标的，就是确定了转嫁风险的范围；对保险人来说，则是指明了它对哪些财产及其相关利益承担保险责任。因此，在保险合同中，应当明确载明保险标的以便于判断保险的类型。

3. 保险金额

保险金额是由保险合同的当事人确定，并在保单上载明的被保险标的的金额，同时其也可以看作是保险人的责任限额。对投保人来说，它既是收取保费的计算标准，也是补偿给付的最高限额；对投保人来说，它既是交付保费的依据，也是索赔和获得保险保障的最高数额。

财产保险保险金额的确定根据不同的险种有不同的方法，在此处不详细介绍，仅就一般的原则进行说明。确定财产保险保险金额一般必须遵循以下几个原则：

（1）必须严格遵循保险利益原则。财产保险的保险利益是可以量化的，因此，从价值量来看，当保险标的属于投保人完全所有时，投保人对该保险标的的保险利益与保险价值是相等的；如果保险标的为投保人部分所有，投保人对该保险标的就仅有部分的保险利益。

（2）必须在保险标的的价值之内。在财产保险中，以保险财产估价来核定保险价值。保险财产的估价低，相应的保险金额就低；保险财产的估价高，相应的保险金额就高。需要说明的是，由于财产保险的价值并不是一成不变的，保险事故发生时的价格水平可能已经不是订立保险合同时的水平，因此，当保险财产遭受损失时，保险人只能按照实际损失赔偿，并不是单独按照保险金额赔偿。

4. 保险费及其支付方式

保险费是投保人向保险人购买保险所支付的价格，它是建立保险基金的重要源泉。保险人向投保人收取保险费的多少，在很大程度上会影响到保险人的偿付能力和经营状况。保险费作为投保人在保险人那里取得风险保障的代价，其本身并没有强制性，缴纳保费仅仅是投保人的一项义务，甚至保险费率也都是可以与保险人商议的。另外在保险合同中一般也会以书面的形式载明缴纳保险费的时间和方式。

5. 保险价值

保险价值是被保险财产投保或者出险时的市场实际价值。它是投保人可以投保的最高限额，或保险人可以承保的最高限额，是保险标的的实际价值。在不定值保险中，保险金额等于保险价值的保险，为足额保险；保险金额小于保险价值的保险，为不足额保险；保险金额大于保险价值的保险，为超额保险。保险价值是财产保险合同的基本条款之一，在不定值保险条件下，保险金额应当与保险价值相等。《保险法》第五十五条第三款规定：“保险金额不得超过保险价值。超过保险价值的，超过部分无效，保险人应当退还相应的保险费。”

6. 保险责任与责任免除

保险责任是指保险人承担赔偿或给付保险金责任的风险项目。保险责任条款确定了保险人所承担的风险范围。保险责任依保险种类的不同而有所差异，通常由保险人确定保险责任的范围并作为合同的部分内容载于合同中。我国财产保险基本险的保险责任主要包括：火灾、爆炸、雷击、空中运行物体的坠落。责任免除又称除外责任，是保险人不承担赔偿保险金责任的风险项目，如因被保险人的故意行为所致保险标的的损失，一般属于责任免除。作为责任免除的风险通常是道德风险、损失巨大并且无法计算的风险项目。在保险合同中列明保险责任和责任免除的目的在于明确保险人的赔付范围。

7. 保险期限

保险期限即保险合同的有效期限，是指保险合同的法律效力从开始生效到结束的时间段，又称保险期间，即保险人承担保险责任的起讫期间。它既是计算保险费的依据，又是保险人和被保险人享有权利、承担义务的根据。保险人仅对保险期内发生的保险事故承担赔偿保险金的义务。由于保险事故的发生是非确定性的，故而明确保险期间是十分重要的。相较于长期寿险或终身寿险等人身保险来说，财产保险的保险期限较短，一般只有一年。确定保险期间通常有两种方式：自然时间期间和行为时间期间。前者是根据保险标的保障的自然时间所确定的保险期间，常以年为计算单位，如企业财产保险等；后者是根据保险标的保障的运动时间所确定的保险期间，常以保险标的的运动过程为计算单位，如建筑工程保险、货物运输保险分别以工程时间和航程时间作为保险期间。保险期间必须在条款中予以明确。

8. 保险金赔付方法

财产保险合同中赔偿金的赔付方式上不同于人身保险。人身保险的赔偿金赔付一般是按照约定的给付额或者实际的治疗费用进行赔偿。财产保险中一般是以现金的形式进行赔偿，不负责对损失的财产恢复原状或者以实物进行赔偿。但是合同当事人有约定的除外，如重置、修复等方式。

9. 违约责任和争议处理

违约责任是合同当事人未履行合同义务时所应承担的法律后果。当事人双方可以自行约定违约责任的内容，并明确写在保险合同中。如果出现违约责任而造成了对责任认定的争议，可以采取自行协商的办法解决，也可以申请调解、仲裁或者诉讼解决。

10. 订立合同的时间

合同订立时间对双方当事人的权利和义务、合法保险利益是否存在、相关法律主张、合同效力等具有重要的意义。

（二）财产保险合同的主要形式

财产保险合同按照其订立的程序，大致可以分为以下几种书面形式。

1. 投保单

投保单是投保人向保险人申请订立保险合同的书面要约。投保单一般由保险人按照统一的格式准备，投保人按照保险人的要求填写。不论是投保人主动填写，还是受到保险人或其代理人的邀请，都不改变投保单的要约性质。

投保单中列明订立保险合同所必需的项目，供保险人据以考虑是否接受承保。投保人要如实填写投保单的内容，履行告知义务，否则将影响保险合同的效力，当保险事故发生时，投保人或被保险人的要求有可能得不到保障。其内容一般包括投保人和被保险人的地址、保险标的、坐落地点、投保险别、保险金额、保险期间、保险费率等，但因险种不同而异。

2. 暂保单

暂保单是保险单或保险凭证未签发之前保险人或保险代理人向投保人签发的临时凭证，亦称临时保险单，有时在保险代理人收到第一期保费后发出，其作用是证明保险人已同意投保。

暂保单的内容比较简单，仅载明与保险人已商定的重要项目，如保险标的、保险责任范围、保险金额及保险费率、承保险种、被保险人的姓名、缔约双方当事人的权利和义务及保险单以外的特别保险条件等。暂保单具有证明保险人已同意投保的效力。签发暂保单一般有以下情况：

（1）保险代理人在争取到保险业务但未向保险人办妥保险单手续前，可先签发暂保单，以作为保障的证明。

（2）保险公司的分支机构在接受投保人的要约后但尚需获得上

级保险公司或保险总公司批准前，可先签发暂保单，以作为保障的证明。

（3）保险人和投保人在洽谈或续订保险合同时，订约双方当事人已就主要条款达成协议，但尚有一些条件需进一步商讨，在未完全谈妥前可先签发暂保单，以作为保障的证明。

（4）保险单是出口贸易结汇的必备文件之一，在尚未出立保险单和保险凭证之前，可先签发暂保单，证明出口货物已经办理保险，作为出口结汇的凭证之一。

（5）正式保单需由电脑统一处理，而投保人又需要保险凭证。在这种情况下，保险人在保单做成交付前先签发暂保单，作为保险合同的凭证。

暂保单具有与保险单或保险凭证同等的法律效力，但其有效期限通常以30天为限，保险单一经出立，暂保单便自动失效。保险单出立前，保险人亦可终止暂保单，但必须在预定时间前通知被保险人。

3. 保险凭证

保险凭证亦称小保单，是保险人签发给投保人的证明保险合同已经订立的一种书面文件。其所列项目与保险单完全相同，并声明以某种保险单所载明的条款为准，但是不载明保险条款，实质上是一种简化的保险单，它与保险单具有同等的法律效力。如果保险凭证尚未列明其内容，则应以同类保险单载明的详细内容为准；如果保险单与保险凭证的内容有抵触或保险凭证另有特约条款，则应以保险凭证为准。保险凭证在一定的业务范围内使用，其使用的场合主要有：

（1）在团体保险中采用，以证明其已投保。

（2）在汽车保险业务中，多辆汽车由一张保单承保，但每辆汽车需要有单独的保险凭证随车同行，以便于运输途中保险事故的处理和有关部门的查询之用。

（3）在货物运输保险预约保单下，每笔货物需签发单独的保险凭证。该凭证是根据预约保单出立的，被保险人向保险人签发货物起运通知书，保险人据此签发保险凭证。

4. 保险单

保险单是保险人和投保人之间订立保险合同行为的一种最正式的书面形式。一般由保险人签发给投保人。保险单将保险合同的全部内容详尽列明，包括双方当事人的权利和义务以及保险人应承担的风险责任。保险单的主要结构包括：保险项目、保险责任、责任免除及附注条件等。保险单的正面采用表格方式，其填写内容包括保险人、投保人和被保险人，保险标的的详细说明。保险单的背面是保险条款，具体包括：保险人及被保险人的权利和义务、保险责任、责任免除、保险期限、保费与退费、索赔与理赔、争议处理等。保险单是保险双方当事人确定权利和义务以及在保险事故发生遭受经济损失后被保险人索赔、保险人理赔的主要依据。

5. 批单

批单（endorsement）又称背书，是保险人应投保人或被保险人的要求出立的修订或更改保险单内容的证明文件。它是变更保险单内容的批改书。批单通常在两种情况下适用：一是对已印制好的标准保险单所作的部分修正，这种修正并不改变保险单的基本保险条件，但会缩小或扩大保险责任范围。二是在保险合同订立后的有效期对某些保险项目进行更改和调整。保险合同订立后在有效期内双方当事人都有权通过协议更改和修正保险合同的内容。若投保人需要更改保险合同的内容需向保险人提出申请、经保险人同意后出立批单。批单可在原保险单或保险凭证上批注，也可另外出立一张变更合同内容的附贴便条。凡经批改过的内容，以批单为准；多次批改，应以最后批改为准。批单一经签发，就自动成为保险单的一个重要组成部分。

（三）财产保险合同双方的权利与义务

保险合同中的各项条款规定了保险双方当事人的权利和义务，为了使保险合同能够正常履行，保险双方当事人应当按照合同的规定，行使自己的权利，履行自己的义务。

1. 投保人（被保险人）的权利

财产保险合同的投保人或被保险人的权利主要是保险金请求权和保险合同解约权。

（1）保险金请求权。保险金请求权是保险的保障功能得以实现的关键，当财产保险合同中约定的保险事故发生造成损失时，被保险人有权向保险人提出索赔。《保险法》第二十三条第三款规定：“任何单位和个人不得限制被保险人或者受益人取得保险金的权利。”但同时，被保险人的保险金请求权也受一定的时间限制。《保险法》第二十六条第一款规定：“人寿保险以外的其他保险的被保险人或者受益人，向保险人请求赔偿或者给付保险金的诉讼时效期间为两年，自其知道或者应当知道保险事故发生之日起计算。”

（2）保险合同解约权。为了保障被保险人的利益，《保险法》第十五条规定：“除本法另有规定或者保险合同另有约定外，保险合同成立后，投保人可以解除合同，保险人不得解除合同。”这是因为投保人是转嫁风险的一方，而保险人是接受风险的一方，如果赋予保险人无条件主动解除合同的权利，会使保险人产生故意解除合同以逃避责任的动机，有违保险的宗旨。

但在货物运输保险和运输工具航程保险中，投保人的解约权受到了限制。《保险法》第五十条规定：“货物运输保险合同和运输工具航程保险合同，保险责任开始后，合同当事人不得解除合同。”这项规定主要是为了防止逆向选择而设定，若不对投保人的解约权加以限制，那么大量未发生保险事故的被保险人很可能在运输途中或运输行程即将结束时要求退保，风险池中剩下的大多是已发生保险事故的保险标的，保险人经营的稳定性受到不利影响。同时，由于保险标的处于流动状态，保险期间以运输行程长短来确定，解约极易引起纠纷。

投保人要求解除合同后，保险人应当将能够退还的部分保险费退还给投保人。《保险法》第五十四条规定：“保险责任开始前，投保人要求解除合同的，应当按照合同约定向保险人支付手续费，保险人应当退还保险费。保险责任开始后，投保人要求解除合同的，保险人应当将已收取的保险费，按照合同约定扣除自保险责任开始之日起至合同解除之日止应收的部分后，退还投保人。”

2. 投保人（被保险人）的义务

（1）交付保险费的义务。交付保险费是投保人最重要的义务。投保人必须按照约定的时间和方法交付保险费。一般来说，财产保险合同采用一次交付保险费的形式。如果财产保险合同的投保人没有按照合同的约定履行交付保费的义务，保险人可以选择请求投保人交付保险费及其延迟利息，也可以终止保险合同。在保险实务中，非投保人也可以替投保人交付保费，但是其也不会因此而享有保险合同上的利益，保险人也不能在其投保后，请求其继续支付，而只能向投保人做出请求。

（2）告知义务。根据保险合同订立以及履行的不同阶段，可以将告知义务分为以下几种：

第一，在订立保险合同时需要履行如实告知义务。投保人需要向保险人如实说明保险标的所有重要事项，为了避免投保人不知道何为重要事项而漏报，我国一般采用询问告知的形式，即保险人就保险标的的有关情况向投保人提出询问，投保人需要如实回答。

第二，在保险期间内需要及时告知保险标的的变更情况以及“危险增加”情况。在保险期间内，如果财产保险标的的所有权发生了转让，投保人需要及时向保险人报告，以便保险人审核风险状况，尽快做出继续承保与否的决定。另外，投保人也应该及时向保险人报告保险标的“危险增加”的情况。《保险法》第五十二条规定：“在合同有效期内，保险标的的危险程度显著增加的，被保险人应当按照合同约定及时通知保险人，保险人可以按照合同约定增加保险费或者解除合同。”“被保险人未履行前款规定的通知义务的，因保险标的的危险程度显著增加而发生的保险事故，保险人不承担赔偿保险金的责任。”保险人在接到相关告知后，或者在已经知晓的情况下，应在一定期限内做出增加保费或者解除合同的意思表示。

第三，在保险事故发生后，投保人需要及时告知保险人。保险事故的发生，意味着保险人承担保险责任，履行保险义务的条件已经产生。保险人如果能够及时得知情况，一方面可以采取适当的措施及时止损，另一方面也可以迅速查明事实，确定损失，明确责任。《保险法》第二十一条规定："投保人、被保险人或者受益人知道保险事故发生后，应当及时通知保险人。故意或者因重大过失未及时通知，致使保险事故的性质、原因、损失程度等难以确定的，保险人对无法确定的部分，不承担赔偿或者给付保险金的责任，但保险人通过其他途径已经及时知道或者应当及时知道保险事故发生的除外。"

（3）避免损失扩大的义务。在保险事故发生以后，投保人不仅应该及时通知保险人，还应当采取各种必要的措施，进行积极的施救，以避免损失的扩大。《保险法》第五十七条规定："保险事故发生时，被保险人应当尽力采取必要的措施，防止或者减少损失。保险事故发生后，被保险人为防止或者减少保险标的的损失所支付的必要的、合理的费用，由保险人承担；保险人所承担的费用数额在保险标的损失赔偿金额以外另行计算，最高不超过保险金额的数额。"

3. 保险人的权利

由于财产保险合同的双务性，合同双方当事人的权利义务是对等的，因此，被保险人承担的义务往往是保险人享有的权利。财产保险合同的保险人的权利包括收取保费的权利、介入权、索赔处理权、代位求偿权和解约权。

（1）收取保费的权利。保险人收取保费的权利和被保险人缴付保费的义务是相对应的，这是保险人的基本权利。如财产保险合同的投保人未能依照合同规定履行缴付保费的义务，保险人可以选择请求投保人缴付保费或终止保险合同。

（2）介入权。在财产保险中，保险人是保险标的受损后的风险承担者，因此，为了保障自身的合法利益与经营效益，保险人的介入权就十分有必要。财产保险合同保险人的介入权主要体现为，适时勘察被保险人的经营场所以及其他财产，对被保险人提出各种防灾建议等。《保险法》第五十一条第二款规定："保险人可以按照合同约定对保险标的的安全状况进行检查，及时向投保人、被保险人提出消除不安全因素和隐患的书面建议。"该条第四款又规定："保险人为维护保险标的的安全，经被保险人同意，可以采取安全预防措施。"

（3）索赔处理权。财产保险合同保险人的索赔处理权主要是针对责任保险而言的。由于责任保险合同的受害第三人可以直接向保险人提出索赔，因此在发生保险责任事故时，未经保险人书面同意，被保险人或其代表自行对索赔方做出的任何承诺、拒绝、出价、约定、付款或赔偿，保险人均不承担责任。《保险法》第六十一条规定："保险事故发生后，保险人未赔偿保险金之前，被保险人放弃对第三者请求赔偿的权利的，保险人不承担赔偿保险金的责任。保险人向被保险人赔偿保险金后，被保险人未经保险人同意放弃对第三者请求赔偿的权利的，该行为无效。"此外，某些责任保险险种的条款中还规定，必要时，保险人可以以被保险人的名义对诉讼进行抗辩或处理有关索赔事宜。

（4）代位求偿权。财产保险合同中保险人的代位求偿权是保险事故中肇事的第三者应当对被保险人承担民事赔偿责任，且保险人按合同规定向被保险人履行赔偿义务后取得的。第六十条第一款规定："因第三者对保险标的的损害而造成保险事故的，保险人自向被保险人赔偿保险金之日起，在赔偿金额范围内代位行使被保险人对第三者请求赔偿的权利。"该条第三款又规定："保险人依照本条第一款规定行使代位请求赔偿的权利，不影响被保险人就未取得赔偿的部分向第三者请求赔偿的权利。"因此，保险人的代位求偿权被限定在赔偿金额范围内。若保险人向第三者追偿的部分超过了保险人的赔偿金额，应将超过部分返还给被保险人。

（5）解约权。虽然为了保障被保险人的利益，财产保险合同的保险人不得无条件主动解约，但在投保人或被保险人未履行其义务的一些情形下，为控制投保人或被保险人的道德风险，保证保险人的正常经营，保险人可拥有主动解约的权利。这些情形包括：投保人或被保险人未履行如实告知义务、投保人或被保险人未履行维护保险标的安全的义务、投保人或被保险人故意制造或谎称保险事故、保险标的风险程度显著增加等。

4. 保险人的义务

保险人在保险合同的订立与履行的不同阶段也承担着不同的义务，主要为以下几种：

（1）说明义务。该义务主要体现在保险合同订立时以及保险事故发生后是否赔付的说明义务。在保险合同订立时，保险人或其代理人需要就保险条款的内容向投保人进行说明，尤其是就保险合同中的保险责任、特殊约定以及除外责任等进行说明。保险法规定，如果保险人或代理人没有就条款内容作出明确的说明，则该条款不产生效力。在保险事故发生后，保险人做出不赔偿的决定时，需要在规定的时间内向被保险人或者受益人说明其拒绝赔偿的理由。

（2）调查以确定损失赔偿责任的义务。调查义务主要分为两个方面：一是在订立保险合同时，保险人要运用自身的专业知识与经验，进一步就订立事项进行更为详细的调查；二是在保险事故发生后，保险人应该在接到通知或者知晓情况后及时就保险事故发生的原因、损失程度等情况进行认真的调查。

确定损失赔偿责任主要是指，在保险事故发生后，在调查的过程中需要根据保险合同的约定从基本责任、附加责任和除外责任三个方面对责任范围进行限定。

（3）及时履行赔偿责任的义务。在保险责任范围内的事故发生后，保险人应当及时向被保险人或受益人支付保险金，这是保险人履行合同的关键环节，也是保险人至关重要的义务。保险人收到被保险人或者受益人的赔偿请求后，应当及时作出决定，保险人应在规定的时间内履行完成赔偿给付义务。在财产保险中确定赔偿给付金额时，应该以保险标的的实际损失而定，但最高以保险金额为限。

第三节　财产保险合同的订立、变更和争议处理

一、财产保险合同的订立

保险合同的订立是投保人与保险人之间基于意思表示一致而作出的法律行为。一般的合同在订立时需要经历两个阶段：要约和承诺。财产保险合同也不例外。

（一）要约

按照合同法的规定，要约是希望和他人订立合同的意思表示。一个有效的要约应该具备三个条件：一是要约须明确表示订约愿望；二是要约须具备合同的主要内容；三是要约在其有效期内对要约人具有约束力。在财产保险合同中，一般以投保人提交填写好的投保单为要约，即投保人向保险人提交要求订立保险合同的书面意思表示。

虽然在保险实务中，一般都是保险人或其代理人主动将投保单发放给投保人，其性质属于要约邀请，但是该行为仍然不改变投保人是要约方的实质。

（二）承诺

承诺是指当事人另一方就要约方的提议而作出的意思表示。通常，保险人在接到投保人的投保单后，经核对、查勘及信用调查，确认一切符合承保条件时，签章承保即为承诺，保险合同即告成立。承诺的方式可以按法律规定向投保人签发保险单或保险凭证或暂保单，

也可以是保险人直接在投保人递交的投保单上签章表示同意。保险人的承诺需由保险人亲自或由其代理人作出，且必须在要约的有效期内作出。承诺自通知到达要约人时生效，承诺生效时财产保险合同即成立。

在此需要说明的是，在保险人作出承诺后，保险合同随之成立。一般情况下，合同一经成立，即发生法律效力。但是在保险合同中，通常会约定合同成立后的某一时间开始生效。财产保险合同的生效为保险权利义务的开始，即保险责任通常在投保人履行了交付保险费的义务后才开始，合同的生效时间一般为合同成立，也可以特别约定。当然，由于保险期间的不同，保险责任的开始时间也不同。例如，我国对定期保险，除非合同另有约定，保险责任的开始时间一般在投保人履行了交付保险费的义务后的零时才开始；对航程保险，保险责任的开始时间一般自起运港起运开始。

二、财产保险合同的变更

财产保险合同的变更，是指在保险合同存续期间，经过保险人和投保人协商同意，就保险合同的相关内容进行变更。由于财产保险合同大多为短期合同，因此财产保险合同的变更大部分是由于保险标的转让而引起的被保险人等合同主体的变更以及保险标的数量增减、地址变动引起的保险合同内容的变更。另外，财产保险合同的变更只能发生在保险合同订立之后尚未完全履行之前；财产保险合同的变更一般不涉及已履行的部分，只对未履行的部分发生效力。

（一）财产保险合同主体的变更

财产保险合同主体的变更是指保险合同当事人的变更。一般来说，主要是指投保人、被保险人的变更，而不是保险人的变更。由于财产保险合同主体的变更大多是由于保险标的的权利发生转移而引起的，因此，保险合同的变更通常又叫作保险合同的转让。在财产保险中，虽然一般情况下保险合同的转让是随着保险标的的转移而发生的，但是财产保险标的的所有权的转移并不当然地导致合同的转让。因为财产保险标的的转移是一种物权行为，取决于转移双方的意志；财产保险合同的转移是一种债权债务关系的转移，而且还涉及保险人这个第三方，因此该行为受到投保人或被保险人与合同受让人以及保险人三方的意志。

在财产保险中对保险标的的转移一般有两种情况：一是保险标的的转移必须经过保险人的同意。《保险法》第四十九条就此项内容作出了明文规定：“保险标的转让的，被保险人或者受让人应当及时通知保险人，但货物运输保险合同和另有约定的合同除外。”二是允许保单随着保险标的的转让而自动转移，不需要征得保险人的同意。一般情况下，海上货物运输保险适用于第二种情况。这是因为海上货物运输路途遥远，货物从始发地到达目的地的过程中可能几经易手，保险利益也会随之转移；另外，海上货物保险中的货物在整个运输过程中始终在承运人的控制与保管之下，被保险人的变化并不会引起风险的变化，货物不会因自由转让而增加风险，从而不会引起保险人责任的变化。因此，结合实际情况以及为了保障国际贸易的通畅，海上货物运输保险的保险标的转移不需要经过保险人的同意。

（二）财产保险合同内容的变更

财产保险合同内容的变更是在合同主体不变的情况下，由合同当事人按照法律规定或合同约定，协商改变合同中约定的事项。财产保险合同内容的变更主要包括：被保险人性质或状况的改变；保险标的的数量、品种、价值或存放地点的改变；保险期间变更；保险金额变更；保险责任范围变更；货物运输保险中的航程变更等。合同内容的变更都与保险人承担的风险密切相连。合同的任何一方都有变更合同内容的权利，同时也负有与对方共同协商的义务。因此，投保人只有提出变更申请，并经保险人审批同意、签发批单或对原保险单进行批注后才产生法律效力。《保险法》第二十条规定：“投保人和保险人可以协商变更合同内容。变更保险合同的，应当由保险人在保险单或者其他保险凭证上批注或者附贴批单，或者由投保人和保险人订立变更的书面协议。”

（三）财产保险合同变更的程序

在财产保险实务中，对于财产保险主体的变更一般是由投保人向保险人提出。对于保险合同的内容变更则是双方基于自身的实际情况和经验向对方提出变更的申请，经协商后决定是否变更。依照我国法律规定，财产保险合同的内容变更须经过下列主要程序：投保人向保险人及时告知财产保险合同内容变更的情况；保险人进行审核，若需增加保险费，则投保人应按规定补交，若需减少保险费，则投保人可向保险人提出要求，无论保险费是增加、减少还是不变，均要求当事人取得一致意见；保险人签发批单或附加条款。上述程序使财产保险合同内容的变更完成，变更后的财产保险合同是确立保险双方当事人权利和义务关系的依据。

三、财产保险合同的终止

财产保险合同的终止是指合同当事人因法律规定的原因出现而使双方的权利义务不复存在。根据《合同法》第九十一条的规定和财产保险合同的特殊性，将财产保险合同终止的原因归纳为因保险期限届满而自然终止、因履行赔偿义务而终止、因解除合同而终止、因违约失效而终止四类。

（一）因保险期限届满而自然终止

保险合同是一种债权、债务关系，而且在合同中也都明确说明了该关系存续的时间。保险合同订立后，虽然未发生保险事故，但如果合同的有效期已经届满，则保险人的保险责任即自然终止。这种自然终止，是保险合同终止中最普遍、最基本的原因。

（二）因合同解除而终止

财产保险合同的解除是在财产保险合同期限尚未届满前，合同一方当事人依照法律或约定行使解除权，提前终止合同效力的法律行为。解除权可由保险人行使，也可由投保人行使（又称退保）。但是对保险人解除合同的规定比较严格，一般如果投保人没有明显违约，保险人不能主动提出解除合同。《保险法》第十五条规定："除本法另有规定或者保险合同另有约定外，保险合同成立后，投保人可以解除合同，保险人不得解除合同。"当事人行使解除权，应当符合法律规定的条件。这些条件是：必须在可以解除的范围内行使解除权；必须存在解除的事由；必须以法律规定的方式解除；必须在时效期内行使解除权。

在实践中，保险合同的解除可以分为法定解除、约定解除和任意解除。

1. 法定解除

法定解除是指法律规定的原因出现时，保险当事人一方（一般是保险人）依法行使解除权，消灭已经生效的保险合同关系。但是针对不同的当事人，法定解除的规定也有所不同：

（1）法律对投保人的解除权作出了两种不同的规定：一是合同约定可以于保险责任开始后解除合同的，投保人可要求解除合同，同时对自保险责任开始之日起至合同解除之日止的保险费不得要求返还，只能对剩余部分要求予以退还；二是在合同没有约定的情况下，投保人不得要求解除合同。

（2）法律对保险人的解除权作出了相对投保人更为严格的规定：

第一，投保人、被保险人或者受益人违背诚实信用原则。第二，在财产保险合同中，投保人、被保险人未按照约定履行其对保险标的的安全应尽的责任的，保险人有权解除合同。第三，在财产保险合同有效期内，保险标的的危险增加。

2. 约定解除

约定解除又称协议注销终止，是指财产保险合同双方当事人依照合同约定，在合同有效期内发生约定情况时可随时注销财产保险合同。约定解除要求财产保险合同双方当事人应当在合同中约定解除的条件，一旦约定的条件成立，一方或双方当事人便有权行使解除权，使合同的效力归于消灭。

3. 任意解除

任意解除是指法律允许双方当事人都有权根据自己的意愿解除合同。但是，并非所有的保险合同都可以由当事人任意解除和终止的，它一般有着严格的条件限制。

（三）因履行赔偿义务而终止

保险事故发生后，在保险人完成了全部保险金额的赔偿义务后，财产保险合同即告终止。例如在财产损失保险中，遭受实际全损或推定全损后的保险标的已经灭失或已无法恢复原有使用价值，保险人按照全损赔偿，已履行了全部的赔偿义务，则保险合同因此而终止。

在此需要说明的是，并不是保险人履行了赔偿责任保险合同就即刻终止。有些保险合同中规定保险人承担的赔偿责任可能不止一次。例如，在船舶保险中规定：若在保险合同有效期内船舶发生全部损失，一次保险事故的损失达到保险金额，则保险人按保险金额赔偿后，保险合同即告终止；若在保险合同有效期内发生数次部分损失，在有些合同中由于每次损失的赔偿款均未超过保险金额，即使保险赔款累计总额已达到或超过保险金额，保险人仍需负责到保险合同期限届满才告合同终止。

（四）因违约失效而终止

财产保险合同的保险人有权因被保险人的某些违约行为而使合同失效并终止合同，常见的这类违约行为是被保险人未能如期缴纳保费。对于保险期限较长的人身保险合同来说，如投保人未能如期缴纳保费，保险合同将中途失效，但如果投保人在一定期限内恢复缴纳或补缴保费，违约失效而中止的合同随即复效。但财产保险由于保险期限较短，保费通常需在期初一次性缴清，因此投保人如不能按期缴纳保费，保险人将有权使合同失效且无法再恢复效力。

另外，如果在订立了保险合同之后投保人或被保险人没有履行约定的相关义务，比如，没有如实申报、漏报或故意瞒报；没有尽到安全防灾义务；没有及时通知保险标的风险改变情况；没有履行出险施救、通知义务等。由此导致保险事故发生或者使保险人没有准确、及时了解保险标的的情况，保险人有权终止保险合同。

四、财产保险合同的争议处理

财产保险合同成立后，双方当事人在履行保险合同的过程中，就合同履行时的具体做法而产生意见分歧或纠纷。有些纠纷是由于对保险条款的内容理解有差异产生的；有些纠纷是因为违约而造成的。在保险合同的履行过程中，如果双方当事人发生了纠纷和争议，应该按照一定的原则和程序进行处理。

（一）保险合同的解释原则

保险合同的解释是指当保险当事人由于对合同的理解不同而发生争议时，依照法律规定的方式或者约定俗成的方法，对保险合同的内容或文字的含义予以确定或说明。主要的解释原则有以下几种：

1. 文义解释原则

文义解释就是按照合同条款通常的文字含义结合上下文来解释，既不超出也不缩小合同用语的含义。文义解释是解释保险合同条款最主要的方法。财产保险合同中的专业术语应按该行业通用的文字含义解释，同一合同中出现的同一词其含义应该一致。当合同的某些内容产生争议而条款文字表达又很明确时，首先应按照条款文义进行解释，切忌主观臆断。

2. 意图解释原则

意图解释是指在无法运用文字解释时，通过其他背景材料进行逻辑分析来判断合同当事人订约时的真实意图，由此解释保险合同条款的内容。保险合同的真实内容应是当事人通过协商后形成的一致意思表示。意图解释只适用于合同条款不精当、语义混乱，不同的当事人对同一条款所表达的实际意思理解有分歧的情况。如果文字表达清楚，没有含糊不清的地方，就必须按照字面解释，不得随意推测。在实际工作中，应尽量避免使用意图解释，以防止意图解释过程中可能出现的主观性和片面性。

3. 有利于被保人的解释原则

有利于被保险人的解释原则，是指当保险合同的当事人对合同条款有争议时，法院或仲裁机关要作出有利于被保险人的解释。这是因为多数财产保险合同的条款是由保险人事先拟订的，保险人在拟订保险条款时，对其自身利益应当是进行了充分的考虑，投保人只能选择同意或不同意接受保险条款，而不能对条款进行修改。只有当财产保险合同条款由保险人起草且模棱两可、语义含混不清或一词多义，而当事人的意图又无法判明时，才能采用该解释原则。所以，《保险法》第三十条规定："采用保险人提供的格式条款订立的保险合同，保险人与投保人、被保险人或者受益人对合同条款有争议的，应当按照通常理解予以解释。对合同条款有两种以上解释的，人民法院或者仲裁机构应当作出有利于被保险人和受益人的解释。"

4. 批注优于正文、后加的批注优于先加的批注的解释原则

在财产保险实务中，为了满足不同投保人的需要，有时保险人要在统一印制的保险单上增加批注，或增减条款或进行修改。无论以什么方式更改条款，如果前后条款内容有矛盾，后加的批注、条款应当优于原有的条款。保险合同更改后应写明批改日期。如果由于未写明日期而使条款发生矛盾，手写的批注应当优于打印的批注。

5. 补充解释原则

由于保险业务是一种专业性极强的业务，而且实际情况也会有所变化。当保险合同的条款约定内容有遗漏或不完整时，比如各地区保险业的专业用语或行业用语不同，此时应该借助商业习惯、国际惯例等原则对保险合同的内容进行务实、合理的补充解释。

（二）保险合同争议的处理方式

《合同法》第一百二十八条规定："当事人可以通过和解或者调解解决合同争议。当事人不愿和解调解或者和解、调解不成的，可以根据仲裁协议向仲裁机构申请仲裁。涉外合同的当事人可以根据仲裁协议向中国仲裁机构或者其他仲裁机构申请仲裁。当事人没有订立仲裁协议或者仲裁协议无效的，可以向人民法院起诉。当事人应当履行发生法律效力的判决、仲裁裁决、调解书；拒不履行的，对方可以请求人民法院执行。"因此财产保险合同争议解决方法主要有四种：协商、调解、仲裁和诉讼。

1. 协商

协商是财产保险合同双方当事人在自愿、平等和相互谅解的基础上，按照法律、政策的规定，对争议事项进行协商，互相作出一定的让步以达成协议，解决纠纷。自行协商是解决争议的最简单、最基本的办法，有助于增进双方的进一步信任与合作，并且有利于合同的继续履行。

2. 调解

调解是指合同争议双方在遵守法律、政策与平等自愿的原则，在合同管理机关或法院的参与下，通过说服教育的方式，使双方能够自愿达成协议，解决纠纷。一般情况下，如果有一方不愿调解，则就不

能进行调解。

根据调解时第三人的身份不同，财产保险合同的调解可分为行政调解、仲裁调解和法院调解。行政调解是由各级保险管理机关主持的调解，从法律效果来看，行政调解不具有法律强制执行的效力；仲裁调解和法院调解一经形成调解协议，即具有法律强制执行的效力，当事人不得再就同一事件提交仲裁或提起诉讼。任何一方当事人不履行仲裁调解协议或法院调解协议，对方当事人都可申请法院强制执行。我国在处理合同纠纷时，坚持先行调解原则，调解不成时，仲裁机关可作出裁决或由人民法院作出判决。

3. 仲裁

仲裁是指争议双方当事人依照合同中的仲裁条款或仲裁协议，自愿将彼此间的争议交由双方当事人共同信任的法律认可的仲裁机构居中调解，并作出裁决。仲裁是一裁终局，且具有法律效力，如果一方不执行仲裁决定，另一方可向法院申请强制执行。

4. 诉讼

诉讼是指争议双方当事人的一方按照民事法律诉讼程序向人民法院对另一方当事人提出权益主张，并要求法院予以解决和保护的请求。这种方式是解决争议时最激烈的一种方式。双方当事人因保险合同发生纠纷时，有权以自己的名义直接请求法院通过审判给予法律上的保护。

合同当事人一方如果提起诉讼，应当向保险合同的履行地或被告住所地人民法院送交起诉书，并应提供有关凭证；当法院受理后，应诉一方在规定期限内，提出答辩，提交法院。在公开审理中，法院可先进行调解，调解不成时，再进行判决，制作判决书。当事人提起诉讼应当在法律规定的时效范围以内。

本章小结

1. 财产保险合同是以财产及其有关利益为保险标的的保险合同。其本质就是规范合同当事人在财产保险合同订立、履行、变更和消灭过程中的权利与义务。

2. 财产保险合同具有补偿性、射幸性、双务性、附和性、对人合同等特点。

3. 财产保险合同可以按照不同的标准进行分类。

4. 保险合同由主体、客体、内容三个要素组成。合同的主体包括当事人和关系人，如投保人、被保险人、保险人、受害第三人。另外保险代理人、保险经纪人和保险公估人是保险合同的特殊关系人。合同的客体是指投保人对保险标的所具有的经济利益。合同的内容是指保险合同当事人拥有的由法律所规定的权利和义务关系。

5. 财产保险合同的变更，是指在保险合同存续期间，经过保险人和投保人协商同意，就保险合同的相关内容进行变更。

6. 财产保险合同的终止是指合同当事人因法律规定的原因出现而使双方的权利义务不复存在。财产保险合同终止的原因归纳为因保险期限届满而自然终止、因履行赔偿义务而终止、因解除合同而终止、因违约失效而终止四类。

7. 财产保险合同的争议及处理。财产保险合同成立后，双方当事人在履行保险合同的过程中，就合同履行时的具体做法而产生意见分歧或纠纷。因此财产保险合同争议解决方法主要有四种：协商、调解、仲裁和诉讼。

思考与练习

1. 什么是财产保险合同？有哪些特点？

2. 财产保险合同是对人的合同体现在哪些方面？

3. 财产保险合同中是否也应该规定有受益人呢？是出于哪些方面的考虑？

4. 从财产保险的角度思考保险标的与保险利益有何关系？另外，保险标的的所有权改变后保险利益也会随之改变吗？寻找案例并结合《保险法》进行解释。

5. 解释一下投保人和被保险人有哪些义务？

6. 解释保险合同终止的几种情况？

7. 在保险合同争议的处理方式中，相比较其他方式，仲裁有哪些特点？

第三章

财产保险的基本原则

本章提要

本章阐述最大诚信原则、损失赔偿原则、保险利益原则与近因原则四项基本原则在财产保险经营中的运用，包含四项原则的具体含义、基本内容以及如何应用等。

学习目标

掌握最大诚信原则、损失赔偿原则、保险利益原则与近因原则四项基本原则的含义与主要内容。

掌握损失赔偿原则的赔偿限度与赔偿方式，掌握重复保险分摊方式，会计算各种赔偿方式下的赔偿金额与重复保险各保险人的分摊金额。

掌握保险利益的含义与构成条件，熟悉保险利益原则在财产保险中的应用。

掌握近因的含义和判定方法，能够运用近因原则进行案例分析。

第一节　最大诚信原则

一、最大诚信原则的含义

最大诚信原则（principle of the utmost good faith）建立在一般民事活动所遵循的诚实信用原则基础上，是保险合同从订立到履行过程中所应用的诚实信用原则。通常，最大诚信原则可定义为在订立与履行保险合同过程中，双方当事人互不隐瞒、互不欺骗，遵守保险合同的约定与承诺，诚实地履行保险合同约定的责任或义务。如果一方当事人违反最大诚信原则，另一方当事人可以主张合同无效或解除合同、不履行合同约定的责任或义务，甚至有权要求对方赔偿因此造成的损失。

《保险法》第五条规定：“保险活动当事人行使权利、履行义务应当遵循诚实信用原则。”在财产保险活动中，这条规定既约束保险人，也约束投保人或被保险人。由于保险人在财产保险合同中承诺发生保险事故时赔偿被保险人的财产损失，因此保险人要求投保人或被保险人在投保时必须向保险人告知与保险标的风险状况有关的重要事实，即以最大诚信原则为签订合同的条件。《保险法》第十六条第一款规定：“订立保险合同，保险人就保险标的或者被保险人的有关情况提出询问的，投保人应当如实告知”，即是最大诚信原则的体现。保险人在签订保险合同时则不能欺骗投保人，隐瞒有关信息，虚假宣传，诱导投保人签订保险合同，这是保险人对于最大诚信原则的遵循。

最大诚信原则起源于海上保险。由于海上保险活动中的保险标的往往不在保险人所在之地，要通过投保人的陈述了解保险标的的风险状况以决定是否承保，因此特别要求投保人诚实无欺。该原则被写入英国《1906 年海上保险法》（*Marine Insurance Act* 1906），该法第十条规定：“海上保险合同是建立在最大诚信基础上的合同，若一方不遵守最大诚信，另一方可宣告合同无效。”

二、最大诚信原则的基本内容

最大诚信原则主要包含告知、保证、弃权与禁止反言三方面内容。

（一）告知

告知（disclosure）指的是保险合同一方当事人在保险合同订立和履行过程中就重要事实向另一方当事人所作的口头或书面的陈述。重要事实（material facts）是指能够决定一个审慎的保险人据以作出是否承保以及以什么条件承保的事实。告知主要是对投保人的要求。例如投保家庭财产保险时，投保人应将被保险的房屋的位置、结构、用途、消防设施等情况如实告知保险人，保险人据此判断是否承保，或者如果承保，费率是多少等承保条件。如果投保人没有履行如实告知义务，保险人可以解除合同或者拒绝承担保险责任。

1. 投保人的告知

《保险法》第十六条第二款规定：“投保人故意或者因重大过失

未履行前款[1]规定的如实告知义务，足以影响保险人决定是否同意承保或者提高保险费率的，保险人有权解除合同。”第四款规定：“投保人故意不履行如实告知义务的，保险人对于合同解除前发生的保险事故，不承担赔偿或者给付保险金的责任，并不退还保险费。”第五款规定：“投保人因重大过失未履行如实告知义务，对保险事故的发生有严重影响的，保险人对于合同解除前发生的保险事故，不承担赔偿或者给付保险金的责任，但应当退还保险费。”

告知有无限告知与询问告知两种形式。根据我国保险法的规定，采用的是询问告知形式，参见前述《保险法》第十六条第一款的内容。此外，对于财产保险还有其他需告知保险人的内容，例如保险标的危险程度显著增加、保险标的的转让、保险事故发生、重复保险情况等。《保险法》第五十二条第一款规定：“在合同有效期内，保险标的的危险程度显著增加的，被保险人应当按照合同约定及时通知保险人，保险人可以按照合同约定增加保险费或者解除合同。”第四十九条第二款规定：“保险标的转让的，被保险人或者受让人应当及时通知保险人，但货物运输保险合同和另有约定的合同除外。”第二十一条规定：“投保人、被保险人或者受益人知道保险事故发生后，应当及时通知保险人……”第五十六条第一款规定：“重复保险的投保人应当将重复保险的有关情况通知各保险人。”

同样地，如果投保人没有遵循上述的通知义务，即违反了最大诚信原则，所需承担的后果包含：因保险标的的危险程度显著增加而发生的保险事故，保险人不承担赔偿保险金的责任（《保险法》第五十二条第二款）；因转让导致保险标的危险程度显著增加而发生的保险事故，保险人不承担赔偿保险金的责任（《保险法》第四十九条第二款）；故意或者因重大过失未及时通知，致使保险事故的性质、原因、损失程度等难以确定的，保险人对无法确定的部分，不承担赔偿或者给付保险金的责任，但保险人通过其他途径已经及时知道或者应当及时知道保险事故发生的除外（《保险法》第二十一条第一款）。

2. 保险人的告知

根据最大诚信原则，《保险法》第十七条第一款规定：“订立保险合同，采用保险人提供的格式条款的，保险人向投保人提供的投保单应当附格式条款，保险人应当向投保人说明合同的内容。”这条规定要求保险人对于提供的格式条款需要尽到明确说明的义务。第二款规定：“保险人对保险合同中免除保险人责任的条款，保险人在订立合同时应当在投保单、保险单或者其他保险凭证上作出足以引起投保人注意的提示，并对该条款的内容以书面或者口头形式向投保人作出

① 见前文《保险法》第十六条第一款。

明确说明；未作提示或者明确说明的，该条款不产生效力。”这条规定明确指出保险人对免责条款不仅要作出提示，而且要明确说明内容。而保险人未履行最大诚信原则中告知的后果则是该免责条款不产生效力。

（二）保证

保证（warranty）是指保险合同当事人在保险合同中约定，投保人或被保险人确认或承诺某一特定事实的存在与否、某一特定行为的作为或不作为。这是投保人需要履行的义务。例如船舶保险中对船舶适航性的保证，企业财产保险中对仓库储存化学品有必要的消防设施的保证等。

保证的形式有明示保证（express warranty）与默示保证（implied warranty）两种。

1. 明示保证

明示保证是在保单上以条款的方式注明，或者在保单上附贴条款表示。《保险法》第五十一条第一款规定：“被保险人应当遵守国家有关消防、安全、生产操作、劳动保护等方面的规定，维护保险标的的安全。”这条规定为大多数财产保险合同中的保证条款。

2. 默示保证

默示保证是不记载在保单上而为行业要求所遵循的惯例或习惯，要求投保人或被保险人履行的事项。典型的默示保证是海上保险合同中的保证，通常不列明在保险合同中，而是由海上保险法作出规定：船舶适航、不绕航、合法航行。

违反保证相比违反告知的法律后果要更严重。《保险法》第五十一条第三款规定：“投保人、被保险人未按照约定履行其对保险标的的安全应尽责任的，保险人有权要求增加保险费或者解除合同。”由此可见，投保人、被保险人违反保证条款，保险人可以解除合同，不承担赔偿或给付保险金的责任，而不论是故意或重大过失所为。

（三）弃权与禁止反言

弃权（waiver）指的是保险合同一方当事人以明示或默示的形式放弃其在该保险合同中的权利。禁止反言（estoppel）也称禁止抗辩，指的是保险合同一方当事人既然已经放弃其在保险合同中可以主张的权利，此后不得再向其他当事人主张这种权利。

弃权与禁止反言是最大诚信原则中要求保险人遵循的内容。《保险法》第十六条第三款规定：“前款规定的合同解除权，自保险人知道有解除事由之日起，超过三十日不行使而消灭。自合同成立之日起超过两年的，保险人不得解除合同；发生保险事故的，保险人应当承担赔偿或者给付保险金的责任。”第六款规定：“保险人在合同订立时已经知道投保人未如实告知的情况的，保险人不得解除合同；发生保险事故的，保险人应当承担赔偿或者给付保险金的责任。”上述法律规定指出保险人有合同解除权，而对行使合同解除权限定了时间，如果没有在三十日内解除合同，则权利消灭；如果合同成立之后超过两年，则不可以行使合同解除权。因此要求保险人及时行使合同解除权，否则未来就不得再行使，以免损害被保险人的利益。

构成弃权的要件有两个：一是保险人有弃权的意思表示，可以采用明示或默示的方式表示；二是保险人必须知道存在可以主张放弃的权利。此外，需要注意的是，弃权与禁止反言也一样约束保险代理人，由于保险代理人代表的是保险人，因此保险代理人的弃权也即保险人的弃权。

第二节　损失赔偿原则

损失赔偿原则（principle of indemnity）是在财产保险理赔中所遵循的基本原则，是保险经济补偿功能的直接体现。在损失赔偿原则基础上派生出两个原则：代位原则与重复保险分摊原则。

一、损失赔偿原则的基本内容

（一）损失赔偿原则的含义

损失赔偿原则是指在财产保险合同中，保险人对发生保险事故造成被保险人的财产损失的赔偿数额，以其遭受的损失为限，赔偿后可以在一定程度上使被保险人恢复到没有发生损失前的状态，而不能从中获益。即被保险人仅有权取得其所遭受损失的赔偿。损失赔偿原则表明，一是有损失才有赔偿，以保险标的在保险期限内发生保险事故造成保险责任范围内的损失为条件。二是赔偿以实际损失为限。保险保障的是被保险人的经济利益，弥补的是被保险人的财产遭受的实际损失，以防止被保险人通过保险获得额外利益。这也体现了保险与赌博的根本区别。

（二）损失赔偿的限度

损失赔偿原则规定了损失赔偿的限度，包含实际损失、保险金额与保险利益三项限度，这三项限度同时适用。

1. 以实际损失为限

以实际损失为赔偿限度，表明损失赔偿原则既弥补了被保险人的财产损失，又能防止被保险人获得额外利益，能够在赔偿被保险人后使其恢复到事故发生前的经济状态。由于在实际赔偿中财产的价值经常发生波动，所以在理赔时，以损失当时的实际价值或市价为准计算赔偿。例如某机器设备投保企业财产保险，投保金额为100万元，因火灾遭受全部损失。保险公司理赔时，机器设备的市价下降到90万元，即实际价值90万元，保险公司只能赔偿实际损失90万元，而不能赔偿100万元。需要注意的是，以实际损失为限只适用不定值保险的赔偿。

2. 以保险金额为限

保险金额是保险人承担赔偿责任的最高限额。保险金额对应投保人所缴纳的保费，因此赔偿的金额不能超过保险金额。在上例中如果机器设备的损失是110万元，高于保险金额100万元，保险人只能赔偿100万元。

3. 以保险利益为限

保险利益是投保人对保险标的所具有的法律上承认的经济利益，是被保险人索赔的基础，即以被保险人对保险标的具有的保险利益为限。如果保险事故发生时被保险人对保险标的的保险利益消失，则保险人不予赔偿；如果保险事故发生时被保险人丧失了对保险标的的部分保险利益，则保险人按照尚存的保险利益赔偿。例如在抵押贷款中，银行作为受押人以抵押的一栋房屋投保财产保险，房屋价值120万元，抵押贷款70万元，保险金额70万元。如果保险合同有效期内发生火灾造成房屋全部受损，当时尚未偿还的贷款余额为60万元，则受押人只能获得60万元的赔款，因为其对该房屋的保险利益为60万元。

（三）损失赔偿原则的例外

在财产保险中，不适用损失赔偿原则的情形主要包含定值保险与重置价值保险。

1. 定值保险

定值保险以订立保险合同时双方约定的保险标的的保险价值作为保险金额进行赔偿，而不是以保险标的的实际价值为基础计算赔偿。

2. 重置价值保险

重置价值保险以被保险人重置重建保险标的所需的成本或费用即重置价值来确定保险金额，保险事故发生时的赔偿通常超过原保险标的的实际价值。

（四）损失赔偿原则的赔偿方式

保险人的赔偿方式通常有现金支付、修理与置换三种。其中，现金支付是最常见的赔偿方式。我国机动车辆保险的理赔中对部分损失的赔偿一般采用修理的方法，通常由保险人委托的修理部门对车辆进行修复，由保险人承担修复费用。置换指的是保险人对保险标的的受损部分进行更换以赔偿被保险人。例如机动车辆的组成部分发生损坏，保险人以同类产品进行更换以弥补被保险人的损失。

具体的现金支付方式包含三种：比例赔偿方式、第一危险赔偿方式与限额赔偿方式。

1. 比例赔偿方式

财产保险中对不定值保险的比例赔偿方式指的是按照保险金额与保险事故发生时保险标的的实际价值的比例计算赔偿。《保险法》第五十五条第二款规定："投保人和保险人未约定保险标的的保险价值的，保险标的发生损失时，以保险事故发生时保险标的的实际价值为赔偿计算标准。"这是对不定值保险计算赔偿的要求。

计算公式为：

赔偿金额 = 损失金额 ×（保险金额/保险事故发生时的实际价值）

当保险金额等于保险事故发生时保险标的的实际价值时，即足额保险，被保险人的实际损失可得到全部赔偿。当保险金额小于保险事故发生时保险标的的实际价值时，即不足额保险，被保险人的实际损失只能得到部分赔偿①。保险金额大于保险事故发生时保险标的的实际价值的，即为超额保险。根据《保险法》第五十五条第三款规定："保险金额不得超过保险价值。超过保险价值的，超过部分无效，保险人应当退还相应的保险费。"由于超额部分无效，因此只能得到全部损失的赔偿，而不能获得额外的赔偿。

例如，某被保险财产出险时实际价值为 20 万元，实际损失为 5 万元。如果保险金额为 18 万元，则被保险人能获得赔偿金额为 5 ×（18/20）=4.5（万元），这是不足额保险；如果保险金额为 20 万元，则被保险人能获得赔偿金额为 5 ×（20/20）=4.5（万元），这种情况是足额保险；如果保险金额为 21 万元，则被保险人能获得赔偿金额为 20 万元，这是超额保险。由此可见，在不足额保险的情况下被保险人只能获得部分赔偿，而超额保险不能获得超额收益。

财产保险中对定值保险的比例赔偿方式指的是按照约定的保险价值根据损失的程度计算赔偿金额。《保险法》第五十五条第一款规

① 参考《保险法》第五十五条第四款规定："保险金额低于保险价值的，除合同另有约定外，保险人按照保险金额与保险价值的比例承担赔偿保险金的责任。"

定："投保人和保险人约定保险标的的保险价值并在合同中载明的，保险标的发生损失时，以约定的保险价值为赔偿计算标准。"这是对定值保险的赔偿要求。

计算公式为：

赔偿金额 = 保险金额（即保险价值）× 损失比例
= 保险金额 ×（1 - 残值/保险标的的完好价值）

如果保险标的全部受损，则损失比例为 1，赔偿金额为全部损失。如果保险标的部分受损，损失比例小于 1，则可以获得该部分损失的赔偿。

例如，某货物以定值保险方式投保海上货物运输保险，合同中约定货物的实际价值为 200 万元，即保险金额为 200 万元，在运输过程中遭遇恶劣气候导致货物损失。如果货物全部损失，则保险人赔偿 200 万元。如果造成货物的部分损失，残值经鉴定为 50 万元，则保险人赔偿 200 ×（1 - 50/200）= 150（万元）。

2. 第一危险赔偿方式

第一危险赔偿方式指的是保险人对发生在保险金额范围内的实际损失予以全部赔偿，超过保险金额的部分则不能获得赔偿。这种赔偿方式主要适用于家庭财产保险。例如被保险的财产实际价值为 10 000 元，保险金额为 8 000 元，实际损失 4 000 元，按照第一危险赔偿方式，则可以获得 4 000 元的赔偿金额。如果按照比例赔偿方式，则只能得到 3 200 元的赔偿。据此可以看出，在不足额保险的情况下，比例赔偿方式不如第一危险赔偿方式下的赔偿金额高，因此第一危险赔偿方式更有利于被保险人。

3. 限额赔偿方式

限额赔偿方式指的是保险人在保险标的的损失超过一定限度时计算赔偿的方式。具体分为两种情况：一种是超过一定限度不赔偿；另一种是超过一定限度赔偿。

第一种情况即固定责任赔偿方式，主要适用于农作物保险。当被保险人的保险标的的实际价值没有达到订立合同时确定的限额标准时，保险人对差额部分进行赔偿。计算公式为：

赔偿金额 = 限额标准 - 实际价值

例如，水稻保险的限额责任为 500 元/亩，某农户为其 10 亩水稻投保，由于发生干旱，每亩实际收成 300 元/亩，则保险人的赔偿金额为：

（500 - 300）× 10 = 2 000（元）

第二种情况称为免责限度赔偿。保险人事先规定一个免赔限度，以免赔率或者免赔额的方式，当损失超过免赔限度时保险人才进行赔偿。免赔的方式有绝对免赔、相对免赔、总计免赔与消失免赔四种。

绝对免赔指的是当保险标的的实际损失超过规定的免赔限度时，保险人只赔偿超出部分的损失。相对免赔指的是当保险标的的实际损失超过规定的免赔限度时，保险人赔偿全部的损失。总计免赔指的是保险人对保险合同有效期内发生的全部损失计算合计数，对超过免赔限度的部分进行赔偿。消失免赔指的是免赔限度根据损失的增加而减少，通过设置消失免赔的起点确定保险人的赔偿金额。保险人对于超过免赔限度的损失按照高于100%的比例进行赔偿，当损失达到一定程度后，免赔额全部消失。

例如，某投保人投保机动车辆保险，保险金额为30万元，保险合同中规定的绝对免赔率为5%，如果保险事故发生时的实际损失是1万元，则保险人的赔偿金额为0，因为1万元 $<30\times5\%=1.5$（万元）；如果实际损失是1.6万元，则保险人赔偿 $1.6-1.5=0.1$（万元）。如果5%为相对免赔率，则发生1万元的实际损失时，保险人赔偿0；如果发生1.6万元的实际损失，则保险人赔偿1.6万元。

二、损失赔偿原则的派生原则

损失赔偿原则的派生原则包含代位原则与重复保险分摊原则。

（一）代位原则

代位原则（principle of subrogation）指的是保险人对被保险人由于保险事故发生所致的实际损失进行赔偿之后，即依法取得向对财产损失负有责任的第三者进行追偿的权利或者取得被保险人对保险标的的所有权。前者即权利代位，后者即物上代位。《保险法》第六十条第一款规定："因第三者对保险标的的损害而造成保险事故的，保险人自向被保险人赔偿保险金之日起，在赔偿金额范围内代位行使被保险人对第三者请求赔偿的权利。"即权利代位的情形。

（二）重复保险分摊原则

重复保险分摊原则指的是对于财产保险中的重复保险情况，各保险人按照一定的原则对保险标的发生的实际损失进行分摊赔付。设置该原则的目的是防止被保险人通过重复保险获得多份赔偿而额外获益。

根据《保险法》第五十六条第四款的规定："重复保险是指投保人对同一保险标的、同一保险利益、同一保险事故分别与两个以上保险人订立保险合同，且保险金额总和超过保险价值的保险。"由于损失赔偿原则规定被保险人不能通过保险人的赔偿而获益，因此《保险法》要求"重复保险的各保险人赔偿保险金的总和不得超过保险价值”（《保险法》第五十六条第二款规定）。“重复保险的投保人可以就保险金额总和超过保险价值的部分，请求各保险人按比例返还保险费”（《保险法》第五十六条第三款规定）。

重复保险的分摊方式有比例责任制、限额责任制与顺序责任制三种。

（1）比例责任制指的是按照各保险人保险金额的比例分摊被保险人的实际损失的赔偿方式。“……除合同另有约定外，各保险人按照其保险金额与保险金额总和的比例承担赔偿保险金的责任”（《保险法》第五十六条第二款规定）。这是一种为保险人所广泛采用的方式。

例如，某投保人将其所有的一栋价值100万元的房屋向甲、乙、丙三家保险公司投保家庭财产保险，甲保险公司的保险金额是60万元，乙保险公司的保险金额是120万元，丙保险公司的保险金额是50万元。在各保险合同有效期内某日发生火灾，造成房屋损失80万元。按照比例责任制分摊方式，各保险公司承担的赔偿责任分别是：

甲保险公司：$80\times[60/(60+120+50)]=20.87$（万元）

乙保险公司：$80\times[120/(60+120+50)]=41.74$（万元）

丙保险公司：$80\times[50/(60+120+50)]=17.39$（万元）

被保险人获得的总的赔偿金额为$20.87+41.74+17.39=80$（万元），与实际损失相等。

（2）限额责任制，又称独立责任制，指的是以不考虑重复保险的情况下各保险人单独应负责的赔偿限额占各保险人赔偿限额总和的比例分摊被保险人的实际损失的赔偿方式。赔偿限额的确定，通常选取保险金额、保险标的的实际损失与保险利益三者中的最小者。

例如上例，按照限额责任制分摊方式，各家保险公司承担的赔偿责任分别是：

甲保险公司：$80\times[60/(60+80+50)]=25.263$（万元）

乙保险公司：$80\times[80/(60+80+50)]=33.684$（万元）

丙保险公司：$80\times[50/(60+80+50)]=21.053$（万元）

被保险人获得的总赔偿金额为$25.263+33.684+21.053=80$（万元），与实际损失相等。

（3）顺序责任制指的是按照保险合同签订的顺序，依次由各保险人在各自保险金额范围内分摊被保险人的实际损失的赔偿方式。即先由最先出单的保险公司在其保险金额范围内赔偿，对超出第一个保险人保险金额的损失再由第二出单的保险公司赔偿，以此类推，直至全部损失赔偿完毕为止。

例如上例，以甲、乙、丙三家保险公司的先后顺序出单，则各家保险公司承担的赔偿责任，先由甲保险公司在其保险金额60万元内赔偿60万元损失，剩余20万元损失，再由乙保险公司在其保险金额120万元内赔偿20万元，剩余0损失，则丙保险公司赔偿0。被保险人获得的总赔偿金额为60+20+0=80（万元），与实际损失相等。

此外，对于限额责任制的分摊方式，如果按照比例赔偿方式单独确定各家保险公司的赔偿限额，则各家保险公司具体的赔偿金额可能有不同的计算结果①。

专栏3－1

关于重复保险的案例

1758年一批伦敦商人为一艘船舶投保从伦敦到圣彼得堡并返回的航程保险，保险金额为500英镑；同时为船舶所载货物投保了600英镑。然后，他们又向第二家保险公司购买了另外一张保险金额为800英镑的从圣彼得堡到伦敦的货物保险单。紧接着他们又向第三家保险公司购买了第三张保单，承保货物从斯卡格拉克海峡到伦敦，保险金额为900英镑，这第三张保单是应圣彼得堡卖方的要求购买的，并由卖方支付保费。圣彼得堡的卖方然后将提单背书给莫斯科的原告，该原告通知其在伦敦的代理人为该批货物投保，被告伦敦保险公司为这批货物出具了保单。投保人如实向被告保险公司告知了有关其他保单的情况，被告保险公司为从斯卡格拉克海峡到伦敦的货物出具了价值2 316英镑的定值保单。结果货物在航行中灭失。被告保险公司拒绝承担全部赔偿责任，只愿意承担一半的损失赔偿责任，理由是另一半赔偿责任应该由另外三张保单承担。英国大法官曼斯菲尔德判决被告伦敦保险公司负责赔偿全部损失。他说："如果一个人对相同的东西重复保险，结果他可以根据不同的保单从不同的保险人那里获得重复赔偿，法律必定会说他不应该重复补偿相同的损失，而一次补偿就足够了。如果一个人自己或为了他本身的利益为相同的货物重复保险，尽管两个保险并不都是用他自己的名字，其中一个或两个都是用他人的名字，其结果都是相同的：两张保单的利益都是为了相同的人。如果可以从一张保单项下获得全部赔偿，他（保险人）就应该站在被保险人的位置上，从另一个同样应承担全部赔偿责任的保险人处获得分摊……不过，若原告并不是在任何情况下都能够获得两张保单的利益，那么，就不能被看成是重复保险的保单。"

曼斯菲尔德大法官并不认为在上述的案例中存在重复保险。因为各个投保人的利益是不相同的，各方为相同物品上的各自利益投保并不构成重复保险。曼斯菲尔德大法官解释说：重复保险是指如果"相同一个人由于他对相同的货物或船舶有两个保险，而对相同的损失就可以获得两笔赔偿而不是一笔赔偿，或者一笔两倍于损失的赔偿"的情况。在这个案例中，曼斯菲尔德大法官基本阐明了重复保险的概念。

资料来源：陈欣．保险法（第3版）[M]．北京：北京大学出版社，2010（9）：228－229.

① 朱南军．财产与责任保险[M]．北京：中国人民大学出版社，2016：47－48.

第三节 保险利益原则

一、保险利益原则的含义与意义

保险利益原则（principle of insurable interest）是财产保险运营中一个重要的原则。该原则要求投保人或者被保险人对保险标的应具有法律上承认的利益，即保险标的的损失与被保险人之间存在经济上的利害关系，如果保险标的受损，则被保险人遭受经济损失，如果保险标的完好，则被保险人可受益。如果不具有保险利益，则保险合同无效。

《保险法》第十二条第六款规定："保险利益是指投保人或者被保险人对保险标的具有的法律上承认的利益。"保险利益也称为可保利益。保险利益原则是对投保人或者被保险人在何种情形下应当具有保险利益以及违反后果的要求。根据《保险法》的规定可以具体描述为："人身保险的投保人在保险合同订立时，对被保险人应当具有保险利益。财产保险的被保险人在保险事故发生时，对保险标的应当具有保险利益"（《保险法》第十二条第一款与第二款）。"订立合同时，投保人对被保险人不具有保险利益的，合同无效"（《保险法》第三十一条第三款）。"保险事故发生时，被保险人对保险标的不具有保险利益的，不得向保险人请求赔偿保险金"（《保险法》第四十八条）。

遵循保险利益原则的意义在于，一方面避免道德风险，防止赌博行为发生；另一方面弥补被保险人的财产损失以防止超额赔偿的发生。如果投保人对保险标的不具有保险利益进行投保，则保险与赌博无区别；被保险人对保险标的无保险利益，则可能为了获得保险赔偿而故意制造损失事故，引发道德风险；对保险标的的赔偿以保险利益为限，是确保被保险人不能通过保险人的赔偿而额外获益。

二、保险利益的构成条件

保险利益的构成要同时具备以下三个条件。

1. 保险利益必须是合法的利益

保险利益必须是为法律认可并受到法律保护的利益。非法的利益包含对通过盗窃、贪污、诈骗等非法手段获取的财产所具有的利益，以及对非法的财产，例如走私品、违禁品等具有的利益都不能构成保险利益。

2. 保险利益必须是确定的利益

确定的利益是指客观存在的、可以实现的利益，包含已经存在的利益与未来能够确定的利益两种。前者例如某人对已经购买的机动车辆和房屋具有保险利益，后者例如农户对即将收获的农作物具有保险利益。

3. 保险利益必须是能够用货币衡量的经济利益

财产保险是以赔偿被保险人在保险标的上的经济损失为目的，如果被保险的财产不能用货币衡量其价值，则不能成为保险利益。对那些无法衡量其货币价值的利益，例如所有者对账册、技术资料等具有的利益，则不能成为保险利益；对于那些价值难以估量的利益，例如所有者对古玩、字画等具有的利益，也不能成为保险利益。

三、财产保险的保险利益种类

按照财产保险的保险标的[①]不同，财产保险的保险利益可以分为物质财产的保险利益、有关利益的保险利益与基于责任的保险利益三种[②]。

（一）物质财产的保险利益

1. 基于财产所有权的保险利益

所有人对其所拥有或与他人共同拥有的财产具有保险利益，即基于财产所有权产生的保险利益。例如所有人对自己所有的房屋、车辆等具有保险利益。如果对自己不具有所有权的财产投保，则会因为不具有保险利益而被保险人拒保。

2. 基于保管权与占有权的保险利益

基于保管权与占有权产生的保险利益是指受财产所有人的委托，暂时占有他人财产的受托人对该项财产具有保险利益。例如洗衣店对顾客的衣服、汽车修理厂对维修的车辆等具有保险利益；承运人对托运的货物，仓储业对储存的商品，承包商对在建工程，租车人对租用的车辆等，也同样具有保险利益。由于相关合同中规定保管、占有他人财产的一方负有照料、保管和运输等义务，如果违反义务则必须承担一定的责任，赔偿他人的损失。如果合同终止，他们也就失去了对

---

① 财产保险是以财产及其有关利益为保险标的的保险。《保险法》（2015 修订）第十二条第四款。

② 许谨良．财产保险原理和实务（第 4 版）［M］．上海：上海财经大学出版社，2010：34 –35.

这些财产所具有的保险利益。例如承租人将其租赁的房屋投保火灾保险，如果在租约期满之后、保险合同未到期之前发生火灾，由于他对该房屋已无占有、使用权，不具有保险利益，因此无权得到保险赔偿。

3. 基于抵押权与留置权的保险利益

抵押权与留置权都是对债务的担保，当债务人不能按照合同约定偿还债权人的贷款时，债权人有权处置抵押或留置的财产，以收回贷款。二者的区别在于，对于财产的抵押，债务人不转移对抵押财产的所有权或占有权，对财产的留置，债权人在债权得到清偿之前拥有对债务人财产的占有权，即留置权。因此，债权人对抵押或留置的财产具有相当于未偿还的贷款金额及其利息的保险利益。

（二）有关利益的保险利益

1. 基于预期利益的保险利益

预期利益是指所有人基于财产的所有权所产生的客观上可以实现的利益。例如，企业对其经营产生的预期利润具有保险利益，房屋出租人对其出租房屋的预期租金具有保险利益，船东对到付运费具有保险利益。这些预期利益都是依赖于物质财产的存在而存在，如果物质财产损毁，预期利益也就会丧失。

2. 基于信用的保险利益

信用体现在经济交往中，权利人与义务人之间对所做承诺的履行获得彼此的信任。由于一方违约或违法行为给对方造成经济损失，违约方应承担赔偿责任。例如，如果债务人不按约定偿还债权人的贷款，即不守信用，使债权人的利益受到损失，因此债权人对债务人的信用具有保险利益，可投保信用保险。

（三）基于责任的保险利益

基于责任的保险利益指的是基于法律上的民事损害赔偿责任产生的保险利益，或称责任利益。责任利益是被保险人因其对第三者的民事损害行为依法应承担的民事责任，因此，因承担赔偿责任而支付赔偿金额和其他费用的人具有责任保险的保险利益。根据我国相关法律规定，责任人对由于过失责任、无过失责任与合同约定的责任具有保险利益。

1. 过失责任

过失责任指的是由于过错侵害他人的财产和人身，依法应承担的民事责任。例如车主驾驶机动车辆碰撞行人导致行人伤亡，应承担民事损害赔偿责任，车主对这种民事损害赔偿责任具有保险利益。

2. 无过失责任

无过失责任指的是没有过错但法律规定应当承担的民事损害赔偿责任。从事高空、高压、易燃、易爆、剧毒、放射性、高速运输工具等有高度危险的作业造成他人损害的，不论是否有过错，都应承担民事责任。因此，核电站、航空公司等对这种无过失责任也具有保险利益。

3. 合同约定的责任

合同约定的责任指的是在合同中约定履行标准，如果一方违约或不履行合同义务，违约方应承担的民事损害赔偿责任。例如产品销售合同中对产品质量有约定标准，如果质量不符合该标准要求，给他人造成财产损失或人身伤害，受害方可要求产品制造商与销售商赔偿损失。工程合同中对工程的数量、质量和完工时间都有规定，如果承包商未按时、按质与按量交付工程，工程项目所有人有权要求赔偿损失。因此，产品制造商、产品销售商、承包商等对合同约定的责任具有保险利益。

此外，还有其他对于财产保险的保险利益的分类标准，例如根据财产关系的不同，将其分为物权利益、债权利益、责任利益和合同利益四种①。

四、财产保险的保险利益适用时效

《保险法》规定："财产保险的被保险人在保险事故发生时，对保险标的应当具有保险利益"（第十二条第二款）。"订立合同时，投保人对被保险人不具有保险利益的，合同无效"（第三十一条第三款）。"保险事故发生时，被保险人对保险标的不具有保险利益的，不得向保险人请求赔偿保险金"（第四十八条）。由此可知，财产保险要求在保险事故发生时具有保险利益，如果在保险合同订立时具有保险利益，而当保险事故发生时不具有保险利益，则保险合同无效，保险人不承担赔偿责任，这是对道德风险的防范。

此外，当保险标的发生转让时，保险利益即发生了转移，那么保险事故发生时谁可以得到保险赔偿？《保险法》第四十九条规定："保险标的转让的，保险标的的受让人承继被保险人的权利和义务。保险标的转让的，被保险人或者受让人应当及时通知保险人，但货物运输保险合同和另有约定的合同除外。因保险标的转让导致危险程度显著增加的，保险人自收到前款规定的通知之日起三十日内，可以按照合同约定增加保险费或者解除合同。保险人解除合同的，应当将已

---

① 朱南军．财产与责任保险［M］．北京：中国人民大学出版社，2016：33－34.

收取的保险费，按照合同约定扣除自保险责任开始之日起至合同解除之日止应收的部分后，退还投保人。被保险人、受让人未履行本条第二款规定的通知义务的，因转让导致保险标的危险程度显著增加而发生的保险事故，保险人不承担赔偿保险金的责任。”据此，保险人应该赔偿受让人。但受让人要将保险标的转让情况及时通知保险人，否则将承担不利后果。常见的一个例子是车辆转让，发生保险事故时受让人未办理转让手续和及时通知保险人，保险人对转让人不负责赔偿，因其将车辆转让而失去了对车辆的保险利益，而赔偿给受让人，前提是没有因转让导致危险程度显著增加的情形出现。

对于货物运输保险合同，投保人在投保时可以不具有保险利益，但当保险事故发生时则必须具有保险利益。这是为了适应国际贸易的需要，买方在投保时货物的所有权尚未转移，但因为货物所有权的转移是惯例，所以可以投保货物运输保险。英国《1906 年海上保险法》规定：“在保险契约订立时，被保险人对于标的物固无发生利益关系之必要，但在标的物发生灭失时，被保险人必须享有保险利益。①”在海上贸易中，货物在运输途中，其所有权可以转移，当所有权发生转移时，水险保单是重要的文件之一。因此，尽管签发保单时买方可能不具有保险利益，自货物转让时起，允许买方对之有合法的保险利益。

专栏 3－2

芝加哥产权信托公司诉美国忠诚与担保公司案

1973 年芝加哥产权信托公司诉美国忠诚担保公司（Chicago Title Trust Co. v. United States Fidelity and Guaranty Co.）案中，原告拥有一栋建筑的产权，1972 年 5 月 1 日被火灾严重损毁，随后被拆除。就在火灾发生之前的几周，当地主管部门发现该建筑存在多处违反建筑标准的问题，遂通过法院命令将该建筑腾空、用木板封闭门窗并关闭整个建筑。原告被保险人要求按照保单赔偿火灾损失。法庭认为允许被保险人取得保险赔偿是荒谬的，并指出：当承保建筑被火灾焚毁时，它是一栋经济上没有任何使用价值的建筑。它是空置、被关闭和封死的建筑。建筑物的内部早先就已经着火受损，并一直没有使用。允许原告获得补偿代表一个从一切情况出发本已不存在的建筑的重置成本减去折旧的相当数量的保险赔偿金是荒谬的。在这个案例中，法庭进一步指出：原告被保

① 陈欣．保险法（第 3 版）［M］．北京：北京大学出版社，2010（9）：342. 参考附录 4 英国《1906 年海上保险法》，6.（1）The assured must be Interested in the subject-matter insured at the time of the loss though he need not be interested when the insurance is affected. Provided that where the subject-matter is insured “lost or not lost,” the assured may recover although he may not have acquired the interest until after the loss, unless at the time of effecting the contract of insurance the assured was aware of the loss. and the insurer was not.（2）Where the assured has no interest at the time of the loss, he cannot acquire interest by any act or election after he is aware of the loss.

险人在发生火灾时并不存在可保利益。因为在发生火灾时承保建筑已不再具有经济上的使用价值，火灾不可能给被保险人造成经济损失，这样也就不存在具有可保利益的基础。

这个判例具有十分重要的意义。它进一步说明一项为法庭所确认的可保利益的基础必须包括两个方面：合法关系和经济利益。被保险人必须对保险标的同时具有法定关系和经济利益时，其获得保险赔偿的主张才能为法庭所确认。一项承保财产即将被拆除，只要该财产具有价值，即使是作为废旧物资的价值，拥有产权的被保险人对该项财产就具有可保利益。被保险人虽然拥有合法产权，承保建筑依法或按照不可撤销的约定必须拆除，被保险人不再对该建筑具有经济利益，拆除前的意外事故不会给他造成经济损失，那么，就很难说被保险人对承保财产具有无可争议的可保利益。

资料来源：陈欣．保险法（第3版）[M]．北京：北京大学出版社，2010（9）：49.

第四节 近因原则

近因原则（principle of proximate cause）是财产保险理赔过程中所遵循的一个原则，用以判断当被保险的财产遭受损失时，损失的原因是否是保险人的承保范围，被保险人能否据此获得赔偿。

一、近因与近因原则的含义

近因是指造成损失的最直接、最有效、起决定性作用或支配作用的原因。近因可能不是在时间或空间上最接近损失的原因，而强调的是原因与结果之间的直接的、必然的联系。这种原因的作用足以引起一连串事件的发生并造成最终的损失。在这一连串事件发生的各个时点，可以根据逻辑来预测下一个事件的发生，直至发生预料中的损失结果。例如在战争中敌机投掷炸弹造成被保险的房屋着火，导致被保险人的损失。从时间上看，火灾是引发房屋受损的直接原因，但是火灾是由于敌机投掷炸弹导致的后果，因此，敌机投掷炸弹是造成房屋受损的决定性原因，即战争是近因。

近因原则指的是在分析判断危险事故与损害结果之间因果关系的基础上，确定何为近因，并在审核近因是否为保险事故的基础上，决定是否承担保险责任[①]。如果造成保险标的损失的近因属于保险责任范围，保险人则承担赔偿责任，否则不承担赔偿责任；如果造成保险标的损失的近因有多个，分别属于保险责任范围的原因和非保险责任

① 刘建勋．保险法典型案例与审判思路［M］．北京：法律出版社，2012：124.

范围的原因，则需要分情况判断。

英国的《1906 年海上保险法》最早确立近因原则，该法第五十五条规定："依照本法规定：除保险单另有约定外，保险人对于由所承保的近因造成的损失，负赔偿责任，但对于不是由所承保的近因所致的损失，概不负责。"《中华人民共和国海商法》（以下简称《海商法》）与《保险法》都无近因原则的具体规定，但从一些条款中可以体现出这一原则，如《海商法》第二百一十六条规定："海上保险合同，是指保险人按照约定，对被保险人遭受保险事故造成保险标的的损失和产生的责任负责赔偿，而由被保险人支付保险费的合同。前款所称保险事故，是指保险人与被保险人约定的任何海上事故，包括与海上航行有关的发生于内河或陆上的事故。"《保险法》第二条规定："保险人对于合同约定的可能发生的事故因其发生所造成的财产损失承担赔偿保险金责任……"；《保险法》第一十六条第七款规定："保险事故是指保险合同约定的保险责任范围内的事故。"这些规定表明近因是保险事故，保险人才负责赔偿。

由于保险标的损失的原因可能有一个，也可能有多个，也可能是连续发生的或者时断时续发生的一个因果关系链，因此需要分析找出近因，再判断该近因是否属于保险责任，保险人据此做出是否赔偿的决定。这就是确立近因原则的意义，即明确导致损失的责任归属，分清各方责任，合理确定保险人对保险标的的损失应承担的赔偿责任，以维护保险当事人各方的利益。

二、近因与赔偿责任的判定

近因原则在实践中应用时可以分为两大类情形来判定赔偿责任。

（一）单一原因造成保险标的损失

由于造成保险标的损失的原因只有一个，则该单一原因即近因，这是最简单的情形。如果该单一原因属于保险责任，保险人则承担赔偿责任，否则不承担赔偿责任。例如，一批货物投保海上货物运输保险水渍险，在货物运输途中因遭受雨淋而受损，则雨淋是近因，而雨淋由于不是水渍险的承保风险，因此保险人不承担赔偿责任。如果在水渍险的基础上附加承保淡水雨淋险，则保险人应当承担赔偿责任。

（二）多个原因造成保险标的损失

多个原因造成保险标的损失的判断近因与赔偿责任较为复杂，主要有以下三种情形。

1. 多个原因同时发生造成保险标的损失

多个原因同时发生即多个原因的发生无先后顺序，而且对保险标的损失后果的影响都有直接或实质性效果，该多个原因即为近因。如果多个原因均属于保险责任，则保险人应承担全部赔偿责任。如果多个原因均为除外责任，则保险人不承担任何赔偿责任。如果多个原因中既有保险责任的近因，也有不属于保险责任的近因，则需判断是否能够区分开。如果能够区分清楚保险责任与非保险责任的近因，则保险人只对保险责任的近因造成的损失承担赔偿责任；如果不能够区分，则有两种处理方式，一种方式是按照公平原则进行责任分摊①，另一种方式是保险人不承担赔偿责任。

2. 多个原因连续发生造成保险标的损失

在多个原因连续发生造成保险标的损失的情形下，要根据多个原因之间存在的因果关系情况确定近因。如果多个原因依次发生、持续不间断、具有必然的因果关系，则最先发生并造成一连串事故的原因为近因。如果该原因属于保险责任，则保险人负责赔偿，否则不予赔偿。如果多个原因连续发生但不存在因果关系，或者多个原因连续发生但不存在必然的因果关系，则其中持续起决定性作用或处于支配地位的原因为近因，如果该原因属于保险责任，保险人则负责赔偿，否则不予赔偿。

例如，一艘装有皮革与烟草的船舶遭遇海难，大量的海水侵入使皮革腐烂，海水虽未直接浸泡包装烟草的捆包，但由于腐烂皮革的恶臭气味，致使烟草变质而使被保险人受损。根据上述情况可知，海难中海水侵入是皮革腐烂损失的近因，而由于海难与烟草的损失之间存在着必然的不可分割的因果关系，所以烟草损失的近因也是海难，而非皮革的恶臭气味。

例如，英国莱兰航运有限公司诉诺威治联合火灾保险公司一案（Leyland Shipping Co. Ltd. v. Norwich Union Fire Insurance Society Ltd.），第一次世界大战期间，莱兰航运有限公司的一艘货轮在英吉利海峡被德国潜艇发射的鱼雷击中，造成严重损坏。在拖轮的救助下，该船抵达法国的勒阿费尔港挂靠泊位。第二天港口遭遇飓风，导致船舶与泊位发生碰撞。港口当局担心船舶沉没阻碍巷道，影响码头使用，就要求该船舶停靠到码头防波堤外，船舶由此不断受到海浪的冲击而最终沉没。船舶所有人以损失为海难所致要求保险人赔偿船舶损失，但法院判决结果认为，导致船舶沉没的原因包含鱼雷击中与海浪冲击，但船舶在被鱼雷击中后始终没有脱离危险，因此船舶沉没的近因是鱼雷击中而不是海浪冲

① 刘建勋．保险法典型案例与审判思路［M］．北京：法律出版社，2012：130.

击。即战争是船舶沉没的近因，而船舶所有人未投保战争险，因此保险人应拒赔。

对于多个原因连续发生造成保险标的损失的赔偿责任判定一般包括以下四种情形：

（1）多个原因都属于保险责任，保险人承担赔偿责任。

（2）多个原因都不属于保险责任，保险人不承担赔偿责任。

（3）多个原因中有属于保险责任的原因，有不属于保险责任的原因，如果属于保险责任的原因为近因，则保险人承担赔偿责任。

（4）多个原因中有属于保险责任的原因，有不属于保险责任的原因，如果不属于保险责任的原因为近因，则保险人不承担赔偿责任。

3. 多个原因间断发生造成保险标的损失

多个原因间断发生即前因与后因之间不连续，前后因之间不存在必然的因果关系，但对损失的发生都有影响。在这种情形下，后因是新介入的、相对独立的原因，即为近因，如果该原因属于保险责任，则保险人承担赔偿责任，否则不承担赔偿责任。

例如，投保人投保了家庭财产保险，未附加投保盗窃险，在保险合同有效期内发生了火灾，抢救出部分家庭财产放于露天，结果被人偷走。可以看出家庭财产的损失原因包含火灾与盗窃，而火灾与盗窃之间不存在因果关系。家庭财产发生火灾导致的损失属于保险责任，保险人应负责赔偿，而盗窃导致的财产损失，不属于保险责任，保险人不应赔偿。

专栏 3－3

海特拉斯灯塔案

海特拉斯灯塔案（Ionides v. Universal Marine Insurance Co.）是一个关于近因原则的古老案例。1863 年，在美国内战期间一批 6 500 包咖啡从里约热内卢运往纽约，保单中规定“敌对行为引起的损失不赔”。当时，南部联邦军队出于军事目的熄灭了海特拉斯角（Cape Hatteras）上的灯塔，由于船长的判断失误，船的方位出现问题，船冲上了礁石，最终断成两截。船上的 120 包咖啡获救，后来又被南部联军没收；如果没有军事干预的话，还会有 1 000 包咖啡获救。其他留在船上的 5 380 包咖啡全部灭失。法庭判决，120 包被没收的和 1 000 包遭军人阻止未能获救的咖啡，其损失的近因为“敌对行为”，属于除外责任。因此，保险人不承担赔偿责任。但是，其他 5 380 包咖啡的损失原因是海难所致，保险人负赔偿责任。因为这批咖啡损失的近因是船舶偶然触礁，灯塔的熄灭仅仅是损失的原因，不属于除外责任。

主审法官尔勒（Erle）在他的判决说明中特别举例说明近因原则的分析方法。他说：假如一艘船受到敌人巡洋舰的追逐，抢滩以免被捕获或者驶进一个既不是港口又不是错泊地的海湾，无法驶出而搁浅。由此产生的损失是由于战争行为。但是，如果船舶航行中受到敌人巡洋舰的追逐，偏离航线，延误航程，致使该船最终遭遇到风暴并灭失。本来这种危险和损失是可以避免的，这种情况下的损失是由于海难所造成的。

他接着又举例说："假如一艘船驶向一个港口，有两条不同的航道可以进入这个港口。其中一条航道上因为战争的缘故布有水雷；而另一条航道则没有。如果该靠港船舶的船长完全不知道布雷的情况，船被击沉并灭失，显然，敌对行为是导致灭失的直接原因。但是，船长知道布雷的情况，为了避免触雷，决定从另一条航道进港，由于导航上的失误，船搁浅并灭失。我认为这种损失不属于除外责任，因为船舶本可以依靠正确的导航安全通过这条航道。我觉得这种损失是因海难造成的损失，是保单承保的范围。"

根据法官尔勒所举的例子，是否可以得出这样的结论：近因是指除非存在着这种原因，否则，损失根本不可能或几乎不可能发生的原因。换句话说正是由于存在着这种原因，损失才会发生；损失是原因的必然的和自然的结果和延续，而原因则是损失的先决条件。若无此条件，则不会发生损失，这个条件就是近因。但是，这个条件或原因仅仅是增加了损失的程度或扩大了损失的范围，则此种条件或原因不能构成近因。

资料来源：陈欣．保险法（第3版）［M］．北京：北京大学出版社，2010（9）：158－159.

专栏3－4

两个相似的近因判定案例

有两个案情看上去非常相似，判决却截然不同的案例。

第一个案例品客诉弗莱明（Pink v. Fleming）案发生在1890年，一批柑橘和柠檬投保了水险，保单规定部分灭失或损坏不赔，除非这种灭失或损坏是由于承运船舶与其他船舶碰撞所引起的。承运船舶在航行中发生了碰撞，需要进港修理。为了修理船舶，需要将水果先卸到驳船上，等船舶修好后再装船。当船抵达目的港时，发现水果损坏严重。部分损失是由于把水果卸到驳船上和再装船所造成的，部分是由于自然腐烂，这部分是因为航程延误水果易烂特性造成的。英国上诉法院维持地方法院的判决，上诉法院法官伯恩（Bowen）指出，被保险人的损失不能得到保险赔偿，因为"该损失的近因不是碰撞或海难，而是货物的易腐烂特性，加上装卸不当和延误"。

第二个案例是1938年美国高等法院判决的拉纳萨水果轮船及进口公司诉环球保险公司（Lanasa Fruit Steamship & Importing Co. Inc. v. Universal Insurance Co.）案。承运船舶发生搁浅，当船舶重新起浮时船上装载的香蕉腐烂了。法院判决损失的近因不是延迟而是搁浅。因此，被保险人有权对保单项下海难所造成的损失获得赔偿。

在第二个案例中，香蕉腐烂是由于航期延误所造成的而航期延误是由于重新起浮船舶所造成的，重新起浮船舶是因为发生了搁浅。尽管香蕉存在易腐烂的特性，在这个案例中没有搁浅就不会腐烂。而在第一个案例中，货损是由于水果腐烂造成的，水果腐烂是由于装卸不当和航程延误造成的，装卸不当和航程延误之所以发生是由于发生了碰撞。但是，即使发生了碰撞，只要装卸得当，或者船长管货行为得当，损失就不会发生。即使是易腐烂货物损失的发生也不

是船舶碰撞的必然的不可避免的结果。

资料来源：陈欣．保险法（第3版）［M］．北京：北京大学出版社，2010（9）：158－159.

本章小结

1. 最大诚信原则建立在一般民事活动所遵循的诚实信用原则基础上，是在订立与履行保险合同过程中，双方当事人互不隐瞒、互不欺骗，遵守保险合同的约定与承诺，诚实地履行保险合同约定的责任或义务。如果一方当事人违反最大诚信原则，另一方当事人可以主张合同无效或解除合同、不履行合同约定的责任或义务，甚至有权要求对方赔偿因此造成的损失。最大诚信原则主要包含告知、保证、弃权与禁止反言三方面内容。

2. 损失赔偿原则是指在财产保险合同中，保险人对发生保险事故造成被保险人的财产损失的赔偿数额，以其遭受的损失为限，赔偿后可以在一定程度上使被保险人恢复到没有发生损失前的状态，而不能从中获益。损失赔偿原则规定了实际损失、保险金额与保险利益三种损失赔偿的限度。财产保险中的定值保险与重置价值保险不适用损失赔偿原则。保险人的赔偿方式通常有现金支付、修理与置换三种。具体的现金支付方式包含三种：比例赔偿方式、第一危险赔偿方式与限额赔偿方式。

损失赔偿原则的派生原则包含代位原则与重复保险分摊原则。重复保险的分摊方式有比例责任制、限额责任制与顺序责任制三种。

3. 保险利益原则要求投保人或者被保险人对保险标的应具有法律上承认的利益，即保险标的的损失与被保险人之间存在经济上的利害关系，如果保险标的受损，则被保险人遭受经济损失；如果保险标的完好，则被保险人可得益。如果不具有保险利益，则保险合同无效。保险利益必须是合法的、确定的、能够用货币衡量的经济利益。按照财产保险的保险标的不同，财产保险的保险利益可以分为物质财产的保险利益、有关利益的保险利益与基于责任的保险利益三种[①]。

4. 近因是指造成损失的最直接、最有效、起决定性作用或支配作用的原因。近因可能不是在时间或空间上最接近损失的原因，而强调的是原因与结果之间的直接的、必然的联系。近因原则指的是在分析判断危险事故与损害结果之间因果关系的基础上，确定何为近因，并在审核近因是否为保险事故的基础上，决定是否承担保险责任。如

① 许谨良．财产保险原理和实务（第4版）［M］．上海：上海财经大学出版社，2010：34－35.

果造成保险标的损失的近因属于保险责任范围，保险人则承担赔偿责任，否则不承担赔偿责任；如果造成保险标的损失的近因有多个，分别属于保险责任范围的原因和非保险责任范围的原因，则需要分情况判断。

思考与练习

1. 最大诚信原则的主要内容包含哪些？

2. 如何应用最大诚信原则？违反最大诚信原则的后果是什么？

3. 损失赔偿原则的含义是什么？保险人履行赔偿责任的限度有哪些？

4. 不适用损失赔偿原则的情况有哪些？

5. 如何运用损失赔偿原则计算财产损失的赔偿金额？

6. 重复保险的分摊方式有哪些？

7. 什么是保险利益？保险利益的构成条件有哪些？

8. 保险利益原则如何应用于财产保险？

9. 什么是近因？如何判定损失的近因？

10. 如何在财产保险中应用近因原则？

11. 某财产保险标的的实际现金价值为550万元，被保险人先后向A、B、C三家公司投保火灾保险，其中A公司保险金额为200万元，B公司保险金额为300万元，C公司保险金额为200万元。若一次保险事故导致损失270万元，则在三种重复保险分摊方式下A、B、C三家保险公司如何分摊赔偿责任？

第四章

财产保险的数理基础

本章提要

本章系统阐述了保险费的含义与构成，说明了财产保险的费率构成与费率测算方法，介绍了财产保险的各项准备金，解释了偿付能力的含义，介绍了我国偿付能力监管的演进、财产保险公司偿付能力监管指标与监管措施。

学习目标

掌握保险费的构成，掌握财产保险费率的构成。

理解财产保险费率厘定的原则与测算方法，了解厘定财产保险费率要考虑的因素。

理解财产保险的各项准备金构成，掌握财产保险的未到期责任准备金与未决赔款准备金的提取方法。

理解并掌握偿付能力的含义，了解我国偿付能力监管的演进，理解我国对财产保险公司偿付能力监管的指标以及监管措施。

第一节 财产保险的费率厘定

一、保险费与保险费率

（一）保险费

保险费（premium）是投保人按照保险合同约定支付给保险人的费用。一方面是投保人获得保险保障付出的代价；另一方面是保险人提供风险保障、履行赔偿责任收取的报酬。

保险费由纯保费（pure premium）和附加保费（loading premium）两部分构成。纯保费又称风险保费，是保险公司为支付预期的保险赔偿金收取的保费。附加保费是指保险公司为满足风险管理要求、支付经营管理费用、获取正常利润等目的而收取的保费。附加保费包括费用附加、风险附加和利润附加等。费用附加是指保险公司因获得业务、维持保单等经营管理行为所产生的费用成本。风险附加是指保险公司因实际赔偿金额可能高于风险保费的不确定性而承担的成本。利润附加是指保险公司销售保险产品的预期利润①。

（二）保险费率

保险费率（premium rate）是保险费与保险金额的比率，是保险人按照单位保险金额向投保人收取保险费的比例，通常以每百元或每千元保险金额收取的保费来表示。保险费率由纯费率（pure rate）与附加费率（loading rate）构成。纯费率又称基础费率或净费率，是纯保费与保险金额的比率。附加费率是附加保费与保险金额的比率，通常以占纯费率的一定比例表示。习惯上，将纯费率与附加费率相加得到的费率称为毛费率。

计算财产保险的保险费要考虑的因素或者说影响因素包含保险金额、保险费率和保险期限三个因素，三者与保险费呈正比例关系。

二、财产保险费率厘定原则

根据2017年1月中国保监会印发的《财产保险公司产品费率厘定指引》（2017年2月1日起正式实施）的规定，按照合理、公平、充足的原则，科学厘定费率。

（一）合理性

保险公司进行费率厘定时应遵循合理性原则。保险人不得因费率过高而获得与其承保风险不相称的超额利润，不得在费率结构中设置与其所提供服务不相符的高额费用水平，从而损害投保人、被保险人的合法利益。费率设定应与保险条款相匹配，并有利于激励保单持有人主动进行风险控制。

（二）公平性

保险公司进行费率厘定时应遵循公平性原则。费率水平应与被保

① 中国保监会．财产保险公司产品费率厘定指引［EB/OL］．2017年1月，http://bxjg.circ.gov.cn/web/site0/tab5216/info4056410.htm.

险人和保险标的的风险特征相匹配，且不得根据风险特征以外的因素作出歧视性的费率安排。

（三）充足性

保险公司进行费率厘定时应遵循充足性原则。费率水平不得危及保险公司财务稳健和偿付能力或妨碍市场公平竞争，计入投资收益后的费率水平原则上不得低于其所对应的各项成本之和，费率结构中所设置的费率调整系数不得影响费率充足性。

三、财产保险费率厘定考虑的因素

根据2017年1月中国保监会印发的《财产保险公司产品费率厘定指引》第十九条的规定，保险公司应综合考虑影响费率厘定过程中的各种因素。考虑因素应包括但不限于以下几点：

1. 风险因素

应考虑与费率厘定过程有关的各种风险及风险之间的相关性，明确费率厘定的约束条件。

2. 产品特点

应考虑保险产品责任范围、免赔、退保等保单条款的相关约定。

3. 基础数据

应考虑数据质量、可获得性和可操作性等。

4. 数据组织形式

应结合产品特点和数据质量，合理选取事故年度、保单年度、日历年度等数据组织形式。

5. 风险单位

应选择合适的风险单位作为风险驱动因子。风险单位应能合理反映风险，且可以准确度量。

6. 风险细分

应将风险单位细分成具有相似风险特征的风险类别，并合理平衡风险同质性和数据可信度之间的关系。

7. 准备金充足性状况与损失进展

应充分考虑准备金充足性状况，采取适当的精算方法，合理估计现有已报告赔款对应的最终赔款。

8. 趋势

应考虑风险单位、赔付成本和费用成本在未来的变化趋势。

9. 巨灾

应根据保单条款责任，考虑巨灾的影响及成本。

10. 再保险

应考虑再保险安排对费率厘定的影响。

11. 资本成本

应结合产品特性，综合考虑投资收益和股东对资本回报的要求。

12. 公司经营行为变化

应考虑公司在承保、理赔、准备金评估和市场营销等方面的变化。

13. 外部因素

应考虑司法环境、监管政策、税收政策、通货膨胀、市场竞争和资本市场等保险公司外部环境的变化。

四、财产保险费率测算方法

财产保险费率测算方法主要包括纯保费法和损失率法等。

纯保费法是指通过分析历史赔付数据及其变化趋势，直接计算每一单位风险的保险赔偿金，并在此基础上计算附加费率。

损失率法即赔付率调整法，是指以现行费率为基础，通过比较目标损失率和经验损失率，估计未来费率相对现行费率的调整幅度，从而计算得到新费率。损失率法以现行费率和赔付历史记录为基础，不适用于新产品的费率厘定。

（一）纯保费法

纯保费法的计算原理是，首先计算出保额损失率和标准差，得到纯费率；其次计算附加费率；最后将纯费率与附加费率相加得到保险费率。

1. 财产保险纯费率的厘定

财产保险纯费率的计算依据是保额损失率，保额损失率是一定时期内的保险赔偿金额（赔款）与保险金额的比率。

实务上，确定纯费率通常根据以往年度的有效赔偿数据，计算出以往年度的保额损失率，计算出一个平均值，即平均保额损失率，再近似估计未来单位保险金额的有效赔偿金额，即未来的保额损失率，以确定纯费率。

纯费率的计算公式通常是：

$$纯费率 = 平均保额损失率 + 标准差 \times m$$

其中，m 指标准差的倍数。

（1）保额损失率。保额损失率的计算公式为：

$$保额损失率 = (赔偿金额/保险金额) \times 100\%$$

例如，某保险业务保险金额总计 1 亿元，在保险合同有效期内共支付赔款 20 万元，则该保险业务的保额损失率为：

200 000/100 000 000 × 100% = 0.2%

需要注意的是，计算纯费率时要选取时间范围较长的历史数据，通常不少于 5 年。将以往若干年的保额损失率计算算术平均数，即得到平均保额损失率。计算公式如下：

$$\bar{X} = \frac{\sum_{i=1}^{n} X_i}{n}$$

其中，$\bar{X}$ 表示平均保额损失率，i、n 表示年份。

（2）标准差。标准差也称均方差，是各保额损失率偏离平均保额损失率的程度。标准差越小，说明平均保额损失率的代表性越好。计算公式如下：

$$S = \sqrt{\frac{\sum (X - \bar{X})^2}{n}}$$

其中，S 表示保额损失率的标准差。

根据纯费率的计算公式，m 是附加的标准差的倍数，m 的取值取决于以往各年保额损失率的波动程度。若波动程度较小，保额损失率比较稳定，则 m 通常取值为 1；若保额损失率波动较大，m 可取值为 2 或者 3，以确保考虑到高风险的险种，保证保险公司的经营能够比较稳定。

（3）稳定系数。稳定系数是指保额损失率的标准差与其平均值之间的比值，也称变异系数，可用于确定标准差的倍数 m。

稳定系数的计算公式如下：

$$CV = \frac{S}{\bar{X}}$$

稳定系数可以表明平均保额损失率对各年保额损失率的代表程度。稳定系数值越小，说明平均保额损失率的代表性越高，保险经营的稳定性就越高；稳定系数值越大，则平均保额损失率的代表性越低，各年保额损失率的稳定性就越差，反映出损失赔付情况不均衡。一般认为，稳定系数保持在 10% ~20% 之间为宜。

例：某财产保险公司一项业务过去 5 年的保险金额与赔偿金额如表 4 -1 所示，请计算该保险业务下一年的纯费率。

表 4 -1　　某财产保险公司 2011 ~2015 年的业务数据　　单位：元

数据	2011 年	2012 年	2013 年	2014 年	2015 年
保险金额	500 000	500 000	500 000	500 000	500 000
赔偿金额	1 200	1 500	1 300	1 350	1 000

解：第一步，计算各年保额损失率。

根据上述对应公式，计算可得各年保额损失率分别是 0.24%、0.30%、0.26%、0.27%和0.20%。

第二步，计算平均保额损失率。

根据上述对应公式，计算可得平均保额损失率为：

(0.24% +0.30% +0.26% +0.27% +0.20%)/5 =0.254%

第三步，计算标准差。

根据上述对应公式，计算标准差的过程如表4-2所示。

表4-2 标准差的计算

年份	保额损失率（$\overline{X}$）(%)	离差（$X-\overline{X}$）(%)	离差的平方$(X-\overline{X})^2$
2011	0.24	-0.014	0.0196×10^{-6}
2012	0.30	0.046	0.2116×10^{-6}
2013	0.26	0.006	0.0036×10^{-6}
2014	0.27	0.016	0.0256×10^{-6}
2015	0.20	-0.054	0.2916×10^{-6}

根据标准差的计算公式，计算得出标准差为：

$$S=\sqrt{\frac{0.0196\times10^{-6}+0.2116\times10^{-6}+0.0036\ 10^{-6}+0.0256\times10^{-6}+0.2916\times10^{-6}}{5}}=0.033\%$$

第四步，计算稳定系数。

$$CV=\frac{S}{\overline{X}}=\frac{0.033\%}{0.254\%}=12.99\%$$

由于计算出的稳定系数12.99%在10%~20%的区间内，表明保险公司的经营比较稳定，可以附加一个标准差，即 m 可取值为1。

第五步，计算纯费率。

该保险公司下一年的纯费率为：

0.254% +1×0.033% =0.287%

2. 财产保险附加费率的厘定

附加费率的计算公式为：

附加费率 =(附加保费/保险金额)×100%

其中，附加保费由费用附加、风险附加和利润附加构成。

除了以上公式计算附加费率外，还可以通过纯费率的一定比例确定，这种方法一般适用于新开办险种的费率厘定。例如可规定按纯费率的20%计算附加费率。

以上述举例计算附加费率为：

0.287% ×20% =0.0574%

因此，该财产保险公司下一年的保险费率为：

纯费率 + 附加费率 =0.287% +0.0574% =0.3444%

（二）损失率法

在损失率法下，以现行费率为基础，通过比较目标损失率（目标赔付率）和经验损失率（预计赔付率），估计未来费率相对现行费率的调整幅度，从而计算得到新费率。

损失率法的计算如下：

首先，通过测量预计赔付率和目标赔付率之间的差异确定未来费率的变化幅度，具体计算公式为：

$$\Delta IR = \frac{W}{PLR} - 1$$

以 CR 表示现行费率，以 IR 表示未来费率，ΔIR 表示未来费率的变化率。W 表示预计赔付率，PLR 表示目标赔付率。

根据这一变化率对现行费率进行调整，得到未来费率。

$$IR = CR \times (1 + \Delta IR)$$

此外，还有一些其他的财产保险费率厘定方法，具体可参考精算实务。

第二节　财产保险的准备金

一、财产保险的准备金含义与分类

财产保险的准备金（reserves）是保险公司为了履行未来的赔付责任按照相关法律规定所提取的各项资金储备。

财产保险的准备金根据其用途可分为未到期责任准备金、未决赔款准备金和其他准备金三类。

（一）未到期责任准备金

未到期责任准备金（unearned liability reserves）是指保险人为尚未终止的非寿险保险责任提取的准备金[1]，也称未满期保险费准备金

① 财政部．企业会计准则第 25 号——原保险合同［EB/OL］．第十条，http：//kjs.mof.gov.cn/zt/kjzzss/kuaijizhunzeshishi/200806/t20080618_46223.htm.

或未赚保费。该准备金指在准备金评估日为尚未终止的保险责任而提取的准备金，包括保险公司为保险期间在一年以内（含一年）的保险合同项下尚未到期的保险责任提取的准备金，以及为保险期间在一年以上（不含一年）的保险合同项下尚未到期的保险责任提取的长期责任准备金①。

之所以会产生未到期责任准备金，是因为当年承保的保险合同规定的保险责任期限与企业会计年度在时间上可能不完全吻合。由于企业会计年度是自公历 1 月 1 日起至同年 12 月 31 日止，而保险责任期限却可以发生在会计年度的任何一个时间点上。在会计年度结算时，保险合同会存在期限未届满的情况，就需要提取一部分保险费以履行下一会计年度有效保单的赔付责任，因此称为未到期责任准备金。

（二）未决赔款准备金

未决赔款准备金（outstanding loss deposit），是指保险人为非寿险保险事故已发生尚未结案的赔案提取的准备金②。未决赔款准备金包括已发生已报案未决赔款准备金（incurred and reported claims reserve）、已发生未报案未决赔款准备金（incurred but not reported claims reserve）和理赔费用准备金（claim expense reserve）。已发生已报案未决赔款准备金，是指保险人为非寿险保险事故已发生并已向保险人提出索赔、尚未结案的赔案提取的准备金。已发生未报案未决赔款准备金，是指保险人为非寿险保险事故已发生、尚未向保险人提出索赔的赔案提取的准备金。理赔费用准备金，是指保险人为非寿险保险事故已发生尚未结案的赔案可能发生的律师费、诉讼费、损失检验费、相关理赔人员薪酬等费用提取的准备金③。理赔费用准备金分为直接理赔费用准备金和间接理赔费用准备金。直接理赔费用准备金是指保险公司为尚未完全结案的赔案未来可能发生的、可以直接确认到每个赔案的理赔费用而提取的准备金，如与具体赔案直接相关的律师费、损失检验费等。间接理赔费用准备金是保险公司为尚未完全结案的赔案未来可能发生的、无法直接确认到每个赔案的理赔费用而提取的准备金，如与具体赔案没有直接关系的理赔人员的薪酬等。

---

① 中国银行保险监督管理委员会．保险公司非寿险业务准备金管理办法（实行）[EB/OL]．第六条，http：//www. cbirc. gov. cn/cn/view/pages/ItemDetail. html？docId = 372779&itemId = 928&generaltype = 0.

② 财政部．企业会计准则第 25 号——原保险合同 [EB/OL]．第十条，http：//kjs. mof. gov. cn/zt/kjzzss/kuaijizhunzeshishi/200806/t20080618_46223. htm.

③ 财政部．企业会计准则第 25 号——原保险合同 [EB/OL]．第十二条，http：//kjs. mof. gov. cn/zt/kjzzss/kuaijizhunzeshishi/200806/t20080618_46223. htm.

（三）其他准备金

其他准备金具体包含一般风险准备、保险保障基金、农业巨灾风险准备金、交强险救助基金等。

一般风险准备是保险公司为了弥补特大自然灾害等巨灾发生导致的亏损经有关机构批准按一定比例从税后利润中提取的准备金。一般风险准备是所有者权益的一个组成部分。

保险保障基金是按保费收入的一定比例提取，当被依法撤销或者依法实施破产后，向财产保险公司的保单持有人提供救助的基金①。

农业巨灾风险准备金是指对政策性农业种植业保险，根据监管机构的有关规定为应对农业保险业务未来的巨灾损失，按照当年保险费收入的一定比例计提的风险准备金。

交强险救助基金是根据监管机构的有关规定，按照交强险保费收入的一定比例提取并缴纳当地政府部门，用于机动车交通事故第三者救助的专项基金。

二、未到期责任准备金的提取方法

未到期责任准备金的提取通常遵循未赚保费法的原理，计算公式如下：

$$\text{未到期责任准备金} = (\text{总保费} - \text{首日费用}) \times \text{未到期比例}$$

$$= \text{总保费} \times (1 - \text{保单获取成本率}) \times \text{未到期比例}$$

其中，总保费即保费收入，首日费用（acquisition cost）即保单获取成本或招揽费用，指签发保险合同所发生的增量成本（销售、承保和保险合同成立时发生的费用），包括手续费支出、监管费、交强险救助基金、与保费收入挂钩的承保人员的工资等②。保单获取成本率是首日费用与保费收入的比率。

根据具体计算未到期比例的不同，有日平均计算法、月平均计算法、季平均计算法、年平均计算法四种提取方法。

（一）日平均计算法

日平均计算法也称逐日计算法，是根据每张保单的第二年未到期天数与保险合同有效期天数之比，逐笔计算提取未到期责任准备金的方法。计算公式为：

---

① 财政部．保险保障基金管理办法［EB/OL］. http：//www. mof. gov. cn/zhengwuxinxi/zhengcefabu/2008zcfb/200809/t20080917_75595. htm.

② 侯旭华．保险公司会计（第5版）［M］. 上海：复旦大学出版社，2016：77.

未到期责任准备金 =（当日保费收入 − 首日费用）

×（第二年未到期天数/保险期天数）

例：某财产保险公司 2010 年 6 月 30 日，承保一年期保险业务，共收取保费 185 000 元，首日费用 7 400 元，则对该笔业务公司提取未到期责任准备金为：

未到期责任准备金 =（185 000 − 7 400）× 181/365 = 88 070.14（元）

（二）月平均计算法

又称 1/24 法。该方法假定每月承保的保单都是在每月的月中签发，本月承保的保单在当月的有效天数是 15 天，即半个月。可将全年划分为 24 个时间单位，1 月份签发的一年期保单在当年末已到期比例 23/24，未到期比例 1/24，2 月份签发的保单未到期比例为 3/24，3 月份签发的保单未到期比例为 5/24，以此类推。计算公式为：

未到期责任准备金 =（当月保费收入 − 首日费用）

×（签发保单的月份 ×2 − 1）/24

例：某财产保险公司的一年期保单分别订立于某年 1 月、3 月、6 月、8 月、11 月，其保费收入（首日费用）分别为 64 万元（6 万元）、85 万元（11 万元）、132 万元（18 万元）、201 万元（24 万元）、270 万元（35 万元），该财产保险公司提取未到期责任准备金为：

未到期责任准备金 =（64 − 6）×1/24 +（85 − 11）×5/24 +（132 − 18）×11/24 +（201 − 24）×15/24 +（270 − 35）×21/24 = 386.33（万元）

（三）季平均计算法

又称 1/8 法。该方法假定每一季度签发的所有保单都在每季的中间时点签发。这样将全年四个季度划分为 8 个时间单位，对第一季度签发的保单应提取的未到期比例为 1/8，对在第二季度签发的保单应提取的未到期比例为 3/8，依此类推。年末未到期责任准备金为：

第一季度保费 ×1/8 + 第二季度保费 ×3/8 + 第三季度保费 ×5/8 + 第四季度保费 7/8，其计算公式为：

未到期责任准备金 =（当季保费收入 − 首日费用）

×（签发保单的季数 ×2 − 1）/8

例：某财产保险公司 2010 年第一季度的保费收入为 80 万元（首日费用 6 万元），第二季度的保费收入为 105 万元（首日费用 8 万元），第三季度的保费收入为 76 万元（首日费用 5 万元），第四季度的保费收入为 174 万元（首日费用 15 万元），则该公司年末未到期责任准备金为：

未到期责任准备金 $= (80-6)\times 1/8 + (105-8)\times 3/8 + (76-5)\times 5/8 + (174-15)\times 7/8 = 229.125$（万元）

（四）年平均计算法

又称1/2法。该方法假定全年365天逐日均匀签单，每日收取的保险费都是相等的，即以7月1日为平均保单签发日，这样，一年期的保险单在当年还有50%的有效部分未到期，因此可按照全年保费的50%提取。

未到期责任准备金＝（本期保费收入－首日费用）×50%

这种方法简便易行，但是在整个保险合同有效期间风险并不是均匀分布的，而且保单生效也不是均匀分布在整个承保年度，因此这种方法显然不够准确。

总的来看，后三种未到期比例的计算方法均假设保费收入是均匀流入的，其中，年平均计算法假设条件最严格，准确度最差；日平均计算法以日为基础逐单对未赚保费准备金进行评估，不需要任何假设，精确度最高。

三、未决赔款准备金的提取方法

（一）已发生已报案未决赔款准备金的提取方法

对已发生已报案未决赔款准备金（incurred and reported claims reserve）的提取方法有逐案估计法、平均值估计法与赔付率法等。

1. 逐案估计法

逐案估计法，由理赔人员逐一估计每起索赔案件的赔款金额，将其记入理赔档案，等到一定时间汇总，并进行修正，据以提取准备金。这种方法比较简单，但是工作量比较大。适用于索赔金额确定或者索赔金额大小相差悬殊而难以估算平均赔偿金额的财产保险业务，如火灾保险、信用保险等。

2. 平均值估计法

平均值估计法，该方法先根据保险公司以往的损失数据估算出每一赔案的平均赔偿金额，再根据对将来赔付金额变化趋势的预测加以修正，以这一平均值乘以已报告的赔案数量，得到提取的未决赔款准备金。主要适用于索赔次数多、索赔金额相差不大的业务，如机动车辆保险的车损险。

3. 赔付率法

赔付率法，即选择某一时期的赔付率为基准估计出某类财险业务的最终赔付金额，以该最终赔付金额减去已支付的赔款和理赔费用，即为提取的未决赔款准备金金额。赔付率法计算比较简单，易于操作。但如果选择的赔付率与实际的赔付率存在较大不同，则计算结果的准确性较差。

例：某财产保险公司全年的保费收入为 6 000 000 元，未到期责任准备金的提取采用年平均估算法，预计赔付率为 35%，实际已经支付赔款及理赔费用 850 000 元，试计算未决赔款准备金[①]。

未决赔款准备金 =（6 000 000 − 3 000 000）× 35% − 850 000 = 200 000（元）

即应提取未决赔款准备金 200 000 元。

（二）已发生未报案未决赔款准备金的提取方法

对已发生未报案未决赔款准备金（incurred but not reported claims reserve，IBNR）的估计比已发生已报案的未决赔款准备金要复杂。通常根据以往的经验资料为基础估计，再根据当前各种因素的变化进行修正，如出险单位的增加、理赔费用的增减、索赔程序的变更、索赔次数与索赔金额的变化等。具体的方法包含链梯法、案均赔款法、准备金进展法、B－F 法等。

1. 链梯法

链梯法（chain ladder method）是按照流量三角形中各列的比例关系来预测未来赔款金额的一种最基本的未决赔款准备金评估方法。链梯法通过对历史数据的进展趋势进行分析，选定赔款的进展因子，进而预测赔款的进展趋势和终极损失。链梯法的基本假设是每个事故年度的赔款支出具有相同的进展模式，即预测未决赔款时，每个事故年度使用的进展因子相同。这种方法间接考虑了赔付成本的变化率。

2. 案均赔款法

案均赔款法（payments per claim method）是依据保险公司的历史数据计算出每个赔案赔款金额的平均值，再根据对将来赔款金额变动趋势的预测加以修正的一种未决赔款准备金评估方法。

3. 准备金进展法

准备金进展法（reserve development method）也称逐案估计预测法（projected case estimate method），是通过分析已付赔款与已报案未决赔款准备金之间的关系估计未决赔款准备金的一种方法。

首先根据已付赔款和已报案未决赔款准备金计算准备金支付率和准备金进展率，然后根据准备金进展率估计未来的已报案未决赔款准备金，最后基于准备金支付率和未来已报案赔款准备金的估计值，计算未来增量已付赔款的估计值，即得未决赔款准备金的估计值。

---

① 李加明．财产与责任保险［M］．北京：北京大学出版社，2012：307.

4. B－F 法

B－F 法（the Bornhuetter－Ferguson method）是根据已发生索赔的实际进展情况和期望损失来修正 IBNR 准备金的一种未决赔款准备金评估方法。B－F 法是预期赔付率法与链梯法的结合。首先根据预期赔付率计算出期望最终赔款，然后根据已付赔款或已报案赔款流量三角形对该期望最终赔款进行修正，得到估计的最终赔款，最后从估计的最终赔款中减去累计已付赔款，得到未决赔款准备金的金额。

（三）理赔费用准备金的提取方法

对直接理赔费用准备金（direct claim expense reserve），应当采取逐案预估法提取。

对间接理赔费用准备金（indirect claim expense reserve），采用比较合理的比率分摊法计提，需要考虑费用发生的各个因素，分配到各个险种。计算公式为：

间接理赔费用准备金＝已发生已报案未决赔款准备金金额×5%×经验比例＋已发生未报案未决赔款准备金金额×经验比例①

其中，经验比例指的是财务报表间接理赔费用与已决赔款的比例。

第三节　财产保险公司的偿付能力

由于保险公司经营业务的特殊性，偿付能力不足将导致其风险增加，影响到履行对被保险人的赔付责任。保险公司必须具备足够的偿付能力，才能保障被保险人的利益。

《保险法》第一百零一条规定："保险公司应当具有与其业务规模和风险程度相适应的最低偿付能力。保险公司的认可资产减去认可负债的差额不得低于国务院保险监督管理机构规定的数额；低于规定数额的，应当按照国务院保险监督管理机构的要求采取相应措施达到规定的数额。"第一百三十七条规定："国务院保险监督管理机构应当建立健全保险公司偿付能力监管体系，对保险公司的偿付能力实施监控。"2020 年 7 月 30 日中国银保监会与中国人民银行发布的《保险公司偿付能力管理规定（征求意见稿）》也指出，为了有效防控保险市场风险，维护保单持有人利益，对保险公司的偿付能力实施监管。

① 侯旭华．保险公司会计（第 5 版）［M］．上海：复旦大学出版社，2016：83.

一、偿付能力的含义

偿付能力（solvency）是指保险公司对保单持有人履行赔付义务的能力①。2008 年保监会发布的《保险公司偿付能力管理规定》指出，保险公司偿付能力指的是保险公司偿还债务的能力。对比这两个含义的区别可以看出，前者明确了偿付能力是对保单持有人的赔付能力，后者是比较笼统宽泛地对偿债能力的理解，涵盖范围较广，没有突出保险公司的偿付能力对于保单持有人的重要性。

从保险监管的角度，如果一家保险公司的认可资产超过其认可负债达到规定监管部门的数额，就具有了偿付能力。从保险公司经营的角度，保险公司收取的保险费和提取的各项准备金应足以支付未来发生的赔款和经营管理费用。

二、国外偿付能力监管体系

由于各国国情不同以及保险业发展历史长短不一，偿付能力监管呈现出不同的特点，主要可分为欧盟体系、澳大利亚体系和北美体系。

（一）欧盟体系

欧盟体系主要体现为法定偿付能力额度法，是通过对固定比率的规定确定法定最低偿付能力标准，保险公司的实际偿付能力或偿付能力保证基金不得低于法定最低偿付能力，是一种较为直观、操作较为简单的偿付能力监管方法，被欧洲各国普遍应用。1979 年 3 月 5 日，欧洲经济共同体（现为欧盟）颁布了“欧洲指引”（European Directive），制定了人寿保险公司的偿付能力标准。其后，比利时、丹麦、德国、法国、爱尔兰、英国、意大利、卢森堡、荷兰、希腊、西班牙、葡萄牙、奥地利、瑞典和芬兰 15 个国家先后参照了“欧洲指引”执行保险公司的偿付能力监管。欧洲各国以后制定的法规基本上依据这份欧洲指引。

欧盟体系以英国最具代表性。英国对保险公司偿付能力的监管主要体现在《1982 年保险公司法》（*Insurance Companies Act* 1982）以及《1994 年保险公司管理条例》（*The Insurance Companies Regulation*

---

① 中国银保监会、中国人民银行关于《保险公司偿付能力管理规定（征求意见稿）》公开征求意见的通知［EB/OL］. 2020. 7. 30. http：//www. cbirc. gov. cn/cn/view/pages/ItemDetail. html？docId = 919213&itemId = 951.

1994）的规定中。

（二）澳大利亚体系

澳大利亚采用的是法定基金双重标准方法，针对法定基金制定了双重标准，即法定基金的偿付能力标准和资本充足标准，根据法定基金满足双重标准的不同情况，决定相应的监管行动。其中，偿付能力标准针对现有业务，属于静态评估；而资本充足性标准对未来业务予以假设，属于动态评估。这一方法本质上体现的是风险资本的思想，即考虑影响偿付能力的资产与负债等多方面的风险并量化为各风险准备金进行线性加总得到最低的资本要求。

1998 年 7 月 1 日澳大利亚财政部成立了澳大利亚审慎监督委员会（Australia Prudential Regulation Authority，APRA）。澳大利亚审慎监督委员会作为普通保险和人寿保险的监管者，主要代表的是当前的和未来的保单持有人的利益。澳大利亚有关保险监管的法律主要有《1973 年保险法》以及《1995 年人寿保险法》。

（三）北美体系

北美体系以美国和加拿大为代表。美国的保险市场是世界上最大的保险市场之一。美国对其保险业的监管实行州政府和联邦政府双重管理的体系，监管范围也非常广泛。在这一监管体系下，州是监管的主体，各州有权处理保险监管工作中的一切事宜，如保险立法和税收等。各州有自己的保险法规和管理机构。加拿大的保险业由加拿大联邦金融机构监督办公室（Office of the Superintendent of Financial Institutions，OSFI）监管。

北美体系主要采用了风险资本方法（Risk Based Capital，RBC），以保险公司的实际资本与风险资本的比率作为指标，通过指标值的变动，决定应采取的监管措施。其中，风险资本的衡量考虑了影响偿付能力大小的主要风险类别，得到各类风险的大小之后，再通过一定的组合方式计算出最低风险资本要求的大小。通过考虑各公司的具体风险构成，风险资本方法不再拘泥于对保险资产与盈余的固定要求，而是针对风险状况确定最低资本要求，是一种比较科学的偿付能力评估与监管方法。

近年来以风险资本思想为基础的监管体系已经成为国际偿付能力监管的一个主要趋势，包括许多新兴亚洲地区和国际监管机构都已经采用 RBC 方法或开展相关研究。

专栏4-1

风险资本（RBC）法

美国全国保险监督官协会（National Association of Insurance Commissioners，NAIC）于1993年对财产保险公司实行了风险资本（Risk Based Capital）方法，它是根据保险公司面临的不同风险水平来规定所需的最低资本金。具体来说，从保险公司的风险构成出发，根据保险公司的风险状况，有弹性地量化用于支持其业务经营所需的最低资本。RBC方法考虑财产保险公司的风险包括：

1. 资产风险

资产风险，即资产价值低于预期价值的风险，包括投资损失的风险，保险公司所有的资产都会面临贬值的风险。RBC方法考虑保险公司的各种资产，如债券资产、股票资产等。在RBC方法下，风险较大的资产需要更多的资本金加以保障。所需的资本金标准由保险公司财务年报上的资产总额乘以NAC制定的RBC手册上的风险系数得到。例如，美国政府债券的风险系数为0.00，被认为是无风险的，不需要资本金支持。而对于有违约风险的债券，则规定每10美元的债券要有3美元的资本金支持。

2. 关联企业风险

关联企业风险，即对关联企业的投资无法收回的风险。

3. 利率风险

利率风险，即由于利率变动引致资产和负债不匹配的风险。

4. 业务风险

业务风险，即一般的经营管理不当的风险按照以上风险各自的风险程度，确定不同的风险系数，然后计算风险资本总额。最后将保险公司实际的资本总额与计算出的风险资本总额相比较，根据不同的结果，将公司分成5个等级，分别采取不同的监管措施：

（1）当风险资本比率达到200%以上时，被认为具有足够的偿付能力，属于无须行动层次（no action level），不需要采取任何监管措施。

（2）当风险资本比率位于150%～200%时，属于公司行动层次（company action level），保险公司应向监管部门提出一份计划，说明公司偿付能力状况不佳的原因，并陈述改进计划。

（3）当风险资本比率介于100%～150%时，为监管行动层次（regulatory action level），监管部门可以发布行政命令，要求公司采取必要的改进措施。

（4）当风险资本比率介于70%～100%时，为授权控制层次（authorized control level），监管部门可以采取对保险公司进行重组或清算。

（5）当风险资本比率低于70%时，为强制控制层次（mandatory control level），监管部门应接管保险公司。

资料来源：许谨良．财产保险原理与实务（第四版）[M]．上海：上海财经大学出版社，2010（8）：634-635.

三、我国财产保险公司偿付能力监管的演进

我国保险监管机构对保险公司偿付能力的监管是一个从无到有、

逐步发展的过程，大致可以分为三个阶段：从以市场行为监管为主，到市场行为监管和偿付能力并重，最后到以偿付能力为核心的监管，包含“偿一代”与“偿二代”监管体系。

（一）以市场行为监管为主的阶段

在1995年《保险法》实施以前，中国人民银行负责对保险业的监管，以市场行为监管为主，很少涉及对偿付能力的监管。自20世纪80年代中期恢复保险业务后，我国开始对保险机构进行监管。在此之前，1949～1984年，没有实质上的保险监管。1985年3月3日，国务院颁布了《保险企业管理暂行条例》，规定了保险企业设立、中国人民保险公司的地位、偿付能力和保险准备金及再保险等方面的内容。该条例指出，“经营长期人身保险以外的各种保险业务的保险企业，应具有的最低偿付能力是实际资产减去实际负债的差额不低于国家保险管理机关规定的金额，不足时，应当增加资本，补足差额”。但由于当时历史条件所限，《保险企业管理暂行条例》的规定存在较大的局限性，对保险企业的经营活动准则规定较少，对违规行为也未规定罚则，在执行中缺乏可操作性，而且混淆了偿付能力和偿付能力额度，只是提到保险公司偿付能力不足时应增加资本金。这个时期并未建立起对偿付能力进行监管的体系，主要原因是市场竞争主体数量不多，可以对市场进行相对有效的监管。

（二）市场行为监管和偿付能力并重的阶段

1995年《保险法》实施以后到2003年修订《保险法》实施之前，我国对保险业的监管是市场行为监管和偿付能力监管并重。1995年通过的《保险法》是新中国成立以来第一部保险大法，其中规定，保险公司应当具有与其业务规模相适用的最低偿付能力。保险公司的实际资产减去实际负债的差额不得低于金融监督管理部门规定的数额；低于规定数额的，应当增加资本金，补足差额。1996年的《保险管理暂行规定》和2000年的《保险公司管理规定》都对偿付能力制定了具体规定。2001年保监会颁布的《保险公司最低偿付能力及监管指标管理规定》详细制定了两套针对保险公司偿付能力的监管规定，即保险公司监管指标和偿付能力额度的规定，这是我国第一份比较系统全面的关于偿付能力监管的保险规章。其中，偿付能力额度的规定与《保险公司管理规定》的内容基本相同，而保险公司监管指标则主要参考了美国的IRIS系统。由此可见，偿付能力监管的重要性已经为保险业界和监管机构认可。这一阶段在努力建立可以和市场监管并重的偿付能力监管体系。

（三）以偿付能力为核心的监管阶段

2003年《保险法（修订）》的实施，我国保险业的监管由市场行为监管和偿付能力监管并重过渡到以偿付能力监管为核心。该法第一百零八条规定："保险监督管理机构应当建立健全保险公司偿付能力监管指标体系，对保险公司的最低偿付能力实施监控"。这就从法律上规定了要建立一套科学完整的偿付能力监管指标体系。2003年3月24日，保监会宣布实施《保险公司偿付能力额度及监管指标管理规定》，开始具体实施保险公司的偿付能力监管。该规定对2001年《保险公司最低偿付能力即监管指标管理规定》进行修正，主要是将保险公司监管指标设为预警指标，并对实际偿付能力的计算方法做了改进。至此，第一代偿付能力监管体系（以下简称"偿一代"）开始建立。

自2008年9月1日起实施的《保险公司偿付能力管理规定》对如何进行偿付能力监管做出新的规定，主要是通过偿付能力充足率对保险公司进行偿付能力监管。偿付能力充足率即资本充足率，是指公司的实际资本与最低资本的比率，其中，实际资本为认可资产与认可负债的差额，最低资本为应对资产风险、承保风险等风险对偿付能力的不利影响，依据中国保监会的规定而应当具有的资本数额。

"偿一代"主要借鉴了欧盟偿付能力Ⅰ和美国基于风险的偿付能力资本要求（RBC），并在应用中不断更新和发展，直到2008年左右，才真正建立一套较为完整的偿付能力监管制度体系，主要内容包括保险公司内部风险管理制度、偿付能力评估标准和报告制度、财务分析和检查制度、监管干预制度、破产救济制度五个部分。

2012年4月18日，中国保险监督管理委员会召开了第二代偿付能力监管制度体系（以下简称"偿二代"）建设启动会，我国偿付能力监管制度改革进入了一个新的阶段。2015年2月，"偿二代"17项监管规则发布，"偿二代"开始进入过渡期试运行阶段。"偿二代"采用国际通用的资本充足要求、风险管理要求和信息披露要求的"三支柱"框架，利用17项监管规则全景展示了"定量监管、定性监管、市场约束"体系。2016年起正式实施中国风险导向的偿付二代能力体系，偿付能力监管已经成为我国保险监管的核心。

2017年10月，保监会发出通知对《保险公司偿付能力管理规定》进行修订，经过广泛调研和充分论证，形成了征求意见稿。修订的原因是随着我国保险业的快速发展、保险市场风险的复杂多变和"偿二代"监管制度的建设实施，现行规定已不能满足行业防范风险和"偿二代"监管实践的需求，亟待完善和修订。

2020年10月，中国银保监会与中国人民银行发出通知，对《保险公司偿付能力管理规定》进行修订，发布《保险公司偿付能力管理规定（征求意见稿）》。第二次提出修订的原因是为加强和改进偿付能力监管、补齐监管制度短板、更好地保护保险消费者利益。

目前，我国形成了包含《保险法》和《保险公司偿付能力管理规定》在内的比较完整的偿付能力监管体系，建立了以风险为基础的动态偿付能力监管标准和监管机制。

专栏4－2

《保险公司偿付能力监管规定（征求意见稿）》简介

征求意见稿共7章49条，规范了保监会、保监局、保险公司以及中介机构、投资者等市场相关方在偿付能力监管体系中的职责定位，构建起监管机构内部上下联动、监管与市场内外结合、保险公司与监管机构各负其责的偿付能力监管机制和监管体系。具体各章基本内容为：

第一章总则，主要规范制定目的、适用范围、偿付能力的定义、监管框架、监管指标以及保险公司、保监会和保监局的职责。

第二章保险公司偿付能力管理，主要规范对保险公司偿付能力管理的要求。

第三章市场约束与监督，主要规范建立偿付能力市场约束机制。

第四章监管评估与检查，主要规范偿二代下的风险管理要求与评估、风险综合评级、报告审查与分析、现场检查等。

第五章监管措施，主要规范对偿付能力不达标公司应采取的监管措施。

第六章监管合作，主要规范保监会与国内其他金融监管部门之间的协作机制，以及与国际偿付能力监管协作机制。

第七章附则，主要规范保险集团、自保公司、相互保险组织的偿付能力监管政策以及生效日等。

与现行《保险公司偿付能力管理规定》相比，征求意见稿主要有6个特点：

一是进一步明确了偿二代监管框架，以风险为导向，建立定量资本要求、定性监管要求和市场约束机制相结合的三支柱偿付能力监管体系。

二是对保监局在偿付能力监管中的职责进行了再定位，明确其“三个参与、一个负责、一个监督”的职责，即参与偿二代风险综合评级、风险管理能力评估、非现场核查和现场检查工作，负责对辖区内保险公司分支机构进行风险综合评级，监督辖区内保险公司分支机构落实中国保监会采取的偿付能力监管措施的情况。明确保监局的偿付能力监管职责有利于整合集中监管资源，提高监管效率，防范行业风险。

三是明确了偿二代的监管指标标准。核心偿付能力充足率达标标准为50%、综合偿付能力充足率达标标准为100%、风险综合评级达标标准为B类以上，三个指标同时达标的为偿付能力达标公司；任意一项指标不达标的，为偿付能力不达标公司。

四是建立了多维度、分层次的监管措施。从核心偿付能力充足率、综合偿付能力充足率、实际资本、风险综合评级等多个维度对公司进行分类，根据公司风险成因和严重程度规定相应的监管措施，提升监管措施的风险针对性和有效性。

五是建立了偿付能力数据非现场核查机制和现场检查机制。每季度对核心偿付能力充足率低于60%或综合偿付能力充足率低于120%等偿付能力风险较大的保险公司偿付能力数据进行重点非现场核查，建立常态化的现场检查机制，并加强对审计机构、精算咨询机构、信用评级机构等中介机构的监督，对于服务质量存在问题的，将采取不接受其报告、移送有关部门进行处罚等措施，确保偿付能力数据真实可靠。

六是强化了监管合作和协调。规定保监会将按照国务院金融稳定发展委员会的要求，加强与人民银行、银监会、证监会和外汇管理局的监管协作，包括加强金融审慎监管制度的协调；加强对保险集团和保险公司跨行业、跨领域业务的监管，对风险较大的保险、银行和证券等业务板块协同采取相应监管措施；强化对跨市场、交叉性金融风险的监测和防控等。同时，保监会将加强与相关国家和地区的保险监管机构、国际保险监管组织的偿付能力监管合作。

资料来源：中国保监会就《保险公司偿付能力管理规定（征求意见稿）》公开征求意见［EB/OL］. http：//bxjg. circ. gov. cn/circwap/tabid/6595/infoid/4085621/frtid/6528/setting-moduleid/16652/default. aspx. 2017－10－20.

四、我国财产保险公司偿付能力监管指标与监管措施

（一）我国财产保险公司偿付能力监管指标

根据2020年《保险公司偿付能力管理规定（征求意见稿）》的规定，偿付能力监管指标包含核心偿付能力充足率、综合偿付能力充足率与风险综合评级三个指标。

1. 核心偿付能力充足率

核心偿付能力充足率，即核心资本与最低资本的比值，衡量保险公司高质量资本的充足状况。

2. 综合偿付能力充足率

综合偿付能力充足率，即实际资本与最低资本的比值，衡量保险公司资本的总体充足状况。

3. 风险综合评级

风险综合评级，即对保险公司偿付能力综合风险的评价，衡量保险公司总体偿付能力风险的大小。

核心资本是指保险公司在持续经营和破产清算状态下均可以吸收损失的资本。

实际资本是指保险公司在持续经营或破产清算状态下可以吸收损失的财务资源。

最低资本是指基于审慎监管目的，为使保险公司具有适当的财务资源应对各类可量化为资本要求的风险对偿付能力的不利影响，所要求保险公司应当具有的资本数额。

保险公司同时符合以下三项监管要求的，为偿付能力达标公司：

（1）核心偿付能力充足率不低于50%；

（2）综合偿付能力充足率不低于100%；

（3）风险综合评级在B类及以上。

不符合上述任意一项要求的，为偿付能力不达标公司。

中国银保监会及其派出机构通过评估保险公司操作风险、战略风险、声誉风险和流动性风险，结合其核心偿付能力充足率和综合偿付能力充足率，对保险公司总体风险进行评价，确定其风险综合评级，分为A类、B类、C类和D类，并采取差别化监管措施。

保险公司应当按照银保监会制定的保险公司偿付能力具体监管规则，每季度公开披露偿付能力季度报告摘要，并在日常经营的有关环节，向保险消费者、股东、潜在投资者、债权人等利益相关方披露和说明其偿付能力信息。其中，上市保险公司应当同时遵守证券监管机构相关信息披露规定（《保险公司偿付能力管理规定（征求意见稿）》第十七条）。

此外，保险公司还应至少按年度滚动编制公司三年资本规划，并报送银保监会及其派出机构。保险公司应建立发展战略、经营规划、机构设立、产品设计、资金运用与资本规划联动的管理决策机制，通过优化业务结构、资产结构，提升内生资本能力，运用适当的外部资本工具补充资本，保持偿付能力充足（《保险公司偿付能力管理规定（征求意见稿）》第十五条）。

（二）我国财产保险公司偿付能力监管措施

《保险法》第一百三十八条规定：“对偿付能力不足的保险公司，国务院保险监督管理机构应当将其列为重点监管对象，并可以根据具体情况采取下列措施：

（1）责令增加资本金、办理再保险；（2）限制业务范围；（3）限制向股东分红；（4）限制固定资产购置或者经营费用规模；（5）限制资金运用的形式、比例；（6）限制增设分支机构；（7）责令拍卖不良资产、转让保险业务；（8）限制董事、监事、高级管理人员的薪酬水平；（9）限制商业性广告；（10）责令停止接受新业务。”

具体来看，《保险公司偿付能力管理规定（征求意见稿）》对于核心偿付能力充足率低于50%或综合偿付能力充足率低于100%的保险公司，要求中国银保监会应当采取以下第 1 项至第 4 项的全部措施①：

（1）监管谈话；

（2）要求保险公司提交预防偿付能力充足率恶化或完善风险管理的计划；

（3）限制董事、监事、高级管理人员的薪酬水平；

（4）限制向股东分红。

中国银保监会还可以根据其偿付能力充足率下降的具体原因，采取以下第（5）项至第（12）项的措施：

（5）责令增加资本金；

（6）责令停止部分或全部新业务；

（7）责令调整业务结构，限制业务和资产增长速度，限制增设分支机构，限制商业性广告；

（8）限制业务范围、责令转让保险业务或责令办理分出业务；

（9）责令调整资产结构，限制投资形式或比例；

（10）对风险和损失负有责任的董事和高级管理人员，责令保险公司根据聘用协议、书面承诺等追回其薪酬；

（11）依法责令调整公司负责人及有关管理人员；

（12）中国银保监会根据保险公司的风险成因和风险程度认为必要的其他监管措施。

对于采取上述措施后偿付能力未明显改善或进一步恶化的，由中国银保监会依法采取接管、申请破产等监管措施。

中国银保监会可以视具体情况，依法授权其派出机构实施必要的监管措施②。

对于核心偿付能力充足率和综合偿付能力充足率达标，但操作风险、战略风险、声誉风险、流动性风险中某一类或某几类风险较大或严重的 C 类和 D 类保险公司，中国银保监会及其派出机构应根据风险成因和风险程度，采取针对性的监管措施③。

本章小结

1. 保险费由纯保费和附加保费两部分构成。纯保费又称风险保费，是保险公司为支付预期的保险赔偿金收取的保费。附加保费是指保险公司为满足风险管理要求、支付经营管理费用、获取正常利润等

①② 中国银保监会、中国人民银行《保险公司偿付能力管理规定（征求意见稿）》第二十七条［EB/OL］. http：//www. cbirc. gov. cn/cn/view/pages/ItemDetail. html？ docId = 919213&itemId = 951.

③ 中国银保监会、中国人民银行《保险公司偿付能力管理规定（征求意见稿）》第二十八条［EB/OL］. http：//www. cbirc. gov. cn/cn/view/pages/ItemDetail. html？ docId = 919213&itemId = 951..

目的而收取的保费。附加保费包括费用附加、风险附加和利润附加等。计算财产保险的保险费要考虑的因素包含保险金额、保险费率和保险期限三个因素，三者与保险费呈正比例关系。

2. 保险费率是保险费与保险金额的比率，由纯费率与附加费率构成。纯费率又称基础费率或净费率，是纯保费与保险金额的比率。附加费率是附加保费与保险金额的比率，通常以占纯费率的一定比例表示。习惯上，将纯费率与附加费率相加得到的费率称为毛费率。

3. 财产保险费率厘定原则包含合理性、公平性与充足性三个原则。

4. 财产保险费率厘定考虑的因素包括风险因素、产品特点、基础数据、数据组织形式、风险单位、风险细分、准备金充足性状况与损失进展、趋势、巨灾、再保险、资本成本、公司经营行为变化、外部因素共13项。

5. 财产保险费率测算方法主要包括纯保费法和损失率法等。纯保费法是指通过分析历史赔付数据及其变化趋势，直接计算每一单位风险的保险赔偿金，并在此基础上计算附加费率。损失率法即赔付率调整法，是指以现行费率为基础，通过比较目标损失率和经验损失率，估计未来费率相对现行费率的调整幅度，从而计算得到新费率。损失率法以现行费率和赔付历史记录为基础，不适用于新产品的费率厘定。

6. 财产保险的准备金是保险公司为了履行未来的赔付责任按照相关法律规定所提取的各项资金储备。根据其用途可分为未到期责任准备金、未决赔款准备金和其他准备金三类。

7. 未到期责任准备金是指保险人为尚未终止的非寿险保险责任提取的准备金，未决赔款准备金是指保险人为非寿险保险事故已发生尚未结案的赔案提取的准备金。未决赔款准备金包括已发生已报案未决赔款准备金、已发生未报案未决赔款准备金和理赔费用准备金。其他准备金具体包含一般风险准备、保险保障基金、农业巨灾风险准备金、交强险救助基金等。

8. 未到期责任准备金的提取通常遵循未赚保费法的原理，根据具体计算未到期比例的不同，有日平均计算法、月平均计算法、季平均计算法、年平均计算法四种提取方法。

9. 对已发生未报案未决赔款准备金的提取方法有链梯法、案均赔款法、准备金进展法、B－F法等。对已发生已报案未决赔款准备金的提取方法有逐案估计法、平均值估计法与赔付率法等。对理赔费用准备金的提取则分别针对直接与间接理赔费用准备金采用不同的方法。

10. 偿付能力是指保险公司对保单持有人履行赔付义务的能力。

我国保险监管机构对保险公司偿付能力的监管是一个从无到有、逐步发展的过程，大致可以分为三个阶段：从以市场行为监管为主，到市场行为监管和偿付能力并重，最后到以偿付能力为核心的监管，包含“偿一代”与“偿二代”监管体系。

11. 偿付能力监管指标包含核心偿付能力充足率、综合偿付能力充足率与风险综合评级三个指标。保险公司同时符合：核心偿付能力充足率不低于50%；综合偿付能力充足率不低于100%；风险综合评级在B类及以上，为偿付能力达标公司。对偿付能力不足的保险公司，国务院及保险监督管理机构应当将其列为重点监管对象，并可以根据具体情况采取相应措施。

思考与练习

1. 财产保险的费率构成是什么？如何厘定财产保险的费率？

2. 财产保险的准备金包含哪些？

3. 如何计提财产保险未到期责任准备金？

4. 如何计提财产保险未决赔款准备金？

5. 什么是偿付能力？偿付能力监管指标有哪些？

6. 我国监管机构对保险公司可以采取的偿付能力监管措施有哪些？

7. 某家财产保险公司一项保险业务的保险金额合计为4 000万元，该业务纯费率为0.24%，其附加费用包括：（1）代理手续费32.7万元；（2）其他管理费75.3万元；（3）职工工资等43万元；（4）营业税收53万元；（5）预期经营利润20万元。请据此计算该项保险业务的保险费率与保险费。

8. 某公司财产保险综合险一年期保单订立于第二季度与第四季度，其保费收入（扣除首日费用）分别为125万元、150万元，试按照1/8法计算该公司年末未到期责任准备金的数额。

第五章

火 灾 保 险

本章提要

本章阐述火灾保险的概念、发展及承保风险，介绍我国在火灾保险基础上发展的险种，即企业财产保险、家庭财产保险和营业中断保险的定义、特点、主要内容。

学习目标

了解火灾保险的定义、历史发展及其承保的主要风险。

了解企业财产保险的适用范围、特点和主要内容，包括其保险标的的范围，保险责任的主要内容，保险价值和保险金额的确定，决定企业财产保险费率的主要因素以及损失赔偿的方法等。

了解家庭财产保险的特点、分类；了解普通型家庭财产保险的主要内容。

了解营业中断保险的定义、特点，区别保险期间和赔偿期间；理解营业中断保险的保费计算及损失赔偿的处理等。

第一节　火灾保险概述

当今社会经济发展迅速，企业、居住地密集化，火灾一旦发生，不仅直接影响人身安全和财产安全，还会间接影响社会安定。火灾保险能够补偿火灾造成的经济损失，促进相关人员做好火灾风险防范，对社会经济的稳定运行有着积极的影响，是现代社会发展不可或缺的一部分。我国的企业财产保险、营业中断保险和家庭财产保险都是在火灾保险基础上，不断扩大保险责任范围，并加以简化形成的。

一、火灾保险的概念

火灾保险简称火险，是指以存放在固定场所并处于相对静止状态的财产及其有关利益为保险标的，由保险人承担被保险财产因遭受保险事故所造成损失的经济赔偿责任的一种财产损失保险。

二、火灾保险的发展

现代火灾保险制度源于1666年9月2日在英国伦敦发生的一场大火，这场火灾持续5天，繁华市区80%以上的房屋被烧毁，造成超过1 000万英镑的损失。翌年，牙科医生尼古拉斯·巴蓬独资开办了一家专门经营房产火灾保险的商行。1680年，他又筹资4万英镑，成立了股份制的火灾保险公司，并针对不同的建筑结构，按房屋的危险情况收取不同的保险费，开创了火灾保险差别费率的先河。此后，在巴蓬开办火灾保险的启发和推动下，火灾保险的思想深入人心，现代形式的火灾保险从此逐渐发展起来。

在300多年的发展过程中，火灾保险也发生了很大的变化，主要表现在以下几个方面。

（一）保险标的的范围不断扩大

早期的火灾保险只承保房屋的火灾损失，后来将室内财产也包括在可保财产的范围内，使保险标的范围从不动产扩大到动产。一些风险较特殊的财产也可以特约承保，例如便携式的设备、装置等。现在与可保财产相关的利益也可以作为保险标的，例如企业的预期利润、营业中断期间仍需支付的必要费用或额外费用等。

（二）承保的风险不断扩展

火灾保险在开办之初，仅仅承保单一的火灾风险，在雷击引发火灾造成标的损失引发大量纠纷的情况下，保险人将雷击列为承保责任，后来又扩展了爆炸责任。目前火灾保险的承保风险已涵盖多种自然灾害和意外事故，还可以通过特别约定承保更多过去除外不保的风险，例如地震、盗窃、恐怖活动、罢工、战争等风险，既可承保直接损失，也可承保间接损失。

（三）赔偿的损失有所扩大

早期的火灾保险只负责赔偿因承保风险造成的保险标的本身的损失，随着其不断发展和完善，火灾保险赔偿的损失范围有所扩大。在赔偿标的本身损失的同时，也负责赔偿承保风险造成保险事故发生时，为抢救保险标的或防止灾害蔓延而采取必要的、合理的措施造成的标的损失，以及保险事故发生后，被保险人为防止或减少保险标的的损失所支付的必要的、合理的费用。

（四）保单格式逐渐标准化

火灾保险开办的初期并没有统一格式的保险单，各家保险公司的保单都不相同，不利于投保人进行比较和选择，并因此产生纠纷，给保险纠纷案例的审理带来了诸多困难，因此火灾保险市场需要标准的、能够统一解释的保险单。1867 年美国火灾承保人委员会开始制定标准火灾保险单。1879 年美国的马萨诸塞州以立法的形式要求本州的保险公司从 1880 年起使用标准火灾保险单。1886 年美国纽约州也以立法的形式要求本州的保险公司自 1887 年起使用标准火灾保险单。此后，美国大部分州及英国、日本等国开始使用标准保险单。1918 年，美国保险监督官协会颁布了 1918 年纽约标准火灾保险单，1943 年又发布使用了新的标准保险单——1943 年纽约标准火灾保险单。此后各保险公司使用的火灾保险单都以该标准保险单为基础进行设计，极大地降低了投保人的阅读、选择成本，使火灾保险的经营更加标准和规范。

（五）费率厘定逐渐科学化

火灾保险在 17 世纪末开始按房屋的结构实行差别费率，但费率档次少、分类简单、总体费率水平较高。现在的火灾保险在确定费率时综合考虑地区、行业、使用性质、房屋建筑设计、房屋结构、预期赔付率、个体风险差异等多种因素，使风险的分类更为细致，对风险的计量也更加科学合理，费率的厘定也更加科学。

三、我国的火灾保险

我国开办的财产保险业务没有直接使用火灾保险这一名称，但有多种在火灾保险的基础上发展起来的险种，主要包括企业财产保险、机器损坏保险、营业中断保险和家庭财产保险四种。企业财产保险承保法人团体所有、占有或负有保管义务的财产物资因遭遇火灾等自然灾害和意外事故所产生的标的本身的损失。机器损坏保险和营业中断保险是对企业财产保险的补充和扩展，机器损坏保险专门承保各类已安装完毕并投入运行的机器设备因人为的、意外的或物理性原因造成的物质损失；营业中断保险承保企业财产在遭遇已投保的企业财产保险或机器损坏保险责任范围的保险事故并产生保险财产的直接损失后，被保险人因保险财产受损而停产、停业或营业受到影响所造成的利润损失以及受灾后营业中断期间仍需支出的必要费用，即营业中断保险承保的是间接损失。家庭财产保险承保的风险与企业财产保险几乎相同，区别只在于家庭财产保险的保险标的是城乡居民家庭的自有财产或代他人保管、与他人共有的财产。

我国的企业财产保险、家庭财产保险都是在火灾保险的基础上，不断扩大保险责任范围，并加以简化而形成的。新中国成立前，我国的火灾保险一般都采用西方国家通用的火灾保险条款。新中国成立后，中国人民保险公司于 1951 年 1 月制定了新的火灾保险条款，新条款的保险责任除了包括火灾、雷电、爆炸外，还包括了地震、地陷、崖崩，以及在发生责任范围内的灾害事故时遭受的盗窃损失。1954 年和 1955 年又两次对火灾保险条款进行了修订，简化承保手续、降低保险费率、扩大保险责任范围，以致仍以火灾保险命名已不合乎保险的实际内容，故改换了名称。尽管如此，我国的企业财产保险、家庭财产保险仍是以火灾保险为基础的。

第二节 企业财产保险

企业财产保险是以法人团体存放在相对固定地点，且处于相对静止状态的企业固定资产、流动资产和其他与企业经济利益有关的财产为主要保险标的，由保险人承担由火灾及有关自然灾害、意外事故造成标的损失的赔偿责任的财产损失保险。它是在过去火灾保险的基础上，不断扩大保险责任、充实保险内容而逐渐发展起来的，通过转移风险保障企业正常生产和经营，同时还配合企业开展防灾防损工作，保护社会财产安全。

企业财产保险最早执行 1979 年颁布的原中国人民保险公司《企业财产保险条款》。随后出现了两类企业财产保险，适用于外资企业的是财产保险和财产保险一切险，适用于内资企业的是财产保险基本险和财产保险综合险。2004 年对企财险的产品进行了改造，最终形成了一套以三个主险（基本险、综合险和一切险）和多个附加条款组成的新的财产保险产品体系，即 2005 年版《企业财产保险条款》。为适应新保险法的实施，人保财险又修订产生了 2009 年版的《企业财产保险条款》。本节以人保财险 2009 年版的《企业财产保险条款》为依据论述企业财产保险的相关理论。

一、企业财产保险的适用范围

企业财产保险的适用范围很广，一切工商、建筑、交通、服务型企业，国家机关，社会团体等都可以投保企业财产保险，即企业财产保险对一切独立核算的法人单位均适用。具体来说，企业财产保险适用于以下几类法人：

（1）领有工商营业执照，有健全的会计账册，财务独立，以全民所有制或集体所有制为主体的各类企业。

（2）国家机关、事业单位、人民团体等，包括党政机关、工会、共青团、妇联、科研机构、学校、医院、文艺团体等。

（3）以人民币投保，愿意接受财产保险基本险条款的三资企业（即在中国境内设立的中外合资经营企业、中外合作经营企业、外商独资经营企业）。

（4）有健全会计账册的私营企业。

需要注意的是，军事机关和部队不适用企业财产保险。小商小贩、家庭手工业等个体经营户也不适用企业财产保险，而需投保家庭财产保险来获得保险保障。

二、企业财产保险的保险标的范围

（一）可保财产

可保财产是指保险人根据保险条款规定认为可以承保的财产，即投保人可以直接向保险人投保的财产。可保财产通常有三种分类方式：

（1）按所有权关系分类，以被保险人对保险标的具有的保险利益为条件可分为：属于被保险人所有或与其他人共有而由被保险人负责的财产；由被保险人经营管理或替他人保管的财产；其他具有法律上承认的与被保险人有经济利害关系的财产。这是目前我国《企业财产保险条款》的分类。

（2）按财产的项目分类，可以将企业财产保险的可保财产分为十种：①房屋、建筑物及附属设备，包括正在使用、未使用或出租、承租的房屋，也包括房屋以外的各种建筑物，例如船坞、油库、围墙，还包括附属在房屋建筑上比较固定的设备装置，如卫生设备、空调机和门面装潢等；②建造中的房屋、建筑物和建筑材料；③机器和附属设备，其中机器是指具有改变材料属性或形态、功能的各种机器设备，如机床、高炉、铸造机、电焊机等，附属设备是指与机器不可分割的装置，如传动装置、传导装置、机座等；④作为商品或资产存放在固定地点的交通运输工具和设备，其中运输工具是指汽车、火车、船舶和飞机等，设备是指构成运输工具组成部分的全部附属装置，例如冷藏舱的冷藏设备等；⑤工具、仪器和生产用具；⑥通信设备和器材，如通信卫星、通信电缆、通信交换设备、通信终端设备、通信车、电报机、电传机、传真机和电话机等，但便携式通信装置除外；⑦管理用具及低值易耗品，其中管理用具是指计量用具、消防用具、办公用具以及其他经营管理使用的器具或设备；⑧原材料、半成品、在制品、产成品或库存商品、特种储备商品，包括各种生产辅助材料、燃料、备品备件、物料用品、副产品、残次商品、样品、展品、包装物等；⑨账外财产或已摊销的财产，是指已摊销或已列支而尚在使用的财产，如已摊销的低值易耗品、简易仓库、简陋建筑、边角余料、来料加工余料、不入账的自制设备、无偿移交的财产等；⑩代保管财产。

（3）按财产的会计科目分为：固定资产、流动资产（存货）、专项资产、投资资产、账外或已摊销的资产、代保管财产等。

（二）特约可保财产

特约可保财产是指经被保险人与保险人特别约定，并在保险单上载明承保的财产，主要有以下几类财产：

（1）市场价值变化较大或者市场价值不易确定的财产，包括金银、珠宝、钻石、玉器、首饰、古币、古玩、古书、古画、邮票、艺术品、稀有金属等珍贵财物。保险人需要事先约定其数量和单价，并要求财产有账册可以查询。如果企业是以金银为原料加工生产，因其数量和价值均已计入相关的会计科目，即属于企业资产，因此不需要特别约定再承保。

（2）价值高、风险比较特别的财产，如堤堰、水闸、铁路、道路、涵洞、隧道、桥梁、码头。这些财产虽不易发生火灾，但容易遭受洪水、泥石流、地震等灾害而发生损失，发生保险事故的可能性小，损失金额较大。

（3）风险较大的财产，是指矿井（坑）内的设备和物资。此类财产处在地下矿井内，容易因瓦斯爆炸、塌方、提升罐笼脱钩以及地下水穿孔等事故而造成损失，其风险比火灾保险承保的风险大很多，因此需要在保单上加贴“矿下财产特约条款”并按照特定费率缴纳保费后才能被承保。将这些特约保险财产予以承保主要是为了满足部分行业的特殊需要。

（4）可移动的固定资产，是指便携式通信装置、便携式计算机设备、便携式照相摄像器材以及其他便携式装置、设备。企业财产保险主要承保处于固定位置的财产，可移动的固定资产面临的风险与不可移动的财产有所差异。

（5）尚未交付使用或验收的工程。例如建设完毕但尚未验收的写字楼、安装完成但尚未投入使用的生产设备等，其所面临的风险与已经投入使用的财产所面临的风险差异较大。

（三）不可保财产

不可保财产是指在企业财产保险项下保险人不予承保的财产，主要包括以下几类：

（1）不属于普通生产资料的商品，主要是指土地、矿藏、水资源及其他自然资源，以及矿井、矿坑。企业对此类财产无明确的保险利益。

（2）无法鉴定价值的财产，如文件、账册、图表、技术资料、计算机软件、计算机数据资料等。

（3）非实际物资且易引发道德风险的财产，如货币、票证和有价证券以及有现金价值的磁卡、集成电路（IC）卡等卡类。

（4）不符合法律法规要求或者承保会对社会造成不良影响的财产，如违章建筑、危险建筑、非法占用的财产以及枪支弹药。

（5）应由其他财产保险险种承保的财产，如领取了公共行驶执照的机动车辆应该投保机动车损失保险；动物、植物、农作物应该投保农业保险中的养殖业保险、种植业保险。

三、企业财产保险的责任范围

企业财产保险有三个险别，即基本险、综合险和一切险。这三个险别在保险标的、保险期间、保险价值与保险金额确定，以及赔偿处理等方面基本是一致的，区别就在于它们的保险责任范围大小不一，责任免除事项有多有少。基本险和综合险是采用将具体承保风险和责任一一列明的方式来表明保险责任，只有列明的，保险人才承担责任；而一切险是采用统括性地列出承保风险和责任的方式来表明保险责任，只要没有被列入责任免除的，保险人就得负责。从保险责任范围的大小来看基本险承保的风险最少，一切险承保的风险最多。

（一）保险责任

1. 基本险的保险责任

（1）火灾。火灾是指在时间或空间上失去控制的燃烧所造成的灾害。构成企业财产保险的火灾责任必须同时具备以下三个条件：

①有燃烧现象，即有热、有光、有火焰；

②偶然、意外发生的燃烧；

③燃烧失去控制并有蔓延扩大的趋势。

因此，仅有燃烧现象并不等于构成企业财产保险的火灾责任。在生产、生活中有目的用火，如为了防疫而焚毁玷污的衣物、点火烧荒等属于正常燃烧，不同于火灾责任。因烘、烤、烫、烙造成焦糊变质等损失，既无燃烧现象，又无蔓延扩大趋势，也不属于火灾责任。电机、电器、电气设备因使用过度、超电压、碰线、孤花、漏电、自身发热所造成的本身损毁，也不属于火灾责任。但如果发生了燃烧并失去控制而蔓延扩大，则构成火灾责任，由此造成的电机、电器、电气设备本身的损失，企业财产保险负责赔偿。

（2）爆炸。爆炸分为物理性爆炸和化学性爆炸。

①物理性爆炸是指由于液体变为蒸汽或气体膨胀，压力急剧增加并大大超过容器所能承受的极限压力，因而发生爆炸，如锅炉、空气压缩机、压缩气体钢瓶、液化气罐爆炸等。其中锅炉、压力容器的爆炸事故是指锅炉或压力容器在使用中或试压时发生破裂，使压力瞬时降到等于外界大气压力的事故。锅炉爆管不属于爆炸事故。鉴别锅炉压力容器爆炸事故的问题，以劳动部门出具的鉴定为标准。

②化学性爆炸是指物体在瞬息分解或燃烧时放出大量的热和气体，并以很大的压力向四周扩散的现象，如火药爆炸、可燃性粉尘纤维爆炸、可燃气体爆炸及各种化学物品的爆炸等。

因物体本身的瑕疵、使用不当或产品质量低劣以及由于容器内部承受“负压”（内压比外压小）造成的损失，例如电子管热水瓶等不属于爆炸责任。

（3）雷击。雷击是指由雷电造成的灾害。雷电为积雨云中、云间或云地之间产生的放电现象。雷击的破坏形式分直接雷击与感应雷击。

①直接雷击，是指由于雷电直接击中保险标的造成损失，属直接雷击责任。

②感应雷击，由于雷击产生的静电感应或电磁感应使屋内对地绝缘金属物体产生高电位放出火花引起的火灾，导致电器本身的损毁，或因雷电的高电压感应，致使电器部件的损毁，属感应雷击责任。

（4）飞行物体及其他空中运行物体坠落。飞行物体及其他空中运行物体坠落是指空中飞行器、人造卫星、陨石坠落，吊车、行车在运行时发生的物体坠落，人工开凿或爆炸而致石方、石块、土方飞射、塌下，建筑物倒塌、倒落、倾倒，以及其他空中运行物体坠落。

（5）为抢救保险标的或防止灾害蔓延，采取必要的、合理的措施而造成保险标的的损失。保险事故发生后，被保险人为防止或减少保险标的的损失所支付的必要的、合理的费用。

2. 综合险的保险责任

综合险在基本险承保风险的基础上，扩展承保暴雨、洪水、暴风、龙卷风、冰雹、台风、飓风、暴雪、冰凌、突发性滑坡、崩塌、泥石流和地面突然下陷下沉共 13 种自然灾害，同时还扩展承保被保险人拥有财产所有权的自用的供电、供水、供气设备因保险事故遭受损坏引起停电、停水、停气以致造成保险标的直接损失。

（1）暴雨。暴雨是指每小时降雨量达 16 毫米以上，或连续 12 小时降雨量达 30 毫米以上，或连续 24 小时降雨量达 50 毫米以上的降雨。

（2）洪水。洪水是指山洪暴发、江河泛滥、潮水上岸及倒灌。但规律性的涨潮、自动灭火设施漏水以及在常年水位以下或地下渗水、水管爆裂不属于洪水责任。

（3）暴风。暴风是指风力达 8 级、风速在 17.2 米/秒以上的自然风。

（4）龙卷风。龙卷风是指一种范围小而时间短的猛烈旋风，陆地上平均最大风速在 79～103 米/秒，极端最大风速在 100 米/秒以上。

（5）冰雹。冰雹是指从强烈对流的积雨云中降落到地面的冰块或冰球，直径大于 5 毫米，核心坚硬的固体降水。

（6）台风。台风是指中心附近最大平均风力 12 级或以上，即风速在 32.6 米/秒以上的热带气旋。

（7）飓风。飓风是指一种与台风性质相同，但出现的位置区域不同的热带气旋，台风出现在西北太平洋海域，而飓风出现在印度洋、大西洋海域。

（8）暴雪。暴雪是指连续 12 小时的降雪量大于或等于 10 毫米的降雪现象。

（9）冰凌。冰凌是指春季江河解冻期时冰块飘浮遇阻，堆积成坝，堵塞江道，造成水位急剧上升，以致江水溢出江道，漫延成灾。陆上有些地区，如山谷风口或酷寒致使雨雪在物体上结成冰块，形成下垂形状，越结越厚，重量增加，由于下垂的拉力致使物体毁坏，也属于冰凌责任。

（10）突发性滑坡。突发性滑坡是指斜坡上不稳的岩土体或人为堆积物在重力作用下突然整体向下滑动的现象。

（11）崩塌。崩塌是指石崖、土崖、岩石受自然风化、雨蚀造成崩溃下塌，以及大量积雪在重力的作用下从高处突然崩塌滚落。

（12）泥石流。泥石流是指由于雨水、冰雪融化等水源激发的，含有大量泥沙石块的特殊洪流。

（13）地面突然下陷下沉。地面突然下陷下沉是指地壳因为自然变异，地层收缩而发生突然塌陷。对于因海潮、河流、大雨侵蚀或在建筑房屋前没有掌握地层情况，地下有孔穴、矿穴，以致地面突然塌陷的情况，也属于地面突然下陷下沉。但未按建筑施工要求施工导致建筑地基下沉、裂缝、倒塌等，不在此列。

(14) 自有设备的“三停”损失。被保险人拥有财产所有权的自用的供电、供水、供气设备因保险事故遭受损坏引起停电、停水、停气以致造成保险标的直接损失。需满足以下条件：

一是为投保企业所有并自己使用的供电、供水、供气设备造成的“三停”损失。

二是因保险事故造成的“三停”损失。

三是仅限于投保企业的机器设备、在产品和贮藏物品等保险财产因“三停”而遭受的直接损失。

3. 一切险的保险责任

由于自然灾害或意外事故造成保险标的直接物质损坏或灭失，责任免除之外的，都是一切险承保责任。

自然灾害是指雷击、暴雨、洪水、暴风、龙卷风、冰雹、台风、飓风、沙尘暴、暴雪、冰凌、突发性滑坡、崩塌、泥石流、地面突然下陷下沉及其他人力不可抗拒的破坏力强大的自然现象。其中沙尘暴是指强风将地面大量尘沙吹起，使空气很混浊，水平能见度小于1千米的天气现象。意外事故是指不可预料的以及被保险人无法控制并造成物质损失的突发性事件，包括火灾和爆炸。

(二) 责任免除

1. 原因免除

基本险的原因免除责任如下：

(1) 投保人、被保险人及其代表的故意或重大过失行为。重大过失行为是指行为人不但没有遵守法律规范对其较高要求，甚至连人们都应当注意并能注意的一般标准也未达到的行为。

(2) 行政行为或司法行为。行政行为、司法行为是指各级政府部门、执法机关或依法履行公共管理、社会管理职能的机构下令破坏、征用、罚没保险标的的行为。

(3) 战争、类似战争行为、敌对行动、军事行动、武装冲突、罢工、骚乱、暴动、政变、谋反、恐怖活动。其中恐怖活动是指任何人以某一组织的名义或参与某一组织使用武力或暴力对任何政府进行恐吓或施加影响而采取的行动。

(4) 地震、海啸及其次生灾害。地震是指地壳发生的震动。海啸是指由海底地震，火山爆发或水下滑坡、塌陷所激发的海洋巨波。

(5) 核辐射、核裂变、核聚变、核污染及其他放射性污染。

(6) 大气污染、土地污染、水污染及其他非放射性污染，但因保险事故造成的非放射性污染不在此限。

（7）保险标的的内在或潜在缺陷、自然磨损、自然损耗，大气（气候或气温）变化、正常水位变化或其他渐变原因，物质本身变化、霉烂、受潮、鼠咬、虫蛀、鸟啄、氧化、锈蚀、渗漏、自燃、烘焙。

其中自燃是指可燃物在没有外部热源直接作用的情况下，由于其内部的物理作用（如吸附、辐射等）、化学作用（如氧化、分解、聚合等）或生物作用（如发酵、细菌腐败等）而发热，热量积聚导致升温，当可燃物达到一定温度时，未与明火直接接触而发生燃烧的现象。

（8）暴雨、洪水、暴风、龙卷风、冰雹、台风、飓风、暴雪、冰凌、沙尘暴、突发性滑坡、崩塌、泥石流、地面突然下陷下沉。

（9）水箱、水管爆裂。水箱、水管爆裂是指包括冻裂和意外爆裂两种情况。水箱、水管爆裂一般是由水箱、水管本身瑕疵或使用耗损或严寒结冰造成的。

（10）盗窃、抢劫。

综合险的原因免除责任相比基本险减少了第（8）条的 14 种自然灾害原因，其余相同。

一切险的原因免除责任相比综合险减少了“水箱、水管爆裂”，自然原因中减少了“自燃”。

2. 损失免除

基本险的损失免除责任如下：

（1）保险标的遭受保险事故引起的各种间接损失。

（2）广告牌、天线、霓虹灯、太阳能装置等建筑物外部附属设施，存放于露天或简易建筑物内部的保险标的以及简易建筑本身，由于雷击造成的损失。

简易建筑是指符合下列条件之一的建筑：①使用竹木、芦席、篷布、茅草、油毛毡、塑料膜、尼龙布、玻璃钢瓦等材料为顶或墙体的建筑；②顶部封闭，但直立面非封闭部分的面积与直立面总面积的比例超过 10% 的建筑；③屋顶与所有墙体之间的最大距离超过 1 米的建筑。

（3）锅炉及压力容器爆炸造成其本身的损失。

（4）任何原因导致供电、供水、供气及其他能源供应中断造成的损失和费用。

（5）本保险合同中载明的免赔额或按本保险合同中载明的免赔率计算的免赔额。

综合险的损失免除责任相比基本险减少了第（4）条，同时第（2）条增加了暴雨、洪水、暴风、龙卷风、冰雹、台风、飓风、暴雪、冰凌、沙尘暴10种自然灾害原因造成的损失。

一切险的损失免除责任相比综合险增加了以下内容：

（1）设计错误、原材料缺陷或工艺不善造成保险标的本身的损失。

（2）非外力造成机械或电气设备本身的损失。

（3）被保险人及其雇员的操作不当、技术缺陷造成被操作的机械或电气设备的损失。

（4）盘点时发现的短缺。

（5）任何原因导致公共供电、供水、供气及其他能源供应中断造成的损失和费用。

3. 未列入保险责任的损失

基本险与综合险都采用列举的方式确定保险责任，所以其他不属于保险合同责任范围内的损失和费用，保险人不负责赔偿。

四、企业财产保险的保险费率

（一）基本责任保险费率

基本责任保险费率目前为行业费率，财产保险基本险、综合险和一切险把企业财产保险的年保险费率分为3大类13个号次。

（1）工业类（1～6号次）工业险费率分为6级，号次为1～6。主要根据工业企业使用的原材料、主要产品（占用性质）以及产品生产过程中的工艺操作和处理的危险程度把工业险费率划分为6个级别，一级工业危险程度最低，费率最低；六级工业危险程度最高，费率最高。由于工业险费率的厘定还兼顾到企业工艺流程和设备现代化程度，故在实际制定费率时也应予以区别对待。

一级工业险适用于钢铁、机器制造、耐火材料、水泥、砖石制品等工业。二级工业险适用于一般机械零件制造、修配行业，如自行车五金零件制造厂。三级工业险适用于一般物资为主要原料的棉纺织、食品、轻工、电信、电器、仪表日常生活用品等工业。四级工业险适用于以竹、木、皮毛或一般可燃物资为主要原料或一般危险品进行复合生产的工业；棉、棉麻、塑料及其制成品，化纤、化学、医药制造等加工工业；以油脂为原料的工业和文具、纸制品工业。五级工业险适用于以一般危险品及部分特别危险品为主要原料进行复合生产、制氧挥发性试剂，以及塑料、染料制造等工业；大量使用竹、木、稻草为主要原料的木器家具工具、竹器、草编制品制造工业；油布、油纸制造工业。六级工业险适用于以特别危险品，如磷、醚及其他爆炸品为主要原料进行复合生产的工业和染料工业。

（2）仓储类（7～10 号次）。仓储险费率分为 4 级，号次为 7～10。主要根据仓储商品和物资的性质及危险程度把仓储险费率划分为 4 个级别：一般物资、危险品、特别危险品、金属材料和粮食专储。

（3）普通类（11～13 号次）。普通险费率分为 3 级，号次为 11～13。主要适用于工业险费率和仓储险费率中不包括的各类企事业单位，这 3 个号次分别为：社会团体、机关、事业单位，综合商业、饮食服务业、商贸、写字楼展览馆、体育场所、交通运输业、牧场农场、林场、科研院所、住宅、邮政、电信、供电高压线路、输电设备，石油化工商店、石油液化气供应站、日用杂品商店、废旧物资收购站、修理行、文化娱乐场所、加油站。其中，社会团体、机关、事业单位费率最低，石油化工商店、文化娱乐场所、加油站等单位费率最高。

确定企业财产保险费率应综合考虑投保险别、房屋的建筑结构、占用性质、地理位置、周围环境、投保企业的安全管理水平、历史损失数据、市场竞争等因素。

（二）短期费率表

企业财产保险的保险期间通常为一年，其费率是年费率。若保险期间不足一年，则应在年费率基础上，按短期费率计算应交的保费。短期费率有两种计算方法，一是按月计收投保期的第 1～8 月，其每月月费率均为年费率的 10%，第 9～12 月，每月月费率均为年费率的 5%，不足一个月的按一个月计算，其情况如表 5－1 所示。

表 5－1　企业财产保险短期费率表　单位：%

项目	1 月	2 月	3 月	4 月	5 月	6 月	7 月	8 月	9 月	10 月	11 月	12 月
费率	10	20	30	40	50	60	70	80	85	90	95	100

二是按日期计收即按实际投保天数计算保费，以应交保费乘以退保天数占全年的比例计算退保保费，然后以实交年保费扣除退保保费，即得应交保费。保险期间应交保费为：

应交保费＝全年应交保费×(1－退保天数/全年天数)
＝全年应交保费×(实际投保天数/全年天数)

五、企业财产保险的保险金额与赔偿处理

（一）保险金额

企财险保险标的的保险价值可以为出险时的重置价值、出险时的

账面余额、出险时的市场价值或其他价值由投保人与保险人协商确定，并在本保险合同中载明。重置价值是指替换、重建受损保险标的，以使其达到全新状态而发生的费用，但不包括被保险人进行的任何变更、性能增加或改进所产生的额外费用。

企财险保险标的的保险金额由投保人参照保险价值自行确定，并在保险合同中载明，但保险金额不得超过保险价值。

2005 年以前版本的条款对保险价值和保险金额的设置有更为严格的限制，分为固定资产、流动资产、账外资产和代保管财产四种，其中固定资产以出险时的重置价值确定保险价值，流动资产以出险时的账面余额确定保险价值，账外资产和代保管财产按照出险时的重置价值或账面余额确定保险价值。2005 年和 2009 年版的《企业财产保险条款》取消了保险价值和保险金额的确定方式限制，给予投保人更大的自主权。

保险标的发生部分损失、保险人履行赔偿义务后，保险金额自损失发生之日起按保险人的赔偿金额相应减少，保险人不退还保险金额减少部分的保险费，但投保人可以请求在损失发生后的任何时刻恢复保险金额，只需支付自请求恢复保额的日期至保险期间届满之日之间保额恢复部分的保险费即可。

（二）赔偿处理

1. 赔偿方式

在企财险中，保险人履行损失赔偿责任的方式有三种：货币赔偿、实物赔偿和实际修复。货币赔偿是指保险人以支付保险金的方式履行损失赔偿责任。比如生产企业产品遭受损失，保险人应采用货币赔偿，其支付给被保险人的赔偿款应当是损失发生前产品所包含的生产成本，但不能超出它们在损失当时的市场价值。商业企业销售商品遭受损失，保险人同样采用货币赔偿，赔偿款应当是被保险人支付给供货商的商品批发价，而不是被保险人出售这些商品的销售价。

实物赔偿是指保险人以实物替换受损标的来履行损失赔偿责任，该实物应具有保险标的出险前同等的类型、结构、状态和性能。一般用在无法修复的机器设备的损失赔偿。

实际修复是指保险人自行或委托他人修理修复受损标的，由保险人承担修复费用。需要注意的是，在标的的修复或替换中，被保险人进行的任何变更、性能增加或改进所产生的额外费用，保险人不负责赔偿。一般用在建筑物损失赔偿、可以修复的机器设备损失赔偿。

保险人在采用货币赔偿方式确定对被保险人的赔偿款时，应当考虑增值税因素。如果被保险人被免予缴纳增值税，保险人的赔偿款中应当包含增值税，因被保险人替换或修复受损财产需缴纳增值税而不能获得退税；如果被保险人缴纳了增值税，保险人的赔偿款中应当扣除增值税，因为被保险人可以就替换或修复受损财产所缴纳的增值税而获得退税。

2. 赔偿计算

企业财产保险通常为不定值保险，因此当保险标的发生保险责任范围内的损失时，保险人按照保险金额与保险价值的比例承担赔偿责任，具体赔偿金额的计算方式如下：

（1）全部损失。当受损财产的保险金额等于或高于保险价值时，其赔偿金额以不超过保险价值为限；当保险金额低于保险价值时，按保险金额赔偿。

（2）部分损失。当受损财产的保险金额等于或高于保险价值时，其赔偿金额按实际损失计算；当保险金额低于保险价值时，其赔偿金额按保险金额与保险价值的比例计算，即：

赔偿金额 = 损失金额 × 保险金额/保险价值

如果保险标的不止一项，应分项按照上述方法计算赔偿。

3. 施救费用的赔偿

被保险人为防止或减少保险标的的损失所支付的必要的、合理的费用，由保险人在保险标的的损失赔偿之外单独赔偿，但不得超过保险金额。

当保险标的的保险金额大于或等于其保险价值时，保险人按实际支付的施救费用计算赔偿，以被施救保险标的的保险价值为限；当保险标的的保险金额小于其保险价值时，按被施救保险标的的保险金额与其保险价值的比例计算保险人的赔偿责任，最高不超过被施救保险标的的保险金额。

如果被施救的财产包含未承保财产，需要按被施救保险标的的保险价值与全部被施救财产价值的比例分摊施救费用。

4. 其他事项

（1）免赔规定。企业财产保险的免赔额（率）为每次事故的免赔额（率），由投保企业与保险人在订立保险合同时协商确定，并在保险单上载明。每次事故保险人的赔偿金额为前述计算的赔偿金额扣除每次事故免赔额后的金额，或者是前述计算的赔偿金额扣除该金额与免赔率乘积后的金额。

（2）残值处理。保险标的遭受损失后，如果有残余价值，应由保险人和被保险人协商处理。如果标的的残余价值折归被保险人，需由双方协商确定其价值，并在保险赔款中扣除。需要注意的是，残值是指保险财产受损后尚有残留的部分经济价值，与保险财产未受损部分的价值是两个概念。

（3）重复保险分摊。当保险事故发生时，如果存在重复保险，保险人按照保险金额的比例承担赔偿责任，保险人通常不负责垫付应由其他保险人承担的赔偿金额。如果被保险人未如实告知重复保险的情况，导致保险人多支付赔偿金的，保险人可以向被保险人追回多支付的部分。

（4）代位求偿。如果保险标的发生保险责任范围内的损失应由有关责任方负责赔偿的，保险人自向被保险人赔偿保险金之日起，在赔偿金额范围内代位行使被保险人对有关责任方请求赔偿的权利，被保险人应当向保险人提供必要的文件和所知道的有关情况。

被保险人已经从有关责任方取得赔偿的，保险人在赔偿保险金时，可以相应扣减被保险人已从有关责任方取得的赔偿金额。

在保险事故发生后、保险人未赔偿保险金之前，被保险人放弃对有关责任方请求赔偿权利的，保险人不承担赔偿责任；保险人向被保险人赔偿保险金后，被保险人未经保险人同意放弃对有关责任方请求赔偿权利的，该行为无效；被保险人故意或者因重大过失致使保险人不能行使代位请求赔偿的权利的，保险人可以扣减或者要求返还相应的保险金。

六、企业财产保险的附加险

投保企财险的任意一种主险（基本险、综合险和一切险）都可以通过单独加费的方式投保附加险以扩展保险责任。附加险与主险内容相悖之处，以附加条款为准。

企财险的附加险主要有扩展类、限制类和规范类三类。

（一）扩展类附加险

扩展类附加险是对除外责任的扩展，即通过附加险扩展承保除外责任为收费条款。每个附加条款的收费不低于主险保费的0.2%，可以根据具体情况上浮，但不得下浮。

扩展类附加险共140种，包括一般扩展责任类43种、特定标的扩展责任类33种、扩展费用类23种、扩展标的地点类16种、扩展标的类16种、扩展赔偿基础类9种。

常见的扩展类附加险条款有暴风、暴雨、台风、飓风、洪水、沙尘暴、地震等自然灾害的扩展条款；恐怖活动、罢工、暴乱、盗窃、抢劫等；露堆财产损失、锅炉压力容器损失、管道破裂损失等。

（二）限制类附加险

限制类附加险是对部分保险责任进行限制或对除外责任的进一步明确，使用限制类附加条款，每个条款最多可以按主险保费减少

0.2%，但无论使用多少条限制性附加条款，总体减费的程度不得超过总保费的2%。

限制类附加险条款包括暴风、暴雨除外条款，台风、飓风除外条款，龙卷风除外条款，洪水除外条款，沙尘暴除外条款，碰撞除外条款，自燃除外条款，简易建筑物除外条款和感应雷击除外条款九种。

（三）规范类附加险

规范类附加险是对条款执行问题进行的规范说明，旨在避免争议，不需收费。规范类附加险条款包括仓储财产申报条款、自动恢复保险金额条款、重置价值条款、分期付费条款等，共28种。

第三节　家庭财产保险

一、家庭财产保险概述

家庭财产保险简称家财险，是以城乡居民家庭的自有财产或代他人保管、与他人共有的财产为保险标的，以自然灾害或意外事故造成的损失为保险责任的一种财产保险。家财险的目的是为城乡居民的财产提供风险保障，降低风险损失对家庭带来的冲击，维护居民家庭生活的安定，维护社会环境的稳定。

家庭财产保险面向的是所有的城乡居民，包括个体工商户，例如小商小贩、家庭手工业等个体经营户，覆盖面广，但业务分散，额小量多，运营成本较高。

家财险采用第一危险赔偿与比例赔偿相结合的方式进行理赔，通常对室内财产采用第一危险赔偿的方式；针对房屋则采用比例赔偿方式。

家财险的保险期间通常为一年，从保险公司签发保单之日零时起，至保险期满日24时止，通常到期可以续保。投保人也可以和保险人特别约定不同的保险期间，如三年、五年等。

二、普通型家庭财产保险

普通型家庭财产保险是家财险的基本险种，是一种纯消费型保险，承保城乡居民所有存放在固定地址范围内且处于相对静止状态的各种财产物资，通常有主险和附加险之分，投保人可以在投保主险的基础上根据需要投保相应的附加险。各保险公司家财险产品略有不同，本节主要参考人保家庭财产综合险（2012 版）。

（一）承保范围

1. 可保财产

普通型家庭财产保险的可保财产主要包括被保险人所有或使用并坐落于保险单载明地址内的下列财产。

（1）房屋及室内附属设施（如固定装置的水暖、气暖、卫生、供水、管道煤气及供电设备、厨房配套的设备）。家财险可承保的房屋必须是钢结构，钢、钢筋混凝土结构，钢筋混凝土结构，混合结构或者砖木结构的房屋，而且房屋不能是被政府有关部门征用、占用的房屋，也不能是违章建筑和危险建筑。

家财险可承保的室内附属设施，但房屋的附属建筑物不予承保，例如附属于房屋外部或者独立于房屋的围墙、院门、车库、储物棚或储物室、游泳池、球场、喷泉、池塘等。

（2）室内装潢。使用装饰材料对建筑主体结构内部进行的装饰，并且该装饰固定于地面、墙壁、天花板。

（3）室内财产。家财险可承保的室内财产包括：①家用电器（包括安装在房屋外的空调器和太阳能热水器等家用电器的室外设备）和文体娱乐用品；②衣物和床上用品；③家具及其他生活用具。

（4）存放于院内室内的农机具、农用工具、生产资料、粮食及农副产品。

2. 特约可保财产

普通型家财险的特约可保财产有三类：（1）属于被保险人代他人保管或者与他人共有而由被保险人负责的前述可保财产；（2）无人居住的房屋以及存放在里面的财产；（3）被保险人所有的其他家庭财产。

3. 不可保财产

保险人通常将损失发生后无法确定具体价值的财产，日常生活所必需的日用消费品，法律规定不容许个人收藏、保管或拥有的财产，处于危险状态的财产以及保险人从风险管理的需要出发声明不予承保的财产列为不可保财产。通常，普通家庭财产保险对以下家庭财产不予承保：

（1）金银、珠宝、钻石及制品、玉器、首饰、古币、古玩、字画、邮票、艺术品、稀有金属、手表等珍贵财物。

（2）货币、票证、有价证券、文件、书籍、账册、图表、技术资料、电脑软件及电子存储设备和资料。

（3）日用消耗品、机动车、商业性养殖及种植物。

（4）仅用于生产和商业经营活动的房屋及其他财产。

（5）用芦席、稻草、油毛毡、麦秆、芦苇、竹竿、帆布、塑料布、纸板等为外墙、屋顶的简陋屋棚及柴房、禽畜棚；与保险房屋不成一体的厕所、围墙。

（6）政府有关部门征用、占用的房屋、违章建筑、危险建筑、非法占用的财产。

（7）其他不属于可保财产和特约可保财产的财产。

（二）责任范围

1. 基本责任

在保险期间内，由于下列原因造成保险标的的损失，保险人按照本保险合同的约定负责赔偿：（1）火灾、爆炸；（2）雷击、台风、龙卷风、暴风、暴雨、洪水、暴雪、冰雹、冰凌、泥石流、崩塌、突发性滑坡、地面突然下陷；（3）飞行物体及其他空中运行物体坠落，外来不属于被保险人所有或使用的建筑物和其他固定物体的倒塌。

保险事故发生后，被保险人为防止或减少保险标的的损失所支付的必要的、合理的费用，保险人按照本保险合同的约定也负责赔偿。

2. 除外责任

下列原因造成的损失、费用，保险人不负责赔偿：

（1）核辐射、核爆炸、核污染及其他放射性污染。

（2）被保险人及其家庭成员、寄宿人、雇佣人员的故意或违法行为。

（3）地震、海啸及其次生灾害。

（4）行政行为或司法行为。

下列损失、费用，保险人也不负责赔偿：

（1）保险标的遭受保险事故引起的各种间接损失。

（2）家用电器因使用过度、超电压、短路、断路、漏电、自身发热、烘烤等原因所造成本身的损毁。

（3）坐落在蓄洪区、行洪区，或在江河岸边、低洼地区以及防洪堤以外当地常年警戒水位线以下的家庭财产，由于洪水所造成的一切损失。

（4）保险标的本身缺陷、保管不善导致的损毁。

（5）保险标的的变质、霉烂、受潮、虫咬、自然磨损、自然损耗、自燃、烘焙所造成本身的损失。

（6）本保险合同约定的免赔额或按本保险合同中载明的免赔率计算的免赔额。

3. 附加责任

（1）家用电器用电安全保险。家财险的附加险家用电器用电安全保险负责赔偿保险期间内因以下三种原因导致电压异常而引起被保险人的家用电器的直接损毁：①供电线路遭受家庭财产保险主险保险合同责任范围内的自然灾害和意外事故；②供电部门或施工失误；③供电线路发生其他意外事故。

保险人不负责赔偿被保险人的故意行为以及违章用电、偷电或错误接线造成的家用电器的损毁。

（2）管道破裂及水渍保险。家财险的附加险管道破裂及水渍保险负责赔偿保险期间内因被保险人室内的自来水管道、下水管道和暖气管道（含暖气片）突然破裂致使水流外溢或邻居家及公共区域漏水造成的被保险人保险财产的损失。但保险人不负责赔偿被保险人私自改动原管道设计致使管道破裂造成的家庭财产损失及费用，也不负责赔偿被保险人管道试水、试压造成管道破裂跑水造成的家庭财产损失及费用。

（3）地震责任保险。家财险的附加险地震责任保险负责赔偿保险期间内，保险标的因破坏性地震（国家地震部门公布的震级 M5 级且裂度达到Ⅵ度以上的地震）振动或由此引起的海啸、火灾、火山爆发、埋没、爆炸、地陷、地裂、泥石流及滑坡而造成的直接损失，不负责赔偿被保险人的各种间接损失。同时，保险人不负责赔偿因保险标的未达到国家建筑质量要求（包括抗震设防标准）的损失和地震引发核爆炸、核反应、核辐射或放射性污染而引起的损失。

地震责任保险设置了 60 天的等待期，即保险期间开始之日起 60 日内的地震造成的标的损失，保险人不负责赔偿，但续保不受此限。

地震责任保险还设置了 20% 的单次事故绝对免赔率，并将保险标的在连续 72 小时内遭受一次或多次地震（余震）所造成的损失视为一次单独事故。

（4）第三者责任保险。家财险附加第三者责任保险负责赔偿保险期间内被保险人（或其同住的家庭成员及雇员）在保险单所载明的住所，因过失造成第三者人身伤亡或财产的直接损毁，依法应由被保险人承担的经济赔偿责任。同时，保险人负责赔偿保险事故发生后被保险人因保险事故而被提起仲裁或者诉讼时应由被保险人支付的仲裁或诉讼费用，以及事先经保险人书面同意支付的其他必要的、合理的费用。

家财险附加第三者责任保险需由投保人和保险人协商确定责任限额，即保险期间内保险人承担相应保险责任的最高限额，包括第三者人身伤亡及医疗费用责任限额、第三者财产损失责任限额、仲裁和诉讼费用责任限额。发生保险事故时，保险人在责任限额内承担赔偿责任，同时保险的责任限额随之扣减，即发生保险事故后的有效责任限额是原始责任限额减去赔偿金额后的余额。如果一次责任事故的赔偿金额达到了相应的责任限额，则该项保险责任即行中止，投保人可以在补交保险费后恢复原责任限额。

（5）盗抢险。盗窃是家庭财产面临的除火灾以外的主要风险，造成的损失往往较高，承保盗窃风险对保险人来说存在较大的风险，因此盗窃没有被列为家财险的基本承保责任。

家财险的附加险盗抢险负责赔偿保险期间内，被保险人存放于保险单载明的地址内的保险标的由于遭受外来人员盗窃或抢劫，并已被公安部门确认为盗抢行为所致的直接损失。

家财险附加盗抢险的保险标的由投保人在已投保的家财险主险保险标的范围内自行确定，并需在盗抢险的保险单中载明。家财险附加盗抢险需约定具体的保险金额并在保险单上载明，保险金额以主险对应的各分项保险金额为限。

在盗抢险项下，保险人不负责赔偿：①保险标的因外部无明显盗窃痕迹、窗外钩物行为所致的损失；②保险标的因门窗未锁而遭盗窃所致的损失；③保险标的在存放处所无人居住或无人看管超过30天的情况下遭受的盗窃损失；④保险标的因被保险人的雇佣人员、同住人、寄宿人盗窃所致的损失。

盗抢险项下的保险事故发生后，被保险人需立即向当地公安部门如实报案，并同时通知保险人，被保险人向保险公司提供了公安部门出具的盗抢证明材料后才能向保险人索赔。

（6）其他附加险。除了前述附加险外，家财险还有28个通用附加险，可以在投保任意家财险主险的基础上投保，包括盗抢附加保险条款、恶意破坏附加保险条款、家庭住房附属建筑物附加保险条款、便携式设备附加保险条款、出租房屋租金损失附加保险条款、保额即时恢复特约条款、家用电器不计折旧特约条款等。

（三）保险金额、保险费率与保险赔偿

1\. 保险金额

保险金额由投保人自行确定，并在保险合同中载明。其中：房屋及室内附属设备、室内装潢的保险金额由投保人根据当时实际价值自行确定。室内财产的保险金额由投保人根据当时实际价值分项目自行确定。不分项目的按各大类财产在保险金额中所占比例确定，即室内财产中的家用电器及文体娱乐用品占40%，衣物及床上用品占30%，家具及其他生活用具占30%。农机具等财产的保险金额由投保人根据当时实际价值分项目自行确定。特约财产的保险金额由投保人和保险人双方约定，并在保险单中载明。

2\. 保险费率

家庭财产保险的保险费率应该按投保财产坐落地点的实际危险程

度制定，根据财产的实际坐落地点的位置和周围环境划分若干档次，以体现制定保险费率所应遵循的合理负担的原则。我国目前开办的家庭财产保险业务实行的是区域范围内的统一费率，在具体的保险人业务区域内实行无差别费率，费率的标准为2‰~5‰。此外还综合考虑被保险人的地理位置、房屋结构等个体风险特征，以及保险期间长短。

附加险保险费率依据附加险种确定基础费率，再根据实际风险进行调整。

3. 保险赔偿

由于确定保险金额的方式不同，保险人在处理家庭财产保险业务的索赔时也采取了不同的方式。

（1）单一总保险金额制方式下的赔款计算。根据单一总保险金额制的特点，其赔款计算是使实际赔款控制在保险金额限度内。

（2）分项总保险金额制方式下的赔款计算。根据分项总保险金额制的特点，其赔款计算应该使实际赔款控制在分项保险金额和总保险金额限度内。例如，某人投保家庭财产保险，保单上列明保险金额为50 000元，其中家具为30 000元，家用电器为20 000元。发生保险责任范围内的事故后，保险财产的实际损失是家具40 000元，家用电器10 000元，总损失50 000元。保险人实际赔款40 000元（家具30 000元，家用电器10 000元）。

三、家庭财产保险的其他形式

（一）储金型家庭财产保险

储金型家庭财产保险是在普通型家庭财产保险的基础上增加到期还本的职能而形成的一种家庭财产保险，其特点是投保人缴纳保险储金，在保险期满后，无论被保险人在保险期间内是否获得补偿，保险储金都将被退还给投保人，通常保险储金在保险期间内产生的利息作为保费收入归保险人所有。因此，储金型家庭财产保险兼具经济补偿和到期还本两种性质。

储金型家财险由投保人自行选择保险储金的额度，再以储金确定保险金额。储金型家财险的保险期间通常较长，通常为三年或五年。储金型家庭财产保险的保险期间长的特点为保险双方当事人提供了便利：对于保险人来说，保险期间长有利于业务稳定，同时减少了展业成本；对于投保人来说，保险期间较长的储金型家庭财产保险可以避免投保人逐年续保的不便。

（二）投资型家庭财产保险

投资型家庭财产保险不仅具有保障功能，还具有储蓄投资功能。投资型家财险缴纳保险投资金，保险投资金将被用来投资获取收益，在保险期满后，被保险人不仅可以获得投资金的返还，还能获得投资收益。投资型家财险与储金型家财险一样，保险期间通常都超过一年。

作为一个创新型保险产品，投资型家财险目前尚未在我国得到普及，自2004年我国财险机构开始销售投资型家财险开始，至今也只有少数几家公司持续销售此类产品。实践中，投资型家财险还有预定收益类产品和非预定收益类产品之分，预定收益类家财险如某产险公司的“共赢2号”家财险，非预定收益平衡型产品如2015年中国保监会批准众安保险试点经营的“众赢一号投资型家庭财产地震保险”。

第四节　营业中断保险

一、营业中断保险的含义

营业中断保险承保企业财产因遭遇火灾等自然灾害或意外事故而发生直接损失后，被保险人在保险财产受损至恢复到营业前状况的这段时间内，因停产、停业或营业受到影响而损失的预期的利润损失和必要的费用支出，因此也被称为利润损失保险或间接损失保险。

营业中断保险是企业财产保险承保责任的补充和扩展，只能作为企业财产保险的附加险承保。但不同于一般的附加险，营业中断保险的保险单是单独的，并载明其依附的主险的保单号，保险人只负责赔偿主险的保险责任造成的间接损失，主险未承保的风险导致的间接损失不予赔付。

营业中断保险作为企业财产保险的补充，承保企业因财产受损导致的合法、合理的间接损失。“合法”是指企业损失的利润或费用应该是被法律承认的，“合理”是指如果投保企业未遭受灾害、企业财产没有遭受损失，在正常的营业或生产状态下，损失的利润是能够实现的，额外费用也不会发生，即利润损失或额外费用支出不是主观臆测或推断的。

二、营业中断保险的赔偿期

赔偿期是企业在保险有效期内遭受保险责任范围内的损失后，从企业利润损失开始形成到企业恢复正常的生产经营所需要的具体时间，即企业财产受损为恢复生产或营业达到原有水平所需的一段时期，通常按照一个固定的时间长度来确定，或者以月为单位，或者以年为单位。保险人只赔偿被保险人在赔偿期内遭受的损失。

营业中断的赔偿期与直接损失的保险期限是两个不同的概念。由于营业中断保险属于财产保险的附加险，因此间接损失的赔偿期的起点必须在标准火灾保险单或企业财产保险单列明的保险期限之内，终点可以超出标准火灾保险单或企业财产保险单列明的保险期限。赔偿期间的长度直接决定了营业中断保险的保险人承担的赔偿责任的大小。如果保险人对这一期间不设限，则被保险人会倾向于拖延恢复生产或营业，依靠保险补偿维持利润，这样会损害保险人的利益，同时阻碍社会经济的发展。因此，在承保营业中断保险时，必须根据标准火灾保险单或企业财产保险单列明的保险标的发生最大限度的损失时，恢复或重置到损失发生前的状态所需要的最长时间，由保险人和投保人确定合理的赔偿期限。

营业中断保险的保险期间与其依附的主险的保险期间保持一致，通常为一年。营业中断保险的最大赔偿期一般以月或年为单位，可以是3个月或6个月，甚至更长。

三、营业中断保险的保险金额与保险费

营业中断保险需由投保人分别确定毛利润损失的保险金额和审计费用的赔偿限额。

保险金额是计算毛利润损失赔偿金额的基础，与赔偿期相关。如果赔偿期小于或等于12个月，保险金额通常以一年的毛利润额度为基础，结合企业经营趋势、通货膨胀等因素确定；如果赔偿期大于12个月，保险金额应按比例增加以获得足额的保障。审计费用赔偿限额是保险人对审计费用承担的最高赔偿责任，由投保人自行确定。

营业中断保险的实际费率为企财险（包括基本险、综合险和一切险）或机器损坏保险基准费率乘以各项调整系数后得出的费率，具体如下：

保费 =（毛利润保险金额 + 审计费用赔偿限额）× 基准费率 × 免赔系数 × 赔偿期限系数

如果同时投保财产损失和机器损坏引起的毛利润损失，则需要分

别计算财产损失引起营业中断的保险费和机器损坏引起营业中断的保险费，再将二者求和作为总保费。

四、营业中断保险的赔偿处理

在营业中断保险项下，保险人承担损失赔偿责任的前提条件是营业中断保险依附的企财险或机损险项下的保险事故发生后，被保险人在企财险或机损险合同项下获得了赔款或已经获得保险人的认定，但是被保险人因企财险或机损险的免赔额而无法获得合同项下的赔款除外。

（一）毛利润损失赔偿

1. 毛利润损失的计算

毛利润损失 = 营业收入减少导致的损失 + 经营费用增加导致的损失 – 因保险事故发生而减少或停止支付的费用

其中，营业收入减少导致的损失 = 毛利润率 ×（标准营业收入 – 赔偿期内的实际营业收入）。

毛利润率是指发生企财险或机损险项下的损失之日前最近的一个完整会计年度内的毛利润与营业收入的比率。

标准营业收入是指发生企财险或机损险项下的损失之日前 12 个月中与赔偿期间对应的日历期间的营业收入，也即上年度中与赔偿期相同期间的营业收入。

经营费用增加导致的损失是指被保险人专门为避免或降低赔偿期间内营业收入的减少而额外支出的必要的、合理的经营费用或成本；如果不予支出，则赔偿期间内的营业收入就会因保险事故的发生而降低。该项损失以不超过毛利润率乘以因花费该经营费用而避免降低的营业收入为限。

2. 毛利润损失赔偿金额

在赔偿毛利润损失时，也需考虑投保人是否足额投保。

（1）足额保险和超额保险。在足额保险和超额保险中，保险人对毛利润损失予以全额赔付。如果赔偿期小于或等于 12 个月，保险金额等于毛利润率与年度营业收入的乘积时为足额保险，保险金额大于毛利润率与年度营业收入的乘积时为超额保险。

如果最大赔偿期大于 12 个月，保险金额等于毛利润率与年度营业收入及最大赔偿期与 12 个月的比例的乘积时为足额保险，保险金额大于毛利润率与年度营业收入及最大赔偿期与 12 个月的比例的乘积时为超额保险。

（2）不足额保险。在不足额保险中，应按照保险比例计算赔偿金额。

①当最大赔偿期小于或等于12个月时，赔偿金额的计算公式为：

赔偿金额=毛利润损失×保险金额/(毛利润率×年度营业收入)

②当最大赔偿期大于12个月时，赔偿金额的计算公式为：

赔偿金额=毛利润损失×保险金额/(毛利润率×年度营业收入×最大赔偿期/12)

其中，年度营业收入是指发生企财险或机器损坏保险项下的损失之日前12个月内的营业收入。

（二）审计费用赔偿

因保险事故发生而产生的保险责任中约定的审计费用，保险人按费用实际发生数予以赔偿，但最高不超过保险合同中载明的相应赔偿限额。

五、营业中断保险的附加责任

营业中断保险的附加险有22种扩展类条款及14种规范类条款，本节重点介绍四种扩展类条款：包括全部营业额条款、恢复保险金额条款、调整保险费条款和每月预付赔款扩展条款。

1. 包括全部营业额条款

包括全部营业额条款的含义是在赔偿期间，如果为获得营业收入，被保险人或他人代其在营业处所以外的地点销售货物或提供服务，则有关这项销售或服务所给付或应给付的金额，在计算赔偿期间的营业额时应包括在内。

2. 恢复保险金额条款

在保险期间内保险标的发生部分损失后，保险金额会按保险人的赔偿金额相应减少，此后保险标的再发生保险责任范围内的损失时可能无法获得全额保障。附加恢复保险金额条款后，被保险人可额外支付自发生损失之日起至保险期间终止日之间的损失数额部分的保险费，以补足保险金额。

3. 调整保险费条款

调整保险费条款的含义是如果审计师证明保险期间内投保企业所能赚得的毛利润低于预期，即保险金额过高，投保人可以要求保险人对保险金额进行调整，并按照比例退还差额部分的保险费，退还的保险费以保险期间内此项保险金额对应保费的1/3为限。

4. 每月预付赔款扩展条款

该条款的含义是根据被保险人的要求，保险人在赔偿期间可以在每月预付赔款。

本章小结

1. 火灾保险简称火险，是指以存放在固定场所并处于相对静止状态的财产及其有关利益为保险标的，由保险人承担被保险财产遭受保险事故所造成的损失的经济赔偿责任的一种财产损失保险。我国现有的财产保险业务有多种是在火灾保险的基础上发展起来的险种。

2. 企业财产保险简称企财险，承保法人团体所有、占有或负有保管义务的处于相对静止状态的财产物资和有关利益因遭受火灾及有关自然灾害、意外事故造成的标的损失。

3. 家庭财产保险简称家财险，是以城乡居民家庭的自有财产或代他人保管、与他人共有的财产为保险标的，以自然灾害或意外事故造成的损失为保险责任的一种财产保险。

4. 营业中断保险也叫作利润损失保险或间接损失保险，也是对企业财产保险的补充。承保企业财产因遭遇火灾等自然灾害或意外事故而发生直接损失后，被保险人在保险财产受损至恢复到营业前状况的这段时间内，因停产、停业或营业受到影响所造成的间接损失，包括预期的利润损失和受灾后营业中断期间仍需支出的必要费用。

思考与练习

1. 火灾保险的定义是什么？它主要承保的风险是什么？

2. 请简述企财险中基本险、综合险和一切险的承保责任的异同点。

3. 简述家庭财产保险的分类以及它们之间的区别。

4. 普通型家庭财产保险的保险标的是什么？有哪些财产可以经特别约定由保险人承保？哪些财产保险人不会承保？

5. 请分析营业中断保险中保险期间和赔偿期间的区别。

6. 营业中断保险保障的损失包括哪些内容？

第六章

机动车保险

本章提要

本章对机动车保险进行总体介绍。首先概述机动车保险的含义、特点及险种分类；其次在此基础上介绍机动车损失保险、第三者责任保险、机动车交通事故责任强制保险的特点及主要内容。

学习目标

了解机动车保险的含义、特点。

理解机动车损失保险的主要内容。

掌握机动车第三者责任保险的主要内容。

掌握机动车交通事故责任强制保险的主要内容，理解机动车交通事故责任强制保险与第三者责任保险的异同。

第一节　机动车保险概述

机动车保险是与消费者接触最广的保险产品之一，涉及几亿车主和广大人民群众的切身利益。我国的商业车险业务自开设以来经历了多次改革，包括《中国保险行业协会机动车商业保险示范条款（2020 版）》《中国保险行业协会驾乘人员意外伤害保险示范条款》《中国保险行业协会机动车损失保险示范条款（全面型）（2016 版）》（在宁波、湖北、江西、深圳进行试点）、《中国保险行业协会机动车综合商业保险（2014 版）》，以及 2014 版与 2020 版的机动车单程提车、摩托车、拖拉机、特种车、机动车出境的专项保险条款。近年来车险改革发展取得了积极成效，解决“高保低赔”“无责不赔”等饱受诟病的问题，但人民日益增长的车险保障需要与车险供给之间的矛盾依然突出，我国车险市场存在高定价、高手续费、经营粗放、竞争失序、数据失真等问题，车险市场体系还不健全，需要健全车险条款费率形成机制，只有通过综合性的改革，才有可能真正解决问题，有效实现车险高质量发展。因此，2020 年 9 月银保监会公布了《关于实施车险综合改革的指导意见》，中国保险行业协会依据这个指导意见发布 5 个 2020 版车险示范条款，并在 2020 年 9 月 19 日零时启用新版条款，旨在更好地维护消费者权益。

本章主要以《中国保险行业协会机动车商业保险示范条款（2020 版）》《机动车交通事故责任强制保险条款（2020 版）》为依据论述机动车保险的基本原理。

一、机动车保险的含义

机动车保险是以机动车本身及机动车的第三者责任为保险标的的一种运输工具保险。

机动车保险的保险对象为经公安交通管理部门检验合格、具有其核发的有效行驶证和号牌的机动车，从理论上来说，机动车保险所承保的机动车是指汽车、电车、电瓶车、摩托车、拖拉机、各种专用机械车、特种车。被保险机动车必须有交通管理部门核发的行驶证和号牌，并经检验合格；否则，保险单无效。

其中摩托车是指在中华人民共和国境内（不含港、澳、台地区）行驶，采用燃料或电瓶驱动的两轮或三轮车辆。

拖拉机是指在中华人民共和国境内（不含港、澳、台地区）行驶，用于牵引、推动、携带、驱动配套机具进行作业的自走式动力机械，包括农用型手扶拖拉机、农用型轮式拖拉机（含轮式收割机）和拖拉机运输机组。

特种车是指在中华人民共和国境内（不含港、澳、台地区）行驶，用于清障、清扫、起重、装卸、升降、搅拌、挖掘、推土、压路等的各种轮式或履带式专用机动车，或车内装有固定专用仪器设备，从事专业工作的监测、消防、清洁、医疗、电视转播、雷达、X 光检查等机动车，或油罐车、汽罐车、液罐车、冷藏车、集装箱拖头以及约定的其他机动车。

二、机动车保险的特点

第一，机动车保险属于不定值保险。由于机动车的价格在不断变化之中，并且随着车龄的增加不断折旧，因此，对机动车损失保险，一般采用不定值保险的方式；对第三者责任险，则采用在赔偿责任限额内赔偿的方式。

第二，机动车保险的赔偿主要采用修复方式。由于大部分机动车的损失都属于部分损失，故而一般采用修复方式，保险也就根据修复的金额进行赔偿。

第三，机动车保险赔偿中采用绝对免赔方式。为了减少保险事故，增强被保险人的风险防范意识，一般根据被保险人在交通事故中的责任轻重，规定一定的绝对免赔率，对负全责或单方肇事的，免赔率最高；对负次要责任的，免赔率最低；对无责的，则无免赔。

第四，机动车保险采用无赔款优待方式。为了减少保险事故，在机动车保险实务中，常对续保机动车在上年未发生保险事故的机动车，采用无赔款优待方式，以激励未发生保险事故的被保险人，从而从整体上减少机动车保险事故。

第五，机动车保险中对第三者应承担的责任部分一般采用强制责任保险的方式。为了保护无辜的受害者的基本权益，机动车保险中对第三者应承担的责任部分，一般采用强制责任保险的方式。

第六，地区差别性。一方面，不同地区的道路状况、车辆密集度、人口密集度、气候、治安状况都会对交通事故发生的概率有所影响；另一方面，不同地区在经济发展水平、物价水平方面也存在差异，这会造成损失赔偿责任的差异。

第七，专业知识性。车险业务在经营过程中完成核保、查勘验损和理赔等工作都需要从业人员具备一定的专业知识，特别是在查勘验损时分析出险原因并判断是否属于保险责任时，需要掌握机动车的工作原理，涉及维修理赔时还要确定维修标准。

三、机动车保险的险种

机动车保险的主险有机动车损失保险、机动车第三者责任险、车上人员责任险三种。投保人可以选择投保全部险种，也可以选择投保其中部分险种。从理论上看，机动车第三者责任保险分为机动车第三者责任强制保险和机动车商业第三者责任保险，前者是我国 2006 年 7 月 1 日实施的机动车交通事故责任强制保险；按照我国目前的习惯，仍然将后者称为机动车第三者责任保险。本章所指的机动车第三者责任保险就是机动车商业第三者责任保险，简称“商业三责险”。相比 2014 版，主险删除了全车盗抢险，把全车盗抢的保险责任直接纳入机动车损失保险责任，让被保险人缴纳同样的保费获得更大范围的保障。

机动车附加险条款的法律效力优于主险条款。附加险条款未尽事宜，以主险条款为准。除附加险条款另有约定外，主险中的责任免除、双方义务同样适用于附加险。主险保险责任终止的，其相应的附加险保险责任同时终止。机动车附加险共 11 种，包括：附加绝对免赔率特约条款、附加车轮单独损失险、附加新增加设备损失险、附加车身划痕损失险、附加修理期间费用补偿险、附加发动机进水损坏除外特约条款、附加车上货物责任险、附加精神损害抚慰金责任险、附加法定节假日限额翻倍险、附加医保外医疗费用责任险、附加机动车增值服务特约条款。

相比 2014 版示范条款，2020 版机动车保险的附加险删除了玻璃单独破碎险、自燃损失险、机动车损失保险无法找到第三方特约险、指定修理厂险，其中玻璃单独破碎、自燃直接转为主险车损险的保险责任，其余在理赔部分也有了新规定，不需要额外投保。2020 版还增加了附加法定节假日限额翻倍险、附加医保外医疗费用责任险、附加机动车增值服务特约条款。机动车增值服务包括道路救援、车辆安全检测、代为驾驶服务、代为送检服务。附加险的修订为消费者提供更加规范和丰富的车险产品及服务。

第二节　机动车损失保险

机动车损失保险简称车损险，主要负责赔偿被保险机动车因遭受保险事故而产生的机动车本身的损失。

一、机动车损失保险的保险标的

机动车损失保险的被保险机动车是指在中华人民共和国境内（不含港、澳、台地区）行驶，以动力装置驱动或者牵引，上道路行驶的供人员乘用或者用于运送物品以及进行专项作业的轮式车辆（含挂车）、履带式车辆和其他运载工具，但不包括摩托车、拖拉机、特种车。

其中摩托车和拖拉机适用《中国保险行业协会摩托车、拖拉机商业保险示范条款（2020 版）》，特种车适用《中国保险行业协会特种车商业保险示范条款（2020 版）》，本章不再论述。

二、机动车损失保险的责任范围

（一）保险责任

（1）保险期间内，被保险人或被保险机动车驾驶人（以下简称“驾驶人”）在使用被保险机动车过程中，因自然灾害、意外事故造成被保险机动车直接损失，且不属于免除保险人责任的范围，保险人依照本保险合同的约定负责赔偿。

使用被保险机动车过程是指被保险机动车作为一种工具被使用的整个过程，包括行驶、停放及作业，但不包括在营业场所被维修养护期间、被营业单位拖带或被吊装等施救期间。

自然灾害指对人类以及人类赖以生存的环境造成破坏性影响的自然现象，包括雷击、暴风、暴雨、洪水、龙卷风、冰雹、台风、热带风暴、地陷、崖崩、滑坡、泥石流、雪崩、冰陷、暴雪、冰凌、沙尘暴、地震及其次生灾害等。

意外事故指被保险人不可预料、无法控制的突发性事件，但不包括战争、军事冲突、恐怖活动、暴乱、污染（含放射性污染）、核反应、核辐射等。其中污染（含放射性污染）指被保险机动车正常使用过程中或发生事故时，由于油料、尾气、货物或其他污染物的泄漏、飞溅、排放、散落等造成的被保险机动车和第三方财产的污损、状况恶化或人身伤亡。

驾驶人必须持有中华人民共和国颁发的有效驾驶执照，并且所驾驶车辆与驾驶执照规定的准驾车型相符，驾驶出租车或营业性客车的驾驶员还必须具备交通运输管理部门核发的许可证书或其他必备证书，同时驾驶员在驾驶车辆期间身体、精神条件都符合有关道路交通安全法对驾驶员的要求，醉酒、神志不清或具有影响安全驾驶的疾病等情形都不能被认定为合格驾驶员。

（2）保险期间内，被保险机动车被盗窃、抢劫、抢夺，经出险地县级以上公安刑侦部门立案证明，满 60 天未查明下落的全车损失，以及因被盗窃、抢劫、抢夺受到损坏造成的直接损失，且不属于免除保险人责任的范围，保险人依照本保险合同的约定负责赔偿。

（3）发生保险事故时，被保险人或其允许的驾驶人为防止或者减少被保险机动车的损失所支付的必要的、合理的施救费用，由保险人承担；施救费用数额在被保险机动车损失赔偿金额以外另行计算，最高不超过保险金额。

2020 版车损险主险保险责任增加了机动车全车盗抢、地震及其次生灾害、玻璃单独破碎、自燃、发动机涉水等保险责任，为消费者提供更加全面完善的车险保障服务。

（二）责任免除

车损险的责任免除包含三部分内容：其一是车损险不保的情形；其二是原因除外；其三是损失和费用除外。具体来看：

1. 车损险不保的情形

在车损险的保险责任范围内，发生下列情形时，不论任何原因造成被保险机动车的任何损失和费用，保险人均不负责赔偿：

（1）事故发生后，被保险人或驾驶人故意破坏、伪造现场，毁灭证据。

（2）驾驶人有下列情形之一者：

①交通肇事逃逸，即发生道路交通事故后，当事人为逃避法律责任，驾驶或者遗弃车辆逃离道路交通事故现场以及潜逃藏匿的行为。

②饮酒、吸食或注射毒品，服用国家管制的精神药品或者麻醉药品；饮酒指驾驶人饮用含有酒精的饮料，驾驶机动车时血液中的酒精含量大于等于 20mg/100mL 的。

③无驾驶证，驾驶证被依法扣留、暂扣、吊销、注销期间。

④驾驶与驾驶证载明的准驾车型不相符合的机动车。

（3）被保险机动车有下列情形之一者：

①发生保险事故时被保险机动车行驶证、号牌被注销。

②被扣押、收缴、没收期间。

③在竞赛、测试期间，在营业性场所维修、保养、改装期间。

④被保险人或驾驶人故意或重大过失，导致被保险机动车被利用从事犯罪行为。

2. 原因除外

在车损险项下，下列原因导致的被保险机动车的损失和费用，保险人不负责赔偿：

（1）战争、军事冲突、恐怖活动、暴乱、污染（含放射性污染）、核反应、核辐射。

（2）违反安全装载规定。

（3）被保险机动车被转让、改装、加装或改变使用性质等，导致被保险机动车危险程度显著增加，且未及时通知保险人，因危险程度显著增加而发生保险事故的。

（4）投保人、被保险人或驾驶人的故意制造保险事故。

3. 损失和费用除外

保险人不负责赔偿下列损失和费用：

（1）因市场价格变动造成的贬值，修理后因价值降低引起的减值损失。

（2）自然磨损、朽蚀、腐蚀、故障、本身质量缺陷。

（3）投保人、被保险人或驾驶人知道保险事故发生后，故意或者因重大过失未及时通知，致使保险事故的性质、原因、损失程度等难以确定的，保险人对无法确定的部分，不承担赔偿责任，但保险人通过其他途径已经知道或者应当知道保险事故发生的除外。

（4）由于被保险人的原因，造成保险人无法在修复被保险机动车前进行检验以协商确定修理项目、方式和费用，进而导致无法确定的损失。

（5）车轮单独损坏，无明显碰撞痕迹的车身划痕以及新增加设备的损失。车轮单独损失是指未发生被保险机动车其他部位的损失，因自然灾害、意外事故，仅发生轮胎、轮毂、轮毂罩的分别单独损失，或上述三者之中任意二者的共同损失，或三者的共同损失。车身划痕是指仅发生被保险机动车车身表面油漆的损坏，且无明显碰撞痕迹。新增加设备是指被保险机动车出厂时原有设备以外的，另外加装的设备和设施。

（6）非全车盗抢、仅车上零部件或附属设备被盗窃。

2020 版车损险的免责条款做了删减，扩大了保险责任范围。删除了事故责任免赔率、无法找到第三方免赔率等免赔约定；删除了驾驶员免责情形中的非被保险人允许的驾驶人、学习驾驶时无合法教练员随车指导。

2014 版的示范条款中对事故免赔率的具体规定如下：（1）被保险机动车一方负次要事故责任的，实行 5% 的事故责任免赔率；负同等事故责任的，实行 10% 的事故责任免赔率；负主要事故责任的，实行 15% 的事故责任免赔率；负全部事故责任或单方肇事事故的，实行 20% 的事故责任免赔率。（2）被保险机动车的损失应当由第三方负责赔偿，无法找到第三方的，实行 30% 的绝对免赔率。2020 版车损险条款对这些免赔项目进行了删除，改为对于投保人与保险人在投保时协商确定绝对免赔额的，保险人在依据本保险合同约定计算赔款的基础上，增加每次事故绝对免赔额，实际是把免赔率项目放在自愿选择的附加险中，2014 版示范条款的不计免赔险取消。

三、机动车损失保险的保险金额

从理论上说，机动车损失保险的保险金额可以按投保时新车购置价或实际价值确定，也可以由被保险人与保险人协商确定，但保险金额不得超过保险价值，超过部分无效。投保人和保险人可根据实际情况，选择新车购置价、实际价值、协商价值三种方式之一确定保险金额。早期在实际业务中，投保人在投保车损险时，按照机动车的新车购置价格确定保险金额及保险费，但在被保险机动车发生整车被盗或因遭遇保险事故而发生全部损失时，保险公司只按照被保险机动车发生保险事故时的实际价值进行赔偿，保险金额没有考虑机动车折旧问题，导致“高保低赔”。

我国自 2014 年起对保险金额按投保时被保险机动车的实际价值确定。投保时被保险机动车的实际价值由投保人与保险人根据投保时的新车购置价减去折旧金额后的价格协商确定或其他市场公允价值协商确定。市场公允价值指熟悉市场情况的买卖双方在公平交易的条件下和自愿的情况下所确定的价格，或无关联的双方在公平交易的条件下一项资产可以被买卖或者一项负债可以被清偿的成交价格。

折旧金额可根据机动车损失保险合同的参考折旧系数表确定（如表 6－1 所示）。折旧按月计算，不足一个月的部分，不计折旧。最高折旧金额不超过投保时被保险机动车新车购置价的 80%。

表 6－1　　参考折旧系数　　单位：%

车辆种类	月折旧系数			
	家庭自用	非营业	营业	
			出租	其他
9 座以下客车	0.6	0.6	1.1	0.9
10 座以上客车	0.9	0.9	1.1	0.9
微型载货汽车	—	0.9	1.1	1.1
带拖挂的载货汽车	—	0.9	1.1	1.1
低速货车和三轮汽车	—	1.1	1.4	1.4
其他车辆	—	0.9	1.1	0.9

折旧金额 = 新车购置价 × 被保险机动车已使用月数 × 月折旧系数

四、机动车损失保险的费率

我国现行商业车险的费率厘定以新车购置价、车龄、座位数等因素为依据，但实际情况是，即使是购置价相同的车辆，安全系数也不尽相同，它们面临的风险、出险的概率也不相同，维修成本也存在巨大的差异，因此以新车购置价、车龄、座位数等因素为依据确定的费率不能反映出被保险机动车的风险。车型定价模式是国际保险市场普遍采用的定价模式，它以车型为风险分组维度，使车险费率能够更好地匹配其风险程度，典型的因素就是“零整比”系数，即车辆全部零配件价格之和与整车销售价格的比值，它直接反映车辆发生部分损失时的维修成本，零整比系数越高，意味着赔付成本越高，相应的保险费率也应该更高。

目前在我国实行车型定价还存在重重困难，主要是因为我国目前尚没有统一编制或命名的车型名称，也就不存在车型定价的基础，同时也没有积累足够的数据，在短期内难以实现车型定价。但中国保险行业协会将建设“车型名称标准数据库”，在全行业层面统一车型名称并研究不同车型的风险等级，为车型定价提供技术条件，推动车险改革全面实施。

定价模式不再以车辆购置价为基础，而是以风险费率为基础，通过多种调整系数反映风险程度，具体的计算公式为：

保险费 = 基准保费 × 费率调整系数 = 基准纯保险保费/(1 − 附加费用率) × 费率调整系数

费率调整系数是指根据保险标的的风险对其基准保费进行浮动比率调整的系数，适用于除摩托车、拖拉机以外的机动车。其计算公式为：

费率调整系数 = 无赔款优待系数 × 交通违法系数 × 自主核保系数 × 自主渠道系数

公式中基准纯风险保费、无赔款优待系数和交通违法系数由中国保险行业协会提供，使用行业示范条款的保险公司按中保协拟订的费率基准执行，不得调整；保险公司能够自主调整的是附加费用率、自主核保系数和自主渠道系数。

1. 基准纯风险保费

中国保险行业协会负责建立商业车险损失数据的收集，按照大数法则测算基准纯风险费率，在此基础上建立基准纯风险保费的调整机制而动态发布商业车险基准纯风险保费表供保险公司使用。基准纯风险保费的测算目标是逐步能够从地区、车型、使用年限、使用性质等不同维度准确反映机动车的行业平均赔付水平。

2. 无赔款优待系数

无赔款优待是指被保险机动车在上一个保险期间内无赔款，在下一个保险期间续保时保险公司会给予一定的费率折扣。无赔款优待系数是根据投保人所投保机动车上一年或上几年的出险情况实行浮动费率的系数，由中保协制定并颁布，保险公司通过行业车险信息集中平台统一查询使用并不得更改。

需要注意，如果投保机动车的“上张保单”为短期保单，无赔款优待系数取该短期保单无赔款优待系数、最近一张完整年度保单无赔款优待系数、新保系数这三者中的最大值。

3. 交通违法系数

交通违法系数由中保协制定，保险公司通过行业车险信息集中平台统一查询使用并不得更改。交通违法系数仅限于行业车险信息集中平台与交通管理平台对接的地区使用，未对接交通管理平台地区的交通违法系数值为1.0。

4. 附加费用率

附加费用率上限为25%，保险公司可以根据公司最近三年商业车险实际费用水平自主测算，也可参考行业平均费用水平自主测算。

5. 自主核保系数和自主渠道系数

自主核保系数和自主渠道系数的调整方案由选择使用商业车险示范条款的保险公司在［-35%，+35%］的范围内自主制定。

五、机动车损失保险的赔偿处理

（一）理赔过程

1. 索赔通知

发生保险事故时，被保险人或驾驶人应当及时采取合理的、必要的施救和保护措施，防止或者减少损失，并在保险事故发生后48小时内通知保险人。被保险机动车全车被盗抢的，被保险人知道保险事故发生后，应在24小时内向出险当地公安刑侦部门报案，并通知保险人。

2. 协助查勘

被保险人或其允许的驾驶人根据有关法律法规规定选择自行协商方式处理交通事故的，应当协助保险人勘验事故各方车辆、核实事故责任，并依照《道路交通事故处理程序规定》签订记录交通事故情况的协议书。

3. 提供资料

被保险人索赔时，应当向保险人提供与确认保险事故的性质、原因、损失程度等有关的证明和资料。被保险人应当提供保险单、损失清单、有关费用单据、被保险机动车行驶证和发生事故时驾驶人的驾驶证。属于道路交通事故的，被保险人应当提供公安机关交通管理部门或法院等机构出具的事故证明、有关的法律文书（判决书、调解书、裁定书、裁决书等）及其他证明。

保险人受理报案、现场查勘、核定损失、参与诉讼、进行抗辩、要求被保险人提供证明和资料、向被保险人提供专业建议等行为，均不构成保险人对赔偿责任的承诺。

被保险机动车被盗抢的，被保险人索赔时，须提供保险单、损失清单、有关费用单据、《机动车登记证书》、机动车来历凭证以及出险当地县级以上公安刑侦部门出具的盗抢立案证明。

4. 核定损失

因保险事故损坏的被保险机动车，应当尽量修复。修理前被保险人应当会同保险人检验，协商确定维修机构、修理项目、方式和费用。无法协商确定的，双方委托共同认可的有资质的第三方进行评估。

5. 残值处理

被保险机动车遭受损失后的残余部分由保险人、被保险人协商处理。如折归被保险人的，由双方协商确定其价值并在赔款中扣除。

6. 代位追偿

因第三方对被保险机动车的损害而造成保险事故，被保险人向第三方索赔的，保险人应积极协助；被保险人也可以直接向保险人索赔，保险人在保险金额内先行赔付被保险人，并在赔偿金额内代位行使被保险人对第三方请求赔偿的权利。

被保险人已经从第三方取得损害赔偿的，保险人进行赔偿时，相应扣减被保险人从第三方已取得的赔偿金额。保险人未赔偿之前，被保险人放弃对第三方请求赔偿的权利的，保险人不承担赔偿责任。被保险人故意或者因重大过失致使保险人不能行使代位请求赔偿的权利的，保险人可以扣减或者要求返还相应的赔款。保险人向被保险人先行赔付的，保险人向第三方行使代位请求赔偿的权利时，被保险人应当向保险人提供必要的文件和所知道的有关情况。

（二）赔偿计算

1. 全部损失

全部损失指被保险机动车发生事故后灭失，或者受到严重损坏完全失去原有形体、效用，或者不能再归被保险人所拥有的，为实际全损；或被保险机动车发生事故后，认为实际全损已经不可避免，或者为避免发生实际全损所需支付的费用超过实际价值的，为推定全损。

赔款 = 保险金额 − 被保险人已从第三方获得的赔偿金额 − 绝对免赔额

2. 部分损失

被保险机动车发生部分损失，保险人按实际修复费用在保险金额内计算赔偿：

赔款 = 实际修复费用 − 被保险人已从第三方获得的赔偿金额 − 绝对免赔额

被保险机动车发生保险事故，导致全部损失，或一次赔款金额与免赔金额之和（不含施救费）达到保险金额，保险人按保险合同约定支付赔款后，保险责任终止，保险人不退还机动车损失保险及其附加险的保险费。

3. 施救费

施救的财产中，含有本保险合同未保险的财产，应按本保险合同保险财产的实际价值占总施救财产的实际价值比例分摊施救费用。

第三节　机动车第三者责任保险

机动车第三者责任保险，简称三责险，主要负责赔偿被保险人在使用被保险机动车的过程中意外造成第三者人身伤亡或财产直接损毁，依法应对第三者承担的损害赔偿责任。

一、第三者的界定

第三者责任保险中的第三者是指因被保险机动车发生意外事故遭受人身伤亡或者财产损失的人，但不包括被保险机动车本车车上人员、被保险人。

2014 年车险条款改革前，第三者责任保险的免责条款中规定：被保险人的家庭成员的人身伤亡，保险人不负赔偿责任。这一规定导致的结果是驾驶人在开车时若发生事故造成自己的家人人身伤亡，即使投保了第三者责任保险，保险公司也不予赔偿。自 2014 版示范条款起，三责险删除了这一责任免除事项，因此三责险的第三者范围涵盖了被保险人的家庭成员。例如被保险人驾驶机动车造成被保险人的配偶、子女和父母人身伤亡，也可以得到三责险的保障，自此解决了三责险一直以来让消费者不满的“家人不赔”问题。

二、机动车第三者责任保险的保险责任及责任限额

（一）保险责任

保险期间内，被保险人或其允许的驾驶人在使用被保险机动车过程中发生意外事故，致使第三者遭受人身伤亡或财产直接损毁，依法应当对第三者承担的损害赔偿责任，且不属于免除保险人责任的范围，保险人依照本保险合同的约定，对于超过机动车交通事故责任强制保险各分项赔偿限额的部分负责赔偿。

保险人依据被保险机动车一方在事故中所负的事故责任比例，承担相应的赔偿责任。

被保险人或被保险机动车一方根据有关法律法规规定选择自行协商或由公安机关交通管理部门处理事故未确定事故责任比例的，按照下列规定确定事故责任比例：

被保险机动车一方负主要事故责任的，事故责任比例为70%；

被保险机动车一方负同等事故责任的，事故责任比例为50%；

被保险机动车一方负次要事故责任的，事故责任比例为30%。

涉及司法或仲裁程序的，以法院或仲裁机构最终生效的法律文书为准。

（二）责任限额

每次事故的责任限额，由投保人和保险人在签订本保险合同时协商确定。实务中通常是保险人设置责任限额的不同档次，由投保人根据自己的需要选择。结合经济社会发展水平，商业三责险责任限额从2014版的5万~500万元档次提升到2020版的10万~1 000万元档次，更加有利于满足消费者风险保障需求，更好发挥经济补偿和化解矛盾纠纷的功能作用。

机动车第三者责任保险的理赔采用连续责任制，连续责任制是在保险期间，无论发生多少次保险事故，只要在责任限额内均予以赔偿的制度。主车和挂车连接使用时视为一体，发生保险事故时，由主车保险人和挂车保险人按照保险单上载明的机动车第三者责任保险责任限额的比例，在各自的责任限额内承担赔偿责任，但赔偿金额总和以主车的责任限额为限。

三、机动车第三者责任保险的责任免除

同机动车损失保险一样，三责险的责任免除也包括不保情形、原因除外、损失和费用除外三部分，具体如下。

1. 不保情形

2020版与2014版三责险的不保情形没有区别。在前述车损险不保情形基础上增加了两条：一是非被保险人允许的驾驶人这种情形；二是全车被盗窃、被抢劫、被抢夺、下落不明期间三责险也免责。在发生不保情形时，不论任何原因造成的人身伤亡、财产损失和费用，三责险的保险人均不负责赔偿。

2. 原因除外

在三责险项下，下列原因导致的人身伤亡、财产损失和费用，保险人不负责赔偿：

（1）战争、军事冲突、恐怖活动、暴乱、污染（含放射性污染）、核反应、核辐射。把2014版中的地震及次生灾害免责条目

删除。

（2）第三者、被保险人或驾驶人故意制造保险事故、犯罪行为，第三者与被保险人或其他致害人恶意串通的行为。这里不仅限于被保险人允许的驾驶人，只要是恶意行为都属于免责范围。

（3）被保险机动车被转让、改装、加装或改变使用性质等，导致被保险机动车危险程度显著增加，且未及时通知保险人，因危险程度显著增加而发生保险事故的。

3. 损失和费用除外

在三责险项下，保险人不负责赔偿下列人身伤亡、财产损失和费用：

（1）被保险机动车发生意外事故，致使任何单位或个人停业、停驶、停电、停水、停气、停产、通信或网络中断、电压变化、数据丢失造成的损失以及其他各种间接损失。

（2）第三者财产因市场价格变动造成的贬值，修理后因价值降低引起的减值损失。

（3）被保险人及其家庭成员、被保险人允许的驾驶人及其家庭成员所有、承租、使用、管理、运输或代管的财产的损失，以及本车上财产的损失。家庭成员是指配偶、父母、子女和其他共同生活的近亲属。

（4）被保险人、驾驶人、本车车上人员的人身伤亡。

（5）停车费、保管费、扣车费、罚款、罚金或惩罚性赔款。

（6）超出《道路交通事故受伤人员临床诊疗指南》和国家基本医疗保险同类医疗费用标准的费用部分。

（7）律师费，未经保险人事先书面同意的诉讼费、仲裁费。

（8）投保人、被保险人或其允许的驾驶人知道保险事故发生后，故意或者因重大过失未及时通知，致使保险事故的性质、原因、损失程度等难以确定的，保险人对无法确定的部分不承担赔偿责任，但保险人通过其他途径已经及时知道或者应当及时知道保险事故发生的除外。

（9）由于被保险人的原因，造成保险人无法对保险事故破坏的第三者财产进行检验以协商确定修理项目、方式和费用，进而导致无法确定的损失。

（10）精神损害抚慰金。

（11）应当由机动车交通事故责任强制保险赔偿的损失和费用。

保险事故发生时，被保险机动车未投保机动车交通事故责任强制保险或机动车交通事故责任强制保险合同已经失效的，对于机动车交通事故责任强制保险责任限额以内的损失和费用，保险人不负责赔偿。

四、机动车第三者责任保险的赔偿处理

（一）理赔过程

1. 及时通知

发生保险事故时，被保险人或其允许的驾驶人应当及时采取合理的、必要的施救和保护措施，防止或者减少损失，并在保险事故发生后 48 小时内通知保险人。被保险人或其允许的驾驶人根据有关法律法规规定选择自行协商方式处理交通事故的，应当立即通知保险人。

2. 协助查勘

被保险人或其允许的驾驶人根据有关法律法规规定选择自行协商方式处理交通事故的，应当协助保险人勘验事故各方车辆、核实事故责任，并依照《道路交通事故处理程序规定》签订记录交通事故情况的协议书。

3. 提供索赔资料

被保险人索赔时，应当向保险人提供与确认保险事故的性质、原因、损失程度等有关的证明和资料。被保险人应当提供保险单、损失清单、有关费用单据、被保险机动车行驶证和发生事故时驾驶人的驾驶证。属于道路交通事故的，被保险人应当提供公安机关交通管理部门或法院等机构出具的事故证明、有关的法律文书（判决书、调解书、裁定书、裁决书等）及其他证明。被保险人或其允许的驾驶人根据有关法律法规规定选择自行协商方式处理交通事故的，被保险人应当提供依照《道路交通事故处理程序规定》签订记录交通事故情况的协议书。

保险人受理报案、现场查勘、核定损失、参与诉讼、进行抗辩、要求被保险人提供证明和资料、向被保险人提供专业建议等行为，均不构成保险人对赔偿责任的承诺。

4. 保险人对被保险人给第三者造成的损害，可以直接向该第三者赔偿

被保险人给第三者造成损害，被保险人对第三者应负的赔偿责任确定的，根据被保险人的请求，保险人应当直接向该第三者赔偿。被保险人怠于请求的，第三者有权就其应获赔偿部分直接向保险人请求赔偿。被保险人给第三者造成损害，被保险人未向该第三者赔偿的，保险人不得向被保险人赔偿。

因保险事故损坏的第三者财产，应当尽量修复。修理前被保险人应当会同保险人检验，协商确定修理项目、方式和费用。对未协商确定的，保险人可以重新核定。

（二）赔款计算

（1）当（依合同约定核定的第三者损失金额－机动车交通事故责任强制保险的分项赔偿限额）×事故责任比例等于或高于每次事故责任限额时：

赔款＝每次事故责任限额

（2）当（依合同约定核定的第三者损失金额－机动车交通事故责任强制保险的分项赔偿限额）×事故责任比例低于每次事故责任限额时：

赔款＝（依合同约定核定的第三者损失金额－机动车交通事故责任强制保险的分项赔偿限额）×事故责任比例

保险人按照《道路交通事故受伤人员临床诊疗指南》和国家基本医疗保险的同类医疗费用标准核定医疗费用的赔偿金额。未经保险人书面同意，被保险人自行承诺或支付的赔偿金额，保险人有权重新核定。不属于保险人赔偿范围或超出保险人应赔偿金额的，保险人不承担赔偿责任。

与车损险相似的是，相比2014版示范条款，赔款计算也删除了免赔率项目。

专栏6－1

无机动车交通事故责任强制保险情形下的机动车保险案

若分属于两个不同公司的甲车和乙车在行驶中发生相撞，甲车车辆损失5 000元，车上货物损失10 000元，乙车车辆损失4 000元，车上货物损失5 000元。交通管理部门裁定甲车负主要责任，承担经济损失70%，为16 800元；乙车负次要责任，承担经济失30%，为7 200元。在不考虑机动车交通事故责任强制保险的情况下，其赔款计算为：

甲车应承担的经济损失＝（甲车车损＋乙车车损＋甲车车上货损＋乙车车上货损）×甲车应负的经济损失比例＝（5 000＋4 000＋10 000＋5 000）×70%＝16 800（元）

乙车应承担的经济损失＝（甲车车损＋乙车车损＋甲车车上货损＋乙车车上货损）×乙车应负的经济损失比例＝（5 000＋4 000＋10 000＋5 000）×30%＝7 200（元）

这两辆车都投保了机动车损失保险（按新车购置价确定保险金额）和第三者责任保险，由于第三者责任保险不负责本车车上货物的损失，因此，保险人的赔款计算与交通管理部门的赔款计算不一样，其赔款计算如下：

甲车自负车损＝甲车车损×甲车应负的经济损失比例

＝5 000×70%＝3 500（元）

甲车应赔乙车＝（乙车车损＋乙车车上货损）×甲车应负的经济损失比例

$=(4\ 000+5\ 000)\times 70\%=6\ 300$（元）

保险人负责甲车车损和第三者责任赔款为 = 甲车自负车损 + 甲车应赔乙车

$=3\ 500+6\ 300=9\ 800$（元）

乙车自负车损 = 乙车车损 × 乙车应负的经济损失比例

$=4\ 000\times 30\%=1\ 200$（元）

乙车应赔甲车 =（甲车车损 + 甲车车上货损）× 乙车应负的经济损失比例

$=(5\ 000+10\ 000)\times 30\%=4\ 500$（元）

保险人负责乙车车损和第三者责任赔款为 = 乙车自负车损 + 乙车应赔甲车

$=1\ 200+4\ 500=5\ 700$（元）

第四节 机动车交通事故责任强制保险

机动车交通事故责任强制保险是指由保险公司对被保险机动车发生道路交通事故造成本车人员、被保险人以外的受害人的人身伤亡和财产损失，在责任限额内进行赔偿的强制性责任保险，简称交强险。

一、交强险的发展历程

从世界范围来看，机动车的逐渐普及使得机动车交通事故成为日益严重的社会问题，事故受害人的人身、财产损害如何填补，如何使机动车使用人在使用机动车获益的同时承担其应负的责任等既涉及当事人的个体正义又关乎整体社会正义的问题日渐暴露。传统民事侵权责任制度给出的解决办法是将归责原则向无过错责任转变，即机动车发生交通事故时，无论加害人对该事故的发生是否具有过错，都应对他人因此遭受的损害尤其是人身损害承担赔偿责任。无过错责任原则的逐步确立，虽然顺应了保护受害人的趋势，但致害人却未必有充足的经济能力承担损害赔偿责任，最终的结果是保护受害人的利益成为一纸空文。责任保险可以使机动车使用者通过支付少量的保险费而转移其可能承担的高额赔偿责任，可以保障交通事故的受害人能够获得经济补偿，但事实上自愿支付保费购买责任保险来转移风险的人依然是少数，如此一来，通过机动车交通事故责任强制保险分散致害人的损害赔偿责任成为必然。因此，世界各国自 20 世纪 20 年代以来先后制定相关法规，强制机动车所有人、管理人投保机动车交通事故责任强制保险，并不断提高其保障程度和覆盖面，使机动车交通事故的受害人能及时地获得合理的赔偿。

我国于 2002 年 10 月 28 日颁布《道路交通安全法》，提出要实行机动车第三者责任强制保险制度，并设立道路交通事故社会救助基金。2006 年 3 月 21 日国务院颁布《机动车交通事故责任强制保险条例》（以下简称《交强险条例》），规定自 2006 年 7 月 1 日起实施机动车交通事故责任强制保险。机动车交通事故责任强制保险制度的建立对完善我国的立法体系、保障人民生命财产安全、促进道路交通安全以及维护社会稳定等具有非常重要的意义。《交强险条例》规定经保监会批准的中资保险公司可以从事机动车交通事故责任强制保险业务，也即交强险的经营主体只有中资保险公司。2012 年 3 月 3 日国务院修改《机动车交通事故责任强制保险条例》，只要是保监会批准的保险公司都可以经营交强险业务，并于 2012 年 5 月 1 日起实施。2020 年 9 月，根据《机动车交通事故责任强制保险条例》的有关规定，在广泛征求意见的基础上，银保监会会同公安部、卫生健康委、农业农村部确定了机动车交通事故责任强制保险（以下简称“交强险”）责任限额的调整方案，会同公安部确定了交强险费率浮动系数的调整方案，并于 2020 年 9 月 19 日开始实施。

二、交强险的特点

我国的机动车交通事故责任强制保险制度具有三个主要特点。

（一）强制性

交强险的强制性表现在三个方面：其一，强制性投保。凡是在中华人民共和国境内道路上行驶的机动车的所有人、管理人都必须依法投保交强险，否则机动车不得上道路行驶。其二，强制性承保。凡具备交强险经营资格的保险公司都不得拖延或拒绝投保人的投保请求。其三，投保人不可任意解除保险合同。交强险的投保人不具有商业保险投保人具有的任意的合同解除权，仅仅在法定的几种情形中才可以解除交强险合同。投保人不得在保险条款和保险费率之外，向保险人提出附加其他条件的要求。

（二）非营利性

交强险的非营利性表现为交强险的经营原则是不盈利不亏损，即交强险不是以营利为目标，而是切实保障道路交通事故中受害人的合法权益，通过保险制度实现社会管理的职能。

（三）广覆盖性

交强险的广覆盖性一方面表现为交强险不仅保障机动车因道路交通事故造成的人身伤亡和财产损失，还保障被保险人在道路以外通行时发生的事故造成的人身伤亡与财产损失；另一方面表现为交强险不仅负责赔偿道路交通事故中受害人的医药费、诊疗费、财产损失等物质损失，还负责赔偿被保险人依照法院判决或者调解应承担的精神损害抚慰金。

三、交强险的保险责任与责任免除

（一）保险责任

在中华人民共和国境内（不含港、澳、台地区），被保险人在使用被保险机动车过程中发生交通事故，致使受害人遭受人身伤亡或者财产损失，依法应当由被保险人承担的损害赔偿责任，保险人按照交强险合同的约定对每次事故在下列赔偿限额内负责赔偿：死亡伤残赔偿限额为180 000元；医疗费用赔偿限额为18 000元；财产损失赔偿限额为2 000元；被保险人无责任时，无责任死亡伤残赔偿限额为18 000元；无责任医疗费用赔偿限额为1 800元；无责任财产损失赔偿限额为100元。

死亡伤残赔偿限额和无责任死亡伤残赔偿限额项下负责赔偿丧葬费、死亡补偿费、受害人亲属办理丧葬事宜支出的交通费用、残疾赔偿金、残疾辅助器具费、护理费、康复费、交通费、被扶养人生活费、住宿费、误工费，被保险人依照法院判决或者调解承担的精神损害抚慰金。

医疗费用赔偿限额和无责任医疗费用赔偿限额项下负责赔偿医药费、诊疗费、住院费、住院伙食补助费，必要的、合理的后续治疗费、整容费、营养费。

财产损失责任限额是指每次事故对受害人财产损失的最高赔偿金额。

被保险人在道路交通事故中无责任的赔偿限额是指被保险人在道路交通事故中无过错的情况下，保险公司对于受害人的人身伤亡和财产损失所承担的最高赔偿限额。该责任限额低于被保险人在道路交通事故中有过错情况下的赔偿限额。

交强险合同中的责任限额是指被保险机动车发生交通事故，保险人对每次保险事故所有受害人的人身伤亡和财产损失所承担的最高赔偿金额。交强险在全国范围内实行统一的责任限额，一方面有利于维护消费者权利，使其能够得到平等的保险保障，另一方面也有利于交强险制度的推行，避免被保险人为获取高额赔偿而跨区域投保和索赔，同时促进保险公司加强合作，逐步建立快速理赔机制，促进保险市场健康稳定地发展。

（二）责任免除

交强险不负责赔偿和垫付下列损失和费用：

（1）因受害人故意造成的交通事故的损失；

（2）被保险人所有的财产及被保险机动车上的财产遭受的损失；

（3）被保险机动车发生交通事故，致使受害人停业、停驶、停电、停水、停气、停产、通信或者网络中断、数据丢失、电压变化等造成的损失以及受害人财产因市场价格变动造成的贬值、修理后因价值降低造成的损失等其他各种间接损失；

（4）因交通事故产生的仲裁或者诉讼费用以及其他相关费用。

四、交强险的垫付与追偿

交强险制度实施的目的是保障道路交通事故中受害人的利益，让受害人在死亡、伤残时能够得到及时的补偿和救助，与此同时也需要防范交强险成为驾驶人无限制转移赔偿责任的工具，因此设置了追偿机制。

《道路交通安全法》出于保护受害人的考虑要求医疗机构不得因抢救费用未及时支付而拖延救治受伤人员，但医疗费用拖延支付会加重医疗机构的经济负担，因此交强险要求保险公司及时支付或垫付抢救费用以减轻医疗机构的经济负担。

交强险要求在驾驶人未取得驾驶资格、驾驶人醉酒、被保险机动车被盗抢期间肇事、被保险人故意制造交通事故四种情形中发生交通事故并造成受害人受伤需要抢救时，保险人在接到公安机关交通管理部门的书面通知和医疗机构出具的抢救费用清单后，应按照国务院卫生主管部门组织制定的交通事故人员创伤临床诊疗指南和国家基本医疗保险标准进行核实，对于符合规定的抢救费用，保险人在医疗费用赔偿限额内垫付。被保险人在交通事故中无责任的，保险人在无责任医疗费用赔偿限额内垫付。对于其他损失和费用，保险人不负责垫付和赔偿。对于垫付的抢救费用，保险人有权向致害人追偿。交强险合同中的抢救费用是指被保险机动车发生交通事故导致受害人受伤时，医疗机构对生命体征不平稳和虽然生命体征平稳但如果不采取处理措施会产生生命危险，或者导致残疾、器官功能障碍，或者导致病程明显延长的受害人，参照国务院卫生主管部门组织制定的交通事故人员创伤临床诊疗指南和国家基本医疗保险标准，采取必要的处理措施所发生的医疗费用。

交强险垫付与追偿的规定与传统商业保险的做法有明显的区别。在商业保险中，保险公司对于除外责任不承担赔偿责任，也无须垫付

率和免赔额。

其三，从两者的责任限额来看，交强险有法定的责任限额，并且实行分项限额，对于人身伤亡、医疗费用和财产损失分项赔偿；而三责险在实践中普遍使用综合的责任限额，人身伤亡、医疗费用和财产损失在统一的限额内赔偿，责任限额也由保险当事人自行决定，可高达千万元。

其四，从两者的条款费率制定来看，交强险在全国范围内实行统一的保险条款和基础保险费率，其费率厘定遵循不盈利不亏损的原则；而三责险的条款费率厘定完全由保险公司自主决定，作为商业保险通常以营利为目标，不同保险公司的三责险的条款费率之间存在差异。

其五，从经营管理的要求来看，交强险业务需要与其他保险业务分开管理，并单独进行核算；而三责险则无此要求。

其六，从理赔顺序的角度来看，商业三责险通常承保的是被保险人依法应付的在交强险赔偿限额之外的赔偿责任，因此在发生保险事故时，先由交强险进行赔付，商业三责险作为补充，对交强险不能覆盖的损失由三责险进行补偿。

专栏6－2

机动车单方过错保险赔偿案

甲、乙两车于2020年10月18日分别向A、B两家保险公司投保了交强险。同时甲向A保险公司投保了机动车损失保险和第三者责任保险，前者的保险金额为24万元，后者的责任限额为10万元。在保险期间，甲车在一次行驶中与乙车相撞同时引起火灾，甲车全部烧毁，损失金额为24万元，残值为1.2万元，车上2位乘客和司机李某受伤支付医疗费用2万元；乙车车损8万元，残值0.8万元，车上人员医疗费用1万元，经交通管理部门鉴定，甲车负全部责任。问：按交强险条款和机动车保险条款，保险公司应如何赔偿？

根据该案例，分析如下：

1. 按交强险的赔付

A保险公司赔付金额＝0.2＋1＝1.2（万元）

B保险公司赔付金额＝0.18＋0.01＝0.19（万元）

2. 机动车保险（商业保险部分）

A保险公司赔付金额

甲车机动车损失保险的赔偿金额

＝保险金额范围内的车辆损失金额－B保险公司已按交强险赔偿的车辆损失金额＝24－1.2－0.01＝22.79（万元）

第三者责任保险的赔付金额

＝乙车的财产损失和人身损害赔偿金额－A保险公司已按交强险赔偿乙车的财产损失和人身损害金额＝8－0.8＋1－1.2＝7（万元）

以上两项合计为A保险公司赔付金额=22.79+7=29.79（万元）

A保险公司赔付总金额=29.79+1.2=30.99（万元）

B保险公司赔付总金额=0.18+0.01=0.19（万元）

专栏6-3

机动车双方过错保险赔偿案

甲、乙两车于2020年10月18日分别向A、B两家保险公司投保了交强险，同时，甲向A保险公司投保了机动车损失保险和机动车第三者责任保险，前者的保险金额24万元，后者的责任限额为10万元。在保险期间，甲车在一次行驶中与乙车相撞，同时引起火灾，甲车全部烧毁，损失金额为24万元，残值为1.2万元，车上2位乘客和司机李某受伤，支付医疗费用2万元；乙车车损8万元，残值0.8万元，车上人员医疗费用1万元。经交通管理部门鉴定，甲车负70%的责任，乙车负30%的责任。问：按交强险条款和机动车保险条款，保险公司应如何赔偿？

1. 按交强险的赔付

A保险公司赔付金额=0.2+1=1.2（万元）

B保险公司赔付金额=0.2+1=1.2（万元）

2. 机动车保险（商业保险部分）

A保险公司赔付金额

机动车损失保险车辆损失险的赔偿金额

=（保险金额范围内的车辆损失金额-B保险公司已按交强险赔偿的车辆损失金额）×甲车的责任比例=(24-1.2-0.2)×70%=15.82（万元）

第三者责任险的赔付金额

=（乙车的财产损失和人身损害赔偿金额-A保险公司已按交强险赔偿乙车的财产损失和人身损害金额）×甲车的责任比例

=[(8-0.8+1)-1.2]×70%=4.9（万元）

A保险公司赔付总金额=1.2+15.82+4.9=21.92（万元）

B保险公司赔付总金额=1+0.2=1.2（万元）

专栏6-4

《关于实施车险综合改革的指导意见》部分内容

为贯彻以人民为中心的发展思想，深化供给侧结构性改革，更好维护消费者权益，让市场在资源配置中起决定性作用，推动车险高质量发展，银保监会研究制定了《关于实施车险综合改革的指导意见》，自2020年9月19日起开始施行。

《指导意见》共9部分32条，主要包括总体要求、提升交强险保障水平、拓展和优化商车险保障服务、健全商车险条款费率市场化形成机制、改革车险产品准入和管理方式、推进配套基础建设改革、全面加强和改进车险监管、明确重点任务职责分工、强化保障落实等内容。实施车险综合改革，将有利于健全市场化条款费率形成机制，激发市场活力，规范市场秩序，提升服务水平，有效强化监管，促进车险高质量发展，更好地满足人民美好生活需要。以下几条涉及具体险种条款：

一是将交强险总责任限额从12.2万元提高到20万元，其中死亡伤残赔偿限额从11万元提高到18万元，医疗费用赔偿限额从1万元提高到1.8万元，财产损失赔偿限额维持0.2万元不变。无责任赔偿限额按照相同比例进行调整，其中死亡伤残赔偿限额从1.1万元提高到1.8万元，医疗费用赔偿限额从1 000元提高到1 800元，财产损失赔偿限额维持100元不变。相比原来的责任限额，除财产损失赔偿限额维持不变外，死亡伤残赔偿限额和医疗费用赔偿限额均有较大提高。

二是商车险保险责任更加全面。新的机动车示范产品的车损险主险保险责任增加了机动车全车盗抢、地震及其次生灾害、玻璃单独破碎、自燃、发动机涉水等保险责任，删除了事故责任免赔率、无法找到第三方免赔率等免赔约定。删除了实践中容易引发理赔争议的免责条款，为消费者提供更加全面完善的车险保障服务。

三是商车险产品更为丰富。增加了驾乘人员意外险产品，包括代送检、道路救援、代驾服务、安全检测等内容的车险增值服务特约条款，为消费者提供更加规范和丰富的车险产品及服务。

四是商车险价格更加科学合理。保险业根据市场实际风险情况，重新测算了商车险行业纯风险保费，同时，商车险产品设定附加费用率的上限由35%下调为25%，预期赔付率由65%提高到75%，车险产品费率与风险水平更加匹配。

五是车险产品市场化水平更高。逐步放开自主定价系数浮动范围，第一步将自主定价系数范围确定为0.65～1.35，第二步适时完全放开自主定价系数的范围。

六是无赔款优待系数进一步优化。改革实施后，商车险无赔款优待系数将考虑赔付记录的范围由前1年扩大到前3年，对于偶然赔付消费者的费率上调幅度将降低。

七是提升商车险责任限额。支持行业将示范产品商业三责险责任限额从5万～500万档次提升到10万～1 000万元档次。

八是丰富商车险产品。支持行业制定新能源汽车、驾乘人员意外险、机动车延长保修险示范条款，探索在新能源汽车和具备条件的传统汽车中开发机动车里程保险（UBI）等创新产品，指定包括代送检、道路救援、代驾服务、安全检测等车险增值服务险的示范条款，为消费者提供更加规范和丰富的车险保障服务。

本章小结

1. 机动车保险的保险对象为经公安交通管理部门检验合格、具有其核发的有效行驶证和号牌的机动车，从理论上来说，机动车保险所承保的机动车是指汽车、电车、电瓶车、摩托车、拖拉机、各种专用机械车、特种车。

机动车保险的主险有机动车损失保险、机动车第三者责任险、车上人员责任险三种。机动车附加险总共11种。

2. 机动车损失保险负责赔偿被保险机动车因遭受保险事故而产生的机动车本身的损失。

3. 机动车第三者责任险负责赔偿保险人或其允许的驾驶人在使用被保险机动车过程中发生意外事故，致使第三者遭受人身伤亡或财产直接损毁，依法应当对第三者承担的超过机动车交通事故责任强制保险各分项赔偿限额的损害赔偿责任。

4. 机动车交通事故责任强制保险是我国于2006年7月1日起实施的一种法定保险业务，责任限额已进行调整，其具有强制性、非营利性、广覆盖性三个特点。开展交强险的目的是保护交通事故中受害人的权利，保证即使致害人没有承担损失赔偿的经济能力或肇事逃逸，受害人也能得到及时、合理的补偿。

思考与练习

1. 机动车保险的含义是什么？它具有什么特点？
2. 简述机动车保险的基本险与附加险。
3. 车损险有哪些免赔事由？具体的免赔率是多少？
4. 车损险费率的决定因素有哪些？
5. 简述机动车第三者责任保险的承保与理赔。
6. 交强险的特点是什么？它与第三者责任保险的区别是什么？
7. 简述交强险的承保与理赔。

第七章

货物运输保险

本章提要

本章对货物运输保险进行探讨。首先介绍货物运输保险的概念、特点及分类；其次针对海上货物运输保险和国内货物运输保险两类作出介绍，并对货物运输保险进行实务分析。

学习目标

掌握货物运输保险的概念、特点及分类。
掌握海上运输保险的基本理论与实务。
熟悉了解国内运输保险的理论与实务。

第一节　货物运输保险概述

从世界范围来说，货物运输保险起源于海上保险，是最古老的险种之一。无论是对外贸易还是国内贸易，商品从生产者到消费者手中，都要经过相应的运输过程。为货物投保货物运输保险已经成为贸易，尤其是国际贸易的一个重要环节。货物运输保险为货物在运输过程中可能遭受的各种自然灾害或意外事故造成的损失提供保障，不仅能够保障货主的经济利益，而且有利于商品交易和运输业的正常发展。

一、货物运输保险概念

货物运输保险（cargo transportation insurance）是由投保人与保险人约定的以各种运输中的货物作为保险标的，当运输中的货物因自然灾害或意外事故而遭受损失时，由保险人负赔偿责任的一种财产保险。显然，货物运输保险的标的是运输中的货物，该货物是具有商品性质的贸易货物，一般不包括个人行李或运输所耗用的各类供应和储备物品。按照习惯，货物包装和标签属于保险标的的一部分，可与货物成本及运输费用和保险费一并投保。

运输方式通常由水路、公路、铁路和航空四种方式构成。现代运输改变了原来的单件运输，发展为成组运输；由传统的单一运输，发展为多式联运；由过去的“钩至钩”运输，发展为“门至门”运输。特别是集装箱运输方式的广泛采用，促进了现代运输的联合，引起了运输管理技术和组织经营上一系列的巨大变革。随着运输方式的不断变革，运输保险的内容和方式也在不断地发生变化。原来的海上保险形式已发展成为海、陆、空运输保险同时并存的运输保险体系。货物运输保险是现代国际贸易活动必不可少的重要组成部分。

随着国内商品经济的发展，各种货物运输保险业务也得到了迅速全面的发展。

二、货物运输保险特点

由于货物运输保险承保的空间范围广阔，再加上保险标的多种多样以及保险责任、致损因素和涉及赔偿处理的复杂性，货物运输保险同其他普通财产保险相比，又有其自身的特点。

1. 保险标的的流动性

普通财产保险（如企业财产和家庭财产保险）的保险标的通常处于相对静止的状态；而货物运输是为了实现货物的移位而不断处于流动之中，通常不受固定地点的限制。因此，货物运输保险中的保险标的被从一地运到另一地，经常处于运动状态之中。由于保险标的的流动性，其损失发生往往远在承保所在地的千里以外，即异地出险，因此，在货物运输保险中，出险查勘工作一般由当地的保险人或承保人委托的保险代理人进行。

2. 保险期限的运程性

普通财产保险的保险期限一般按照时间计算确定，责任期限一般都是定期的；而货物运输保险是运程保险，其保险期限按“仓至仓”条款规定办理，并受该条款约束，即保险责任从货物运离发货人仓库时开始，直至运达目的地收货人仓库为止。

3. 保险责任范围的广泛性

从保险人提供的保险责任范围来看，货物运输保险要比普通财产保险广泛得多。普通财产保险负责被保险财产的直接损失以及为避免扩大损失而采取施救、保护等措施而产生的合理费用；货物运输保险除了承保一般自然灾害和意外事故两大类风险造成货物的损失外，还包括不同运输货物在不同的自然地理环境条件下发生意外所支付的施救整理费用，以及按照国际惯例对海上发生的共同海损牺牲和相应分摊的共同海损费用。此外，货物运输保险的附加险也较多，几乎包括所有其他外来的和特殊的一切风险原因引起的损失。

4. 承保对象的多变性

普通财产保险的承保对象通常是不变的，如果变化，需经保险人签发批单，方可保持保险合同的效力；而由于经营贸易的需要，按照惯例，货物运输保险单可经保险人空白背书同意保险权益随物权单据即货运提单的转让而随之转移。有时保险单几经辗转，难以确定承保对象，直至最后持有保险单的收货人出现为止。这在其他财产保险业务中是极为少见的。

5. 保险价值的定值性

普通财产保险通常采用不定值保险方式承保；而货物运输保险通常采用定值保险办法，这是由货物的流动性所决定的。因为货物越接近目的地，它的价值越高。为避免货物在不同地点可能出现的价格差异，其保险金额一般由保险双方按事先约定的保险价值来确定。当发生损失时，不再考虑出险时货物价格如何，而是根据约定价值按货物受损程度计算赔款，这有利于克服由于不同市场价格以及多种不稳定因素给估价带来的困难。

6. 被保险财产的他制性

普通财产保险中的被保险财产多数情况下是在被保险人的直接照看和控制之下；而货物运输保险则不同，货物一般是交由承运人，货物一经起运，保险责任便开始，这时，被保险财产往往在承运人控制之下，被保险人根本无法控制其财产。

7. 业务范围的国际性

普通财产保险的业务范围通常限于国内；而货物运输保险，尤其是海洋货物运输保险，涉及国际贸易经营活动。其国际性具体表现在：保险合同关系涉及不同的国家和地区；保险标的是国际贸易中的货物；保险合同的签订和履行除涉及贸易合同的有关法律规定外，还要遵循有关国际惯例和国际公约的规定等。

三、货物运输保险的种类

货物运输保险的种类，根据不同的划分标准，可以有多种分类方式。

（一）按运输工具分类

货物运输保险按照运输工具的不同分为：水上货物运输保险、陆上货物运输保险、航空货物运输保险和其他货物运输保险。

1. 水上货物运输保险

水上货物运输保险是承保利用水上运输工具（如轮船、驳船、机帆船、木船、水泥船等）运载货物的一种保险，其保险标的是航行于海洋、沿海、内河的轮船、驳船、机帆船、木船、水泥船等运载的货物。海上货物运输保险（又称海洋货物运输保险）是我国涉外保险的传统业务之一。

2. 陆上货物运输保险

陆上货物运输保险是承保各种机动的或人力、畜力的运输工具运载货物的保险，包括火车、汽车、驿运等陆上货物运输的保险。我国涉外保险中的陆上运输作为海上货物运输保险的扩展责任仅以火车、汽车为限，不扩展承保驿运和其他陆上运输。

3. 航空货物运输保险

航空货物运输保险是承保以飞机作为运输工具运载的货物为保险标的的保险。由于我国航空事业发展迅速，空运业务不断扩大，自1985 年起，我国国内航空货物运输保险被单独划分出来与涉外的航空货物运输保险成为并列的业务险种之一。

4. 其他货物运输保险

其他货物运输保险包括：邮包保险、联运保险、特种货物运输保险，如排筏保险、港内外驳运险、市内陆上运输保险等，这些在分类上统称为特种货物运输保险。

（二）按运输方式分类

货物运输保险按运输方式的不同可分为：直运货物运输保险、联运货物运输保险和集装箱运输保险。

1. 直运货物运输保险

直运货物运输保险是承保以直达运输的货物为保险标的的保险。直运是直达运输的简称，直达运输指货物从起运地至目的地只使用一种运输工具的运输，即使中途货物需要转运，转运所用的运输工具与前一段运输所使用的运输工具也属同种类。

2. 联运货物运输保险

联运货物运输保险是承保以多种运输工具运送的货物为保险标的的保险。联运是使用同一张运输单据，用两种或两种以上不同的主要运输工具运送货物的运输。一般有水陆联运、江海联运、陆空联运等。采用联运方式运输的货物投保货运险，其费率要高于直达运输下货物的费率。

3. 集装箱运输保险

集装箱运输保险是承保以集装箱运送的货物为保险标的的保险。由于集装箱运输能做到装运单位化，即把零散货物集中装在大型标准化货箱内，因此，它可以简化甚至避免沿途货物的装卸和转运，从而提高货物运输的效率，加速船舶周转，减少货物残损短少。由于上述种种优点，集装箱运输在20世纪60年代和70年代得以迅速发展。利用集装箱运输的货物，如投保货物运输险，其费率要较利用其他运输方式运输货物低。

另外根据适用范围的不同，货物运输保险可以划分为国内货物运输保险和涉外货物运物保险，根据保险人承担责任的方式，货物运输保险可以分为基本险、综合险与附加险。在我国保险业务工作中，通常将货物运输保险分为海洋货物运输保险和国内货物运输保险。

第二节 海上货物运输保险

通过远洋船舶运输的海外贸易品会面临一些特殊的损失风险，不仅货物的所有人，如制造商、进口商和出口商会存在这些损失风险，而且运输货物的远洋船舶的所有人也会面临同样的风险。海上货物运输保险用于承保货物、船体、运费及责任风险。海上货物运输保险（又称海洋货物运输保险）是我国涉外保险的传统业务之一。

一、海上货物运输保险概念和种类

（一）概念

海上货物运输保险，又称海洋货物运输保险，是保险人以海上运输的货物为保险标的，对货物在运输过程中发生自然灾害和意外事故造成的经济损失负赔偿责任的保险。

（二）种类

我国海上货物运输保险有基本险（也叫主险）、附加险、专门险三类险别。

基本险是可以单独投保的险别，主要承保自然灾害和意外事故等所造成的货物损失。基本险包括平安险、水渍险和一切险。

附加险一般是不能单独投保的，它承保的是由于其他外来原因所造成的损失。附加险分为一般附加险、特别附加险和特殊附加险。一般附加险是承保货物在运输途中由于一般外来原因所致的损失的保险，分为：偷窃、提货不着险，淡水雨淋险，短量险，混杂、玷污险，渗漏险，碰损、破碎险，串味险，受潮受热险，钩损险，包装破裂险，锈损险等11个险别；特别附加险是以由于国家政策法令以及行政措施所造成的货物损失为保险标的的保险，分为：交货不到险、进口关税险、舱面险、拒收险、黄曲霉素险、出口货物到中国香港（包括九龙在内）或澳门存仓火险责任扩展条款（简称“存仓火险”）等6个险别；特殊附加险的构成涉及军事、政治和社会方面的原因，分为战争险、罢工险。

专门险分为海上运输冷藏货物保险、海上运输散装桐油保险。

二、保险责任和责任免除

（一）基本险的保险责任

我国海上货物运输保险的基本险包括平安险、水渍险和一切险三种。

1. 平安险

平安险的责任范围包括：

（1）被保险货物在运输途中由于恶劣天气、雷电、海啸、地震、洪水等自然灾害造成整批货物的全部损失或推定全损。当被保险人要求赔付推定全损时，须将受损货物及其权利委付给保险公司，被保险货物用驳船运往或运离海轮的，每一驳船所装的货物可视为整批。

（2）由于运输工具遭受搁浅、触礁、沉没、互撞与流冰或其他物体碰撞以及失火、爆炸等意外事故造成货物的全部或部分损失。

（3）在运输工具已经发生搁浅、触礁、沉没、焚毁等意外事故的情况下，货物在此前后又在海上遭受恶劣天气、雷电、海啸等自然灾害所造成的部分损失。

（4）在装卸或转运时，由于一件或数件整件货物落海造成的全部或部分损失。

（5）被保险人在遭受承保责任范围内的风险时对货物采取的抢救以防止或减少货物损失等措施而支付的合理费用，但以不超过该批被救货物的保险金额为限。

（6）运输工具遭遇海难后，在避难港由于卸货所引起的损失以及在中途港、避难港由于卸货、存仓及运送货物所发生的特别费用。

（7）共同海损的牺牲、分摊和救助费用。

（8）运输契约订有“船舶互撞责任条款”，根据该条款规定应由货方偿还船方的损失。船舶互撞责任条款是指本船货主如向对方船取得货物损失的全部赔偿，致使对方船向本船承运人提出索赔，则货主应将这一部分偿还给本船承运人，这一条款就是对货主偿还本船承运人的损失负责。

2. 水渍险

水渍险的保险责任除了包括上述平安险的各项保险责任外，还负责被保险货物由于恶劣天气、雷电、海啸、地震、洪水等自然灾害所造成的部分损失，也就是说，水渍险与平安险的关系为：

水渍险 = 平安险 + 自然灾害所造成的被保险货物的部分损失

3. 一切险

一切险的承保责任范围最大，不仅包括水渍险的各项责任，还负责被保险货物在运输过程中由于外来原因所致的全部或部分损失。外来原因引起的外来风险通常包括：偷窃、提货不着险，淡水雨淋险，短量险，混杂、玷污险，渗漏险，碰损、破碎险，串味险，受潮受热险，钩损险，包装破裂险，锈损险等 11 种一般附加险。

一切险与水渍险、平安险的关系为：

一切险 = 水渍险 +11 种一般附加险

= 平安险 + 自然灾害所造成的被保险货物的部分损失

+11 种一般附加险

（二）附加险的保险责任

1. 一般附加险

一般附加险是承保货物在运输途中由于一般外来原因所致损失的保险，我国一般附加险有以下十一种。

（1）偷窃、提货不着险（theft，pilferage and non-delivery，TPND）。它承保被保险货物在保险期限内遭受的由于偷窃行为所致的损失或整件提货不着，保险责任包括：偷窃行为所致的损失；整件提货不着；根据运输契约规定船东和其他责任方免赔的部分。

在该险别下，为了便于确定责任，遇有偷窃行为所致的损失，被保险人必须在及时提货之日起 10 日内向保险人或保险单载明的检验理赔代理人申请检验；遇有整件提货不着，必须向责任方、港口方、海关或有关当局取得整件提货不着的证明，否则，保险人不负赔偿责任，同时，保险人有权收回被保险人向船东或其他责任方追偿到的货物损失赔偿款，但其金额以不超过保险人支付的赔款。

（2）淡水雨淋险（rain and fresh water damage，RFWD）。它承保被保险货物在保险有效期内，直接由于淡水、雨淋以及冰雪融化所造成的全部损失或部分损失，淡水包括船上淡水舱、水管漏水、船舱内水汽凝聚而成的舱汗以及水管漏水等。

如前所述，平安险、水渍险只负责海水所致的货物损失，所以，该附加险是在平安险和水渍险基础上的扩展。被保险人索赔时应注意货物包装外部应有雨水或淡水痕迹或其他适当证明；同时，被保险人亦须及时提货，在提货后10日之内申请检验，否则保险公司不承担责任。

（3）短量险（risk of shortage）。它承保被保险货物在运输途中发生的数量短少和重量短缺的损失。凡包装的货物短少，须有外包装发生破口、裂袋或扯缝等异常现象，以鉴别是由于外来原因引起的还是原来的短少；散装货物的重量短缺，一般以装船重量和卸船重量间的差额作为计量短量的依据，但不包括货物的正常途耗。对某些大量的不合理的短少现象，被保险人必须提供被保险货物装船前的重量证明。

（4）混杂、玷污险（risk of intermixture and contamination）。它承保被保险货物在运输途中遭受的由于混进杂质或被玷污而致的损失。如矿砂、矿石等混进了泥土、草屑等而影响了质量，布匹、纸张、食物、服装等被油类或带色的物质污染而引起的损失。

（5）渗漏险（risk of leakage）。它承保流质、半流质、油类货物在运输过程中由于容器损坏而引起的渗漏损失，或者用液体装存的货物，如湿肠衣、酱渍菜等因为液体渗漏而使肠衣、酱菜等发生腐烂、变质所致的损失。

（6）碰损、破碎险（risk of clash and breakage）。它承保被保险货物在运输过程中遭受的因震动、碰撞、受压所造成的破碎和碰撞损失。所谓碰撞损失，主要是对金属或木质等货物而言的，例如，搪瓷、钢精器皿、大理石等在运输途中，因为受到震动、颠簸、挤压等造成货物本身的凹瘪、脱漆、划痕等损失。

（7）串味险（risk of odor）。它承保货物在运输过程中因受其他带有异味物品的影响而引起的串味所造成的损失。例如茶叶、香料、药材等在运输途中受到一起堆储在同货舱的皮革、樟脑等异味的影响使品质受到损失，或因装载在未清洗干净的船舱里，受到船舱中遗留的异味的影响使品质受到损失。但如果这种串味损失和船方配载不当有关，则应由船方负责，保险人在向被保险人承担赔偿责任后，有权向船方追偿。

（8）受潮受热险（damage caused by sweating and heating）。它承保货物在运输过程中，由于气候突然变化或船上通风设备失灵，使船舱内的水汽凝结而引起货物受潮、发热而造成的霉烂、变质或溶化的损失。袋装、捆装以及易于吸收水分的货物容易遭受此类损失，如黄豆，极易因船舱水汽过大而受潮，发霉变质。在此，被保险货物的损失必须是在运输过程中发生的，直接致损原因是船舱内水汽凝结、发潮、发热，而船舱内水汽凝结、发潮、发热必须是在运输过程中，因气温突然变化，或由于船上通风设备失灵导致的。如果不是因气温突然变化或船上通风设备失灵导致的船舶内水汽涨结、发潮、发热造成被保险货物的损失，保险人不负赔偿责任。同时，气温突然变化是一种突发性的、不能预料的、无法抗拒的自然天气变化或意外事故。例如，船舶在航行途中，由于气温骤变，或者因为船上通风设备失灵，使得舱内水汽凝结、发潮、发热引起所保可可白脱的溶化。

（9）钩损险（hook damage）。它承保被保险货物在运输、装卸过程中因为使用手钩、吊钩等钩类工具造成的损失以及对包装进行重新更换、修补所支付的合理费用。例如，据装棉布因使用手钩而被钩破，包装粮食因吊钩钩坏麻袋而使粮食外漏。

（10）包装破裂险（loss for damage caused by breakage of packing）。它承保被保险货物在运输过程中因搬运或装卸不慎致包装破裂所造成的损失，以及为继续安全运输的需要对包装进行修补或重新更换包装所支付的合理费用。在此，被保险的货物为在运过程中袋装、箱装、桶装、篓装的块、粒、粉状货物，其损失为因搬运或装卸不当致使包装破裂而引起货物的短少、玷污、受潮等损失。

（11）锈损险（risk of rust）。它承保被保险货物在运输过程中遭受的因生锈所造成的损失。但它有两个必要条件：一是这种生锈并非原装时就存在；二是须属于保险期限内发生的。如果被保险货物在保险有效期发生以前就已生锈，则保险人不负赔偿责任。一般来说，对裸装的金属板、块、条、管等，保险人不予承保锈损险，因为这些裸装货物几乎必然生锈。

2. 特别附加险

特别附加险是以由于国家政策法令以及行政措施所造成的货物损失为保险标的的保险。在我国保险业务中，特别附加险有以下六种。

（1）交货不到险（failure to deliver）。凡被保险货物从装上船时起，满6个月仍不能运到原定目的地交货，则不论任何原因，保险公司均按全部损失赔付交货不到险。与一般附加险的提货不着险不同，它不是承运人由于运输上的原因造成整件货物提货不着，而往往是由于被保险货物遭禁运被迫在中途卸货造成的保险人承保交货不到险，一般都要求被保险人首先获得一切进口许可证，并办妥有关进口手续，以免无许可证不准进口而交货不到。另外，该条款规定凡提货不着险及战争险应该负责的损失，保险人不予负责。由于交货不到很可能是所保货物并未实际遭受损失，因此特别要求被保险人在索赔时，将货物的全部权益转移给保险公司。

（2）进口关税险（import duty risk）。承保由于货物受损仍需按完好价值完缴进口关税所造成的损失，有些国家对进口货物征收关税，不论货物是否完好，一律按完好价值征收，进口关税险就是针对上述情况而设立的特别附加险别，进口关税险的保险金额应根据进口关税的税率来确定，在保险单上应将货物的保险金额与附加的进口关税的保险金额分别列明。

（3）舱面险（on deck risk）。一般货物都装在舱内，保险公司的责任范围和费率按量内货物考虑，而有些货物由于体积大，有毒性或者有污染性，因此，根据航运习惯必须载于舱面，为解决这类货物的损失补偿，就可投保附加舱面险，保险公司通常只接受在“平安险”基础上加保舱面险，舱面险的责任除了按基本险险别条款负责外，还负责货物被抛弃或风浪冲击落水的损失。

（4）拒收险（rejection risk）。承保货物在进口港由于各种原因被进口国的有关当局拒绝进口或没收产生的损失，当货物起运后，无论进口国宣布实行何种禁运或禁止。保险人仅负责该货物运回或转口其他目的地而增加的运费，但最多不得超过该批货物的保险价值，被保险人加保拒收险时，须持有进口所需要的一切特许进口证明或进口限额。

（5）黄曲霉素险（aflatoxin risk）。承保货物因含有黄曲霉素超过进口国对该菌素的限制标准，遭受拒绝进口，或被当局没收或强制改变用途而造成的损失。但被保险人对被拒绝进口或强制改变用途的货物有义务进行妥善处理，如有争执应申请仲裁。由于黄曲霉素是花生中含有的带毒性的菌素，因此，如果花生中含有这一菌素的比例超过进口国家的限制标准，就会被拒绝进口。该险种就是承保因此而引起的损失，这实际上也是一种专门原因的拒收险。

（6）出口货物到中国香港（包括九龙在内）或澳门存仓火险责任扩展条款。这是一种扩展存仓火险责任的保险，主要承保内地出口到香港或澳门的货物，自卸离运输工具后，如果直接存放在保险单所载明的过户银行所指定的仓库，可延长保险单对存仓火险的责任自运输责任终止时开始，直至银行收回押款解除对货物的权益后终止；或自运输责任终止时起算满 30 天为限。

3. 特殊附加险

特殊附加险与特别附加险的区别在于，这种风险的构成涉及军事、政治和社会方面的原因。特殊附加险有以下两种。

（1）战争险（war risk）。它承保战争或类似战争行为等引起保险货物的直接损失。全险包括海、陆（限于火车）、空运和邮包战争险等，它们都属于特殊附加险，不能单独投保，必须在投保基本险的基础上才能加保。

战争险的保险责任为：直接由于战争、类似战争行为和敌对行为、武装冲突或海盗行为所致的损失；由于上述原因引起的捕获、拘留、扣留、禁制、扣押等所造成的损失；各种常规武器，包括水雷、鱼雷、炸弹所致的损失；属于以上责任范围所引起的共同海损的牺牲、分摊和救助费用。

其责任免除为：由于敌对行为使用原子或热核制造的武器所致的损失和费用；根据执政者、当权者或其他武装集团的扣押、拘留引起的承保航程的丧失和挫折而提出的任何索赔。

战争险的责任起讫为：

第一，保险责任自被保险货物装上保险单所载起运港的海轮或驳船时开始，到卸离保险单所载目的港的海轮或驳船为止。如果被保险货物不卸离海轮或驳船，保险责任最长期限以海轮到达目的港的当日午夜起算满 15 天为限，海轮到达上述目的港是指海轮在该港区一个泊位或地点抛锚、停靠或系缆，如果没有这种泊位或地点，则指海轮在原卸货港或卸货地点或附近第一次抛锚、停泊或系缆。

第二，如果在中途港转船，无论货物在当地卸载与否，保险责任均以海轮到达该港或卸货地点的当日午夜起算满 15 天为止，待再装上续运海轮时恢复有效。

第三，如果运输合同在保险单所载明目的地以外的地点终止，该地即被视为该保险目的地，仍照前述第一款的规定终止责任，如需运往原目的地或其他目的地，在被保险人续运前通知保险人并加缴保险费的情况下，可自装上续运的海轮时重新有效。

第四，如果运输发生绕道，改变航程或承运人运用运输契约赋予的权限所作的任何航海上的改变，在被保险人及时将获知的情况通知保险人，必要时加缴保险费的情况下，该保险仍继续有效。

（2）罢工险（strikes risk）。承保因罢工或被迫停工工人、参加工潮、暴动和民众斗争的人员，采取行动造成被保险货物的损失。罢工险项下，保险人对于任何人的恶意行为造成的损失，以及对由于罢工险责任范围内的风险所引起的共同海损牺牲、分摊和救助费用均负责。罢工险项下，保险人负责的是直接损失，因罢工引起的间接损失是不负责的，以下损失即均属间接损失：因罢工行为造成货物未能及时卸离海轮或堆在码头上而遭雨淋的损失；又如，由于港口罢工，海轮无法驶入，只能在另一港口卸货，使运输成本增加等。

（三）专门险的保险责任

1. 海洋运输冷藏货物保险的承保责任

对于那些需要冷藏运输的鲜货，例如，鱼、虾、肉以及蔬菜、水果等类货物，可以投保冷藏货物保险，海洋运输冷藏货物保险的险别有冷藏险和冷藏一切险两种。

（1）冷藏险的责任范围，除负责由于冷藏机器停止工作达 24 小时以上所造成的腐化或损失外，其他承保责任与水渍险基本相同。

（2）冷藏一切险的责任范围，除包括冷藏险的各项责任以外，还负责被保险货物在运输途中由于外来原因所致的腐化或损失。

2. 海洋运输散装桐油保险的承保责任

海洋运输散装桐油保险，是保险公司承保海洋运输散装桐油不论任何原因造成的数量短少、渗漏、污染和变质等损失，由于桐油是易受污染和变质的货物，因此保险公司在接受承保时，必须进行严格检验。保险条款规定，被保险的散装桐油在起运时必须做到装载散装桐油的油舱清洁，要经商品检验局检验并出具船舶合格证明书；被保险的散装油装船后，其容量或重量和温度必须由商检局详细检验并出具证明书；装船桐油的品质应由商检局抽样化验出具合格的证明书，证明在装运时确无污染、变质或“培他”（Bate，桐油损失专用名词）迹象，如果被保险人不按以上规定办理，保险公司不负责散装桐油在品质或重量上的损失。

（四）责任免除

对下列原因造成的被保险货物的损失，保险人均不负赔偿责任：

（1）被保险人的故意行为或过失所造成的损失；

（2）属于发货人责任所引起的损失；

（3）在保险责任开始前，被保险货物已存在的品质不良或数量短差所造成的损失；

（4）被保险货物的自然损耗、本质缺陷，以及市价跌落、运输延迟所引起的损失或费用；

（5）保险合同海洋运输货物战争险条款和货物运输罢工险条款规定的责任范围与除外责任。

三、海上货物运输保险的保险期限

保险期限又称责任起讫，我国海上货物运输保险基本险的保险期限以“仓至仓”条款为基本依据，即从货物运离保险单所载明的起运港发货人的仓库开始，一直到货物运抵保险单所载明的目的港收货人的仓库为止。保险期间也规定了保险人对被保险货物所承担保险责任的空间范围。根据我国海洋运输货物保险的规定，将保险人的责任起讫区分为正常运输和非正常运输两种情况。

（一）正常运输

正常运输是指使用正常的运输工具，按照正常的航线、航程行驶并停靠港口，包括正常的延迟和正常的转船。因此，被保险货物自保险单载明起运地发货人仓库或其他储存处所首次运输时开始，无论是先装内河船舶或火车，继之以火车，然后再装海轮，还是改变先后顺序，只要是属于航程需要，都在正常运输范围之内。

在正常运输情况下，海上货物运输保险的责任起讫以“仓至仓”条款为依据。根据条款规定，保险责任自被保险货物运离保险单所载明的起运地仓库或储存处所开始运输时生效，包括正常运输过程中的海上、陆上、内河和驳船运输在内，直至该项货物到达保险单所载明目的地收货人的最后仓库或储存处所为止。货物一经进入收货人的仓库，保险人的责任即行终止。倘若货物在收货人的仓库中发生损失，保险人概不负责。

上述“仓至仓”责任还要受到下列限制：货物自目的港卸离海轮时起算满 60 天，不论被保险货物是否进入收货人仓库，保险责任均告终止，在保险实务中，由于情况非常复杂，有的货物目的地就是卸货港，有的则在内陆，因而上述“仓至仓”条款的规定也应按不同的情况加以区别：

（1）保险单所载明的卸货港就是目的地，则被保险人提货后运到他自己的仓库，保险责任即行终止。若被保险人提货后并未运往自己的仓库，而是将货物分散、出售、转运、分配、分派，则保险责任从这个时候起即行终止。

（2）保险单所载明的目的地并非在卸货港，而是在内陆某地，则被保险人从船方提货后运到内陆，货物进入收货人的目的地仓库，保险责任即行终止。

（3）保险单所载明的目的地是在内陆某地，如果货物运往内陆目的地后，并未直接运往收货人仓库，而是在中途先行存放于某一仓库，然后又分成几批分别陆续运往几个内陆目的地，其中包括保险单原载目的地，则保险责任在货物到达分配地时终止，即先行存入的某一仓库视为收货人的最后仓库，保险责任在货物到达该仓库时终止，这里所指的货物，也包括运往原目的地的那部分货物。

上述三种情况都要受到保险责任自货物卸离海轮后满 60 天终止这一规定的限制，也就是说，在上述三种情况下的保险责任终止前，若被保险货物卸离海轮后已满 60 天，则保险责任终止。

显然，海上货物运输保险的责任起讫实行“仓至仓”条款，它规定了保险人承担责任的空间范围，即规定了保险承担责任的起讫地点，从保险单载明的起运港（地）发货人的仓库或储存处所运输时开始，直到保险单载明的目的地收货人仓库或储存处所为止，货物进入仓库以后保险责任即行终止。

（二）非正常运输

非正常运输是指货物在运输途中，在被保险人无法控制的情况下，没有按照正常的航程、航线行驶并停靠港口，而是在途中被迫卸货、重装或转载以及由此而发生运输延迟、绕航或运输合同终止等非正常情况。按照国际运输惯例，提单中一般都订有自由条款，规定在迫不得已的情况下，承运人有自由变更航程、绕道及终止运输合同的权利，且由此发生的运输延迟、被迫卸货、重装等情况，致使货物遭受损失，承运人不负任何责任，因为这是“迫不得已”发生的，而非承运人的主观意愿所致。在此情况下，如果被保险人能及时将获知的情况通知保险人，并在必要时同意加缴保险费，则原保险继续有效。

我国对于非正常运输情况下的责任起讫规定：由于被保险人无法控制的运输延迟、绕道、被迫卸货、重新装载、转载或承运人运用运输契约赋予的权限所作的任何航海上的变更或终止运输契约，致使被保险货物运到非保险单载明的目的地时，在被保险人及时将获知的情况通知保险人，并在必要时加缴保险费的情况下，原保险继续有效。保险责任按下列规定终止：

（1）被保险货物如在非保险单载明的目的地出售，保险责任至交货时终止，但不论任何情况，均以被保险货物在最后卸载港全部卸离海轮后满60天为止；

（2）被保险货物如在上述60天期限内运往保险单所载原目的地或其他目的地，保险责任仍按正常运输下的有关责任终止的规定终止。

四、海上货物运输保险被保险人的义务

被保险人对已保货物应该履行如下的义务，在被保险人因未履行下述义务而影响保险人利益的情况下，保险人有权对有关损失拒绝赔偿。

（1）当被保险货物运抵保险单所载明的目的港（地）后，被保险人应及时提货。如发现货物受损，则应该办理的事项有：立即向保险单载明的检验、理赔代理人申请检验；如损失属整件短少或有明显残损痕迹应立即向承运人、受托人或海关、港务当局等索取货损货差证明；以书面方式向上述有关责任方提出索赔，必要时须取得延长时效的确认。

（2）被保险人在遭受承保责任范围内的风险时应对货物采取迅速、合理的抢救措施，以防止或减少货物的损失。被保险人采取此项措施，并不意味着放弃了委付，同样，也不应将保险人采取的施救措

施视为接受委付的表示。

(3) 被保险人向保险人索赔，必须提供的单证有，保单正本，提单、发票、检验报告、装箱单、磅码单，货损货差证明、索赔清单等，如果货损涉及第三者责任，还必须提供责任方的有关其他必要的单证文件。

(4) 在航程变更成保单所载明的货物、船名航程有遗漏或错误时，该保险责任即行终止，除非被保险人在获悉后立即通知保险人并在必要时加缴一定的保费。

(5) 被保险人在获悉有关运输契约中“船舶互撞责任”条款的实际责任时，须及时通知保险人。

五、海上货物运输保险的保险金额

海上货物运输保险的保险金额一般采用定值保险，以“约定的保险价值”作为保险金额。海上货物运输保险的保险金额按保险价值确定，保险价值由保险人与被保险人约定，保险人与被保险人约定的保险价值，一般是保险货物在保险责任开始时起运地的货物发票价值或者非贸易商品在起运地的实际价值以及运输费用与保险费的总和。在国际贸易中运费和保险是由买方还是卖方负责办理，主要由买卖双方在承担责任、费用与保险上的区别，即不同的价格条件决定。我国常用于确定保险金额的几种价格条件，从保险角度来说可分为两类：不带保险费的离岸价格以及成本加运费，带保险费的成本加保险费、运费。

1. 离岸价格条件的保险

离岸价格又称“船上交货”（free on board，FOB）价格，即货物已交到船上的交货价。它要求卖方按照合同规定的货物品质、数量、包装等按时在买方指定的装船港口备妥交货，自货物装上买方指派的海轮时起，卖方就已履行了合同的责任，风险即由卖方转移给买方，因此，以 FOB 价格条件成交的合同，保险应由买方办理。在实务处理中，买方通常是在接到卖方装船通知前事先与保险人签订“预约保险”合同办理投保手续。

2. 成本加运费价格条件的保险

在成本加运费（cost and freight，CFR）价格条件下，要求卖方租船订舱及时将货物装上运往目的港的船上，并负责运费及装船前的各项费用和风险，而由买方办理有关保险并支付保险费，买方在货物装船后取得航运公司的清洁提单，方可认为卖方已履行合同交货义务，此时，装船后的一切费用和风险，应由买方负责。按照 CFR 价格条件成交的货物，卖方有义务在将货物装上船后立即向买方发出装船通知（包括船名、货量、包装、预开船日期等），以便买方办理保险，否则，因此而延误了投保，卖方将承担在运输途中货物遭受损失的风险责任。

3. 到岸价格条件的保险

到岸价格条件即成本加保险费、运费（cost insurance and freight，CIF）。它要求卖方负责租船订舱，按时在装运港将货物装上运往目的港的船上，交付运费和办理货物运输保险、交付保险费，并将保险单随同货运单据送交买方。其保险条件通常按最低保险险别投保，但也可以由双方约定。按 CIF 价格条件的规定，卖方只负责向保险人办理保险的手续和负担保险费用，而不负责风险造成的损失。

对于 CIF 价格条件的保险问题，国际商会的《国际贸易术语解释通则》明确规定：卖方必须向信誉卓著的保险人投保基本险，保险金额应包括 CIF 价另加 10% 的加成；对盗窃、渗漏、破碎、破裂、淡水雨淋或其他特别险，由买卖双方约定是否需要加保；卖方不负责投保战争险，如买方要求投保这一险别，卖方可以代为投保，该保险费由买方负担。

《中华人民共和国海商法》及国际贸易惯例一般规定，海洋货物运输保险的保险金额可在 CIF 价格基础上适当加成。按照国际商会的有关规定，一般加成 10%。这是为了保证货主在货物发生损失时，不仅货物本身的损失能够得到补偿，而且已支付的运费、保险费、开征费、来往函电费用、融资利息及合理的利润也能够得到补偿。当然，保险人与被保险人也可以约定其加成比例。

（1）在 CIF 价格条件下，保险金额的计算公式为：

$$保险金额 = CIF价格 \times (1 + 加成率)$$

例如，若某出口商品的 CIF 价格为 8 000 美元，加成 10% 投保，则

保险金额 = 8 000 ×（1 + 10%）= 8 800（美元）

（2）在将 CFR 价格改为 CIF 价格条件下，由于海上货物运输保险金额是以 CIF 价格为计算基础的，因此，买方投保时需要先将 CFR 价格换算为 CIF 价格，然后再加成计算保险金额，CFR 价格换算为 CIF 价格的计算公式为：

$$CIF价格 = CFR / [1 - (1 + 加成率) \times 保险费率]$$

例如，若某出口商品的 CFR 价格为每件 900 美元，加成 10% 投保，保险费率为 1%，则该批货物的 CIF 价格为：

CIF 价格 = 900/[1 −（1 + 10%）× 1%] = 910.01（美元）

若货物按 CFR 价格直接成交，买方要按价格加成 10% 办理保险，可用下列公式直接由 CFR 价格计算保险金额，其计算公式为：

$$保险金额 = CFR价格 \times (1 + 加成率) / [1 - (1 + 加成率) \times 保险费率]$$

例如，若某出口商品的 CFR 价格为每件 900 美元，加成 10% 投保，保险费率为 1% 则该批货物的保险金额为：

保险金额 = 900 ×（1 + 10%）/［1 −（1 + 10%）× 1%］= 1 001.01（美元）

（3）在将 FOB 价格改为 CIF 价格条件下，其货物运输保险金额也以 CIF 价格加成 10% 计算，所以，在计算保险金额时也需要先将 FOB 价格换算为 CIF 价格，其换算方法与将 CFR 价格换算为 CIF 价格的方法相同。其计算公式为：

保险金额 = FOB 价格 ×（1 + 加成率）/［1 −（1 + 加成率）× 保险费率］

例如，若某出口商品的 FOB 价格为每件 800 美元，加成 10% 投保，保险费率为 1%，则该批货物的保险金额为：

保险金额 = 800 ×（1 + 10%）/［1 −（1 + 10%）× 1%］= 870.32（美元）

六、海上货物运输保险的保险费率与保险费

海上运输货物保险主要根据保险金额和保险费率大小收取保险费。其保险费率是在货物的损失率和保险赔付率基础上，根据不同运输工具以及船龄，不同航程目的地和航线，不同货物种类、性质及其包装，不同险别，保险期限，被保险人和船东的信誉及过去 3 ~ 5 年的损失记录，国际上同类险种的保险费率、以往的赔付率，以及国内外政治经济状况等不同因素分别制定的。

（一）我国海上货物运输保险保险费率的构成

我国海上货物运输保险的保险费率一般由基本险费率、附加险费率和逾龄运输工具的加费费率构成，其中，基本险费率根据一般货物和指明货物分别规定。目前大体分为以下四类。

（1）一般货物的基本险费率。一般货物是指未列入“指明货物”中的货物。一般货物费率适用于所有货物，其保险费率按不同的运输方式分为海运、陆运、空运和邮包四种。其费率按其基本险（平安险、水渍险、一切险）分别确定，附加险除费率表另有规定外，一般按基本险费率的最高一档计算，同一险别的不同洲、国家和地区的费率有不同的规定。

（2）指明货物的基本险费率。指明货物的基本险费率较一般货物费率要高，它仅仅适用于指明的货物，一般来说指明货物的损失率高于一般货物。我国对指明货物按不同外贸商品分类，目前分为八类货物：粮油食品及土畜产品类、轻工品类、纺织品类、五金矿产类、

工艺品类、机械设备类、化工品类和危险品类。对指明的货物，应在一般货物费率基础上加上规定的加费率。

（3）附加险的加费规定。海洋货物运输战争险、罢工险需要同时加保时，只按战争险费率计收保险费；若仅仅加保罢工险，也按战争险计收保险费。其他一般附加险的费率，除费率表另有规定外，均按一切险费率计收；其他特殊附加险费率根据具体加保的险别计收保险费。

（4）逾龄运输工具的加费规定。一般来说，船龄在 15 年以上者，视为老船，即逾龄船，保险人对该类船舶需加费承保，加费标准按老船加费费率表的规定办理。

因此，确定进出口货物运输保险费率的具体方法和程序是：第一，按货物的运输方式运往目的地和承保险别，在“一般货物费率”表中查出应收的费率；第二，查明所保货物是否属于“指明货物”所列范围；第三，确定是否加保附加险；第四，确定其承保条件是否涉及逾龄运输工具的加费费率。然后，将这四项综合考虑，即可得出应计收的保险费率。

（二）海上货物运输保险保险费的计算

海上货物运输保险的费率确定后，根据不同价格条件，计算保险费的方法有：

（1）在 CIF 价格条件下，其保险费的计算公式为：

保险费 = CIF ×（1 + 投保加成）× 保险费率

例如，若某出商品的 CIF 价格为每件 1 000 美元，加成 10% 投保，保险费率为 1%，则该批货物的保险费为：

保险费 = 1 000 ×（1 + 10%）× 1% = 11（美元）

（2）在将 CFR 价格改为 CIF 价格条件下，其保险费的计算公式为：

保险费 = CFR 价格 ×（1 + 加成率）× 保险费率/［1 −（1 + 加成率）× 保险费率］

例如，若某出口商品的 CFR 价格为每件 90 美元，加成 10% 投保，保险费率为 1%，则该批货物的保险费为：

保险费 = 900 ×（1 + 10%）× 1%/［1 −（1 + 10%）× 1%］= 10.01（美元）

（3）在将 FOB 价格改为 CIF 价格条件下，如果买方要求卖方代为办理保险，其保险费的计算公式为：

保险费 = FOB 价格 ×（1 + 加成率）× 保险费率/［1 −（1 + 加成率）× 保险费率］

例如，若某出口商品的 FOB 价格为每件 800 美元，加成 10% 投保，保险费率为1%，则该批货物的保险费为：

保险费 = 800 ×（1 + 10%）× 1%/[1 －（1 + 10%）× 1%] = 8.70（美元）

七、海上货物运输保险的索赔与理赔

（一）索赔期限

被保险人须自被保险货物在最后卸载港全部卸离海轮后两年以内向保险人提出索赔。超过两年，索赔无效。

（二）理赔计算

先确定保险标的损失是否属于保险责任范围。赔款计算的方法因赔案情况的不同而有所区别。一般分为全损、部分损失、费用损失和残值计算等。

1. 对全损的赔偿金额计算

由于海上货物运输保险几乎都采用定值保险，因此，在发生全损的情况下，无论是实际全损还是推定全损，其赔偿金额都是该被保险货物的全部保险金额。但下列情况例外：在发生部分全损的情况下，其赔偿金额应当为发生全损部分的保险金额，而非全部保险金额；在货物尚未全部装运的情况下，其全损的赔偿金额应当为已经装运货物的保险金额，而非全部保险金额；在发生全损时，构成保险金额的部分费用尚未支出，以致无须支出，则其赔偿金额应当扣减无须支出的费用，无须按全部保险金额赔偿。

2. 对部分损失的赔偿金额计算

被保险货物遭受部分损失时，其赔偿金额的计算因货物种类、损失性质的不同而采用不同的计算方法。

（1）货物数量部分损失的赔偿计算方法。该方法是根据保险金额与被保险货物灭失或损失的数量（或重量）占保险货物总量之比的乘积来计算赔偿金额。其计算公式为：

赔偿金额 = 保险金额 × 受损货物的件数（或重量）/承保货物的总件数（或总重量）

（2）货物质量部分损失的赔偿计算方法。该方法是根据保险金额与损失程度的乘积来计算赔偿金额。其计算公式为：

赔偿金额 = 保险金额 ×（货物完好价值 － 货物受损后的价值）/货物完好价值

（3）扣除免赔率的部分损失赔偿计算方法。该方法是先根据免赔率计算免赔量，再根据损失量扣除免赔量，然后根据保险金额与赔偿重量占保险总重量的比重的乘积来计算赔偿金额。其计算公式为：

赔偿金额＝保险金额×赔偿重量/保险总重量

其中：

赔偿重量＝损失重量－免赔重量

免赔重量＝受损货物件（包）数×每件（包）货物原装重量×免赔率

国际保险市场上对水渍险有免赔率的规定，我国对水渍险没有免赔率的规定，但对易于发生破碎、短量、渗漏等损失的货物，根据其性质，在指明货物费率中列有免赔率。

（4）加成投保的部分损失赔偿计算方法。为了保证国际贸易的预期利润收入，出口货物保险一般都按发票价值另加一定的成数投保，加成投保的货物发生部分损失时，其赔偿金额的计算公式为：

赔偿金额＝保险金额×按发票价值计算的损失额/发票价值

3. 对费用损失赔偿金额的计算

（1）施救费用的赔偿金额计算。施救费用是被保险人或其代理人、受雇人、受让人实际支出的费用。只要是合理的施救费用，保险人均予以赔偿，其最高限额为保险金额，并且独立于货物损失的赔偿金额之外按单独的一个保险金额计算。

（2）救助费用损失的赔偿金额计算。救助费用是被保险人支付给自愿对遭受保险事故的货物采取救助行为并取得成效的第三者的报酬。保险人对救助费用的赔偿金额根据不同情况而定：若救助行为不涉及他人财物，其赔偿金额以救助的货物价值或保险金额为限；若救助行为涉及他人财物，货物与载货船舶一并被救，其赔偿金额按各关系方被救助的财物价值比例计算。保险人对救助费用的赔偿金额与对被保险货物本身损失的赔偿金额合计以一个保险金额计算。

（3）特别费用损失的赔偿金额计算。特别费用是指运输工具在海上遭遇海难后，在中途港或避难港卸货、存仓、重装及续运货物所产生的费用。但在赔款时受以下两个条件的限制：一是已经损失的特别费用必须是保险单承保风险而产生的从属费用，赔偿时与作为货物自身损失的单独海损一起计算；二是特别费用损失的金额与货物损失的金额合计超过保险金额时，赔偿金额以保险金额为限。

（4）额外费用损失的赔偿金额计算。额外费用是被保险人在索赔中实际支出的费用，只要索赔成立，保险人在支付赔款的同时，也应负担赔偿与索赔有关的额外费用，反之，则不用。额外费用不能加在保险标的的损失金额内，以达到或超过规定的免赔额而要求索赔。

4. 受损货物残值的确定

受损货物经保险人赔偿后，其残余尚有一定的价值，称为残值。在海上货物运输保险赔偿中，残值处理是经常的事。在估算残值时，应当考虑的因素主要有：货物的性质、目的地的完好价值、受损程度、损余状态、市场需求状况、过去处理同类货物的经验等。对受损货物残值的确定主要有以下三种方法：由保险人与被保险人协商确定；由保险人指定的检验代理人根据残值当地、当时的市场价格确定；委托公估拍卖行确定。

专栏7－1

海上货物运输保险案例分析

［案情］

1992年5月21日，某对外贸易总公司与某保险公司订立“海运进口货物运输预约保险协议”，承保险别为平安险，并特别约定如因特殊原因漏报的货物发生损失，保险人也按上述规定在补交保费后予以赔偿。

1996年2月8日，原告进口10 000吨钢材，4月20日到货。1996年4月22日，原告发现货物严重锈蚀，部分因空气致锈，部分因海水致锈。当天将投保单传真给被告，并要求被告注明保险单日期提前到3月12日，承保风险为一切险。此后，原告于4月23日和24日又向被告递交了2份投保单，所投保的货物开航日期分别为3月31日和3月16日，被告均接受并出具了保险单。原、被告双方在实际业务中，进口货物均在开航后较长时间才办理投保手续，部分货物在货物到达目的港后才办理手续。

［分析］

1. 本案中预约保险合同合法有效。预约保险合同允许被保险人偶尔因工作疏忽漏保或是晚保。

2. 本案受损货物，空气致损部分属于货物的自然特性，不属于平安险的承保范围；部分海水致损不是平安险的承保范围。

3. 本案中预约保险明确规定承保险别为平安险，但被保险人在已知损失发生后，为求获得赔偿，而临时改投一切险，违反了保险法的最大诚信原则，因此被保险人改投一切险无效，保险人只负责预约保险中平安险的保险责任。

资料来源：根据郑成功，许飞琼．财产保险［M］．北京：中国金融出版社，2010.

第三节 国内货物运输保险

国内货物运输保险，简称“货运险”，是以国内运输过程中的货物为保险标的，承保在其运输过程中因自然灾害或意外事故而遭受的损失，是财产保险的主要险种之一。开展货物运输保险业务意义重大，不仅有利于社会经济发展的稳定，有利于商品的生产和流通；同时促进货物的安全运输，减少灾害事故的损失。

一、国内货物运输保险概念和种类

（一）概念

国内货物运输保险是以国内运输过程中的货物作为保险标的，当运输中的货物因自然灾害或意外事故而遭受损失时给予经济补偿的一种财产保险。国内货物运输保险是货物运输保险的一种，具有货物运输保险的一般特点。

（二）种类

国内货物运输保险主要有如下分类：一种是按运输工具的不同分为水上货物运输保险、陆上货物运输保险、航空货物运输保险、特种货物运输保险（如排筏保险、港内外驳运输保险、市内陆上运输保险等）；另一种是按运输方式分为直运货物运输保险、联运货物运输保险、集装箱运输保险。而后一种分类方法最为常见。

（三）按照运输方式分类

1. 直运货物运输保险

直运是指货物从起运至运抵目的地只使用一种运输工具的运输方式，即使中途货物需要转运，转运所用的运输工具也需与前段所用的属于同一种类。直运货物运输保险负责货物在直运过程中因保险责任事故遭受的损失。

2. 联运货物运输保险

联运是指使用同一张运输单据，使用两种或两种以上不同的主要运输工具运送货物的运输方式，一般有水陆联运、江海联运、陆空联运等。联运货物运输保险负责货物在联运过程中因保险责任事故遭受的损失。联运货物运输保险的费率高于直运货物运输保险的费率。

3. 集装箱货物运输保险

集装箱运输也称货柜运输，是20世纪50年代在美国首先出现的一种运输方式。美国国内公路运输和铁路运输最先采用了这种运输方式。基于集装箱运输的多种优点，其在六七十年代得到了迅速的发展。集装箱货物运输保险负责货物在以集装箱方式运输过程中因保险责任事故所遭受的损失。集装箱货物运输保险的费率低于其他方式的货物运输保险的费率。

（四）按照运输工具分类

1. 水上货物运输保险

承保利用水上运输工具（如轮船、驳船、机帆船、木船、水泥船等）运送货物过程中因保险责任事故的发生造成的货物损失。货物的损失通常与运输工具在水上航行所发生的各种意外事故有关，如碰撞、搁浅、倾覆、沉没等。

2. 陆上货物运输保险

除水上运输工具和飞机以外的所有其他运输工具或手段运送货物的运输保险，如火车、汽车、驿运等。

3. 航空货物运输保险

承保以飞机作为运输工具运送货物的运输保险。货物的损失通常与飞机的各种意外事故有关，如坠毁、爆炸、失踪、空中抛弃等。

二、国内货物运输保险特点

国内货物运输保险与一般的财产保险相比具有独特之处：

（一）保险标的的流动性

普通财产保险（如企业财产保险和家庭财产保险）的保险标的通常处于相对静止的状态，如机器、设备、家具、家用电器等，一般都被固定在某个位置。而国内货物运输保险的保险标的则被从一地运往另一地，经常处于运动状态之中，具有较大的流动性。

（二）保险责任起讫时间的灵活性

普通财产保险一般是按照固定时间确定保险期限，保险责任起讫时间通常为一年。而国内货物运输保险的保险责任起讫时间是以约定的运输途程为标准，从被保险货物运离发货人的仓库或贮存场所开始，直至运抵目的地收货人的仓库或贮存场所为止，具有一定的灵活性。

（三）保险责任范围的广泛性

保险标的因保险责任范围内的自然灾害或意外事故遭受损失时，普通的财产保险仅负责被保险财产的直接损失以及为避免损失扩大采取施救、保护等措施而产生的合理费用。国内货物运输保险的保险责任范围比普通的财产保险广泛得多，除了负责上述损失和费用外，还要承担货物在运输过程中因破碎、渗漏、雨淋、腐烂、变质、包装破裂、遭受盗窃以及整件货物提货不着而导致的损失。此外，按照一般惯例应分摊的共同海损和救助费用，也被作为赔偿责任。

（四）保险标的的分离性

普通财产保险中的保险标的即被保险财产多数情况下，都是处于被保险人的直接看管和控制之下，如企业财产保险、机动车辆保险、家庭财产保险。而国内货物运输保险则不同，其货物一般是交由承运人运送，货物一经起运，保险责任即开始，此时的被保险财产处于与被保险人相互分离的状态，被保险人无法看管或控制其财产。因此，被保险财产一旦在运输过程中发生损失，被保险人既不能立即获悉，也不能采取有效措施进行施救或保护。

三、国内水路、陆路货物运输保险

国内水路、陆路货物运输保险是以国内水路、陆路运输过程中的各类货物（不包括铁路运输的包裹及快件商品）为保险对象，保障货物在运输过程中发生灾害事故造成损失时，由保险公司提供经济补偿的一种保险业务。

（一）保险责任和责任免除

1. 国内水路、陆路货物运输保险的保险责任

根据中国人民保险公司1991年5月1日修订的条款，国内水路、陆路货物运输保险责任分为基本险和综合险两种。

（1）基本险的保险责任：保险货物在运输过程中因火灾、爆炸、雷电、冰雹、暴风、暴雨、洪水、地震、海啸、地陷、崖崩坡、泥石流所造成的损失；因运输工具发生碰撞、搁浅、触礁、沉没、出轨或隧道、码头坍塌所造成的货物损失；在装货、卸货或转载时，因遭受不属于包装质量不善或装卸人员违反操作规程所造成的损失；按国家规定或一般惯例应分摊的共同海损（仅限于水路货运）的费用；在发生火灾事故时，因纷乱而造成的货物散失以及因施救或保护货物所支付的直接而合理的费用。

（2）在投保综合险的情况下，保险人除了承担基本险责任外，还要负责下列损失，因受震动、碰撞、挤压而造成货物破碎、弯曲、凹瘪、折断、开裂或包装破裂致使货物散失的损失；液体货物因受震动、碰撞或挤压致使所用容器（包括封口）损坏而渗漏的损失，或用液体保藏的货物因液体渗漏而造成保藏货物腐烂变质的损失；遭受盗窃或整件提货不着的损失；符合安全运输规定而受雨淋所致的损失。

2. 国内水路、陆路货物运输保险的责任免除

由于下列原因造成被保险货物的损失，保险人均不负赔偿责任：

战争、军事行为、扣押、罢工，哄抢和暴动；核事件或核爆炸；被保险货物本身的缺陷或自然损耗以及由于包装不善所致的损失；被保险人的故意行为或过失；其他不属于保险责任范围的损失。

（二）保险期限

国内水路、陆路货物运输保险的保险责任起讫期限为：自签发保险凭证和保险货物运离起运地发货人的最后一个仓库或储存处所时起，至该保险凭证上目的地收货人在当地的第一个仓库或储存处所时终止，但保险货物运抵目的地后，如果收货人未及时提货，则保险责任的终止期最多延长至以收货人接到《到货通知单》后的 15 日为限（以邮戳日期为准）。

保险责任开始的标志是：保险人或其代理人“签发了”保险凭证，以及被保险货物“运离”起运地发货人的最后一个仓库或储存处所，两个条件必须同时具备，否则保险责任不能生效。

关于保险责任的终止，在实务中会出现以下几种情况：

（1）被保险货物运抵目的地后，收货人未及时提货，这时保险责任最多可延长至从收货人接到《到货通知单》后起算的 15 天时间；

（2）被保险货物运抵目的地后，被保险人或其收货人提取部分货物，保险人对其余未提货物也只承担 15 天的责任；

（3）被保险货物运抵目的地后的 15 天内，被保险人或其收货人不是将货物存入自己的仓库或储存处所，而是就地直接发运至其他单位或再转运至其他单位，保险责任在这时终止。

（三）保险金额及保险费

国内货物运输保险的保险金额采取定值的方式，并载明于保单，以此作为保险人对保险标的受损失时给予补偿的最高限额。根据保险条例的规定，国内水路、陆路货物运输保险的保险金额按货价加运杂费、保险费计算确定。

另外，其费率的制定要考虑以下几个因素。

1. 运输方式

运输方式分为“直运”“联运”“集装箱运输”三种，运输方式不同，货物在运输中所面临的风险也不一样，保险费就应该有差别。

（1）“直运”所使用的运输工具只有一种，货物从一地运到另一地，即使中间需要转运，运输工具仍保持不变，故费率较低。

（2）联运则要涉及中途变更运输工具，因而增加了卸载，重载等中间环节，所以一般要另加一定比例的保费。对联运的费率是按联运所使用运输工具中费率最高的一种运输工具再加收 0. 5‰来确定；

（3）采用集装箱运输方式可减少货物的残损短少，风险相对较小，因此，保险费率通常按表定费率再减50%来确定。

2. 运输工具

运输工具不同，在运输过程中货物面临的风险也不相同，例如火车出事故的概率要小于汽车；即使是同一种运输工具，由于载重量不同，费率也有差异，如船舶吨位小的费率要高于吨位大的。

3. 运输途程

运输途程的长短关系到运输所需时间的多少，相对而言，货物在运输中的时间愈长，受损的机会愈大，则其费率比途程较短的要高，由于运输途程的不同不仅会有时间上的差别，而且会有地域上的差别，因此也会对货物运输保险的费率产生影响。

4. 货物的性质

货物的性质不同往往也决定了货物受损的程度和机会不同，保险人承保易燃、易爆、易腐、易碎物品的风险较大，其发生损失的可能性明显要大于一般货物，因此费率较高。我国国内水路、陆路货物运输保险费率规章根据货物的特性，将其分为一般货物、一般易损货物、易损货物、特别易损货物等类别，类别愈高，风险程度愈高，费率相应也就愈高。

5. 保险险别

综合险的承保责任范围比基本险广，因此，综合险的费率要高于基本险。

（四）赔偿处理

在对国内水路、陆路货物运输保险进行赔偿处理时，应注意以下几个方面。

（1）货物发生保险责任范围内的损失时，按货价确定保险金额的，保险人根据实际损失按起运地货价计算赔偿；按货价加运杂费确定保险金额的，保险人则根据实际损失按起运地货价加运杂费计算赔偿。但两种计算方式下的最高赔偿金额均以保险金额为限。如果被保险人投保不足，保险金额低于货价，则保险人对其损失金额及支付的施救保护费用要按保险金额与货价的比例计算赔偿。

（2）保险人对货物损失的赔偿金额，以及因施救或保护货物所支付的直接、合理的费用，应分别计算，并各以不超过保险金额为限。

（3）代位求偿。当货物遭受的保险责任范围内的损失由承运人或其他第三者的责任造成时，会涉及代位求偿问题。被保险人可以向责任方提出索赔，也可以向保险人要求赔偿。但是，如果向保险人索赔，则应该在获得赔款后签发权益转让书，即把可以向有责任的一方要求赔偿的权利全部转让给保险人，同时还有义务协助保险人做好追偿工作。

（4）残值归被保险人，并从赔偿中扣除。

（5）被保险人从获悉遭受损失的次日起，如经过两年不向保险人申请索赔，不提供必要的单证，或者不领取应有的赔款，则视为自愿放弃权益。

四、航空货物运输保险

国内航空货物运输保险是以国内航空运输过程中的各类货物为保险标的，承保货物在运输过程中因保险责任而造成损失时，由保险公司提供经济补偿的一种保险。凡在中国境内经航空运输的货物（鲜、活物品和动物除外）均可为本保险之标的。金银、首饰、珠宝、稀有贵重金属，以及每公斤价值在 1 800 元以上的贵重物品，经特别约定后，也可以投保国内航空货物运输保险。

（一）保险责任和责任免除

1. 保险责任

保险期限内，无论是在运输还是存放过程中，保险标的由于下列原因造成的损失，保险人负赔偿责任。

（1）由于飞机受碰撞，倾覆，坠落，失踪（在 3 个月以上），在危难中发生卸载以及遭受恶劣天气造成其他风险事故发生抛弃行为所造成的损失；

（2）被保险货物因遭受火灾、爆炸、雷电、冰雹、暴风、暴雨、洪水、海啸、地震、地陷、崖崩所造成的损失；

（3）被保险货物受震动、碰撞或压力而造成的破碎、弯曲、凹瘪、折断、开裂等损伤以及由此引起包装破裂造成的损失；

（4）属液体、半流体或者需要用液体保藏的被保险货物，在运输中受震动、碰撞或压力致使容器（包括封口）损坏发生渗漏而造成的损失，或用液体容器保藏的货物因液体渗漏而致保藏货物腐烂的损失；

（5）被保险货物因遭受偷窃或者提货不着所造成的损失；

（6）装货、卸货时和地面运输过程中，因遭受不可抗力的意外事故及雨淋造成的被保险货物的损失。

此外，对于在责任范围内发生的灾害事故，为防止损失扩大采取施救或保护货物的措施而支付的合理费用，保险人也负赔偿责任，但最高不超过保险金额。

2. 责任免除

被保险货物于保险期限内由于下列原因造成损失的，无论是在运输途中还是存放过程中的损失，保险公司均不负赔偿责任：战争或军事行动；被保险货物本身的缺陷或自然损耗，以及包装不善或者托运人不遵守货物运输规则；托运人或被保险人的故意行为或过失；其他不属于保险责任范围内的损失。

（二）保险期限

根据保险条款的约定："保险责任自被保险货物经承运人收讫并签发航空货运单注明保险时起，至空运抵目的地的收货人当地的仓库或储存处所时终止。被保险货物空运至目的地后，如果收货人未及时提货，则保险责任的终止期最多以承运人向收货人发出到货通知以后的15天为限。"

飞机在飞行途中，因机件损坏或发生其他故障而被迫降落，以及由于货物严重积压，被保险货物需改用其他运输工具运往原目的地时，保险人对被保险货物所负的责任不予改变，但被保险人应向保险人办理批改手续。如果被保险货物在飞机被迫降的地点出售或分配，保险责任的终止期以承运人向收货人发出通知以后的15天为限。

（三）保险费率

民航部门所承运的货物与水路、陆路运输机构承运的货物相比，具有批量小、单位价值高的特点，并且空运货物要比水路、陆路运输货物安全得多。因此，航空货物运输保险从被保险货物的性质出发将各种物资分为三大类：一般物资、易损物资、特别易损物资，相应规定了三个不同档次的费率，分别为1‰、4‰、8‰。

为了便于实际操作，每个档次的费率除了用文字说明其划分标准和适用范围之外，还辅以具体的物品名目，以便在必要时加以类比。但需要注意以下几点。

（1）以上所指费率只适用于除了鲜、活物品和动物以外的一切物资。

（2）对空运物资数量大的投保单位，如果其经营管理较好，注意安全运输，并同意预约投保的，保险费率可按照规定的费率在50%的幅度内予以减收。

（3）对于危险物品民航部门一般不予承运。但对国家指令特需的物资，如要投保，按其危险程度分别按费率表的不同档次来确定其费率。

（四）保险金额及赔偿处理

国内航空货物运输保险的保险金额的确定、赔偿处理规定，与国内水路、陆路货物运输保险大体相同。

五、国内铁路包裹运输保险

国内铁路包裹运输保险是以国内铁路运输过程中的包裹、行李及快件商品为保险对象，当保险包裹、行李及快件商品在运输过程中发生灾害事故遭受损失时，由保险公司提供经济补偿的一种保险。

（一）保险责任和责任免除

1. 保险责任

保险包裹、行李及快件商品在保险期限内无论是在运输还是存放过程中，由于下列原因造成的损失，保险公司负赔偿责任：

（1）因车辆出轨、隧道坍塌所造成的损失；

（2）因火灾、爆炸、雷电、冰雹、暴雨、洪水、海啸、地陷、崖崩所造成的损失；

（3）在装货、卸货时发生意外事故所造成的损失；

（4）保险包裹、行李因遭受震动、碰撞或压力而造成破碎、弯曲、凹瘪、折断、开裂等损失，以及由此而引起包装破裂的损失；

（5）保险包裹因遭受偷窃或者提货不着所造成的损失；

（6）凡属液体、半流体或者需要用液体容器保藏的保险包裹、行李及快件商品，在运输途中因震动、碰撞或挤压致使所用容器（包括封口）损坏发生渗漏而造成的损失；

（7）在装、卸货时和地面运输过程中，因遭受不可抗力的意外事故及突然性的雨淋所造成的损失；

（8）发生上述责任范围内的灾害事故时，因施救和保护包裹而支付的合理费用（但不能超过保险金额）。

2. 责任免除

保险包裹在保险期限内由于下列原因造成损失的，这种损失无论是在运输还是存放过程中造成的，保险公司均不负责赔偿：

（1）战争或军事行动；

（2）由于包裹本身的缺陷、霉烂、变质或自然损耗，运输延迟所造成的损失或费用，以及属于托运人不遵守货物运输规章所造成的损失；

（3）托运人或被保险人的故意或过失行为所造成的损失；

（4）自理自用的保险包裹由于遭受盗窃所造成的损失。

（二）保险期限

国内铁路包裹运输保险的责任起讫是以一次运程来计算的，从托运的包裹在承运人收讫并签发包裹货运单注明保险时起责任开始，至抵达目的地交付托运人或收货人时责任终止。

保险包裹，行李到达目的地后，如托运人或收货人未能及时提货，按照车站规定存放的期限，每延迟一天，按件加收保险费，在此期间，保险公司仅按企业财产或家庭财产保险条款负保险责任。

（三）保险金额及保险费

包裹、行李的保险金额，可按所托运的包裹、行李的实际价值由被保险人自行确定；快件商品的保险金额，可按货物进价加上运杂费或者按目的地销售价确定。被保险人在保险公司签发保险凭证的同时，须按上述标准向保险公司一次交清应交的保险费。

（四）赔偿处理

1. 索赔

国内铁路包裹运输保险出险后，被保险人向保险公司申请赔偿时，必须提供以下单证：包裹货运单、发票、保险凭证、装箱单、包裹运输事故签证、物资损失清单、救护保险包裹所交的合理费用的单据（包裹行李无发票的以保险凭证为据），但在此之前，即保险包裹、行李运抵保险凭证所载明的目的地后，托运人或收货人在取货时必须进行检验，如果发现包裹受损，必须在三天之内向当地保险公司申请复验，否则，保险公司不予受理。

2. 理赔

保险公司在接到被保险人的索赔申请及有关单证后，要迅速核定应否赔偿，经核定，如果发生损失，保险公司负有赔偿责任的，应在保险金额限度内按实际损失计算赔偿。如果损失由铁路运输部门负责赔偿，应及时向有关部门提出索赔，并将有关单证提交保险公司，保险公司在向被保险人理赔后，取代被保险人的地位在赔偿金额范围内向负有赔偿责任的铁路运输部门索赔，即保险公司取得代位求偿权。

专栏7-2

国内货物运输保险案例分析

［案情］

某年4月22日，某纸业公司就运输的货物木浆向保险公司投保，险别为一切险、战争险，保险费率为2.5%，保险金额为货物发票金额的110%。同年12月2日，纸业公司的货运代理人某商贸公司委托某运输实业公司将该批木浆中的780吨，由上海港运至某转运站。12月9日下午3时许，运输实业公司安排承运木浆的三艘轮船在承运本案所涉货物过程中，因承运人过失造成货物损失。某保险公估公司对该批受损木浆进行了鉴定估损共有182.3吨木浆受损，价值人民币870 352元。木浆残值总值人民币11 237元。

次年2月16日，保险公司向被保险人纸业公司赔付保险金人民币832 516元。保险公司支付保险赔款后，遂向承运人运输实业公司进行代位求偿，起诉请求法院判令运输实业公司赔偿人民币832 516元。运输实业公司则辩称：保险公司并没有取得被保险人的权益转让书，故无权要求运输公司承担责任。一审法院认定保险公司支付保险赔款后取得代位求偿权，运输实业公司应对该批货物损失承担全部责任，判决运输实业公司赔偿保险公司人民币812 795元。

[分析]

本案争议的焦点问题是被保险人未签发权益转让书是否影响保险人代位求偿权的取得。《保险法》第六十条规定："因第三者对保险标的的损害而造成保险事故的，保险人自向被保险人赔偿保险金之日起，在赔偿金额范围内代位行使被保险人对第三者请求赔偿的权利。"从上述规定来看，我国采用的是当然代位主义，即只要保险人支付了保险赔偿金，就相应取得了向第三人请求赔偿的权利，而无须被保险人确认。

但是，在我国的保险实践中，保险人在支付赔款的同时，往往要求被保险人签发赔款收据和权益转让书。尽管从法律规定上看，被保险人是否签发权益转让书不影响保险人取得代位求偿权，但事实上，权益转让书能起到确认赔偿金额和赔付时间，以及保险人取得代位求偿权的时间和保险人通过向第三人求偿所能获得的最高赔偿额的作用。本案货损发生于上海港至某转运站驳运期间，承运人某运输实业公司违规装载货物，是造成事故的原因，运输实业公司应当对货损承担赔偿责任。保险人行使代位求偿权，向承运人某运输实业公司就货损代位提出赔偿要求并无不当，被保险人领取保险金后由于种种原因没有按通常惯例向保险人出具权益转让书，并不影响保险公司代位求偿权的取得，保险公司自向被保险人支付保险金之时起已自动取得代位求偿权。

资料来源：郑成功，许飞琼．财产保险［M］．北京：中国金融出版社，2010.

本章小结

1. 货物运输保险是以运输途中的合法货物作为保险标的，保险人对因自然灾害和意外事故造成的货物损失负赔偿责任的保险。货物运输保险分为国际货物运输保险和国内货物运输保险两大类。前者是指为超越一国范围的货物运输提供风险保障的保险，后者是指为国内的货物运输提供风险保障的保险。

2. 海上货物运输保险，又称海洋货物运输保险，是保险人以海上运输的货物为保险标的，对货物在运输过程中发生自然灾害和意外事故造成的经济损失负赔偿责任的保险。我国海上货物运输保险有基本险（也叫主险）、附加险、专门险三类险别。基本险是可以单独投保的险别，主要承保自然灾害和意外事故等所造成的货物损失；附加险一般是不能单独投保的，它承保的是由于其他外来原因所造成的损失。基本险包括平安险、水渍险和一切险。专门险分为海上运输冷藏货物保险、海上运输散装桐油保险。我国海上货物运输保险基本险的保险期限以“仓至仓”条款为基本依据，即从货物运离保险单所载明的起运港发货人的仓库开始，一直到货物运抵保险单所载明的目的港收货人的仓库为止。

3. 国内货物运输保险是以国内运输过程中的货物作为保险标的，当运输中的货物因自然灾害或意外事故而遭受损失时给予经济补偿的一种财产保险。国内货物运输保险主要有如下分类：一种是按运输工具的不同分为水上货物运输保险、陆上货物运输保险、航空货物运输保险、特种货物运输保险（如排筏保险、港内外驳运输保险、市内陆上运输保险等）；另一种是按运输方式分为直运货物运输保险、联运货物运输保险、集装箱货物运输保险。而后一种分类方法最为常见。

思考与练习

1. 什么是货物运输保险？有什么特点？
2. 简述货物运输保险的分类。
3. 简述海上货物运输保险的基本险种及其相互关系。
4. 简述海上货物运输保险的附加险种。
5. 简述共同海损与单独海损的联系和区别。
6. 什么是国内货物运输保险？有什么特点？如何分类？
7. 简述国内水路、陆路货物运输保险的保险责任范围。
8. 简述国内航空货物运输保险的保险责任范围。
9. 简述影响国内货物运输保险费率的因素。
10. 简述国内货物运输保险的保险期限。
11. 如何计算货物运输保险的赔偿金额？
12. 什么是“仓至仓”条款？
13. 某公司进口茶叶100箱，经海运到达上海港，原报CFR价格总金额为1 000美元，投保水渍险（保险费率为0.6%）、附加战争险（保险费率为0.04%），保险加成率为10%，货物抵达上海港后，收货人根据运输记录发现10箱茶叶因卸货不慎落海造成全损；2箱茶叶由于配载不当与樟脑同置而造成串味全损；另有3箱在装船时即已发霉变质，存在严重的质量问题，属不合格产品。试计算该批进口货物的保险金额、应收保险费以及赔偿处理。

第八章
工　程　保　险

本章提要

本章介绍我国工程保险的主要内容，阐述工程保险的概念，分析工程保险的特点，并分别介绍建筑工程保险、安装工程保险和科技保险的保障范围、保障对象、保险责任与除外责任、责任起讫、赔偿处理、附加险等内容。

学习目标

了解工程保险的定义、特征和包含的险种。

了解建筑工程保险的保障范围、保障对象、保险责任与除外责任、责任起讫、赔偿处理等基本内容。

了解安装工程保险的特点、适用范围、保障对象、保险责任与除外责任、责任起讫、赔偿处理等基本内容。

了解科技保险的特点、适用范围、保障对象、保险责任与除外责任、责任起讫、赔偿处理等基本内容。

第一节　工程保险概述

一、工程保险概念

工程保险是一种同时涵盖物质损失保险与责任保险的综合性保险，负责赔偿工程项目在建设过程中因自然灾害或意外事故造成的物质财产损失以及被保险人由保险事故发生而依法应对第三者的财产损失和人身伤亡承担的赔偿责任。工程保险是以各种工程项目为主要承保对象的保险，一般而言传统的工程保险仅指建筑安装机器及船舶建造工程项目的保险，进入20世纪以来，尤其是第二次世界大战以后，许多科技活动获得了迅速的发展，又逐渐形成了科技保险。

工程保险是伴随着现代工程技术和建筑业的发展而逐渐产生的由火灾保险、意外伤害保险和责任保险等险种演变而成的综合性的财产保险险种。工程保险起源于20世纪30年代末英国的锅炉爆炸保险。真正的工程保险源于1929年英国伦敦的保险公司为即将修建的跨越泰晤士河的拉姆贝斯桥签发的建筑工程保险单，它是世界上第一份建筑工程保险单，开创了建筑工程保险的先河。工程保险得到快速发展是在第二次世界大战之后。欧洲作为第二次世界大战的主战场，很多国家都在战争中受到破坏，工厂、机器、建筑都遭到了不同程度的损毁，战争后各国为恢复发展而大兴土木、恢复工业，进行大规模的工程建设，而作为建设市场主体的承包商、业主等人面临着难以承受的风险，也迫切希望通过工程保险来转移风险，因而工程保险得以快速发展。随着各种大规模工程建筑的开展，为完善承包合同条款，在承包合同中引进了承包人投保工程保险的义务，也对工程保险起到了极大的推动作用。1950年国际土木工程师和承包建筑工程师组织制定了标准的土木建筑工程合同条款，要求承包人办理保险，对建筑安装工程各关系方的权利和义务作了明确规定，从而为建筑安装工程保险成为世界性的财产保险鉴别奠定了基础。此后，随着科学技术的不断发展，出现了海上石油开发工程、航天工程、核能工程等科技工程，与之相应的工程保险也应运而生。

我国工程保险始于20世纪80年代初，首先承保的是涉外业务，随后国内工程保险亦有了发展。目前从内容来看，工程保险有建筑工程保险、安装工程保险、家庭装修工程保险、船舶工程保险和科技保险等多个险种，本章主要介绍建筑工程保险、安装工程保险和科技保险。

二、工程保险的特点

工程保险承保了火灾保险、责任保险的部分风险，但与传统的财产保险相比，工程保险又有如下特征。

（一）风险广泛且集中

一是工程建设是一个长周期的动态过程，涉及的风险类型很广泛，有物质损失风险，也有第三者责任风险，其风险来源多种多样，自然灾害、意外事故甚至是人为风险都有可能造成损失和责任。工程保险为了给被保险人提供更全面的保障，往往采用“一切险”的承保方式，即除保单条款列明的责任免除以外，保险人对保险期间内工程项目因一切突然和不可预料的外来原因所造成的财产损失、费用以及依法应承担的经济赔偿责任，都予以赔偿，因而责任范围十分广泛。二是现代工程项目集中了先进的工艺、精密的设计和科学的施工方法，使工程造价猛增，造成工程项目本身就是高价值、高技术的集合体，从而使工程保险承保的风险成为巨额风险。三是从工程保险的风险范围分析，由于工程项目的周期相对较长，其风险范围就不仅局限于工程的进行过程，还包括在工程的验收期和使用的保障期内所面临的风险。

（二）涉及多方利害关系人

一个工程项目往往涉及多个具有经济利害关系的人，包括工程所有人、工程承包人、各种技术顾问及其他有关利益方（例如贷款银行或债权人等）。他们都对工程项目承担不同程度的风险，比如工程所有人将面对工程不能如期完工而遭受损失的风险，工程的承包人可能面对因自然灾害或意外事故造成物质损失及人员伤亡的风险，设计师或许会因设计错误而承担赔偿责任，工程的相关债权人可能面临违约风险。因此，凡对工程项目的保险标的具有保险利益者，均具备对工程项目进行投保的投保人资格，均能成为工程保险的被保险人，受保险合同及交叉责任条款的规范和制约。

（三）内容相互交叉

工程保险的不同险种中往往存在内容上的交叉，建筑工程保险中也包含一些安装项目，例如房屋建筑中的供电、供水、供暖、空调等设备的安装，因此建筑工程保险中也会承保安装工程；而安装工程保险中也会包含一些建筑工程，例如安装大型机器设备就需要进行打基座等土木建筑工程；在船舶建造保险中，其本身就是建筑、安装工程的高度融合。因此，工程保险的不同险种业务间虽然存在差异，相互独立，但又在内容上有所交叉，在经营上也有一定程度的相通性。

（四）技术要求高

现代工程项目都是先进技术的结晶，属于专业性极强的领域，往往会涉及多种专业学科及尖端科学技术，例如兴建核电站、大型水利工程等，因而工程保险对保险人的承保技术、承保能力都提出了更高的要求。

（五）保险期间不确定

工程保险以工程项目的工期为保险期间，为整个工程的施工进程提供保险保障，保险期间从数年至十几年不等。工程保险没有明确规定保险责任的起止日期，而是根据保险单的规定和工程项目的具体进展情况来确定保险责任起讫，因此保险责任有可能在保险单列明的生效日期之后的开工日或设备运抵日开始，同样有可能在保险单列明的终止日期之前的完工验收日或实际使用日结束。对于一些需要分期施工的大型、综合性工程项目，投保人可以根据分期施工的安排分期投保；如果工程项目不能在保单规定的保险期间内完工，投保人还可以在补交保费的前提下申请延展保险期间以获得充分的保障。

第二节　建筑工程保险

一、建筑工程保险的定义及适用范围

建筑工程保险简称“建工险”，是以土木建筑为主体的民用、工业用和公共事业用的工程在整个建筑期间因自然灾害和意外事故造成的物质损失，以及被保险人对第三者依法应承担的赔偿责任为保险标的的保险。因此建筑工程保险包括物质损失保险和第三者责任保险两个部分。物质损失保险负责赔偿建筑项目本身的物质损失及列明的相关费用；第三者责任保险负责赔偿与承保工程直接相关的意外事故造成第三者人身伤亡、疾病或财产损失后，依法应承担的经济赔偿责任。

建筑工程保险适用于各种民用、工业用和公用事业用建筑工程项目，包括房屋、工厂、仓库、道路、水坝、桥梁、港埠、码头、娱乐场等建筑项目。

二、建筑工程保险的被保险人与投保人

建筑工程保险的被保险人包括：

（1）工程所有人，即建筑工程的最后所有者，也是委托建造、支付建造费用并于完工后进行项目验收的单位；

（2）工程承包人，即负责承建该项工程的施工单位，包括主承包人和分承包人两种，分承包人是向主承包人承包部分工程的施工单位；

（3）技术顾问，是指由工程所有人聘请的建筑师、设计师、工程师和其他专业顾问以及代表工程所有人监督工程合同执行的单位或个人；

（4）关系方，例如贷款银行或债权人等。

当存在多个被保险人时，为避免有关各方相互之间的追偿责任，大部分建筑工程保险单附加交叉责任扩展条款，其基本内容是：第三者责任保险的保障范围适用于所有被保险人，就如同每一被保险人都持有一份独立的保险合同，各个被保险人之间发生的相互责任事故造成的损失均由保险人负责赔偿，无须根据各自的责任相互进行追偿。实际业务中，通常由一方出面投保并缴纳保险费，申报保险期间内保险标的的风险变动情况，在发生保险事故并造成损失时提出原始索赔等，保险单上列明其他被保险人的保险利益。这样有利于降低单证成本，提高业务管理效率。

建筑工程的承包方式不同，投保人也各异。主要有如下情况：

（1）全部承包。在全部承包方式下，工程所有人将工程全部承包给一个施工单位，该施工单位作为承包人（或主承包人）负责设计、提供建筑材料、施工等全部工程环节，最后以钥匙交货方式将完工的建筑物交给所有人。在此承包方式中，承包人承担了工程的主要风险责任，因此通常由承包人作为投保人。

（2）部分承包。在部分承包方式下，工程所有人负责设计并提供部分建筑材料，施工单位负责施工并提供部分建筑材料，工程所有人与施工单位各承担部分风险责任，因此通常由双方协商推举一方作为投保人，并在合同中写明。

（3）分段承包。在分段承包方式下，工程所有人将一项完整的工程分成几个阶段或几部分分别向外发包，各个承包人之间是相互独立的，没有合同关系。在这种情况下，为避免分别投保造成的时间差和责任差，通常由工程所有人作为投保人投保建筑工程保险。

（4）施工单位只提供服务的承包方式。在施工单位只提供服务的承包方式下，工程所有人负责设计、提供建筑材料和工程技术指导，施工单位只提供劳务，进行施工，不承担工程的风险责任，因而由工程所有人作为投保人投保建筑工程保险。

三、建筑工程保险的保险标的

（一）可保标的

建筑工程保险的可保标的指的是在工程施工的地域范围内与实施工程合同相关的财产和费用，具体如下：

（1）建筑工程，包括永久性工程、临时性工程及工地上的物料。该项目是建筑工程保险的主要保险标的，包括建筑工程合同内规定建筑的建筑物主体，建筑物内的装修设备，配套的道路、桥梁、水电设施、供暖取暖设施等土木建筑项目，存放在施工场地上的建筑材料、设备，以及为完成主体建筑工程的建设而必须修建的主体工程完工后即拆除或废弃不用的临时工程，如脚手架、工棚、围堰等。

(2) 工程所有人提供的物料和项目，是指未包括在上述建筑工程合同金额中的所有人提供的物料及负责建筑的项目。

(3) 安装工程，是指未包括在承包工程合同金额内的机器设备安装工程项目，如办公楼内供电、供水、供暖、取暖、空调等机器设备的安装工程。如果这些设备的安装工程已经包括在承包工程合同内，则无须另行投保，但应在保单中说明。

(4) 其他可保财产，是指不能包括在以上三项范围之内的其他可保财产，在投保时需要列明名称或附清单于投保单上。

（二）特约可保标的

建筑工程保险的特约可保标的有以下四类。

(1) 施工用机具、设备、机械装置。例如起重机、打桩机、铲车、推土机、钻机、供电供水设备、水泥搅拌机、传动装置等。

(2) 在保险工程开始以前已经存在或形成的位于工地范围内或其周围的属于被保险人的财产。

(3) 在保险合同保险期间终止前，已经投入商业运行或业主已经接受、实际占有的财产或其中的任何一部分财产，或已经签发工程竣工证书或工程承包人已经正式提出申请验收并经业主代表验收合格的财产或其中任何一部分财产。

(4) 清除残骸费用。该费用是指保险事故发生后，被保险人为修复保险标的而清理施工现场所发生的必要、合理的费用。

（三）不可保标的

建筑工程保险的不可保标的是指在建筑工程保险项下保险人不予承保的标的，包括以下内容。

(1) 文件、账册、图表、技术资料、计算机软件、计算机数据资料等无法鉴定价值的财产；

(2) 便携式通信装置、便携式计算机设备、便携式照相摄像器材以及其他便携式装置、设备；

(3) 土地、海床、矿藏、水资源、动物、植物、农作物；

(4) 领有公共运输行驶执照的，或已由其他保险予以保障的车辆、船舶、航空器；

(5) 违章建筑、危险建筑、非法占用的财产。

四、建筑工程保险的责任范围

（一）保险责任

建筑工程保险包括物质损失保险和第三者责任保险两部分。物质损失保险的保险责任包括物质损失责任和相关费用责任两部分，第三者责任保险的保险责任包括经济赔偿责任和法律费用责任两部分。

1. 物质部分的保险责任

（1）列明的自然灾害与意外事故。建筑工程保险的物质损失保险负责赔偿保险期间内，保险合同分项列明的保险标的在列明的工地范围内，因保险合同责任免除以外的任何自然灾害或意外事故造成的物质损坏或灭失，其中自然灾害是指地震、海啸、雷击、暴雨、洪水、暴风、龙卷风、冰雹、台风、飓风、沙尘暴、暴雪、冰凌、突发性滑坡、崩塌、泥石流、地面突然下陷下沉及其他人力不可抗拒的破坏力强大的自然现象，意外事故是指不可预料的以及被保险人无法控制并造成物质损失或人身伤亡的突发性事件。

（2）相关费用责任。建筑工程保险的物质损失保险还负责赔偿保险期间内，保险事故发生并造成保险标的损失后，被保险人为防止或减少保险标的的损失所支付的必要的、合理的费用，以及保险合同列明的因发生前述损失所产生的其他有关费用。

2. 第三者责任的保险责任

（1）经济赔偿责任。建筑工程保险的第三者责任保险负责赔偿保险期间内，因发生与保险合同所承保工程直接相关的意外事故引起工地内及邻近区域的第三者人身伤亡、疾病或财产损失，依法应由被保险人承担的经济赔偿责任，其中第三者是指除受同一张建筑工程保险保单保障的各方以外的任何自然人和法人，工程所有人和承包商等被保险人不属于建筑工程保险中第三者责任保险中的第三者，由被保险人雇用的与工程相关的雇员也不算作第三者。

（2）法律费用责任。建筑工程保险的第三者责任保险还负责赔偿保险事故发生后，被保险人因保险事故而被提起仲裁或者诉讼的，由被保险人支付的仲裁或诉讼费用以及其他必要的、合理的费用。

（二）除外责任

建筑工程保险的除外责任包括物质损失保险部分的除外责任、第三者责任保险部分的除外责任以及两者共同的除外责任三部分，具体如下。

1. 物质损失保险部分

建筑工程保险的物质损失保险不负责以下原因造成的损失和费用。

（1）设计错误引起的损失和费用。通常，建筑工程的设计工作由被保险人委托或雇用专业设计师完成，因此设计错误引起的损失和费用应被视为被保险人的责任，在建筑工程保险中应予除外不保，但这一除外责任是一种相对除外责任，被保险人可以通过投保附加险“制造商风险扩展条款”“设计师风险扩展条款”来转移设计错误的风险。此外，如果建筑工程所有人委托的设计师投保了相应的职业责任保险，那么一旦因设计错误造成了损失和费用，将由设计师承担经济赔偿责任，并由设计师投保的职业责任保险予以补偿。

（2）自然磨损、内在或潜在缺陷、物质本身变化、自燃、自热、氧化、锈蚀、渗漏、鼠咬、虫蛀、大气（气候或气温）变化、正常水位变化或其他渐变原因造成的保险财产自身的损失和费用。

（3）因原材料缺陷或工艺不善引起的保险财产本身的损失以及为换置、修理或矫正这些缺点错误所支付的费用。原材料缺陷是指用于工程的任何原材料达不到工程所要求的技术指标，存在缺陷。工艺不善是指施工过程中有关人员没有按照相应工艺的技术标准进行施工。这一责任除外也是相对除外，可以通过附加险扩展承保，例如“制造商风险扩展条款”扩展承保因设计错误、铸造或原材料缺陷或工艺不善原因造成的保险财产的损失。

（4）非外力引起的机械或电气装置的本身损失，或施工用机具、设备、机械装置失灵造成的本身损失。这一除外事项的目的在于明确建筑工程保险只负责赔偿保险责任造成的损失，即仅承担由于外来的自然灾害或意外事故造成的机器设备的财产损失，而对机器设备可能由于从事操作和安装的工人、技术人员操作错误、缺乏经验、技术不善、疏忽、过失或恶意行为而造成的损失不承担赔偿责任。

此外，建筑工程保险的物质损失保险不负责下列损失和费用：

（5）维修保养或正常检修的费用。

（6）档案、文件、账簿、票据、现金、各种有价证券、图表资料及包装物料的损失。

（7）盘点时发现的短缺。

（8）领有公共运输行驶执照的，或已由其他保险予以保障的车辆、船舶和飞机的损失。这一除外责任的目的在于明确建筑工程保险仅保障的运输工具限于在工地范围内使用的、没有领取公共运输行驶执照的运输工具，这些工具通常都属于施工机具的范围。被保险人使用的投入公共运输的工具需通过专门的险种承保。

（9）除非另有约定，在保险工程开始以前已经存在或形成的位于工地范围内或其周围的属于被保险人的财产的损失。这一除外责任主要是针对改造或改建项目，这种工程的工地范围内或周围往往存在属于被保险人的财产，例如旧城改造项目在拆除改造区域内的旧建筑时保留部分建筑作为施工过程的办公场所或仓库，改建项目中工地范围内未改建的部分也属于此类财产。这类财产一方面会因遭遇自然灾害或意外事故而受损，另一方面也可能因为遭遇被保险的工程项目施工过程中的意外事故而产生损失。这类财产并不在建筑工程保险的保障范围内，但投保人也可以根据需要与保险人约定予以承保。

（10）除非另有约定，在本保险合同保险期间终止以前，保险财产中已由工程所有人签发完工验收证书或验收合格，实际占有、使用、接收的部分的损失。这一除外责任针对的是在保险期间终止以前，已由工程所有人签发完工验收证书或验收合格，或实际占有、使用、接收的部分被保险财产。这类完工财产会因其使用状况而发生风险的变化，因此保险人将除外不保。但投保人可以附加投保“工程完工部分扩展条款”来获得保障。

2. 第三者责任保险部分

建筑工程保险的第三者责任保险不负责下列原因造成的损失和费用：

（1）由于震动、移动或减弱支撑而造成的任何财产、土地、建筑物的损失及由此造成的任何人身伤害和物质损失。这一除外责任主要针对一些大型工程建设项目工地范围大、周边情况复杂、潜在责任巨大、处理困难的特点制定的。除外责任中所阐述的这类风险对于被保险人是必然存在的，同时也是可以通过施工工艺、进度和防护措施加以控制的，但对于保险人却是很难了解和测算的，因此保险人将其除外不给保，但可以通过附加险“震动、移动或减弱支撑扩展条款”扩展承保。

（2）领有公共运输行驶执照的车辆、船舶、航空器造成的事故。

此外，建筑工程保险的第三者责任保险不负责下列损失和费用：

（3）物质损失保险项下或应在该项下予以负责的损失及各种费用。

（4）工程所有人、承包人或其他关系方或其所雇用的在工地现场从事与工程有关工作的职员、工人及上述人员的家庭成员的人身伤亡或疾病。这一风险属于雇主责任的范畴，在建筑工程中除外不保，但可以通过购买雇主责任保险来分散这一风险。

（5）工程所有人、承包人或其他关系方或其所雇用的职员、工人所有的或由上述人员所照管、控制的财产发生的损失。工程所有人、承包人或其他关系方通常是工程保险的被保险人，他们雇用的职员或工人通常被视为被保险人的一员，因此不属于工程保险的第三者范畴，他们所有的或由他们所照管、控制的财产也不能成为第三者责任保险的赔偿对象。

（6）被保险人应该承担的合同责任，但无合同存在时仍然应由被保险人承担的法律责任不在此限。

3. 两者共同部分

建筑工程保险不负责下列原因造成的损失和费用：

（1）战争、类似战争行为、敌对行为、武装冲突、恐怖活动、谋反、政变。

（2）行政行为或司法行为。

（3）罢工、暴动、民众骚乱。

（4）被保险人及其代表的故意行为或重大过失行为。

（5）核裂变、核聚变、核武器、核材料、核辐射、核爆炸、核污染及其他放射性污染。

（6）大气污染、土地污染、水污染及其他各种污染。

此外，建筑工程保险不负责下列损失和费用：

（7）工程部分停工或全部停工引起的任何损失、费用和责任。停工损失除外是出于两方面的考虑：一方面是因为工程施工过程中长时间的停工必然会造成环境和条件的变化，导致风险因素增加，被保险财产损失的可能性加大，因此将停工造成的损失、费用和责任除外不保；另一方面是因为停工往往造成的是间接损失，而非保险标的的直接损失，并且这种间接损失往往可以通过工程合同向有关责任方索赔，因此建筑工程保险不予承保。短时间停工或季节性停工时，被保险人通常会采取充分和有效的安全防护措施来应对停工可能导致的风险，因此如果停工前事先向保险人提出书面申请并经保险人书面同意后，保险人可以不将其视为停工除外。

（8）罚金、延误、丧失合同及其他后果损失。

（9）保险合同中载明的免赔额，或按保险合同中载明的免赔率计算的免赔额。

五、建筑工程保险的保险金额与费率

（一）保险金额

建筑工程保险中物质损失保险的保险金额由投保人与保险人依据应保险金额确定，原则上保险金额应不低于应保险金额。建筑工程的应保险金额为保险工程建筑完成时的总价值，包括原材料费用、设备费用、建造费、安装费、运保费、关税、其他税项和费用以及由工程所有人提供的原材料和设备的费用；其他保险标的的应保险金额由投保人与保险人协商确定。

如果投保人是以工程合同规定的工程概算总造价投保，投保人或被保险人应在保险期间内做到以下几点：

（1）在保险项下工程造价中包括的各项费用因涨价或升值原因而超出保险工程造价时，必须尽快以书面形式通知保险人，保险人据此调整保险金额；

（2）在保险期间内对相应的工程细节作出精确记录，并允许保险人在合理的时候对该项记录进行查验；

（3）若保险工程的建造期超过三年，必须从保险合同生效日起每隔 12 个月向保险人申报当时的工程实际投入金额及调整后的工程总造价，保险人将据此调整保险费；

（4）在保险合同列明的保险期间届满后 3 个月内向保险人申报最终的工程总价值，保险人据此以多退少补的方式对预收保险费进行调整。

建筑工程保险中第三者责任保险设置三项责任限额，包括每次事故责任限额、每人人身伤亡责任限额和累计责任限额，每项责任限额的具体金额由投保人与保险人协商确定。

（二）保险费率

建筑工程保险的费率厘定取决于所承保工程的具体情况，须同时考虑多种因素。

（1）工程本身的危险程度。包括工程性质，施工方式，建筑结构与高度，施工场地的地质、土壤条件，土地承担力对施工的影响，施工场地周围及邻近地区的自然地理条件，发生特别风险的可能性以及最大可能损失的程度，施工的季节和工期（包括试车与考核期）的长短，施工现场的管理情况及安全防护措施等。

（2）工程承包人及其他工程关系方的资信、管理水平以及经验等条件。负责承建工程项目的承包人，承担工程项目设计、咨询的专业技术顾问和其他工程关系方，他们的资信情况、经营管理水平和经验，以及按照他们确定的施工方案并在他们的监督管理下进行施工的人员的素质，直接关系到保险人对建筑施工过程中风险事故控制的难易。

（3）保险人以往承保同类工程的损失记录。

（4）保险金额、责任限额及免赔额（率）的高低。

总之，建筑工程保险的费率厘定要根据每一个建筑工程的具体情况和承保条件而定。其费率通常采取工期费率，在整个工期内实行固定费率。此外，考虑到建筑工程的工期可能较长，因此建筑工程保险允许分期支付保险费。

六、建筑工程保险的责任起讫

工程保险根据工程期限确定保险责任的起讫，其原则是：保险责任自保险工程在工地动工或用于保险工程的材料、设备运抵工地之时起，至工程所有人对部分或全部工程签发完工验收证书或验收合格，或工程所有人实际占有、使用、接收该部分或全部工程之时止，以先发生者为准，但在任何情况下，保险责任的起始或终止都不得超出保险单载明的保险期间范围。因此，建筑工程保险的保险期间的起点是以下三个时点的先发生者：

（1）保险工程破土动工之时。

（2）用于保险工程的材料、设备运抵工地之时。

（3）保险载明的保险责任开始的时点。

建筑工程保险的保险期间的终点是以下三个时点的先发生者：

（1）工程所有人对部分或全部工程签发完工验收证书或验收合格之时。

（2）工程所有人实际占有或使用或接受该部分或全部工程之时。

（3）保险载明的保险责任终止的时点。

对于需要分期施工的大型、综合性建筑工程，投保人可以要求分期投保，经保险人同意可以在保单中分别规定保险期间，明确各期工程的保险责任起讫日期。

如果建筑工程不能在保单规定的保险期间内完工，投保人可以向保险人申请延展保险期间，经保险人同意并加缴规定保费后，保险人可签发批单以延长保险期间。

此外，通常安装工程都含试车和考核期，即机器设备在安装完毕后、投入生产性使用前，为保证其正式运行时的可靠性、准确性所进行的试运转期间，并且试车和考核期包含在工期之内。对于包含安装工程的建筑工程保险而言，不论有关工程合同中对试车和考核期如何规定，保险人仅负责赔偿建筑工程保险合同明细表中列明的试车和考核期间内试车和考核所引发的损失、费用和责任；如果保险设备本身是在本次安装前已被使用过的设备或转手设备，则自其试车之时起，保险人对该项设备的保险责任即行终止。

七、建筑工程保险的理赔

建筑工程保险理赔的基本程序包括：出险通知、现场查勘、责任审核、核定损失、损余处理、计算赔款、赔付结案，即被保险人在发生保险责任范围内的事故后，应及时通知保险人；保险人应尽快赶到事故现场予以查勘定损，根据事故发生的时间、地点及原因来审核是否属于保险人应承担的保险责任；如果属于保险事故的损失，则应按保险单赔付。

对于各承保项目的损失，按发生损失的账面金额或实际损失赔付；对于第三者责任事故造成他人的财产损失和人身伤亡，分别在保险单规定的赔偿限额内予以赔付；对于施救、保护、清理费用，应与保险项目和第三者责任保险分别计算，且以保险项目发生损失当天的账面金额为限，同时，保险人支付赔款时要扣除有关财产物质的残值。在理赔控制风险的方法主要有：

（1）被保险人在索赔时除提供事故报告外，还须提供保险单、损失清单、账册等保险人认为有必要提供的单证，并严格审核各种单证和被保险人是否履行了相应的义务。

（2）在现场查勘定损时，要查勘出险的原因和经过，组织施救和整理工作，提取有关单证并拍摄受损现场照片，要对照保单核实有关情况，尤其要分析风险事故是否属于保险事故，从而确定是否承担赔付责任。

（3）在定损时，要准确估算保险标的的全部损失、保险标的的部分损失、施救整理费用、第三者赔偿金额、现场必要的清除费用。

（4）在计算赔款时，若为不足额保险，则采取比例赔偿方式；若为足额或超额保险，则按实际损失赔偿；若为重复保险，则采用分摊方式。同时，扣除残值和免赔额，即得赔偿金额。

（5）损失赔付后，保额应相应减少，要出立批单说明保险财产的哪一项从何时起减少了多少保额，要与明细表中的保险财产项目取得一致。对减少部分的保额不退回保费，若被保险人要求恢复保额，则应出具批单说明，并对恢复部分按日比例增收保费。

第三节 安装工程保险

一、安装工程保险的概念及特点

（一）安装工程保险的概念

安装工程保险，简称安工险，是以各种大型机器设备的安装工程项目在整个建筑期间因自然灾害和意外事故造成的物质损失，以及被保险人对第三者依法应承担的赔偿责任为保险标的的保险。同建筑工程保险一样，安装工程保险也包括物质损失保险和第三者责任保险两个部分：物质损失保险负责赔偿被安装的设备等保险标的本身的物质损失和相关减损、施救费用；第三者责任保险负责赔偿与承保工程直接相关的意外事故造成第三者人身伤亡、疾病或财产损失后，依法应承担的经济赔偿责任。

安装工程保险是同建筑工程保险一起发展起来的一种综合性工程保险，主要适用于各类安装工程，例如成套设备、生产线、大型机器装置、各种钢架结构、管道安装等。

（二）安装工程保险的特点

安装工程保险在形式和内容上与建筑工程保险基本一致，两者相辅相成，共同为工程项目提供保险保障。但相比建筑工程保险，安装工程保险还具有一些典型的特点：

1. 以安装项目为主要承保对象

安装工程保险的承保对象是以安装项目为主体的工程项目，虽然大型机器设备的安装需要进行一定范围及一定程度的土木建筑，但安装项目始终在投保的工程建设中占主体地位，建筑工程仅仅是为安装工程提供服务，安装项目的价值要大大超过与之配套的建筑工程；建筑工程则恰恰相反，承保以建筑项目为主体的工程项目，其中也会包含安装工程，但建筑项目占主体，安装工程存在的意义是为建筑工程提供服务，并且安装部分的价值也不及建筑工程。

2. 在试车、考核阶段风险较集中

建筑工程保险的风险通常贯穿于施工过程中的每一环节，风险分布相对均匀，但随着建筑工程逐渐完工，标的价值会逐渐增长，因此损失也会随着工程进度逐渐增加。安装工程保险与此不同，在安装工程中，待安装的机器设备只要未正式运转，许多风险就不易发生，虽然风险事故的发生与整个安装过程有关，但只有到安装完毕后的试车、考核和保证阶段，各种问题及施工中的缺陷才会充分暴露出来，因此安装工程的风险相对集中在试车、考核阶段。

3. 主要承保人为风险

机器设备本身是一种技术产物，承包人对其进行安装和试车更是一项专业技术性极强的工作，在安装工程的施工过程中，机器设备本身的质量、安装者的技术能力与责任心、施工设备、施工方法等均是导致风险发生的主要因素。因此，安装工程虽然也承保多种自然风险，但与人的因素有关的风险却是该险种的主要风险。例如建筑工程保险对一切因设计错误造成的损失和费用均不承担赔偿责任，即不赔偿因设计错误造成的保险标的本身的损失及费用，也不赔偿因设计错误造成的其他财产损失和费用，但安装工程保险仅仅将设计错误造成的保险标的本身的损失及费用除外，却承担因设计错误造成的其他财产的损失和费用的赔偿责任。

二、安装工程保险的被保险人

同建筑工程保险一样，所有对安装工程保险标的具有保险利益的人均可成为被保险人，均可投保安装工程保险。安装工程保险的被保险人主要包括以下几方面：①工程所有人。②工程承包人，包括主承包人和分承包人。③供货人，即负责提供被安装机器设备的一方。④制造商，即被安装机器设备的制造人。如果供货人和制造人为同一人，或者制造人和供货人为共同被保险人，则在任何条件下，安装工程保险对制造人风险造成的直接损失都不予负责。⑤技术顾问。⑥其他关系方，如贷款银行或其他债权人等。

在同时存在多个被保险人时选择投保人的原则与建筑工程保险相同，通常由风险责任的主要承担者或控制者来负责投保。

与建筑工程保险一样，安装工程保险也可以投保交叉责任扩展条款，以避免多个被保险人之间相互追责。

三、安装工程保险的保险标的

同建筑工程保险一样，安装工程保险的保险标的也包括可保标的、特约可保标的、不可保标的三类，具体如下：

（一）可保标的

安装工程保险的可保标的是指与安装工程相关的财产和费用，主要包括安装项目和为安装项目服务的土木建筑工程项目两种。

（1）安装项目是安装工程保险的主要保险标的，包括被安装的机器设备、装置、物料、基础工程（地基、基座）以及安装工程所需的各种临时设施，如水、电、照明、通信等设施。

（2）土木建筑工程项目是指新建、扩建厂矿必须有的工程项目，如厂房、仓库、道路、水塔、办公楼、宿舍、码头、桥梁等。这些项目一般不在安装工程内，但可以在安装工程内附带投保。

（二）特约可保标的

安装工程保险的特约可保标的是指经保险双方特别约定，并在保险单明细表上载明品名和保险金额时，保险人才予以承保的标的。安装工程保险的特约可保标的有以下四类：

（1）施工用机具、设备、机械装置。例如起重机、打桩机、铲车、推土机、钻机、供电供水设备、水泥搅拌机、传动装置等。

（2）在保险工程开始以前已经存在或形成的位于工地范围内或其周围的属于被保险人的财产。

（3）在保险合同保险期间终止前，已经投入商业运行或业主已经接受、实际占有的财产或其中的任何一部分财产，或已经签发工程竣工证书或工程承包人已经正式提出申请验收并经业主代表验收合格的财产或其中任何一部分财产。

（4）清除残骸费用。该费用是指保险事故发生后，被保险人为修复保险标的而清理施工现场所发生的必要、合理的费用。

（三）不可保标的

安装工程保险的不可保标的包括五类财产，与建筑工程保险有所不同的是第五类，具体如下：

（1）文件、账册、图表、技术资料、计算机软件、计算机数据资料等无法鉴定价值的财产。

（2）便携式通信装置、便携式计算机设备、便携式照相摄像器材以及其他便携式装置、设备。

（3）土地、海床、矿藏、水资源、动物、植物、农作物。

（4）领有公共运输行驶执照的，或已由其他保险予以保障的车辆、船舶、航空器。

（5）违章安装、危险安装、非法占用的财产。

四、安装工程保险的责任范围

（一）保险责任

安装工程保险的保险责任也包括物质损失保险和第三者责任保险两部分。物质损失保险的保险责任包括物质损失责任和相关费用责任两部分，第三者责任保险的保险责任包括经济赔偿责任和法律费用责任两部分。具体内容如下：

1. 物质部分的保险责任

（1）列明的自然灾害或意外事故责任。安装工程保险的物质损失保险负责赔偿保险期间内，保险合同分项列明的保险标的在列明的工地范围内，因保险合同责任免除以外的任何自然灾害或意外事故造成的物质损坏或灭失，其中自然灾害是指地震、海啸、雷击、暴雨、洪水、暴风、龙卷风、冰雹、台风、飓风、沙尘暴、暴雪、冰凌、突发性滑坡、崩塌、泥石流、地面突然下陷下沉及其他人力不可抗拒的破坏力强大的自然现象，意外事故是指不可预料的以及被保险人无法控制并造成物质损失或人身伤亡的突发性事件。

（2）相关费用责任。安装工程保险的物质损失保险还负责赔偿保险期间内，保险事故发生并造成保险标的的损失后，被保险人为防止或减少保险标的的损失所支付的必要的、合理的费用，以及保险合同列明的因发生前述损失所产生的其他有关费用。

2. 第三者责任部分的保险责任

（1）经济赔偿责任。安装工程保险的第三者责任保险负责赔偿保险期间内，因发生与保险合同所承保工程直接相关的意外事故引起工地内及邻近区域的第三者人身伤亡、疾病或财产损失，依法应由被保险人承担的经济赔偿责任，其中第三者是指除受同一张安装工程保险保单保障的各方以外的任何自然人和法人，工程所有人和承包人等被保险人不属于安装工程保险中第三者责任保险中的第三者，由被保险人雇用的与工程相关的雇员也不算作第三者。

（2）法律费用责任。安装工程保险的第三者责任保险还负责赔偿保险事故发生后，被保险人因保险事故而被提起仲裁或者诉讼时应由被保险人支付的仲裁或诉讼费用以及其他必要的、合理的费用。

（二）除外责任

同建筑工程保险一样，安装工程保险的除外责任也包括物质损失保险部分的除外责任、第三者责任保险部分的除外责任以及两者共同的除外责任三部分，具体如下：

1. 物质部分的除外责任

（1）因设计错误、铸造或原材料缺陷或工艺不善引起的保险财产本身的损失以及为换置、修理或矫正这些缺点、错误所支付的费用；

（2）自然磨损、内在或潜在缺陷、物质本身变化、自燃、自热、氧化、锈蚀、渗漏、鼠咬、虫蛀、大气（气候或气温）变化、正常水位变化或其他渐变原因造成的保险财产自身的损失和费用；

（3）由于超负荷、超电压、碰线、电弧、漏电、短路、大气放电及其他电气原因造成电气设备或电气用具本身的损失；

（4）施工用机具、设备、机械装置失灵造成的本身损失；

（5）维修保养或正常检修的费用；

（6）档案、文件、账簿、票据、现金、各种有价证券、图表资料及包装物料的损失；

（7）盘点时发现的短缺；

（8）领有公共运输行驶执照的，或已由其他保险予以保障的车辆、船舶和飞机的损失；

（9）除非另有约定，在保险工程开始以前已经存在或形成的位于工地范围内或其周围的属于被保险人的财产的损失；

（10）除非另有约定，在保险合同保险期间终止以前，保险财产中已由工程所有人签发完工验收证书或验收合格，或实际占有、使用、接收的部分的损失。

2. 第三者责任保险的除外责任

（1）领有公共运输行驶执照的车辆、船舶、航空器造成的事故；

（2）物质损失保险项下或应在该项下予以负责的损失及各种费用；

（3）工程所有人、承包人或其他关系方或其所雇用的在工地现场从事与工程有关工作的职员、工人及上述人员的家庭成员的人身伤亡或疾病；

（4）工程所有人、承包人或其他关系方或其所雇用的职员、工人所有的或由上述人员所照管、控制的财产发生的损失；

（5）被保险人应该承担的合同责任，但无合同存在时仍然应由被保险人承担的法律责任不在此限。

3. 共同部分

安装工程保险的物质损失保险和第三者责任保险共同的除外责任同建筑工程保险一样，具体如下：

（1）战争、类似战争行为、敌对行为、武装冲突、恐怖活动、谋反、政变；

（2）行政行为或司法行为；

（3）罢工、暴动、民众骚乱；

（4）被保险人及其代表的故意行为或重大过失行为；

（5）核裂变、核聚变、核武器、核材料、核辐射、核爆炸、核污染及其他放射性污染；

（6）大气污染、土地污染、水污染及其他各种污染；

（7）工程部分停工或全部停工引起的任何损失、费用和责任；

（8）罚金、延误、丧失合同及其他后果损失；

（9）保险合同中载明的免赔额，或按保险合同中载明的免赔率计算的免赔额。

五、安装工程保险的保险金额与费率

（一）保险金额

安装工程保险中物质损失保险的保险金额由投保人与保险人依据应保险金额确定，原则上保险金额应不低于应保险金额。安装工程的应保险金额为保险工程安装完成时的总价值，包括设备费用、原材料费用、安装费、建造费、运输费、保险费、关税、其他税项和费用，以及由工程所有人提供的原材料和设备的费用；其他保险标的的应保险金额由投保人与保险人协商确定。

如果投保人是以工程合同规定的工程概算总造价投保，投保人或被保险人应在保险期间内做到以下几点：

（1）在保险项下工程造价中包括的各项费用因涨价或升值原因而超出保险工程造价时，必须尽快以书面形式通知保险人，保险人据此调整保险金额；

（2）在保险期间内对相应的工程细节作出精确记录，并允许保险人在合理的时候对该项记录进行查验；

（3）若保险工程的安装期超过 3 年，必须从保险合同生效日起每隔 12 个月向保险人申报当时的工程实际投入金额及调整后的工程总造价，保险人将据此调整保险费；

（4）在保险合同列明的保险期间届满后 3 个月内向保险人申报最终的工程总价值，保险人据此以多退少补的方式对预收保险费进行调整。

安装工程保险中第三者责任保险设置三项责任限额，包括每次事故责任限额、每人人身伤亡责任限额和累计责任限额，每项责任限额的具体金额由投保人与保险人协商确定。

（二）保险费率

决定安装工程保险费率的因素同建筑工程保险基本相似，也是由几部分组成的，除试车期为单独的一次性费率、安装用机器设备为单独的年度费率外，其他项目均为整个工期的一次性费率。安装工程保险的费率主要由以下各项组成：

（1）安装项目。土木建筑工程项目、所有人或承包人在工地上的其他财产及清理为一个总的费率，整个工期实行一次性费率；

（2）试车为一个单独费率，是一次性费率；

（3）保证期费率，实行整个保证期一次性费率；

（4）各种附加保障增收费率，实行整个工期一次性费率；

（5）安装、建筑用机器、装置及设备为单独的年费率；

（6）第三者责任险，实行整个工期一次性费率。

六、安装工程保险的责任起讫

安装工程保险的保险责任起讫与建筑工程保险相同，保险责任自保险工程在工地动工或用于保险工程的材料、设备运抵工地之时起，至工程所有人对部分或全部工程签发完工验收证书或验收合格，或工程所有人实际占有、使用、接收该部分或全部工程之时止，以先发生者为准，但在任何情况下，保险责任的起始或终止不得超出保险单载明的保险期间范围。

安装工程保险中需要明确试车和考核期。试车和考核期的长短根据工程合同上的规定来决定，通常以3个月为限。但不论相关工程合同中对试车和考核期如何规定，保险人仅在保险合同中列明的试车和考核期内对试车和考核所引发的损失、费用和责任负责赔偿；对于旧的保险设备，即在本次安装前已被使用过的设备或转手设备，则自其试车之时起，保险人对该项设备的保险责任即行终止，即保险人不负责旧设备的试车风险。

七、安装工程保险的理赔

尽管建筑工程保险与安装工程保险在保险责任和保险标的上存在一定差异，但进行赔偿处理的原则和要求是完全相同的，故而此处不再赘述。

第四节　科技保险

一、科技保险的概念与特点

（一）科技保险的概念

科技保险是指为了规避科研开发过程中由于存在诸多不确定的外部影响而导致科研开发项目失败、中止、达不到预期的风险而设置的保险。具体来讲，科技保险是指运用保险作为分散风险的手段，对科技企业或研发机构在研发、生产、销售、售后以及其他经营管理活动中，因各类现实面临的风险而导致科技企业或研发机构的财产损失、利润损失或科研经费损失等，以及其对股东、雇员或第三者的财产或人身造成现实伤害而应承担的各种民事赔偿责任，由保险公司给予保险赔偿或给付保险金的保险保障方式。

科技保险是由科技部与银保监会共同认定的一系列涉及科技活动的保险业务，是一种准公共产品，它能使高投入、高风险的高新技术产业，以及相关活动出现损失后获得补偿。让更多的资金、更多的人才在发展我国科技事业中充分发挥作用。

（二）科技保险的特点

被保险人员的年龄上限（70 岁）较普通意外险要高，能够满足科技企业老年科研人员的保险需求；降低了参保人数的限制。

除通用的基本保障范围外，主险条款还提供了可选择的增值保险保障，分别是：住院医疗补偿、住院津贴、重症监护津贴、烧烫伤保障和家庭关爱金。

承保区域为世界范围，可以为高管人员和研发人员赴境外学习、出差或工作解除后顾之忧。

保险金额的设置可由投保人灵活确定。在一张保单下就可以实现不同被保险人投保的不同保险金额，能够满足科技企业不同职位员工的差异化的保险需求，且保险金额可以达到数百万元。

二、科技保险的险种

凡在中华人民共和国境内合法经营的高新技术企业、转制科研院所以及其他科研机构均可投保科技保险。高新技术的范围包括：电子与信息技术；生物工程和新医药技术；新材料及应用技术；先进制造技术；航空航天技术；现代农业技术；新能源与高效节能技术；环境保护新技术；海洋工程技术；核应用技术；其他在传统产业改造中应用的新工艺、新技术。

科技保险的险种是2007 年由保监会和科学技术部共同分批组织开发并确定的，第一批险种包括高新技术企业产品研发责任保险、关键研发设备保险、研发中断保险、出口信用保险、高管人员和关键研发人员团体健康保险和团体人身意外伤害保险 6 个险种。

（1）高新技术企业产品研发责任保险。采用索赔发生制承保方式，同时提供事故追溯期和30 天延长报告期。

（2）高新技术企业关键研发设备保险。针对投保标的均为研发设备的特点，物质损失险和物质损失一切险综合了传统财产险和机损险的保险保障范围，实现了与国际接轨，有利于科技企业全面的转嫁风险。同时，“二合一”的模式能够简化流程，便于客户理解条款和索赔。

（3）高新技术企业研发中断保险。研发工作是一个持续的过程，研发资金是逐步投入的，并且资金使用随着项目进展是动态的，所以研发中断保险的保险期间采用了工期制设计，便于保险金额的确定和提供充足的保障。

（4）出口信用保险。针对出口企业在经营出口业务过程中由于境外的商业风险或政治风险而遭受损失的一种特殊保险。在限额审批方面，同等条件下实行限额优先；在保险费率方面，给予公司规定的最高优惠。

（5）高新技术企业高管人员和关键研发人员团体健康保险。保险金额的设置可由投保人灵活确定。住院医疗费用保险 A 款可以选择增值保障、境外医疗费用保障。住院医疗费用保险 B 款承包区域为世界范围，提供的保障有：疾病住院津贴、重症监护津贴、手术定额津贴。

（6）高新技术企业高管人员和关键研发人员团体人身意外伤害保险。

三、我国科技保险发展现状及存在的问题

（一）发展现状

从 2006 年 6 月，国务院《关于保险业改革发展的若干意见》、保监会《关于加强和改善对高新技术企业保险服务有关问题的通知》、财政部《关于进一步支持出口信用保险为高新技术企业提供服务的通知》等相关政策相继出台，为科技创新提供风险保障。银保监会 2020 年 1 月出台的《关于推动银行业和保险业高质量发展的指导意见》中也提到“鼓励保险机构创新发展科技保险，推进首台（套）重大技术装备保险和新材料首批次应用保险补偿机制试点”。

在一系列政策支持下，2007 年保监会和科学技术部共同开展科技保险创新发展模式试点工作，投保企业快速增加，为科技领域开展自主创新提供了风险保障。在国家高新技术产业开发区、保险创新试点城市和火炬创新实验城市中分两批确定了 12 个试点城市，中国人保财险、中国信保、华泰财险等 4 家公司参与了试点工作。同时，在保监局的协调下，试点地区科技部门制定了较为完善的补贴办法、规定了补贴比例、补贴数额和补贴流程。截至 2009 年底，科技保险保费已突破 13 亿元，已决赔款 7. 2 亿元，地方财政补贴 4 187 万元。从试点城市看，北京、天津、重庆、无锡的业务发展情况较好，商业性保费收入位居前列。北京市科委成立了科技金融促进会，为保险公司和科技企业搭建了良好的沟通平台；天津指定天津市高新技术成果转化中心；重庆指定重庆市生产力促进中心作为科技保险的专门服务机构，具体负责科技保险补贴资金申请、审查等工作；无锡市将财政补贴资金提高至 200 万元，当地科技保险业务发展迅速。

科技保险的保险产品逐步丰富，承保范围逐步扩大。对营业中断

保险、高管人员和关键研发人员团体健康保险和意外伤害保险等有关保险产品进行补充完善；有针对性地研发了15个保险新险种，其中，高新技术企业产品研发责任保险和关键研发设备保险，是在充分借鉴美国ACE保险集团等国际知名保险机构产品的基础上开发出的新险种，此前国内尚无保险公司经营同类产品。

（二）存在的问题

科技保险发展取得了突破性进展，但也存在以下两个突出问题：

一是地方补贴政策不稳定。各试点地区关于科技保险财政配套资金的具体政策办法存在差异，对科技保险保费的补贴情况不尽相同，发展格局不尽平衡。部分试点城市对科技保险保费补贴政策没有完全到位，在一定程度上造成部分科技企业处于观望状态。

二是保险产品不够丰富。科技企业风险有其自身的特殊性，虽然已开发一批新险种，但由于科技领域风险范围广，现有险种结构还不能满足科技企业的全面需求，科技企业的部分风险还得不到保障，科技保险工作还未能全面深入企业发展的所有环节。

（三）发展对策

一是支持保险公司创新科技保险产品。支持建立保险公司、科研机构、中介机构和科技企业共同参与的科技保险产品创新机制，针对科技领域风险特点，大力开发新险种，在科技型中小企业自主创业、并购以及战略性新型产业供应链等方面提供保险支持。

二是实施科技保险财税支持政策。研究建立在重大专项、国家科技计划经费中列支科技保险费和财政对自主创新首台（套）产品实施保费补贴的相关政策；支持地方科技主管部门创新科研经费使用方式，制定支持科技保险发展的措施；将企业科技保险保费计入高新技术企业研究与开发费用核算范围。

三是创新科技风险分担机制。鼓励保险公司和担保公司等金融机构共同参与重大科技项目的风险管理工作，与银行等金融机构一起创新科技风险管理机制与服务，为科技企业特别是科技型中小企业提供融资、担保方面的支持。

四是探索保险资金支持科技发展新方式。研究保险资金支持国家高技术产业发展的机制和措施，探索保险资金参与国家高新技术产业开发区基础设施建设、战略性新型产业的培育与发展、创业投资以及国家重大科技项目投资的方式方法。

本章小结

1. 工程保险是一种同时涵盖物质损失保险与责任保险的综合性保险，负责赔偿工程项目在建设过程中因自然灾害或意外事故造成的物质财产损失以及被保险人由保险事故发生而依法应对第三者的财产损失和人身伤亡承担的赔偿责任。工程保险包括建筑工程保险、安装工程保险、家庭装修工程保险、船舶工程保险和高科技工程保险等多种。工程保险作为一种综合性险种承保风险广泛且集中，不同险种之间也会存在内容相互交叉。同时工程保险涉及多方利害关系人、技术要求高、采用工期保单的特点都对工程保险的承保提出了更高的要求。

2. 建筑工程保险是一种同时承保建筑工程在建造过程中因自然灾害或意外事故造成的物质财产损失以及被保险人由此依法应对第三者的财产损失和人身伤亡、疾病承担的赔偿责任的综合保险，适用于各种民用、工业用和公用事业用建筑工程项目，包括房屋、工厂、仓库、道路、水坝、桥梁、港埠等建筑项目。

3. 安装工程保险是一种同时承保安装工程在安装、调试过程中因自然灾害或意外事故造成的物质财产损失以及被保险人由此依法应对第三者的财产损失和人身伤亡承担的赔偿责任的综合保险，主要适用于各类安装工程，例如成套设备、生产线、大型机器装置、各种钢架结构、管道安装等。安装工程保险在形式和内容上与建筑工程保险基本一致，两者相辅相成，共同为工程项目提供保险保障。但相比建筑工程保险，安装工程保险的主要承保对象是安装项目而不是建筑项目，安装工程中风险主要集中在试车、考核阶段，而不像建筑工程的风险几乎均匀地分布在整个建筑期内；而且安装工程面临的人为风险更高，建筑工程面临的主要风险是自然灾害。

4. 科技保险是指运用保险作为分散风险的手段，对科技企业或研发机构在研发、生产、销售、售后以及其他经营管理活动中，因各类现实面临的风险而导致科技企业或研发机构的财产损失、利润损失或科研经费损失等，以及其对股东、雇员或第三者的财产或人身造成现实伤害而应承担的各种民事赔偿责任，由保险公司给予保险赔偿或给付保险金的保险保障方式。

思考与练习

1. 工程保险是什么？它有哪些特点？

2. 工程保险包含哪些险种？

3. 建筑工程保险的被保险人有哪些？在存在多个被保险人时如何安排投保？

4. 建筑工程保险的保险标的是什么？
5. 建筑工程保险的保险责任是什么？承保哪些风险？
6. 建筑工程保险的保险期间如何界定？
7. 安装工程保险有哪些特点？
8. 建筑工程保险与安装工程保险的区别是什么？
9. 科技保险的概念是什么？
10. 科技保险包含哪些险种？

第九章
农业保险

本章提要

本章在介绍农业风险的基础上，对农业保险的定义、特点、分类进行了概述。介绍了种植业保险和养殖业保险的基本内容，包括保险标的、保险责任范围、保险期间、保险金额、保险费率及保险理赔方式。最后是农业保险的几种经营模式。

学习目标

理解农业风险的种类、特点及风险管理方式。
了解农业保险的定义及特点，以及农业保险的分类。
了解各类农业保险实务。
理解国内外农业保险的几种制度模式。

农业保险是对种植业、养殖业在生产、哺育、成长过程中可能遭到的自然灾害或意外事故所造成的经济损失提供经济保障的一种保险，它是财产保险的一种。农业保险不是农村保险，农村保险是一个地域性的概念，它是指在农村范围内所举办的各种保险的总和。农村保险不仅包括农业保险、农业生产者的家庭财产保险和人身保险，还包括乡镇企业的各种财产、人身、责任等保险种类。

第一节 农业保险概述

“民以食为天，国以粮为本。”农业是一国国民经济的基础，促进农业高效稳定的发展一直是社会的重要课题。然而，农业也是一个风险产业，它面临着自然风险、技术风险、经济风险等多种风险的挑战，高效地应对和管理这些农业风险是确保农业高效稳定发展的关键。农业保险作为一种风险转移手段可以用于转移农业生产经营过程中的某些特定风险，补偿风险造成的农业损失，维护农业的稳定发展。

一、农业风险

农业风险是指在农业生产或经营过程中动植物的生长机能受到不可预期的自然灾害和意外事故的破坏，从而使农业生产者遭受经济损失的可能性。农业风险是农业保险存在的前提。

农业区别于其他行业的特点是，农业的主要活动是在露天进行的，农业生产的对象是动植物，这就决定了农业的生产、经营活动更直接和更紧密地依赖于自然条件，最易受自然条件的影响。由于人类的知识、技术手段的限制，对自然界的许多规律还没有认识。因此，客观存在着动植物的生长机能遭受自然灾害破坏的可能性，再加上不可预料的意外事故对动植物生长机能破坏的可能性，就是所谓的农业风险。

（一）农业风险的种类

根据农业风险的产生原因，我们将农业风险分为自然风险、技术风险、经济风险和社会风险四类。

1. 自然风险

农业的自然风险是指由于自然力的不规则变化引起的种种物理化学现象而造成农业损失的不确定性，它是农业生产和经营中的主要风险。农业自然风险主要表现为气象风险、地质风险、生物风险和环境风险等。其中气象风险是指由于农业气候条件的异常变化造成产业损失的风险，包括低温冷寒、干旱、暴雨、洪涝、风灾、霜冻、冰雹等；地质风险是指地质表层及地质体发生一定程度的变化给农业经营带来的危害，例如地震、火山、滑坡、泥石流、地裂缝、土地沙漠化及沼泽化、土壤盐碱化等；生物风险是指各种有害生物和物种的侵害造成农业损失的可能性，主要是由病、虫、草、鼠等在一定环境条件下爆发或流行给农业生产造成的巨大损失，例如瘟病、炭疽病、稻瘟病、黏虫等；环境风险是指由于自然生态环境的恶化给农业产业带来的危害，包括资源衰竭、水土流失、水土污染和温室效应等。

2. 技术风险

农业的技术风险是指因技术因素，例如农业科学技术的发展、进步和提高而给农业生产经营造成损失的可能性。农业科学技术的发展一方面极大地提高了农业生产的效率，另一方面也让农业生产经营面对更多的风险，这些风险来源于科学技术的副作用，例如在农业技术投入方面存在假冒伪劣技术的可能，在农业技术使用方面需要使用者具备一定的知识和技能，不恰当的技术使用可能会适得其反，农业科学技术本身也可能存在一定的风险，例如农业生产过程中为防止病虫害而使用药剂可能造成其产物食用者中毒等。

3. 经济风险

农业的经济风险是指农产品流通过程中，由于经济市场中各种不确定因素的影响而给农业生产和经营带来的负面影响，例如由于经营管理不善、市场预测偏差、市场供求失衡、农产品价格波动、经济贸易条件变化、通货膨胀、汇率变动等因素造成的农业经营的实际损益与预期损益的偏差。

4. 社会风险

农业的社会风险又被称为行为风险，是指由于个人或团体的社会行为造成的风险，特别是由于个人或团体的过失、疏忽甚至恶意破坏等行为造成的风险。农业的社会风险主要表现为政策风险和体制风险两个方面。政策风险是指与农业经济相关的政策的不稳定性甚至政策失误给农业生产经营带来的损失，例如农产品的集中收购政策的变动给农户带来的收入变动、政府干预农业生产强制要求某一地区种植某种农作物造成的供需失衡等；体制风险是指由于经营管理体制不能适应农业生产发展的需要而产生的风险。

（二）农业风险的特点

一般情况下，风险的基本特点是普遍存在性、客观性、某一具体风险事故的发生具有偶然性。与其他产业相比，农业产业的风险不仅具备风险的基本特点，还有广泛性、自然风险为主、相关性、系统性和损失复杂性的特点。

1. 广泛性

农业风险的广泛性表现为农业风险的种类繁多。农业是一个自然再生产与经济再生产相交织的产业，农业风险的形成既是自然风险因素作用的结果，也是技术风险因素、经济风险因素和社会风险因素共同作用的结果，因此农业风险因素的多样性直接决定了农业风险种类的多样性。如前所述，农业风险可以分为自然风险、技术风险、经济风险和社会风险等多种风险，每种风险中又包含多种子风险，例如自然风险包含气象风险、生物风险、地质风险和环境风险等。

2. 自然风险为主

农业风险的内容十分丰富，但就不同种类风险的影响来说，自然风险依然是农业面临的主要风险。由于社会生产力水平的制约，人们对自然因素的驾驭能力依然有限，应对自然风险的能力还有所不足。

在自然风险中，气候异常如干旱、洪涝、风雹、霜冻等与病虫害对农业生产的威胁最大，地质灾害等其他自然灾害的影响相对较小，但环境污染带来的环境灾害正在成为农业生产的重要风险种类。当然，不同的农业产业具有不同的特点，因此自然风险对不同的农业产业所造成的损失也不尽相同。通常，越是对自然过程、自然环境等因素依赖性强的产业，越容易受自然风险的影响。因此笼统地来讲，自然风险对种植业的危害最大，对养殖业的危害相对弱一些。

3. 相关性

农业风险的一个典型特点是具有相关性，即一种风险事故的发生可能性会引起另外一种或多种风险事故的发生，多种风险事故同时作用，造成损失不断扩大，容易产生巨灾损失。例如，在雨涝季节，高温高湿的气候容易诱发作物的病虫害，台风的到来往往伴随着暴雨，山区的暴风雨灾害会引发山洪、泥石流等多种灾害发生。因此农业风险具有一定的相关性，进而演变成为巨灾风险，使得农业风险具有巨灾性的特点。

4. 系统性

农业风险的系统性表现为农业风险不是仅作用于特定的农业生产者或经营者，而是作用于整个农业产业，而农业是国民经济的基础，农业产业与其他产业都或多或少有着直接或间接的关联，因此农业产业的发展也直接或间接地影响着整个社会经济的发展。例如，农业风险的发生造成农业大面积减产或歉收，直接导致农业产出的减少，也直接导致以农副产品为原材料的工业、饮食服务业等相关产业，进而影响全体人民的生活质量；反过来，农业的大丰收可以为国家整个经济的发展提供良好的基础，促进整个社会经济健康持续发展。

5. 损失复杂性

农业风险的损失复杂性表现在两个方面：一方面，通常风险事故的发生必然导致损失，但农业风险事故的发生却不一定导致损失。例如，秋天的冰雹可以将玉米的茎秆砸断，给苗期的玉米带来灾害，但玉米拥有较强的再生能力，冰雹在带来灾害的同时也给土壤增加了水分和氮元素，为后期的玉米生长提供了养分，因此冰雹的发生并不一定最终造成玉米的损失。另一方面，由于农业风险的作用对象是有生命、有生长机能的动植物，而且它们的生活周期和生长周期都比较长，在此期间内，动植物都有可能会遭遇多种风险而产生一定的损失，而不同的生长期内它们抵御风险的能力有所不同，因而产生的损失程度也会变得较为复杂，这也是农业风险的一个特点。

（三）农业风险管理

农业风险的多种特殊性导致它比一般风险更加难以管理。风险管理的基本方法有风险回避、损失控制和损失融资三种。相应地，农业风险也可以通过这三种基本方法进行管理。

1. 风险回避

风险回避是指设法回避损失发生的可能性，这种方式的可行性通常较差，尤其是对于以自然风险为主要风险的农业风险而言，生产地点的转移或许可以规避某一种风险，却又需要面临其他风险，而且风险回避也意味着收益机会的损失，因而不适宜农业风险的管理。

2. 损失控制

损失控制就是在损失发生前，通过积极的控制技术减弱或消除风险因素，降低风险事故的发生概率，或者在风险损失发生时采取一定的措施减轻损失的程度。就农业风险的损失控制而言，可用的方法有很多。例如多元化生产，即充分利用不同种类农作物对同一风险的抵御能力和自身恢复能力的差异，对农业生产的作物、模式、空间和时间等要素进行整合规划，可以减弱农业风险的相关性，进而减少和分散损失；农业基础设施的建设也可以用来抵御风险，例如水利设施的建设可以抵御旱涝风险，动植物病虫害监测、预警、扑灭等技术的应用可以降低病虫害风险的危害等；在农业生产方面，可以通过订单农业的方式在一定程度上降低市场供需失衡的风险。

3. 损失融资

损失融资是指在风险损失发生前做好吸纳风险成本的财务安排以及时应对风险损失，保障灾后尽快恢复生产与经营的措施。损失融资通常包括风险自留和风险转移两种方式。风险自留的含义是由风险承担者独自应对风险所造成的损失，即风险承担者依靠自己的储蓄来吸收损失并恢复生产。在经济尚不发达的地区，储蓄是普通农业生产者最主要的风险管理方式，但随着经济和现代农业的发展，储蓄已不能满足农业风险管理的需要。将不再作为农业风险管理的主要手段。风险转移是指通过一定的方式，将风险从一个主体转移给另一个主体。就农业风险的风险转移而言，主要有农产品价格保护、农业灾害救济、农产品风险基金、农业保险和农业风险证券化几种风险转移方式，农产品价格保护方式下风险被转移给了政府，农业灾害救济方式下风险被转移给了政府或者社会无偿捐助者，农产品风险基金方式下风险被转移给了基金的资金供给者，农业保险方式下风险被转移给了保险人，农业风险证券方式下风险被转移给了证券投资者。

二、农业保险的概念

农业保险（agricultural insurance）是保险人对于从事农业生产的单位或个人在进行种植业、养殖业生产过程中遭受自然灾害和意外事故所造成的损失，在保险责任范围内承担赔偿保险金责任的保险，是财产保险的一种。农业保险有狭义和广义之分，狭义的农业保险特指种植业和养殖业保险，而广义的农业保险范围则涵盖农业产业的整个过程及相关财产和人员。

联合国贸易与发展委员会将农业保险定义为：首先，总的来说，农业保险涉及农业的整个过程，包括农作物收割后储藏加工以及将农作物运输到最终市场。进一步讲，它并不局限于耕种农作物，还包括园艺、种植园、森林等。其次，农业生产过程中所使用的财产，包括房屋机器、设备工具加工厂等都需要得到保护。再次，从事这些活动的人的保险，也是完备意义上的农业保险的必备内容。最后，对农户来说，各种手工业和家庭产品通常是一种重要的收入来源。所有这些都包括在农业保险的范围内。基于此可以看出，联合国贸易与发展委员会所定义的农业保险是指广义的农业保险。而本书所指的农业保险为狭义的农业保险。

三、农业保险的特点

农业保险虽然属于财产保险的范畴，但其以农业为承保对象，农业作为自然再生产与经济再生产相交织的产业，具有生产周期长、受自然条件影响大以及生产季节性、地域性和不稳定等特点，因而农业保险相比于普通财产保险在保险标的、承保风险和业务经营方面都有诸多不同。农业保险所具有的特性如下。

（一）保险标的的特殊性

农业保险的保险标的的特殊性表现在两个方面：一方面是保险标的种类繁多；另一方面是保险标的具有生命性，给农业保险的经营带来了更多的技术难题。

1. 保险标的种类繁多

根据我国《农业保险条例》，农业保险要覆盖种植业、林业、畜牧业和渔业，因而种植业、林业、畜牧业和渔业的生产对象都可以作为农业保险的保险标的。例如种植业的粮食作物水稻、小麦、大豆、花生等，经济作物棉花、油菜、烟草、葡萄等，林业的森林、果树等，畜牧业的家畜如肉牛、奶牛、驴等，牧畜如山羊和绵羊等，家禽如鸡、鸭、鹅等，渔业的鱼类、虾类、蟹类、贝类和藻类等，均可成为农业保险的保险标的，可见农业保险的标的种类之多。

2. 保险标的具有生命性

农业保险的保险标的大多是活的生物，它们都有一定的生长周期。每种生物在不同的生长周期都具有不同的价值，也即保险标的的保险价值始终处于变化的状态，只有当它成熟收获或长成时才能最终得以确定，因而农业保险的保险价值难以确定，在标的不同的生长期遭遇风险时的损失价值也难以衡量。

（二）承保风险特殊性

农业保险承保风险的特殊性表现在地域性和信息不对称两个方面。

1. 地域性

农业保险的地域性源于农业生产和农业灾害的地域性。各种有生命的动植物的生长都需要具备严格的自然条件。由于不同地区的地形、气候、土壤等自然条件不同，加之社会经济、生产条件和技术水平等因素各异，形成了动植物生长及灾害发生的地域性特点，因而农业保险在承保时需要因地制宜，根据不同地区的特点开办适当的险种，建立合理的农业保险空间布局来分散风险。

2. 信息不对称

信息不对称引起的道德风险和逆向选择在保险业中是一个普遍存在的问题，农业保险的保险标的主要是具有生命的动植物，其生长、饲养都离不开人为作用，而与标的相关的信息主要掌握在被保险人一方，保险人难以获得全面的信息，因此信息不对称导致的道德风险和逆向选择在农业保险中显得格外严重。就农业保险的道德风险而言，风险事故的发生与事故发生后的损失程度往往与被保险人的行为密切相关，被保险人的防灾防损、施救的态度和方法都直接影响损失率。例如一些农户在参加农业保险以后会忽视甚至放弃有效的风险管理措施，使得损失概率大大增加；再例如在勘察定损中，骗赔现象屡屡发生，一头牲畜的尸体被多次报案索赔等。

（三）业务经营特殊性

农业保险业务经营的特殊性体现在季节性、周期性和政策性三个方面：

1. 季节性

农业生产和农业灾害的发生都具有较强的季节性，使农业保险在展业、承保、理赔、防灾防损等方面都表现出明显的季节性，因而农业保险业务的开展不仅要遵循保险的一般规律，还要遵循农业生产的自然规律，严格跟随农业生产的季节性变化特点来经营农业保险。例如，农作物保险通常是在春季展业，等到秋后农作物收获时责任期结束。

2. 周期性

农业保险经营的周期性源于农业灾害的周期性。农业灾害特别是自然灾害的发生具有一定的周期性，通常大灾年份的出现也具有一定的周期性，这种风险的周期性直接导致农业保险的经营结果是无灾或小灾年份的赔付率较低，大灾发生时农业保险往往会出现严重超赔，因而农业保险的经营结果具有与农业灾害相一致的周期性。

3. 政策性

农业是一个高风险行业，因而以农业为承保对象的农业保险是一个高费率、高赔率的险种，这一方面使得农民没有能力购买农业保险，另一方面使商业保险公司对农业保险采取谨慎态度，结果是农业保险的发展异常缓慢。农业是国民经济的基础，农业的产出效益与社会效益紧密相连，因而为农业产业提供稳定作用的农业保险具有强烈的正外部性，具有准公共产品的性质，因此在市场经济中无法顺利开展的农业保险需要政府的支持和推动，因此农业保险是一种政策性保险。我国《农业保险条例》第三条第一款规定："国家支持发展多种形式的农业保险，健全政策性农业保险制度。"第七条规定："农民或者农业生产经营组织投保的农业保险标的属于财政给予保险费补贴范围的，由财政部门按照规定给予保险费补贴……国家鼓励地方人民政府采取由地方财政给予保险费补贴等措施，支持发展农业保险。"这两条规定明确指出我国的农业保险是由政府提供保费补贴的政策性保险。

四、农业保险的分类

农业保险的内容非常丰富，可以从不同的角度对其分类。

（一）按农业生产对象分类

按照农业生产对象或保险对象分类，可以将农业保险分为种植业保险和养殖业保险两大类。

种植业是指栽培植物以获取产品的生产行业。广义的种植业包括农作物栽培和林果生产两部分。种植业保险就是以种植业产品为保险对象的农业保险。根据种植业的分类，种植业保险也可以被分为农作物保险和林木保险两类。农作物保险是以农作物为保险标的，承保农作物在生长期和收获期遭受保险责任范围内的经济损失的一种农业保险，其中农作物是指人工栽培的植物，包括粮食作物、经济作物、绿肥和饲料作物等。农作物保险又可以根据农作物的不同生长阶段分为生长期农作物保险和收获期农作物保险。生长期农作物保险保障的是农作物从发苗至收获之前的生长期间的风险；收获期农作物保险保障的是农作物在成熟收获以后脱粒、碾打、晾晒和烘烤加工期间的风险。林木保险是承保林木生长期间因保险事故所致损失的保险，其保险标的主要包括森林和果树两种：前者被称为森林保险，主要承保天然林或人工林的林木在生长期间内保险风险造成的损失；后者被称为果树保险，主要保险标的为常绿果树和落叶果树。

养殖业是利用动物的生理机能，通过人工养殖以取得畜禽产品和水产品的生产行业。养殖业保险是以有生命的动物为保险标的，在投保人支付一定的保险费后，对被保险人在饲养期间遭受保险责任范围内的自然灾害、意外事故所导致的损失给予补偿的一种制度安排。养殖业保险包含畜禽养殖保险和水产养殖保险两类。畜禽养殖保险以人工养殖的牲畜和家禽为保险对象，又可以被分为牧畜养殖保险、家禽养殖保险、家畜养殖保险以及特种养殖保险四类。牧畜养殖保险以牧区放养的牲畜为保险标的，例如群养群牧的牛、马、驴、骡、骆驼、绵羊和山羊等；家畜养殖保险以猪、羊、兔等家畜为保险标的；家禽养殖保险以鸡、鸭、鹅等家禽为保险标的；随着经济的发展，特种养殖逐渐在我国市场出现，例如特种养殖的鹿、水貂、鸵鸟、肉鸽、蛇、牛蛙、蚯蚓等，因此也出现了为这些特种养殖动物而设计的保险，例如养鹿保险等。水产养殖保险以利用水域进行人工养殖的水产物为保险对象。根据水产养殖的水域环境条件的不同，可以将水产养殖保险分为淡水养殖保险和海水养殖保险两类。淡水养殖保险以在淡水水域进行人工养殖的水产品为保险标的，保险人主要承保淡水养殖产品的流失和死亡责任；海水养殖保险以利用海洋资源进行人工养殖的水产品为保险标的，保险人承保海水养殖产品的流失和死亡责任。按农业生产对象分类的农业保险见图9－1。

- 农业保险
  - 种植业保险
    - 农作物保险
      - 生长期农作物保险
      - 收获期农作物保险
    - 林木保险
      - 森林保险
      - 果树保险
  - 养殖业保险
    - 畜禽养殖保险
      - 牧畜养殖保险
      - 家禽养殖保险
      - 家畜养殖保险
      - 特种养殖保险
    - 水产养殖保险
      - 淡水养殖保险
      - 海水养殖保险

图9－1　按农业生产对象分类的农业保险

（二）按损失保障程度分类

按损失保障程度分类，可以将农业保险分为成本保险和产量保险（产值保险）两种。成本保险以生产投入作为确定保障程度的基础，按照生产成本来确定保险金额；产量保险或产值保险以生产的产出量或产出值作为确定保障程度的基础，按照生产产出确定保险金额，以产出量计算的为产量保险，以产出价值计算的为产值保险。

（三）按保险责任范围分类

根据保险责任范围的不同，可以将农业保险分为单一风险农业保险、多风险农业保险和一切险农业保险。单一风险农业保险只承保一种风险，例如林木火灾保险、农作物雹灾保险等；多风险农业保险承保多种列明的责任，例如人保财险的棉花种植保险同时承保暴雨、洪水（政府行蓄洪除外）、内涝、风灾、雹灾和冻灾六种风险造成的损失，人保财险的能繁母猪养殖保险不仅负责赔偿火灾、爆炸等意外事故直接造成的保险标的的死亡损失，也负责赔偿猪丹毒、猪肺疫等疾病直接造成的保险标的的死亡损失；一切险农业保险承保除责任免除以外的所有风险，例如美国开办的农作物一切险，承保了几乎农作物所有灾害事故风险，但我国目前尚未开办此类险种。

第二节 种植业保险

种植业保险是指以种植业产品为保险标的，以生产过程中可能遭遇的某些风险为承保责任的一类保险业务的统称。它包括农作物保险和林木保险。按照生产周期的不同，农作物保险可以分为生长期农作物保险和收获期农作物保险；林木保险又分为森林保险、经济林保险、园林苗圃保险等。

一、保险标的

（一）农作物保险

1. 生长期农作物保险

生长期农作物保险的保险标的是处于生长期的各种农作物，包括粮食作物、经济作物、园艺作物、食用菌类作物以及绿肥及饲料作物。粮食作物可以分为禾谷类作物、豆类作物、薯芋类作物三种，禾谷类作物包括水稻、小麦、玉米、高粱、稷、薏米、荞麦等，豆类作物包括大豆、蚕豆、豌豆、绿豆等，薯芋类作物包括番薯、木薯、马铃薯、水芋、香芋等；经济作物包括纤维类作物、油料作物、糖类作物三种，纤维类作物例如棉花、大麻、黄麻、苎麻、剑麻、蕉麻等，油料作物如油菜、花生、芝麻、向日葵、棉籽、蓖麻、苏子、油用亚麻和大麻等，糖类作物如甘蔗、甜菜等；园艺作物包括瓜果、蔬菜、竹笋、花卉、观赏植物、种苗、药材等；食用菌类作物包括黑木耳、香菇、蘑菇等；绿肥及饲料作物包括苜蓿、紫云英、水葫芦等。

2. 收获期农作物保险

收获期农作物保险的保险标的是指在收获后能够在场院中进行晾晒、脱粒、碾打和烘烤等加工程序的各种夏秋粮食作物和经济作物。例如收割后的水稻和小麦可以作为收获期水稻、小麦保险的保险标的，采摘下来的烟叶是烤烟水灾保险的保险标的。

（二）林木保险

林木保险包括森林保险和果树保险两种。凡是生长和管理正常的人工林和天然林都可以成为森林保险的保险标的，例如防护林、用材林、经济林、薪炭林、特殊用途林等。果树保险的保险标的包括七类果树，仁果类如苹果树、核果类如樱桃树、浆果类如葡萄树、坚果类如核桃树、柑果类如柚子树、柿枣类如柿子树、亚热带及热带果类如香蕉树等。

二、保险的责任范围

（一）农作物保险的保险责任

生长期和收获期农作物保险主要涉及粮食作物、经济作物和其他作物。生长期农作物面临的主要灾害有两类：一是由自然气候原因引起的自然灾害，包括干旱、水灾、涝灾、冰雹、干热风、霜冻、暴风、暴雨、台风、龙卷风、寒潮等；二是由病虫草的危害引起的自然灾害。根据保险人承担风险责任的多寡，农作物保险有单一风险责任、综合风险责任和一切风险责任之分。

承保农作物单一风险责任的保险，简称“农作物单一险”，就是保险人只承保一种风险责任的保险，例如，小麦雹灾保险、棉花雹灾保险，保险人只对冰雹灾害引起的生长期小麦和棉花产量损失负赔偿责任。又如，水稻、小麦火灾保险，保险人只承担水稻、小麦在收割、运输、脱粒、碾打、晾晒过程中由于火灾原因造成保险标的损失的赔偿责任；烤烟保险，保险人只承担烟叶烘烤加工过程中因火灾原因造成保险标的损失的赔偿责任。

有的险种承担两种或两种以上的风险责任，这种保险简称“农作物综合险”。如棉花保险，承保的风险责任有冰雹、洪水、渍涝、暴风、龙卷风等。

承保农作物一切风险责任的保险简称为“农作物一切险”。这种保险的保险人承担几乎所有的自然灾害和病虫灾害造成的损失赔偿责任。包括地震、干旱、洪水、冰雹、大风、霜冻、雷电、火灾、雨涝、大雪、飓风、龙卷风、病害、虫害等。

（二）林木保险的保险责任

林业生产中的风险很多，有自然风险，例如火灾、洪灾、风灾、雪灾、冻害、雹灾、野兽危害、病虫害等；有社会风险，例如盗伐、哄抢等。林木保险的保险责任可以有多种选择，有单一风险保险和综合风险保险，但目前在一般情况下，保险人对森林只出售森林火灾保险单，承担单一火灾风险的损失补偿责任。

（三）保险责任免除

（1）被保险人及其关系人故意行为、欺骗行为所致的损失。

（2）被保险人管理不善，或者违反经当地实践证明是合理的栽培技术，选择作物品种不当，购买的是生产率低的品种，或自然淘汰、死亡。

（3）战争、军事行为、偷盗以及被野兽、牲畜、禽类猎食造成的损失。

（4）其他不属于保险责任范围的损失。

三、保险期间

（一）农作物保险

农作物保险的保险期间与保险标的的特点相关。生长期农作物保险的保险期间通常自农作物出苗或移栽成活时起，至农作物成熟收割时止。如果农作物存在分期收获的情形，例如棉花和烟草，保险期间通常至最后一批农作物成熟收割时止。收获期农作物保险的保险期间通常自农作物成熟收割时起，至碾打完毕入库时止。

（二）林木保险

林木的生长周期较长，通常为数年。林木保险的保险期间可长可短，通常为 1 年，并且要求保险期间的开始一定在林木栽植成活以后。对于果树保险而言，保险期间通常由投保人和保险人参照果树萌芽、开花、结果、果实成熟的生长期协商确定，保险期间自果树萌芽开始至果实成熟时止，保险期间最长不超过一年。

四、保险金额

（一）农作物保险

农作物保险的保险金额主要有两种确定方式，一种是以生产成本确定保险金额，另一种是以产值确定保险金额。

1. 以生产成本确定保险金额

以生产成本确定保险金额的方式是指被保险农作物的每亩保险金额由投保人与保险人参照其生长期内所发生的直接物化成本协商确定。直接物化成本包括种子成本、化肥成本、农药成本、灌溉成本、机耕成本和地膜成本。总的保险金额由每亩保险金额乘以保险面积得到。在以生产成本确定保险金额的方式下，有些农作物保险会约定保险金额最高不超过该种农作物当地平均生产成本的一定比例，如80%，以不足额保险的方式规避被保险人的道德风险。

2. 以产值确定保险金额

以产值确定保险金额的方式是指被保险农作物的每亩保险金额由投保人与保险人参照该种农作物的当地平均产量协商确定保险产量，并约定作物价格，每亩保险金额由保险产量与约定价格的乘积确定，总保险金额只需再乘以保险面积即可得到。

对于园艺作物而言，其保险金额的确定方式有多种，通常按照每单位的生产成本确定，多季园艺作物的保险金额需要分季确定，名贵园艺作物的保险金额由保险双方协商确定，温室的每亩保险金额需按主要材料及附属设备分项确定。

（二）林木保险

森林保险金额的确定方式有按造林成本确定和按产量确定两种。

1. 按造林成本确定保险金额

按造林成本确定保险金额的方式是指由投保人与保险人参照林木在造林、育林过程中投入的直接物化成本协商确定保险金额。直接物化成本一般包括树种费，整地、移栽费，材料、运输费，设备、防护、管理费等。由于森林是经过多年生长形成的，其成本也是逐年增加的，所以其保额呈倒塔形，可以分成若干档次计算保险金额。

2. 按产量确定保险金额

林木的产量即林木蓄积量，以林木蓄积量确定保险金额是指根据林木蓄积量与约定林木价格的乘积确定保险金额的方式，即：

森林保险金额 = 单位面积上林木蓄积量 × 木材单价 × 保险面积

以林木蓄积量确定保险金额时，通常使用国家收购的最低价格确定木材价格。果树保险的保险金额确定方式也有成本确定和产值确定两种：按成本确定保险金额即参照每株果树的栽植成本或评估价值确定每株果树的保险金额，再乘以每亩果树株数，再与保险面积相乘即可得到总的保险金额；按产值确定果树保险金额的方式类似于农作物按产值确定保险金额的方式，即参照当地同龄果树的年平均亩产产量，与约定价格相乘得到每亩保险金额，再与保险面积相乘即可得到总的保险金额。

五、保险费率

同其他财产保险一样，农业保险的保险费率也由纯费率和附加费率构成。农作物保险的纯费率是以保额损失率为基础的，在实际工作中，附加费率（营业费用率）通常按纯费率的一定比例来确定。根据有关规定，该费用率按纯费率的 15% 计算。

毛费率是由纯费率和附加费率组成。

六、保险理赔

1. 对生长期农作物保险的赔偿处理

（1）全部损失。生长期农作物受灾后，80% 以上的植株死亡，已没有实现该作物预期收获量的可能，或改种其他作物的季节已过，这种情况下视为全部损失，按保额赔偿。计算公式为：

亩赔款 = 单价 × 亩平均保险产量

亩赔款 = 亩保险成本 − 还未投入的成本

受灾后经保险人同意改种同类作物的，保单继续有效。但是在赔款计算中要扣除改种后的农作物收益。具体赔款计算公式为：

亩赔款 = 单价 × 亩平均保险产量 − 改种时亩赔款 − 改种后亩收入

亩赔款 = 亩保险成本 − 改种时亩赔款 − 改种后亩收入

改种时亩赔款只限于改种时投入的种子（种苗）和人工费。

（2）部分损失。不论保成本还是保收获量的成数，一般都在收获前（一般为蜡熟期）。测产计算出每亩实际的收益数额。其赔款数额为亩保险金额减去亩平均收入数额。种子的成熟期可分为乳熟期、蜡熟期和完熟期三个时期。乳熟期种子的营养继续积累，种子粒重不断增长；种子进入完熟期，麦粒养分会倒流入秸秆，造成粒重下降，因此种子最好的收获时期为蜡熟期。农作物部分损失的计算公式为：

亩赔款 = 单价 ×（亩保险产量 − 实收亩平均产量）

亩赔款 = 亩保险成本 − 亩平均收入

计算时，只有出现正数，才发生赔款。

2. 收获期农作物保险

保险金额一般是正常年景下前 3 ~ 5 年平均亩产量的八成价值。农产品价格以当地收购价或协议定价计算，用公式表示为：

亩保额 = 正常年景下前 3 ~ 5 年平均亩产量 × 保险约定的价格 × 承保成数

另外，有的收获期农作物保险金额还包括了使用的机械、设备、烘烤的价值。

3. 林木保险的理赔

（1）如果承保森林发生全损，则按保险金额扣除残值后进行赔付。

（2）如果承保森林发生部分损失，则赔偿金额由保险金额和损失程度进行确定。损失程度的计算公式如下：

损失程度 =（灾前标的估价 − 残值）/ 灾前标的估价

在此，若实际林地面积大于投保面积，则按比例赔付，即实际赔偿金额 = 应付赔偿金额 ×（投保面积/实有面积）；若发生多次保险事故，并多次赔款，则应冲减其保险金额，在有效保险金额限度内赔偿。有效保险金额的计算公式为：

有效保险金额 = 原保险金额 − 已赔款金额

在理赔中，要扣除免赔金额和残值。

对果树保险，因水果价格受供求影响较大，实际中只承保产量而不承保产值，也不负责水果质量损失补偿。承保价格可按前 3 ~ 5 年的平均价格并结合市场预测，以及理赔时约定价格波动值的五至七成确定。

第三节　养殖业保险

养殖业保险是指以各种处于养殖过程中的动物为保险标的、以养殖过程中可能遭遇的某些危险为承保责任的保险。一般把养殖业保险分为畜禽养殖保险和水产养殖保险两大类。畜禽养殖保险主要有牧畜养殖保险、家畜家禽保险等险种。

一、保险标的

（一）畜禽养殖保险

1. 牧畜养殖保险

牧畜养殖保险的保险标的是群养群牧的牲畜，包括肉牛、奶牛、牦牛、马、驴、骡、骆驼等大牲畜以及绵羊、山羊等小牲畜。

2. 家畜养殖保险

家畜养殖保险的保险标的有大家畜和中小家畜之分，大家畜主要是肉牛、奶牛、牦牛、马、驴、骡、骆驼等，中小家畜主要是猪、羊、兔等。大家畜还可根据生长期不同分为幼畜、青年畜、成年畜，通常只有健康、饲养管理正常的青年畜和符合年龄要求的成年畜才可以成为家畜养殖保险的保险标的，幼畜和高龄畜因为染病率和死亡率较高而不予承保。类似地，只有无伤残、无疾病且断乳的中小家畜才可以成为家畜养殖保险的保险标的。

3. 家禽养殖保险

家禽养殖保险的保险标的是符合卫生、防疫、科学饲养管理设施以及技术条件的规模化养殖的家禽，如鸡、鸭、鹅、鸽、火鸡、鹌鹑等。非规模化生产的单个家禽不予承保。

4. 特种养殖保险

特种养殖保险涉及的动物按照动物学分类，可以分为特种兽类（如肉狗、果子狸等）、特种禽类（如鸵鸟、孔雀等）、特种爬行类（如蛇、鳖等）、特种两栖类（如牛蛙、蟾蜍等）、特种鱼类（如鳗鲡、罗氏沼虾等）、特种节肢动物（如蚯蚓等）等；按用途来划分，可分为食品及饲（饵）料动物（如蚯蚓、蜗牛等）、工业原料动物（如鹿、江豚等）、药用动物（如珍珠贝类等）、保护和改造环境动物（如蚯蚓等）、实验动物（如小鼠、猩猩等）、观赏动物（如鸳鸯、天鹅等）、皮用动物（如兔子、狐狸、水貂等）等。我国特种养殖保险试办时间不长，曾先后开展养鹿保险、养貉保险、养蜂保险等，但其承保和理赔技术尚不完善。近几年，有个别具备条件的公司试办了养鸵鸟保险、养蟹保险、养牛蛙保险、养肉鸽保险等特种养殖保险，但业务很少，没有形成规模。

（二）水产养殖保险

1. 淡水养殖保险

淡水养殖保险的保险标的主要是鱼、蚌、珍珠贝类等人工养殖的淡水生物。淡水养殖保险要求保险标的具有一定的养殖面积，水源充足、无污染且周围无污染，投保人具有一定的饲养技术和条件等。

2. 海水养殖保险

海水养殖保险是为利用海水资源进行人工养殖的农户提供的一种保险。目前，我国开办的海水养殖保险有对虾养殖保险、扇贝养殖保险等。海水养殖保险同样需要养殖区有无污染的水质，要求最近三年内无赤潮发生而且具有较好的避风条件。

二、保险的责任范围

（一）畜禽养殖保险

畜禽养殖保险主要负责赔偿下列四种风险造成保险标的死亡、伤残或者失去原有功能（例如奶牛丧失产奶能力）而产生的直接损失。

1. 自然灾害

畜禽养殖保险承保的自然灾害包括台风、龙卷风、暴风、暴雨、雷击、地震、冰石、冻害、洪涝（政府行蓄洪除外）、泥石流、山体滑坡等。

2. 意外事故

畜禽养殖保险承保的意外事故既包括火灾、爆炸、触电、溺水、野生动物侵害、建筑物倒塌、空中运行物体坠落，也包括非养殖者人为造成的煤气中毒及停水、停电等设备故障。此外，畜禽在生产时遭遇难产导致死亡或胎产造成子宫受伤所致伤残失去繁殖能力也可以纳入保险责任范围。

3. 疾病

养殖保险承保的疾病依保险标的的不同而有所不同，例如生猪、种猪、能繁母猪养殖保险负责赔偿保险标的因遭遇猪丹毒、败血症、猪肺炎、流行性腹泻、猪瘟、大肠杆菌病、免疫副反应（中暑、中毒除外）产生的损失。肉牛养殖保险负责赔偿肉牛感染口蹄疫、布鲁氏菌病、牛结核病、牛焦虫病、炭疽、伪狂犬病、副结核病、牛传染性鼻气管炎、牛出血性败血症、日本血吸虫病而死亡所造成的直接损失。肉鸡养殖保险负责赔偿肉鸡因感染新城疫、低致病性禽流感、传染性法氏囊病、传染性支气管炎、衣原体、支原体和球虫等禽类经常发生的疾病而造成的损失。

4. 社会风险

社会风险是指按照国家有关规定，经畜牧兽医行政管理部门确认发生疫情，并且经区（县）级以上政府下封锁令进行的强制扑杀。

（二）水产养殖保险

水产养殖保险的保险责任包括死亡责任和流失责任两大类。死亡责任是指由于缺氧、疾病、他人投毒等灾害事故造成的水产品死亡；流失责任是指由于台风、龙卷风、海啸、洪水等自然灾害造成鱼塘、虾池的堤坝倒塌所引起的水产品流失。

（三）保险责任免除

（1）被保险人及其关系人故意行为、欺骗行为所致的损失。

（2）被保险人管理不善，或者违反经当地实践证明是合理的饲养技术，选择品种不当，购买的是无繁殖能力的品种，或自然淘汰、死亡。

（3）战争、军事行为、偷盗以及被野兽、牲畜、禽类猎食造成的损失。

（4）其他不属于保险责任范围的损失。

三、保险期间

养殖险的保险期间主要是根据农区及牧区畜禽、水产的种类、生长发育规律及经济用途等因素确定，一般与养殖的生产周期相一致。在形式上表现为两种：一种是生长期或使役期超过一年的养殖保险，其保险期间一般规定为一年；另一种是根据养殖周期确定保险期间，主要用于生长期或使役期短于一年的畜禽或水产。例如《北京市2015年政策性农业保险统颁条款》中规定，肉鸡养殖保险的保险期间是45天，自雏鸡进入饲养鸡舍次日零时起至饲养45天之日二十四时止；肉鸭养殖保险的保险期间是44天，自雏鸭进入饲养鸭舍次日零时起到饲养44天之日二十四时止；渔业养殖保险的保险期间为被保险水产品的一个养殖期，最长不超过12个月。

养殖保险通常在保险期间内设立7～20天的观察期，在观察期内发生的保险事故保险人不负责赔偿，但可以退还相应的保险费。

四、保险金额

（一）畜禽养殖保险

确定畜禽养殖保险的保险金额，需要综合考虑畜禽的种类、用途、年龄、饲养成本、健康状况以及所在地区的经济水平等多种因素，选择适合的方法确定保险金额。通常确定畜禽养殖保险的保险金额的方式有估价承保和定额承保两种。估价承保是指投保人与保险人根据保险标的的具体状况通过协商估价来确定保险金额，估价后按照成数进行承保，这种承保方式适用于牧畜养殖保险；定额承保是指保险人根据保险标的的种类、用途、年龄、经济价值等制定不同档次的保险金额由保险双方选择适当的保额档次进行承保。此外，中小家禽保险主要根据家禽的不同生长阶段及不同季节的价格差异实行变动保额；大牲畜可以根据账面价值或市场价值确定保险金额。

（二）水产养殖保险

水产养殖保险确定保险金额的方式有按成本确定和按产鱼确定两种方式，前者按照保险标的在生长期间投入的总成本确定保险金额，后者以保险标的的市场价格或产品销售价格的一定成数确定保险金额。

五、保险费率

牲畜保险的费率一般是根据某类牲畜的损失率制定的。在初办某种牲畜保险的地方，可根据该种牲畜的社会死亡率确定费率。在已经开办了很长时间的地方，应根据保险公司历年积累的赔款统计资料来计算损失率，经验期一般为 5 ~ 10 年：

损失率 = 赔款总额/保险金额总数

并加上适当的稳定系数，一般掌握在 15% 左右。同其他险种一样，牲畜保险的费率也由纯费率和附加费率两部分组成。

六、保险理赔

（一）对大家畜保险的理赔

（1）按账面价值成数承保的，按账面价值扣除残值后的余额进行赔付赔偿公式为：

赔偿金额 = 账面价值（保额）– 残值

（2）按估价承保的，在保险金额内按出险时市场价格扣除残值后进行赔付。

（3）按畜龄分档次定额承保的，按每头的保险金额赔付，不扣残值。因为承保时，仅按当时大牲畜实际价值的一定比例予以确定，已考虑了大牲畜跌价的因素和残值回扣的部分。

（二）对中小家畜保险的理赔

1. 赔付方式

在赔付方式上，按定额承保的，在定额内按相应的档次赔付，不扣残值；按变额承保的，以死亡的家畜尸体重量乘以保险价格，扣除残值后赔付。

2. 理赔技术要点

为防止道德风险，促进养殖人加强饲养管理，减少人为事故造成的损失，在理赔过程中，保险人应注意以下理赔技术要点：第一，坚持在保险金额范围内、补偿出险时的实际损失；第二，坚持数量（头或只）的免赔规定，剔除中小家畜正常死亡因素；第三，必须扣除死亡赔偿应收回的残值；第四，出险时，实际存栏数量多于承保数量时，应按比例赔付；第五，与有关部门联合共保的，应按共保合同规定比例，分提赔款，采取逐日变动保额比较合理。

（三）对水产养殖保险的理赔

水产养殖保险的赔偿处理可根据承保方式的不同采取不同的赔偿处理方法，坚持保成本赔成本、保产值赔产值的原则。方法有两种，具体如下。

1. 保养殖成本的赔付方法

按成本的投入规律补偿出险时已投入的成本损失。根据保险标的在保险期限内的不同时期凝聚的不同成本量，在保险条款中规定不同的赔付标准（不同时期的赔偿额占最高保额的比例）来计算赔偿金额，残值在赔款中扣除。这种办法主要用于内塘养鱼保险、网箱养鱼保险等。对于养殖水面比较大、发生损失后难以测定其损失程度的水产养殖保险，可根据养殖条件（工具）的损失程度来确定赔偿比例，如围栏养鱼就可以根据围栏的损失大小和流失时间来规定赔偿比例。

2. 保产值的赔付方法

按实际损失在保险金额内赔付，并扣除残值。

第四节 农业保险制度模式

一、国外农业保险的制度模式

世界上有多个国家推行农业保险，由于不同国家的国情不尽相同，因而所选择的农业保险的制度模式也不尽相同，归纳起来主要有四种：

（一）政府主导型农业保险模式

政府主导型农业保险模式主要以美国、加拿大为代表，也可以称为美国、加拿大模式简称“美加模式”，其基本特点为“政府主办政府经营”。美国和加拿大都以国家专门的保险机构主导和经营政策性农业保险为主，政府关于农业保险的政策重点在农作物（目前正逐渐向牲畜饲养业扩展）上，有健全的、不断完善的农作物保险法律法规，并依法由官方农作物保险公司提供农作物（包括果树、水产养殖）一切险的直接保险和再保险。这种经营是政策性的，但农民均是自愿投保，农民对投保的农作物仅支付纯保费的部分，其余由政府补贴。

美加模式有时也可称为国家和私营、政府和民间相互联系的双轨制农业保险保障体系模式，如美国联邦农作物保险公司（FCIC）、私营保险公司、农作物保险协会共同参与开办，实行强制与自愿相结合，美国政府则通过保费补贴、业务费用补贴、再保险、免征税费等形式给予扶持。

美国农业保险的基本特点为：第一，农业保险实行双轨经营，一方是政府农业部领导下的联邦农作物保险公司；另一方是民间私营保险公司与各州的相互保险公司，经营农作物雹灾险、混合保险和一切风险保险。第二，实行政府补贴，包括对投保人进行保费补贴对民营保险公司经营农业保险的亏损按法定补贴，承担民营保险公司经营农业保险人员的薪金费用、为民营保险公司提供再保险，联邦农作物保险公司则不以营利为目的。第三，实行自愿保险，美国农业现代化程度高，农场主的保险意识强，可根据风险转嫁的需要，选择单一风险保险、综合风险保险或一切风险保险。

在该模式下，政府采取认捐方式出资组建官方的农作物保险公司，免除一切税负并对经营管理费用提供一定的补助。农作物保险公司直接经营政策性农业保险，原则上农民自愿投保，但也有促使农民投保的强制条件，如比例保费补贴、农户信贷、生产调整、价格补贴等都与是否参加保险相联系。

在美加模式下，由中央政府统一组建政策性的全国农业再保险公司，政府可通过再保险机制，使农业风险在全国范围内得以最大限度地分散，维持国家农业生产的稳定。同时，可以补贴各省市、区农业保险的亏损。这种补贴不同于一般的民政救济，而是一种差额补贴，专业性的农业保险公司、一般的保险互助合作社或愿意经营农业保险的其他商业性保险机构，可按低于农业风险的实际费率来承保，当赔付率超过一般赔付率时，由国家再保险公司来补足。所以这是一种差额杠杆撬动机制，既可保证农民以可接受的费率参加保险，又可撬动一般保险机构以不低于社会市场利润率的水平来承保农业风险。由于全国农业再保险公司发生作用的范围是参加了保险的人，因而也就调动了被保险人、保险人双方的积极性。在这里，国家是通过差额调节来保证农业保险的发展。

农业保险是美国实施农业保护的一种非常重要的手段。为减轻自然灾害可能给农民造成的风险损失，美国政府对从事农业保险的机构提供大规模的保费补贴，从而使农民能以较低的保费费率普遍参加农业保险。

这种政府主导下的商业保险公司经营的模式对一直由商业保险公司代为经营的国家农业体系具有很大的指导意义。美国近年来的农作物保险制度改革的成功经验也表明，由商业保险公司在政府政策性保险经营的框架下来经营农业保险并不是一条无效的途径。

（二）民办公助型农业保险模式

民办公助型农业保险模式是由相互竞争的互助保险社和商业性保险公司承办农业保险，政府不直接参与农业保险的经营，但对农业保险给予税收等政策优惠的农业保险模式。一些欧盟国家，如德国、法国、西班牙、荷兰等主要采用该模式，大洋洲的澳大利亚也采用该模式。基于该模式的经营特点和经营区域的特点，其又被称为政府主导下的商业保险公司经营模式或西欧模式。

该模式的主要特点为：第一，没有统一的农业保险制度和体系，政府一般不经营农业保险，主要由私营公司部分保险相互会社或保险合作社经营，但它们一般只经营雹灾、火灾和其他特定灾害保险；第二，农民自愿投保，自己支付保费，有的国家也支持私营公司开办农作物保险，为减轻参加农作物保险的农民的保费负担，也给予其一定的保费补贴。目前，欧盟正在考虑改变这种制度，建立类似美加模式的农业保险制度。

（三）相互会社农业保险模式

该模式以日本为代表。日本农业建立在分散的、个体农户小规模经营的基础之上，为了应付自然灾害给农业带来的后果，以保障农业再生产的经营稳定，使之适应国民经济的高速发展，日本政府把农民组织起来建立农业共济组织，在此基础上建立了具有日本特色的农业保险模式。即相互会社模式。该模式的特点有：

（1）农业保险的承办主体既不是政策性的保险机构，也不是商业性的保险公司，而是由农民自愿参加的非营利性的相互保险合作组织。农业保险以市、町、村的农业共济组合为基层组织，由农民自愿参加的相互合作组织直接承办农业保险，县级机构（都、道、府、县）成立农业共济组合联合会，承担共济组合的分保，以政府为领导的农业保险机关承担共济组合份额以外的全部再保险额，形成了政府领导与农民共济组合相结合的自上而下的农业保险组织体系。

（2）根据立法规定，凡对国计民生有重要意义的稻、麦等粮食作物，春蚕茧及牛、马、猪等牲畜，均列为法定保险范围，实行强制保险。对果树、园艺作物、旱田作物、家禽等，实行自愿保险。强制保险和自愿保险都享受政府补贴和再保险。日本政府对投保人实行保险费率补贴，如水稻为费率的58%，小麦为费率的68%，春蚕茧为费率的57%，牛、马为费率的50%，猪为费率的40%。县以上联合会的全部经费和共济组合的部分费用由政府负担。

（3）政府作为农业保险的后盾，接受共济组合联合会的再保险。一般情况下，承担保险责任的比例为：共济组合10%~20%，联合会20%~30%，政府50%~70%，遇有特大灾，政府承担80%~100%的保险赔款，这样就保证了共济组合的经营稳定性。

（四）重点扶持模式：亚洲发展中国家模式

重点扶持模式的主要代表为亚洲的一些发展中国家，如斯里兰卡、印度、孟加拉国、菲律宾、巴基斯坦等，因此该模式又被称为亚洲发展中国家模式。该模式的特点为：

（1）大多数国家农业保险的经办主体为政府所属的专业农业保险机构，如国营保险公司或由政府农业部门组织的农业保险合作组织。

（2）承保面相对较窄，主要承保对象为本国最主要的农作物，很少承保畜禽等饲养动物，如斯里兰卡的水稻和棉花保险，孟加拉国的小麦和水稻保险等。

（3）大多数国家的农业保险为强制或半强制实施。强制实施的国家如斯里兰卡，其规定凡种植被保险的粮食作物都要依法投保；半强制的国家如泰国、菲律宾、印度，对那些种植被保险农作物并且申请到这种农作物生产贷款的农户实行依法强制投保。

（4）农业保险的再保险机制和巨灾风险管理体系不完善，超额损失主要由政府承担，如斯里兰卡规定农业保险的综合成本率115%以上部分的赔偿责任均由政府承担。只有少数国家建立了专业再保险公司提供农业保险的再保险，如菲律宾。

二、我国农业保险的制度模式

在国家政策推动下，我国各地都积极探索农业保险的有效组织形式，不断开展创新探索，也形成了各具特色的几种模式。

（一）政策支持下的竞争模式

农业保险的“北京模式”是一个典型的政策支持下的竞争模式。2007年北京市政府发布《关于建立北京市政策性农业保险制度的方案（试行）》，确立了北京市以“政府引导、政策支持、市场运作、农民自愿”原则运行的政策性农业保险制度，建立由多层次的风险分散机制、强有力的财政支持方式、市场化的经营管理模式以及系统化的组织管理机构构成的农业保险机制，在政策支持下多家保险公司开展有序竞争，实现农业保险的健康发展。

在风险分散机制方面，“北京模式”构建了由农民、保险公司、再保险公司和政府巨灾风险准备金四个层次组成的“多方参与、风险分散、多层次”的农业风险分散机制。保险公司承担赔付率160%以下的赔偿责任。政府承担剩余赔付责任：对于赔付率处于160%～300%之间的风险，通过政府直接购买再保险的方式进行转移；对于赔付率高于300%的巨灾风险，由政府每年提取的农业巨灾风险准备金来补偿。

在财政支持方面，北京地方财政给予了政策性农业保险较强的支持力度，北京市财政对农业保险的保费提供50%的补贴，各县财政结合实际提供20%～30%的补贴，因此北京市政府对农业保险保费的补贴比例最高可达80%，并且补贴资金不封顶。除保费补贴以外，北京市政府还对经营政策性农业保险的保险公司提供农业保险保费收入10%的费用补贴，并由财政直接拨付资金用于购买农业再保险，因此从保费补贴、经营费用和再保险三个方面给予政策性农业保险较强的财政支持。

在经营管理模式方面，“北京模式”采取政府主导下的商业运作模式，政府选择四家保险公司直接经营农业保险，政府不介入农业保险的具体经营，仅在超赔风险发生后承担赔付责任，这样在为政府和保险公司提供双向选择机会的同时又能营造一个适度竞争的市场环境，让保险公司实行市场化经营，按照“单独立账、单独核算”的原则管理政策性农业保险业务。在再保险的购买方面，“北京模式”打破了以往政府委托经办的保险公司购买再保险的模式，采取政府直接出资购买再保险的市场化运作模式，简化操作流程的同时能够降低运营成本，促进政策性农业保险的高效运营。目前，在北京市经营农业保险业务的保险公司有人保财险、中华联合、安华农险和华农保险。

在组织管理方面，北京市设立了由主管副市长任组长，市农委、财政局、保监局等各有关部门参加的政策性农业保险工作协调小组，并且在全市开展政策性农业保险工作的13个区县设立了相应的协调管理机构，以保证上下联动，充分发挥基层政府在农业保险开展工作中的主导作用。在业务管理方面，北京市政府制定《北京市政策性农业保险承保理赔业务规范》，规范了承保、理赔等环节的业务操作流程，规定了理赔服务的基本原则和时限要求；制定《北京市政策性农业保险统颁条款》，确定统一的险种和条款费率，促使公司在统一条款下通过加强服务参与市场竞争。在资金扶持方面。北京市政府制定了《北京市政策性农业保险补贴资金管理暂行办法》，落实了农险补贴资金的来源及预算安排，明确了资金使用范围、标准以及拨付程序等内容。监督管理方面，在保险行业监管部门负责专业监管的同时建立政策性农业保险第三方审计制度，由会计师事务所对保险公司政策性农业保险业务经营的合规性进行审核，各级财政依据审计后的业务规模拨付相关补贴资金。在信息采集方面，北京市政府建立了农业保险统计信息上报制度，用于及时掌握农业保险业务发展动态，为科学决策提供数据支持。

（二）政企联办共保模式

政企联办共保模式的典型是“江苏模式”。2004年江苏省开始政策性农业保险试点，淮安市委、市政府与江苏省保监局、中华联合财险公司在国内首创了“政府主导、农民参保、财政补贴、公司运作、联办共保”的“淮安模式”，在财政补贴下开展低保费、低保额的农业保险，让农民能够接受、保险公司能够经营，由县政府与保险公司建立责任共同体，按照6∶4的比例承担赔偿责任，政府负责组织收缴保费，保险公司负责牵头核保、查勘定损、理赔到户，农业保险的经营结余进行累积滚存，建立巨灾风险基金以应对巨灾风险。这种农业保险的经营模式将政府和保险公司有机地结合在一起，实现了优势互补，在降低营业成本的同时也能提高工作效率，是农业保险经营模式的一个创新。2008年这一模式被推广到整个江苏省，江苏全省按照“政府推动、商业运作、节余滚存、风险共担”的原则开展政企联办共保的农业保险。

“江苏模式”的农业保险的财政补贴占比是70%。考虑到江苏经济发展不平衡，农业大县往往也是财政小县，因此江苏省财政对农业保费的补贴采用区别政策：苏南、苏中、苏北的补贴比例分别为20%、30%和50%，对能繁母猪年投保量达到5万头的生猪养殖大县，省财政追加10%的保费补贴。

（三）共保体经营模式

农业保险的共保体经营模式是浙江省独有的农业保险经营模式。2006年3月，浙江省正式启动政策性农业保险试点，以确保灾后迅速恢复农业生产、促进农民增收、维护农村稳定为目标，按照“政府推动、市场运作、农民自愿”的原则，确定了以共保经营为主、互助合作为辅的政策性农业保险试点方案。共保经营的方式是指由在浙江的若干家商业保险公司组建“浙江省政策性农业保险共保体”，共同经营政策性农业保险业务，共保体参与者分别认购不同的比例，占比最大的公司作为“首席承保人”负责政策性农业保险的业务经营，实施对农业保险的承保、理赔、结算、风险准备金提存等。共保体制定统一的章程，实行“单独建账、独立核算、盈利共享、风险共担”的管理核算制度。辅助的互助合作方式的主要做法是依托农业行业协会、专业合作社，对风险较小的单一农产品进行“农户自愿缴费、财政适当补助、合作共享、自负盈亏、自我管理”的互助合作保险探索。

在理赔方式方面，共保体将根据巨灾风险状况和商业保险公司的承受能力，通过调整赔付方式来实行有限责任赔付的制度；当全省农业保险赔款不超过所收农业保险保费的5倍时，共保体按核定的赔款赔付；当全省农业保险赔款超过所收农业保险保费的5倍时，则按比例进行赔付，由此实现最高承担农业保险保费5倍的赔付责任。

在财政支持方面，浙江省政府一方面对农户进行保费补贴，另一方面对共保体的赔偿责任进行财政扶持。具体来看，政府补贴水稻保险保费的50%，补贴其他品种保险保费的35%；对于赔款总额超过保费收入2倍但不足3倍的部分，由共保体和政府按照1∶1的比例进行分摊；对于赔款总额超过保费收入3倍以上的部分，按照1∶2的比例进行分摊。

（四）依托外部组织的险企经营模式

吉林省开展的农业保险是典型的依托外部组织的险企经营模式。安华农险在吉林省通过与农业产业的龙头企业、农村经济合作组织以及农经部门合作开展农业保险，在创新农业保险经营渠道的同时能够最大限度地降低农业保险业务的经营成本，并在一定程度上规避因信息不对称导致的道德风险与逆向选择，提高了农业保险的经营效率。

在承保方面，安华农险采取由农业龙头企业统一投保的方式，由产业化的龙头企业作为投保人，负责组织和发动农户参加农业保险，参保农户的标准、覆盖面、险种、保险责任、保额、费率等具体条件都由龙头企业与保险人直接协商确定，龙头企业管辖范围内符合投保条件的农户都可以作为被保险人参加龙头企业与保险公司协商确定的农业保险，这样就有效地解决了保险公司向数量众多但分散化的农户进行展业的高成本问题。

在保险服务方面，农险的查勘具有时效性，而保险事故的发生地点又很分散，保险公司受网点、人力限制难以有效开展查勘工作，而农险的定损又需要具备特定的专业技术，保险公司缺乏相应的专业技术人员会使得定损工作难以顺利完成；在理赔服务方面，分散化的小额理赔会给农险业务经营带来高额的成本，种种问题限制了保险公司难以凭借自己的力量提高农险的服务质量。安华农险通过与农业产业化组织合作，由农业产业龙头企业或农村经济合作组织提供专业人员协助保险公司开展查勘定损及理赔工作，提高农险业务的经营效率。同时，农业产业化组织内部的信息透明度和对称性较分散的农户要高，因此与农业产业化组织的合作可以在一定程度上避免因信息不对称引起的道德风险和逆向选择。此外，由龙头企业组织农户投保的方式还有利于保险公司开展防灾防损工作，产业化组织的管理相对规范，在此基础上容易开展有效的防灾防损措施，进而降低风险，也有益于农业保险的经营稳定。

在财政支持方面，吉林省财政给予60%的保费补贴，县市级财政给予20%的保费补贴，农户自付20%的保费，解决了农户投保能力不足的问题。为了进一步减轻农户的压力、鼓励农户参加农业保险，龙头企业会在投保时为基地农户垫付保险费，在农产品成熟收获时再进行扣除，进一步激发了农户的投保积极性，使得农业保险可以顺利开展。

在营销渠道方面，除龙头企业的统一投保以外，安华农险为拓宽业务渠道与基层农经部门开展合作。农经部门是专门从事农村集体经济管理的职能部门，它拥有健全的农村机构网络系统，并且在农民中具有权威性，安华农险与之合作，能够充分利用它的网络和人力资源开展农业保险，并由其代收农民自付保费，组织填写投保明细表，协助进行查勘定损及发放理赔款，处理相关资讯与投诉问题等，提高了农业保险的经营效率，也是农业保险经营模式的又一次创新。

（五）互助合作经营模式

阳光农业相互保险公司在黑龙江开展的相互制农业保险就是典型的互助合作经营农业保险。阳光农业相互保险公司实行以公司统一经营为主导、保险社互助经营为基础、统分结合的双层治理和双层经营管理体制，公司设立总公司、分公司和中心支公司，同时组建保险社和保险分社，保险社由参加农业保险的投保人组成，负责办理农业保险业务并向公司办理分保业务，公司统一经营种植、养殖业分保业务和防灾、减灾业务。阳光农业相互保险公司开办的农业保险保费由农垦总局、农场和农户三方承担，农垦总局和农场分别代表国家财政和地方财政承担35%的保费，农户自己承担65%的保费。保费收入由保险社自留50%，向公司分保50%，在损失发生时，由保险社和公司按照比例进行赔付。在巨灾应对方面，2005～2007年，阳光农业相互保险公司按照农业保险保费收入的10%提取大灾准备金，用于弥补综合赔付率超过120%的损失，同时依托黑龙江垦区的支持，将灾后补偿延伸至灾前预防，建立以人工增雨防雹为主要内容的防灾减灾服务体系用于防范风险，提高农业生产抗灾能力，成为黑龙江农垦相互制农业保险风险分散体系的一个特色。

在具体农险业务开展方面，针对农业保险展业难、定损理赔工作量大且专业性强、经营成本高等特点，阳光农业相互保险公司积极与农业、畜牧、气象等部门开展合作，充分发挥基层单位熟悉“三农”工作、善于与农民打交道、专业技术力量强和服务网络健全等优势，协助开展农业保险，例如它与各级农经站密切合作开展种植业保险，由农经站协助其宣传并组织农户参加保险，以村为单位由互助会统一投保、统一收费；在开展奶牛保险的过程中，依靠各级畜牧部门开展防疫、治病、承保、定损、理赔等工作，既能有效地提高服务质量，又可以大幅降低公司的运行成本；在核灾定损上，实行核灾定损员、保险分社、保险社及公司四方共同核灾定损制，用于提高核灾定损的准确率。

（六）独立专业性公司经营模式

专业性农业保险公司作为新兴的农业保险经营实体，是执行国家农业和农村经济政策、发挥保险的经济补偿、资金融通及社会管理功能等的有力工具。在国家政策的支持和推动下，自2004年起我国先后成立了上海安信农业保险股份有限公司、吉林省安华农业保险股份有限公司、黑龙江省阳光农业相互保险公司和安徽省国元农业保险股份有限公司四家专业性农业保险公司。这些公司的成立在一定程度上缓解了农业保险网点不足和农民理赔难的问题，有效地帮助农民及时恢复农业生产，稳定收入水平，促进农村的社会稳定。例如上海安信农业保险股份有限公司作为我国第一家专业性股份制农业保险公司，采取“政府扶持推动，市场化运作”的专业性公司经营模式。在政府补贴方面，2003年上海市政府正式将农业保险补贴纳入公告财政体系，并且随着中央政府对农业重视程度的不断提高，不断加强农业财政补贴力度，上海市政府也发布了《关于完善2013～2015年度本市农业保险补贴政策的通知》，明确了财政给予保费补贴的农业保险范围及具体补贴标准，例如水稻、能繁母猪、生猪和奶牛保险险种保费补贴标准为80%，油菜、蔬菜保险险科保费补贴标准为70%，麦子、淡水水产养殖和大棚设施保险险种保费补贴标准为60%，家禽和杂交水稻制种保险险种保费补贴标准为50%，鲜食玉米、水果、食用菌、羊、青菜制种、种公猪、种禽保险险种保费补贴标准为40%等；在具体经营方面，安信农险模式实行“统保”，即带有一定强制性的统一保险制度，上海市政府发布的《关于完善2013～2015年度本市农业保险补贴政策的通知》中规定，除水稻、麦子、油菜、生猪和奶牛等五项险种农民可根据单位保额按比例投保外，其他保费补贴险种均需按照保险条款要求足额投保。此外，安信农险的一个经营特点是“以险养险”，即安信农险在经营政策性农业保险的同时经营其他财产保险、责任保险、短期人身意外伤害保险和健康保险等以获取收益，用非农业保险业务的盈利弥补农业保险业务的亏损，达到“以险养险”的目的。

从客观上来说，以上提到的几种模式孰优孰劣并没有一个统一的衡量标准。如果就其单独的试点区域来看，每一种模式的选择依据主要取决于以下因素：一是地方政府财力。以上海为例，其经济实力雄厚，方可采取政府支持市场化运行的农业保险模式。二是习惯和传统。以黑龙江农垦区为例，由于其具备长期的互助合作的农业保险历史，故在垦区开展相互保险比较易于当地农民接受，同时因其积累了一定的开展相互农业保险的经验，其在垦区范围内运作得较为成功。三是地形、气候条件。地理条件、自然灾害分布情况的不同决定了对经营模式抗衡风险的能力要求的不同，这直接影响到该区域经营模式的选择。四是农业经济发展水平。发达省市农业占国内生产总值的比重一般较低，政府支持农业保险的可行性比较强。

总体而言，经营模式的选择既要考虑地方开展农业保险的实际需求，又要考虑规范和引导地方农业保险经营模式的选择，努力探索适合于当地市场需求的农业保险经营模式。基于我国地大物博，各地气候、经济、人文、地理环境差异极大的特殊国情，多层次、多主体、多渠道的农业保险经营模式比较符合我国农业产业政策和保险业的需要。

专栏9－1

生猪保险＋期货

2020年4月24日，证监会批准大连商品交易所开展生猪期货交易。生猪是我国价值最大的农副产品，市场规模近万亿元。生猪产业链以生猪养殖业为中心，涉及饲料加工、兽药疫苗、屠宰、食品加工、物流、零售、餐饮等诸多行业。推出生猪期货是我国期货市场服务实体经济发展的重要举措。生猪期货功能的充分发挥，对于完善生猪价格形成机制、提升市场主体风险管理能力和助力生猪产业发展具有积极的促进作用。下一步，证监会将督促大连商品交易所扎实做好生猪期货上市的各项准备工作，确保生猪期货平稳推出和稳健运行。

早在1964年，芝加哥商业交易所一反传统推出活牛期货品种，后来又推出了活猪期货合约。到1969年，芝加哥商业交易所发展成为世界上最大的肉类和畜类期货交易中心。作为一个成功的期货品种，美国生猪期货成功帮助无数农场主回避了市场价格暴涨暴跌的风险，得到行业的一致认可。

在中国，生猪期货交易早已酝酿多年。在2003年，有人就在做这方面的市场调查与分析，在2010年相关政府部门的文件中，就提到要选择时机将生猪期货交易正式推出。2018年2月，中国证监会正式批复大连商品交易所生猪期货交易立项申请。而经过两年准备，中国证监会正式批准大连商品交易所开展生猪期货交易。生猪期货将为生猪保险带来新的风险分散渠道，生猪保险产品未来将进一步提高保障水平、扩大覆盖面。此外，随着近年来“保险+期货”项目逐渐普及并受到各地政府的认可，未来生猪“保险+期货”发展可期，各级财政也将加大资金补贴力度，使保障水平逐步贴近养殖户实际养殖成本，切实保障养殖户收益，确保生猪产业的可持续发展。

资料来源：证监会官网、搜狐新闻网、中金网。

本章小结

1. 农业是一个基础产业，也是一个典型的风险产业，其整个生产循环过程都面临着自然风险、技术风险、经济风险和社会风险四类风险，且农业风险具有广泛性、自然风险为主、相关性、系统性、损失复杂性等特点，对于农业风险的高效管理有助于稳定农业发展进而促进社会经济发展，因此农业风险管理的意义重大，其风险管理的方式包括风险回避、损失控制和损失融资三种。

2. 农业保险是农业生产者以支付保险费为代价将农业生产经营过程中由于灾害事故所造成财产损失的风险转嫁给保险人的一种制度安排，有广义与狭义之分。广义农业保险是与农业相关的各种保险的总称，包括了所有从事广义农业生产的劳动力及其家属的人身保险和农业、农村相关的物质财产损失保险等；狭义农业保险是指专门为农业生产者在从事种植业和养殖业的生产过程中因遭受自然灾害和意外事故而产生的经济损失提供保障的一种保险。

3. 农业保险的特殊性体现在保险标的的特殊性、承保风险的特殊性、业务经营的特殊性三个方面。农业保险的保险标的种类繁多，而且具有生命性，其承保的风险具有地域性，容易引发巨灾风险，而且农业保险中存在严重的信息不对称，造成农业保险具有较高的道德风险和逆向选择风险；农业保险的经营具有季节性、周期性和政策性的特点，决定了它只有在政府政策的支持下才能得到发展。

4. 农业保险的内容十分广泛，有多种分类方式，最常用的分类方式是按农业生产对象将其分为种植业保险和养殖业保险，种植业保险又包括农作物保险和林木保险两种，养殖业保险也可以分为畜禽养殖保险和水产养殖保险。

5. 世界上有多个国家推行农业保险，因各国国情有所不同，因此开展农业保险的模式也不尽相同，主要有政府主导的农业保险模式、民办公助型农业保险模式、相互会社农业保险模式以及国家重点扶持模式四种。我国当前开展的农业保险有以北京为代表的政策支持下的竞争模式、以江苏为代表的政企联办共保模式、以浙江为代表的共保体经营模式、以吉林为代表的依托外部组织的险企经营模式、以阳光农业相互保险公司为代表的互助合作经营模式以及以上海安信农业保险为代表的独家专业性公司经营模式。

思考与练习

1. 农业风险主要有哪些？其特点是什么？
2. 农业风险的管理方法有哪些？
3. 农业保险是指什么？相比于其他财产保险，农业保险有哪些特点？
4. 农业保险的内容非常广泛，在理论上对狭义农业保险的分类有几种？
5. 种植业保险的保险标的包括哪些？
6. 种植业保险的保险期间通常如何确定？
7. 种植业保险怎样确定保险金额？如何计算理赔金额？
8. 养殖业保险的保险责任的主要内容是什么？
9. 养殖业保险怎样确定保险金额？如何计算理赔金额？
10. 探讨我国农业保险的多种发展模式。

第十章

责任保险

本章提要

本章对责任保险进行了探讨。首先介绍了责任风险的类型，并揭示其存在的法律基础；其次分析了责任保险的保险标的及其特点，介绍了责任保险的分类及其基本内容；最后简单梳理了责任保险的发展历程以及我国责任保险市场的发展。

学习目标

了解法律责任与责任风险、责任风险与责任保险的关系。

理解并掌握责任保险的概念、基本特征以及分类。

了解责任保险的历史沿革，特别是我国责任保险的发展现状及趋势。

第一节　责任风险与法律基础

一、责任风险

（一）责任与责任风险内涵

责任是企业、团体、家庭或个人分内应做的事情，也就是承担应当承担的任务，完成应当完成的使命，做好应当做好的工作。换言之，责任是一种义务，当行为人无法履行义务的时候，就会面临一种风险——责任风险，即不履行义务必须承担的责任。正因为如此，责任对个人、对家庭、对团体、对国家是一种随时随地可能发生的损失风险。这种损失风险可能是经济上的，也可能是非经济上的。因此，所谓责任风险，实质上是指与责任有关或由责任引起的损失的不确定性。从经济与法律角度来看，责任风险实质上是指行为主体在从事各项活动中，因疏忽、过失或故意行为造成他人的财产损失或人身伤亡以及精神损害，根据法律规定必须负有经济赔偿责任、行政责任或刑事责任的可能性。

随着社会经济的日益发展以及民事法律制度的不断健全与完善，从责任风险发生的趋势和对单位或者个人带来的损失程度来看，人们越来越关注责任风险。其中存在的主要原因有以下几个方面：（1）经济水平的提高和科学技术水平的进步在给人们带来生产发展和生活方便的同时，也使责任风险发生的概率增加，人们面临的责任风险越来越多；（2）人类法治文明的进步增强了人们的法制意识，人们在遭受他人的侵权损害时，越来越倾向于选择借助法律手段来保护自己，使责任方承担对损害的赔偿；（3）人们生活水平的提高以及物价指数的上升，导致了受害人的损害赔偿数额日趋升高。对致害人而言，责任风险事故一旦发生，要依法承担损害赔偿责任，使得现有利益受损甚至要承担巨额的赔偿，危及正常的生活，导致生产的中断，甚至经营的破产。因此，责任风险的客观存在及其对经济单位和个人所带来的威胁，使经济单位和个人对所面临的责任风险产生忧虑并寻求转嫁此类风险的途径，这是责任保险产生的自然基础。

（二）责任风险的分类

按照划分标准不同，责任风险的类型也不相同。

1. 根据法律性质和危害程度不同，责任风险分为民事责任风险、刑事责任风险和行政责任风险。

民事责任风险是指民事主体因可能违反法律规定或者合同约定的民事义务或者侵犯他人权利，依据民法之规定而产生相应法律后果的不确定性。实践中民事责任风险主要表现为责任方对受害人损失的财产补偿，因此，民事责任风险的处理具有财产性、补偿性、恢复原状等特点。

刑事责任风险是指行为主体因实施了刑事法律禁止的行为而必须承担法律后果的不确定性。刑事法律禁止的行为是严重危害社会的犯罪行为，如果实施了犯罪行为，行为人就必须承担一定的法律责任，追究行为人的刑事责任，给予相应的刑事制裁。因此，刑事责任风险是最严厉的一种法律责任风险。刑事责任作为一种特定的法律责任，实质上是犯罪人与以司法机关为代表的国家之间所发生的刑事权利义务关系。刑事责任只能由实施犯罪的人承担，只能对犯罪行为人加以追究。因此，只有自然人才有可能面临刑事责任风险，并且这种风险的后果往往是管制、拘役、有期或无期徒刑以及死刑，因此，无法通过责任保险转移这一风险。

行政责任风险是指行为人违反有关行政管理的法律、法规的规定，但尚未构成犯罪的行为所依法应当承担法律后果的不确定性。根据行政责任的具体方式不同，行政责任风险有行政处分风险和行政处罚风险。行政处分风险是指国家工作人员及由国家机关委派到企事业单位任职的人员，因其行政违法行为而可能承担的一种制裁性处理风险。行政处分风险包括警告、记过、降级、降职、撤职、开除等风险。行政处罚风险是指公民、法人及其他组织因违反行政法律、法规、规章，但尚不构成犯罪，国家行政机关及其他依法可以实施行政处罚权的组织对其实施一定制裁行为的可能性。如警告风险、罚款风险、责令停产停业、暂扣或者吊销许可证风险、暂扣或者吊销营业执照风险、行政拘留风险及其他处罚风险，这些风险也无法通过责任保险实现转移。

2. 根据责任产生的原因不同，责任风险分为故意责任风险、过失责任风险和无过失责任风险

故意责任风险是指由于行为人的故意行为导致他人财产损失和人身损害而必须承担相关责任的可能性。故意是指行为人预见自己的行为会造成对他人侵害的结果，仍然希望它发生或者听任它发生。行为人的故意行为致使他人人身伤害或财产损失，行为人应当承担民事赔偿责任，同时还构成刑事犯罪应当承担刑事责任。

过失责任风险是指行为人的过失行为导致他人财产损失和人身损害而必须承担相关责任的可能性。过失是指行为人对自己的行为会造成侵害他人财产或生命权利的结果，应当预见或者能够预见而没有预见，或者虽然预见了却轻信这种结果可以避免。其中，应当预见或者能够预见而没有预见，是疏忽；虽然预见了却轻信可以避免，是懈怠。疏忽和懈怠都是违反了对受害人应负的注意义务，如疲劳驾车可能造成他人财产损失、医生误诊可能造成病人死亡或损害，均是一种过失责任风险。

无过失责任风险又称严格责任风险，是指行为人由于不可抗力、不能预见的原因，即在主观上是没有过错，但仍不可避免地要承担事故发生损害后果的赔偿责任等风险。如某机动车驾驶员在正常行驶过程中，一辆非机动车辆逆向而来造成车祸，机动车驾驶员在事故中一点过错都没有，但仍要承担一定的民事损害赔偿责任，这种无过错责任风险就是无过失责任风险。

3. 根据责任承担主体的不同，责任风险分为自然人责任风险、法人责任风险和国家责任风险

个人责任风险又称为自然人责任风险，是指由于自然人及其家庭

的作为与不作为而对他人的财产或身体造成损害依法应承担责任风险的不确定性。法人责任风险是指法人单位在经营活动过程中由于违反合同行为或侵权行为造成他人的财产或身体损害应当承担损害赔偿责任的可能性。国家责任风险一般是指国家赔偿责任风险。

4. 根据责任风险的关系不同，责任风险可以分为直接责任风险、间接责任风险和连带责任风险

直接责任风险是指行为主体自身的行为直接导致他人财产损失或人身伤亡而承担责任的可能性。例如外科医生疏忽导致患者在手术中死亡，则外科医生应承担直接责任。间接责任风险是指责任人为行为人的行为负责的可能性，或者责任人为自己管领下的物件致害负责的可能性，也称替代责任风险。如雇主对雇员因执行公务使他人受到损害，可能承担的赔偿责任。连带责任风险是指多数责任主体中的任何一人都必须对该责任主体违反法律义务的后果承担全部强制性法律责任的可能性。

除上述分类以外，责任风险还有许多分类方式，例如根据违法行为所违反的法律的性质不同可以分为公法责任风险和私法责任风险；根据责任承担的内容不同可以分为财产责任风险和非财产责任风险；如果按照受处罚的程度不同可以分为惩罚性责任风险和补偿性责任风险；等等。但这些分类与本书内容关系不大，故这里不予阐述。

二、责任风险的法律基础

（一）民事责任制度的概念及种类

民事责任是指民事主体违反民事义务或者侵犯他人权力而应该承担的一种法律责任。《中华人民共和国民法通则》（以下简称《民法通则》）第一百零六条规定："公民、法人违反合同或者不履行其他义务的，应当承担民事责任。公民、法人由于过错侵害国家的、集体的财产，侵害他人财产、人身的，应当承担民事责任。没有过错，但法律规定应当承担民事责任的，应当承担民事责任。"从中可以看出，民事责任可以分为三类：一是由于过错侵害国家、集体的财产，侵害他人财产、人身权利所应承担的民事责任，即侵权责任；二是不履行其他义务，或者虽然没有过错，但法律规定应当承担民事责任的，应承担民事责任，即不履行其他义务的特殊侵权责任；三是违反合同的民事责任，即违约责任（如图 10－1 所示）。

民事责任风险
- 侵权责任（非合同责任）
  - 一般侵权责任（过错责任）
  - 特殊侵权责任（无过错责任）
- 违约责任（合同责任）

图 10－1 民事责任分类

1. 侵权责任

侵权责任是指行为人因侵害他人合法或自然的财产权利或人身权利而依法应承担的民事赔偿责任。根据行为人的主观态度，侵权责任可分为过错侵权责任、无过错侵权责任和故意侵权责任。按照侵权行为法规的不同分为一般侵权责任和特殊侵权责任。

一般侵权责任是一种概括和抽象的侵权责任，指的是行为人以自己的行为由于过错致人损害时承担的法律责任。从侵权行为人的主观意识上，责任保险只承保一般侵权中的过失责任，也即被保险人因任何疏忽或过失而违反法律规定的义务而致他人人身伤亡或财产损失时，对受害人应承担的赔偿责任，故意责任则属于除外责任。

特殊侵权责任又称无过错责任，即无论行为人有无过错，只要有损害事实发生且该结果非受害者故意所致，根据法律需要对他人受到的损失进行赔偿的责任。法学上的这一原则实际上是为了使公众得到更充分的安全保障。例如，一些国家把核电站引起的放射性污染责任、雇主责任、产品责任都确定为无过错责任。这部分责任风险也可以通过责任保险进行承保，因此，责任保险的承保对象包括无过错责任应承担的民事赔偿责任。

2. 违约责任

违约责任是指合同当事人一方不履行合同义务或履行合同义务不符合合同约定所应承担的民事责任。违约责任尽管也以补偿守约方所受损失为目的，具有补偿性质，但是这类风险极大且难以控制。因此，责任保险一般不承保合同责任，但经过谨慎选择、对承保条件加以限制，在保险合同中加以特别约定，保险人也可以予以承保。

3. 侵权责任和违约责任的竞合

当行为人的行为违反了民事法律规定的或双方约定的义务时，就会产生民事责任。由于实践中的复杂性，通常某一种违反义务的行为，可能既损害了当事人的财产权或人身权，又危害了当事人之间的合同权力，使得一项民事违法行为同时符合两种或两种形式以上的民事责任的构成要件，从而导致多种民事责任形式同时存在并且相互冲突的情形，产生民事责任竞合。在民法领域，常见的责任竞合就是侵权责任和合同责任的竞合，其产生的根本原因是侵权行为和合同法相互独立又局部重叠造成的。例如客运合同案例中，车祸发生以后，对于车内乘客而言，就具有双重身份，既是侵权行为的受害人，又是客运合同违约行为的受害人，从而产生侵权责任和违约责任竞合。此外，产品责任保险案件也是责任竞合的典型例子。在责任竞合的情况下，受损害方有权选择依照合同法要求其承担违约责任或者依照其他法律要求其承担侵权责任。

（二）民事责任的归责原则

所谓民事责任的归责原则是指当社会在确认民事责任归属时所依据的法律原则。比如，在道路交通事故发生造成损害之后，确定由哪一方当事人承担民事赔偿责任的基本准则就是道路交通事故归责原则。归责原则主要包括过错归责原则、无过错归责原则和公平责任归责原则。

1. 过错归责原则

过错归责原则又称主观归责原则，它是指决定损害赔偿时，以行为人的过错为依据，判断行为人对其造成的损害是否应承担侵权责任的归责原则。换言之，过错归责原则是指侵害人在实施某种作为或不作为的情况下，应基于其过错对他人所受损害负赔偿责任的民事责任归责原则。《民法通则》第一百零六条第二款规定："公民、法人由于过错侵害国家的、集体的财产，侵害他人财产、人身的，应该承担民事责任。"过错归责原则是民事责任的一般归责原则。由相关法条可知，行为人是否应承担民事责任，是以行为人主观上是否有过错作为衡量依据的。行为人主观上有过错，就应承担责任，行为人主观无过错，即使其行为造成了他人的人身损害和财产损失也不应承担赔偿责任。也就是说确定行为人是否承担赔偿责任是以行为人的主观状态（过失或故意）来确定的，而不以客观结果来测量。过错责任原则的构成有四个要素即行为人主观上有过错，有违法行为，有损害事实，违法行为与损害事实之间存在因果关系。

2. 无过错归责原则

无过错归责原则又称客观归责原则或严格归责原则，是指法律规定的特定领域或行业内，只要损害后果是由行为人的行为造成，则不论行为人主观上是否存在过错，都可确定其承担民事责任的归责原则。因此，损害后果或事实是确定民事责任的决定性因素，即在一起民事损害事故中，只要不是受害人自己故意所致，其人身损害或财产损害就须由致害人承担赔偿责任且不考虑致害人是否存在过错。例如，一些国家的劳工法规定，雇员在工作中受到意外伤害，不论雇主有无过失，均应承担赔偿责任；一些国家对商品造成消费者的损害事故，以及对核电站引起的放射性污染等损害事故均实行无过错归责原则。《民法通则》第一百零六条第三款规定："没有过错，但法律规定应当承担民事责任的，应当承担民事责任。"目前，我国法律规定适用无过错归责原则的领域主要包括：高度危险作业致人损害的民事责任、产品质量不合格致人损害的民事责任、环境污染致人损害的民事责任、建筑物和地面施工致人损害的民事责任、饲养动物致人损害的民事责任五个方面。之所以在这些特殊领域或行业实行无过错归责原则，主要是为了使受害人的损失得到更容易的补偿，使得公众获得更充分的安全保障。

3. 公平责任归责原则

公平责任归责原则是指行为人和受害人双方都没有过错，但鉴于损害事实已经发生，以社会公平观念作为损害赔偿的准则，根据实际情况和可能，由双方当事人公平地分担损失的归责原则。《民法通则》第一百三十二条规定："当事人对造成损害都没有过错的，可根据实际情况，由当事人分担民事责任。"这是我国民法对公平原则在法律上的确认。例如，驾驶员以正常速度行驶在公路上，行人也是按照规定在人行道上正常行走，然而车辆在正常行进过程中压起一颗小石子，将行人的眼睛击伤，产生了一笔医疗费用，驾驶员与行人对造成的损害其实都没有错，但为了公平起见，按照法律规定，当事人双方应分担该医疗费用。

我国民事责任归责是采取过错责任原则、无过错责任原则和公平责任原则三元并立的多元归责原则体系。在多元归责原则体系中，过错责任是普遍适用于各种侵权行为的一般原则，无过错责任原则和公平责任原则是特殊的归责原则。

（三）责任风险的法律基础

民事责任中，补偿功能是首要的，主要目的是补偿受害人的损失，其对责任方的制裁是通过补偿受害人的损失来实现的，而后才是惩戒和教育功能。民法自身的性质决定了损害赔偿在绝大多数情况下并不具有惩罚致害人的性质，而是恪守补偿或填补损失的属性，因此民事责任损害赔偿原则上奉行"无损害无赔偿，赔偿不得多于损害"。此外，民事责任的损害赔偿是一种财产责任，包括返还原物、消除危险、恢复原状、实际履行等，它不仅是一种可量化的经济赔偿，同时它直接对受害人进行补偿，这不同于在刑事责任和行政责任中对违法人的经济惩罚（如没收财产、罚金等）将归国家所有，对受害人的损失不具有经济补偿或恢复的作用。因此，民事责任具有财产性、补偿性、恢复原状等特点，这与保险的财产性质、补偿性质相联系，从而构成开展责任保险业务的法律依据。

责任保险承保的是民事责任，但并不是致害人所有的民事责任都可以承保或理赔。责任保险主要承保侵权民事责任，但要区分致害人的行为性质，责任保险承保的是损害赔偿责任中的过失责任或通过特别约定或法定的无过失责任、绝对责任，而其故意侵权行为不属于保险范围。对于违约责任，责任保险一般承保的合同责任需要同时构成侵权责任，单纯的不能构成侵权民事责任的违约责任，责任保险人一般不予以承保，或者需要经过特别约定。此外，这些承保责任必须是直接的财产损失或人身损害赔偿责任，间接责任及精神损害需要特别约定才予以承保。图 10－2 揭示了责任保险承保的法律基础。

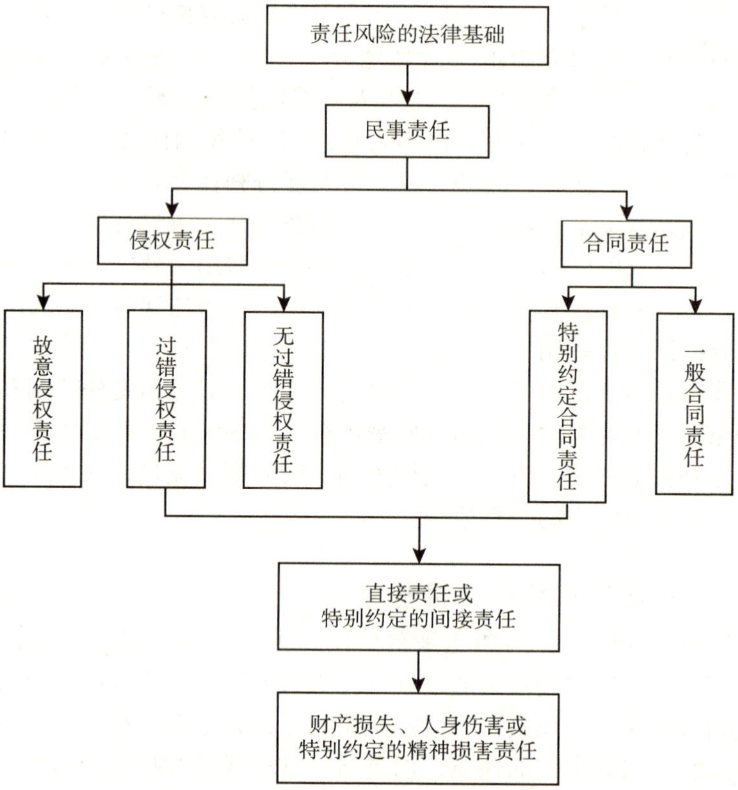

图 10－2　责任风险的法律基础

第二节　责任保险的主要内容

一、责任保险的概念

责任保险是以被保险人对第三者依法应负的赔偿责任为保险标的的保险。《保险法》第六十五条规定：保险人对责任保险的被保险人给第三者造成的损害，可以依照法律的规定或合同的约定，直接向该第三者赔偿保险金。责任保险承保的标的是责任风险，也即各类经济单位和个人在进行各项生产经营活动、业务活动或在日常生活中，由于疏忽、过失等行为造成他人人身伤亡或财产损失，依法以及按照合同约定应该承担的经济赔偿责任。

从责任保险的定义看，责任保险的保险标的具有 3 个层次的含义。

（一）责任保险的保险标的是法定责任，即依法应负的责任

按照法律、法规规定没有责任的，构不成保险标的。法律、法规包括现行所有有效的国家法律、行政法规和相关地方法规，任何社会组织或企业内部任何类型的规定都不能成为承担法定责任的基础。此外，责任保险承保的责任范围和被保险人承担的法定责任是独立的。被保险人对第三者承担的赔偿责任是法律规定的，保险人承担的对被保险人的保险赔偿责任是根据保险合同确定的。虽然后者以前者为基础，但两者的概念是有绝对区别的，两者并不完全重合。

（二）法定责任是指被保险人对第三者应负的责任

第三者是指除保险合同双方以外的所有第三方。只有第三者的人身或财产受到被保险人的影响时，才可能产生法律责任；如果被保险人的人身或财产因为自己的原因而受到影响，被保险人自身并不需要承担法律责任。所以，责任保险不负责属于被保险人自己所有的财产损失和行为人自己的人身伤亡。

（三）保险标的所包含的法定责任是赔偿责任

在法律上，赔偿的含义不仅仅限于经济赔偿，即在货币赔偿、实物赔偿以外还存在其他赔偿方式，如修复受损财产、履行特定的义务等。责任保险能够承担的赔偿责任是包括货币方式和实物方式的经济赔偿，在特殊情况下也可以采用修复、重置的方式进行赔偿。

二、责任保险的特征

责任保险属于广义的财产保险范畴，以大数法则为数理基础，遵循财产保险合同的基本原则。然而由于责任保险合同承保对象的特殊性，作为一类独特的保险业务，它在产生与发展的基础、保障对象、保险人责任范围、赔偿处理方式等方面具有明显的特点。

（一）责任保险产生与发展基础的特征

一般财产保险产生与发展的基础，是自然风险与社会风险的客观存在和商品经济的产生与发展。责任保险的产生与发展的基础却不仅仅是各种民事责任风险的客观存在和社会生产力达到一定阶段和水平，更是由于人类社会的进步带来的法律制度的不断完善。其中法制的健全和完善是责任保险产生与发展的最为直接的基础。

正是因为人们在社会经济活动中的行为都在法律制度的一定规范之内，才有可能因违反法律而造成他人的财产损失或人身伤害时，依法必须承担经济赔偿责任的问题，有关单位或个人才有转嫁责任风险的必要，责任保险才会被人们所接受。所以，民事法律制度的建立与完善是责任保险产生与发展的基础。事实上，当今世界责任保险最发达的国家和地区，必然是民事法律制度较完善的国家和地区。

（二）责任保险保障对象的特征

一般财产保险合同中，被保险人因保险事故发生造成经济损失时，保险人要对被保险人的经济损失进行补偿，保险金直接支付给被保险人。而在责任保险合同中，保险人承保的是被保险人依法对他人应承担的民事损害赔偿责任。当保险事故发生时，按照损失补偿原则，如果被保险人未向受害人赔偿的，保险人不得向被保险人赔偿保险金；如果被保险人对第三者应负的赔偿责任是确定的，根据被保险人的请求，保险人应当直接向该第三者赔偿保险金。被保险人怠于请求的，第三者有权就其应获赔偿部分直接向保险人请求赔偿保险金。这样，被保险人既避免了经济损失，受害人也获得了补偿与慰藉。因此，责任保险合同在保障被保险人利益的同时，受害人的合法利益也受到了保障。

从这里可以看出，责任保险并不仅仅是为狭隘的个体利益服务的。责任保险更深层次的社会意义或公益价值是保险的保障范围扩展到了因事故受到损害的第三人，从而超越了保险人和投保人之间的保险合同关系，而使第三人享受到保险所带来的利益。

（三）责任保险赔偿限额确定的特征

一般的财产保险的保险标的是各种物质财产，该类保险标的具有可估价性，在对保险标的估价的基础上确定保险金额，作为保险人赔偿的最高限额和计算保险费的依据。在责任保险合同中，保险人所承保的却是各种民事法律风险，这种特殊的无形标的，由于没有客观价值而无法估价，所以合同中无法确定保险金额。但为了限制保险人承担赔偿责任的范围，避免赔偿时合同双方发生争议，保险人在承保责任保险时，通常对每一种责任保险业务规定若干等级的赔偿限额，由投保人自己选择。投保人选定的赔偿限额即是保险人承担赔偿责任的最高限额，同一险种赔偿限额越高，投保人交纳的保险费越多。

（四）责任保险赔偿处理形式的特征

与一般的财产保险与人身保险业务相比，责任保险的赔偿要复杂得多。（1）每一起责任保险赔案的出现，均以被保险人对第三方的损害并依法应承担经济赔偿责任为前提条件，必然要涉及受害的第三者，从而表明责任保险的赔偿处理并非像一般财产保险或人身保险赔案一样只是保险双方的事情。（2）责任保险的承保以法律制度的规范为基础，责任保险赔案的处理也是以法院的判决或执法部门的裁决为依据，从而需要更全面地运用法律制度。（3）责任保险中因是保险人代替致害人承担对受害人的赔偿责任，被保险人对各种责任事故处理的态度往往关系到保险人的利益，从而使保险人具有参与处理责任事故的权利。（4）责任保险赔款最后并非归被保险人所有，而是实质上支付给了受害方。因此，责任保险的赔偿处理具有明显的特色。

三、责任保险的类型

经济的发展和法律制度的完善，推动了责任保险的发展，其内容不断丰富，种类也越来越多，但并未形成责任保险统一的分类标准，本章按照一般的标准将责任保险分为以下几种常见的类型。

（一）按责任保险的承保内容划分

1. 公众责任保险

该险种承保被保险人在固定场所或地点从事生产、经营或其他活动时，因意外事故而造成他人财产损失或意外伤害时依法应承担的赔偿责任。不同场所的责任保险，可以有不同的内容和条件。主要的险种包括场所责任保险、电梯责任保险、承包人责任保险、承运人责任保险、个人责任保险等。

2. 产品责任保险

该险种承保的产品责任，是以产品可能造成对他人的财产损害或人身伤害为具体承保风险，以制造或能够影响产品责任事故发生的有关各方为被保险人的一种责任保险。产品责任保险承保因产品缺陷引起的事故，导致消费者或用户或其他人遭受人身伤害或财产损失，因此，制造、销售或修理者均可投保产品责任保险。

3. 雇主责任保险

该险种承保雇主对雇员在受雇期间的人身伤害，根据劳工法、雇主责任法或雇用（劳动）合同应承担的经济赔偿责任。

4. 职业责任保险

该险种承保各种专业技术人员因职业（或工作）上的疏忽或过失造成他人损害所应承担的赔偿责任。因此，在当代社会，医生、会计师、律师、设计师、经纪人、代理人、工程师等存在着职业责任风险的技术工作人员，均可以通过职业责任保险的方式来转嫁其风险。

5. 环境责任保险

该险种承保被保险人污染环境造成第三者人身或者财产损失承担的经济赔偿责任以及依法应由被保险人承担的治理污染的责任，是公众责任保险的一种特殊形态。

（二）按责任保险的实施方式划分

按照实施的方式来划分，责任保险可以分为：

1. 法定责任保险

法定责任保险亦称强制责任保险，是指按照国家有关法律、法规强制实施的责任保险，如机动车辆第三者责任保险、雇主责任保险等。

2. 自愿责任保险

自愿责任保险是指投保人根据自己的实际需要与缴费能力而投保的责任保险。大多数责任保险都是自愿责任保险。

（三）按责任保险的责任发生原因划分

按照责任发生原因划分，可以将责任保险分为：

1. 过失责任保险

承保被保险人因疏忽或过失对他人的人身伤亡和财产损失依法应负的民事损害赔偿责任。过失责任保险主要包括公众责任保险、机动车辆第三者责任保险、职业责任保险以及个人责任保险。

2. 无过失责任保险

承保被保险人无论有无过失都要对他人的人身伤亡和财产损失应负的民事损害赔偿责任。一般有雇主责任保险、核电站责任保险、产品责任保险。在美国全部产品责任都实行的是无过失责任，而其他国家只对部分产品实行无过失责任。

3. 合同责任保险

承保被保险人违反合同规定应负的民事损害赔偿责任，主要有货物运输合同责任保险和旅行社责任保险。

（四）按保险人承担保险责任的基础分类

按照保险人承担保险责任的基础分类可以分为索赔型责任保险与事故型责任保险。

1. 索赔型责任保险

该保险是指保险人以受害第三者向被保险人提出索赔申请的事实发生在责任保险单的有效期间作为条件，对被保险人承担保险赔偿责任的保险，而不论被保险人的致害行为或责任事故是否发生在保险单的有效期间。

2. 事故型责任保险

该保险是指保险人以被保险人致害的行为或责任事故发生在责任保险单的有效期间作为条件，向被保险人承担保险赔偿责任的保险，而不论受害第三者向被保险人提出索赔是否发生在保险单的有效期间内。

（五）按责任保险的保单独立性划分

根据责任保险单是否独立，可以将责任保险分为独立的责任保险与附加的责任保险。

（1）独立责任保险是由保险人出立专门保险单的保险。

（2）附加责任保险是从属于某种财产保险且共用一张保险单的保险。附加的责任保险与财产保险密切结合，投保人必须投保财产基本险，才能使责任风险得到保险保障，因此，往往是各种财产保险的组成部分或者以附加责任方式承保。例如，船舶的责任风险一般作为碰撞责任列入基本保险单的保险责任范围，只要投保船舶保险，其责任风险就同时得到了保障；又如，建筑工程、安装工程的第三者责任保险，一般作为附加责任予以承保。

专栏 10－1

责任保险的险种日趋丰富适应社会发展

保险产品创新是保险业发展的永恒主题，责任保险的产品也在不断推陈出新，以适用社会发展所面临的新的责任风险，以更好地支持国民经济发展、维护社会稳定、保障人民群众生命财产安全。2020 年 6 月腾讯起诉老干妈拖欠广告费的事件引起了社会公众对诉讼财产保全责任保险的认识。为何在这样一起案件中，还涉及了保险公司的身影？业内人士称，在民商事纠纷诉讼中，原告（腾讯）怕被告（老干妈）在诉讼过程中转移财产，于是对法院申请，要求冻结被告财产。但现实中，在法院未做出最终判决前冻结被告财产须原告提供等值担保或购买足够保额的诉责险，也正基于此，腾讯、老干妈大戏之中，中国人民财产保险股份有限公司、新疆前海联合财产保险有限公司成了当之无愧的最佳配角，为本案财产保全提供信用担保。那么，具体到该案件，保险公司又将承担什么责任?

诉讼财产保全责任保险为责任险中的创新产品，也是首个承保法律诉讼风险的保险产品。该产品是指投保人与保险人签订保险产品合约，保险公司以保险产品作为担保物，对诉讼当事人（被保险人）的财产保全行为进行担保。当被保险人依法应承担经济赔偿责任时，由保险人根据约定的赔偿限额负责赔偿或者先行垫付，继而实现诉讼保全担保的目的。其初衷是为了化解法院的执行难题，为需要申请财产保全但无担保财产或虽有但不便占用做担保的诉讼、仲裁的当事人提供担保。此次腾讯方作为原告，起诉了老干妈，并申请了保全。若最终案件确定是涉嫌虚假印章且老干妈没有任何责任，那么腾讯起诉且保全老干妈财产导致了对方出现损失，若老干妈后续起诉腾讯要求赔偿，保险公司应当就保全损失与腾讯共同承担连带担保责任。未来，是否会发生滥用诉讼保全的情况及如何防止滥用诉讼保全是我们应该重点思考的问题。

资料来源：新浪财经－保险咨询，http：//finance. sina. com. cn/money/insurance/.

第三节　责任保险合同

一、合同概念

责任保险合同是保险关系双方当事人之间订立、变更、终止保险法律关系的协议。具体的责任保险是投保人以被保险人对受害第三人的赔偿责任为标的，与保险人协商订立的保险合同。责任保险合同作为保险各方法律关系的凭证，是规范保险行为，确定权利与义务的直接法律依据。责任保险活动的全过程，实际上就是各方订立、履行责任保险合同的过程。

二、合同要素

（一）责任保险合同的主体

责任保险合同的主体是指责任保险合同的参加者，他们是订立合同、享受权利和承担义务的法律关系主体，一般包括责任保险合同的当事人和关系人，此外，还有一种主体虽然不是责任保险权利与义务人，但居于当事人之间的媒介或为保险合同的订立与履行起辅助作用，称为保险辅助人。

1. 责任保险合同的当事人

（1）保险人。责任保险合同中的保险人是依照责任保险合同约定收取保险费，在被保险人致人损害的赔偿责任发生且属于保险责任范围时，对被保险人承担赔偿保险金责任的保险公司。并且，因《保险法》规定：保险公司的业务范围由金融监督管理部门核定。保险公司只能在被核定的业务范围内从事保险经营活动。由于同一保险人不得同时兼营财产保险业务和人身保险业务。因此，责任保险的保险人仅以国家保险管理机关许可经营财产保险业务的保险公司为限，其他任何人或组织不能成为责任保险的保险人。

（2）投保人。签订责任保险合同是一项重要的民事法律行为，必须符合民事法律行为的主体资格要件。因此，责任保险投保人的基本要求是具备法律要求的相应权利能力和行为能力。此外，责任保险的标的为被保险人对受害第三人应当承担的损害赔偿责任，订立保险合同的投保人对被保险人承担的赔偿责任应当享有保险利益，没有保险利益而订立的责任保险合同无效。被保险人本人对自己承担的赔偿责任有直接的利害关系，可以为责任保险合同的投保人。第三人若对被保险人赔偿责任的承担具有法律上的利益，同样具有保险利益，可以为被保险人订立责任保险合同。例如，投保人对其债务人因有债权、债务关系的存在，债务人财产的增多或减少对债权人债权的实现具有利害关系，故债权人对债务人的总财产具有“债权得以满足的期待利益”，对债务人的总财产应当具有保险利益，可以债务人为被保险人向保险公司投保责任保险。

2. 责任保险合同的关系人

（1）被保险人。被保险人必须是保险事故发生时遭受损失的人，享有赔偿请求权。在责任保险合同中，被保险人以其对第三人的赔偿责任受到保险保障，对保险人享有保险金赔偿请求权。被保险人因保险责任范围内的意外事故而应当承担赔偿责任时，有权请求保险人承担赔偿责任。责任保险的被保险人不以被保险人本人为限，可包括被保险人的家庭成员、代理人或管理被保险人事务的人。因此，除非责任保险单另有约定，被保险人的家庭成员、代理人或管理被保险人事务的人，在责任保险合同项下居于与被保险人相同的地位，同样享受责任保险约定的利益。

（2）受害第三人。责任保险是保障被保险人对第三者的民事损害赔偿责任，因此必须有第三人的存在。责任保险的第三人是指责任保险单约定的当事人和被保险人以外的，对被保险人享有赔偿请求权的受害人。责任保险合同中受害第三人因责任保险的类别不同而有差异，但都仅以对被保险人享有损害赔偿请求权为限。若责任保险以被保险人对第三人的侵权损害赔偿责任为承保的危险，受害第三人以对被保险人享有侵权损害赔偿请求权的人为限。例如，公众责任保险的受害第三人为被保险人应当承担赔偿责任的受害人，但不包括被雇用的员工及正在为被保险人提供服务的人。若责任保险以被保险人对第三人的违约损害赔偿责任为承保的危险，受害第三人则以对被保险人享有违约请求权的人为限。例如，雇主责任险的受害第三人限于被保险人所雇用而应当由被保险人承担赔偿责任的员工；非被保险人所雇用的员工因被保险人的行为或其雇员的行为受害的其他第三人，不属于雇主责任保险的受害第三人。

3. 责任保险合同的辅助人

在以上责任保险合同主体相联系的，常有辅助人（或称中介人）介入保险活动，包括保险代理人、保险经纪人和保险公证人。保险辅助人不是责任保险合同的主体，尽管各种辅助人对责任保险合同订立和履行有一定影响，但他们却不能享有合同中的权利，也无须承担合同中的义务。

（二）责任保险合同的客体

责任保险合同的客体是保险利益，即投保人或被保险人之所以能够获得保险保障是基于其对保险标的所拥有的合法经济利益，而不是保险标的本身。责任保险的保险标的是被保险人对第三者应当承担的民事赔偿责任，而其保险利益是投保人或被保险人与第三者之间的一种法律依附关系。

（三）责任保险合同内容

1. 保险责任

责任保险合同承担的保险责任一般为两项：一是被保险人依法对造成他人财产损失或人身伤亡应承担的经济赔偿责任。这一责任是责任保险的基本保险责任，以受害人的损害程度及索赔金额为依据，以保险单上的赔偿限额为最高赔付额，由保险人予以赔偿。二是因赔偿纠纷引起的由被保险人支付的诉讼、律师费用以及其他事先经过保险人同意支付的费用。具体包括：

（1）被保险人依法承担的损害赔偿责任。保险人负责赔偿被保险人依法对第三者的人身伤害或财产损失应承担的经济赔偿责任。这是责任保险的基本责任，但保险人承担的前提条件是责任事故的发生，包括发生的原因、地点和范围等，必须符合保险条款的规定。需要注意的是保险人承担的财产损害赔偿仅限于被保险人因过失行为或法律规定由其承担责任的行为所造成的第三者的财产损失，而对于被保险人自身的损失不属于保险责任范围。而且，保险人一般只对责任事故造成的直接财产损失负责，而不负责间接的财产损失。对于人身伤害赔偿的范围，是指身体的有形毁损，以及脑力损害、丧失工作及死亡等。人身伤害的责任保险事故赔偿范围一般包括医疗费用、丧葬费用、误工损失以及其他损失，例如受害人所抚养的人的生活费用、全部或部分丧失劳动能力的受害人今后的生活费用以及精神损害的赔偿金等，应属于保险责任的范围。但是，这种损失的具体赔偿金额一般较难确定，通常保险人和被保险人在合同中约定排除这些责任，否则，一般应以法院判决的金额来确定保险人的赔付责任。

（2）诉讼或诉讼外的必要费用。责任保险赔付的基础是先确定被保险人对受害第三者的赔偿责任，这一确定的过程需要成本。因为被保险人承担的赔偿责任最终将转嫁给保险人，这种成本支出可以说是为了保险人的利益。因此，保险人负责因赔偿纠纷所引起的由被保险人支付的仲裁或诉讼费用及其他事先经保险人同意支付的费用。对这项保险责任，《保险法》明确规定："责任保险的被保险人因给第三者造成损害的保险事故而被提起仲裁或者诉讼的，被保险人支付的仲裁或者诉讼费用以及其他必要的、合理的费用，除合同另有约定外，由保险人承担。"

2. 除外责任

责任保险的各个险种通常会在各自的保险单上规定一些责任免除，对被保险人所承担的第三者责任不予负责，其中有原因免除，也有损失免除。但是，不管是哪一类责任保险，几乎都把因以下一些事项引起被保险人对第三者的责任列入除外不保的范围，成为它们共同的责任免除事项。

责任保险合同中，常见的绝对原因免除事项主要有：

（1）战争、内战、叛乱、暴动、骚乱、罢工、核污染或政府行为引起的损害事故；

（2）被保险人的故意行为或重大过失行为；

（3）不可抗力原因引起的损害事故，例如地震、洪水等自然灾害。

3. 责任限额

责任保险的责任限额作为保险人承担赔偿责任的最高限额，确定的方式可以由保险人事先在保险单上列明，经由被保险人认可，也可以由保险人与被保险人协商后载明于保险单。

责任保险的责任限额通常有两种类型：一是事故责任限额，即指每次责任事故或同一原因引起的一系列责任事故的责任限额，保险人负责每次事故的赔偿受到赔偿限额的限制，而不论保险期间内发生多少次保险事故。二是累计责任限额，即指保险期间内累计的责任限额，这一限额是保险人在保险期间内所承担的最高赔偿责任。

在责任保险的实践中，保险人通常同时使用两种限额，即选择一个相对大的累积赔偿限额的同时，再确定每次事故的赔偿限额。在这种情况下，保险人的赔偿受到双重限制。此外，以上限额还可以进一步区分为财产损失责任限额和人身伤害责任限额，如果同时发生财产损失和人身伤亡，保险人按照各自的限额进行赔偿。单从责任保险的发展趋势来看，有越来越多国家的责任保险人不再规定财产损失和人身伤害责任分项限额，而仅规定一个综合性的责任限额。

4. 承保基础

在责任保险的承保实践中，有时候会出现责任事故发生的时间与受害人向被保险人提出索赔的时间间隔很久的情况，这对责任保险人来说，确定保险有效期十分重要。保险人一般采用两种承保基础来确定责任事故有效期：一种是期内发生式；另一种是期内索赔式。

（1）期内发生式（occurrence basis）。它是以责任事故发生的时间为承保基础，即保险人仅负责在保险期间内发生的责任事故所导致的、应由被保险人负责的民事损害赔偿责任，而不考虑责任事故发现的时间或第三者提出索赔的时间。它强调的是只要责任事故发生在保险有效期内，受害人是在保险有效期内提出索赔也好，是在保险有效期结束以后提出索赔也好，保险人均予以负责，也即只要保险事故在保险期间内，不管索赔在期内还是期后（如图 10－3 所示）。

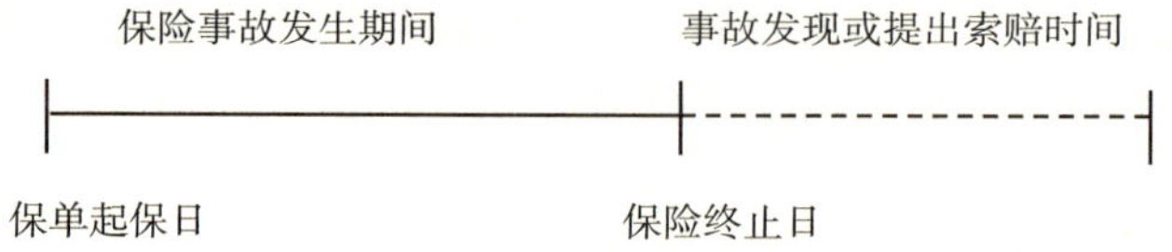

图 10－3　期内发生式

采用期内发生式承保，实际上是延长了保险人承担的保险责任期间。这种承保基础既有优点也有缺点，优点是保险人支付的赔款与他在保险期间内实际承担的风险责任相适应；缺点在于保险人在该保险单项下的赔偿责任经常要拖很长时间才能确定，例如保险人要负责对某项保险事故隐患发生在 10 年或 20 年前的一张保险单项下的责任事故进行赔偿，即所谓的“长尾巴”责任，这就使得精算师们很难准确估算应收取的保费和应当为已发生未报告（IBNR）的索赔而建立损失准备金，这给保险人的业务管理和经营带来了极大的困难。为了控制“长尾巴”责任，并维护被保险人的利益，保险合同中往往设置“延长报案期间”的约定，凡事故发生在原保险单的“追溯日”以后、保险单满期日以前，而且在“延长报案期间”提出赔偿请求的视为在原保险单期满前一日的请求，保险人需要负赔偿责任。如果超出“延长报案期间”提出赔偿请求则不负责赔偿。

（2）期内索赔式（claims made basis）。以第三者提出索赔的时间为承保基础，即保险人仅对保单有效期内提出的索赔负责，而不论责任事故是否发生在保险有效期内。采用期内索赔方式可以对在保险单起保日以前发生的责任事故所引起的损失进行赔偿，有利于保险人准确估算保费、损失和损失准备金，从而达到控制风险的目的。但这种承保方式可能会使保险人承担保险单生效前许多年前发生的赔偿责任，或者面临逆选择。为防止这种情况，保险人在保险单中大多订有“追溯日”，约定在追溯日以前发生的事故不承担赔偿责任。一般新保单业务，追溯日多与保险单生效日为同一日，而以后续保时，追溯日仍定为与第一年保险单生效日同一日，即在第一年保险单生效日以后发生的事故，并在保险期间收到赔偿请求的，保险人都须负赔偿责任，但有的保险公司为了控制风险，追溯期一般控制在三至五年内（如图 10-4 所示）。

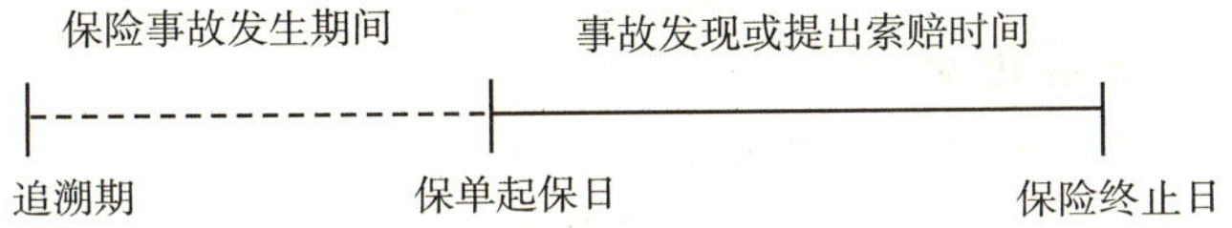

图 10-4 期内索赔式

专栏 10-2

美国石棉案件

石棉是一组硬度高而柔软性好的自然矿物质纤维的统称，它本身并无毒害，但是它的纤维被吸入人体内就会附着并沉积到肺部，造成肺部疾病。国际癌症研究所将石棉列入人类致癌物质之一。在美国侵权法上，石棉致人损害是一种典型的有毒物质侵权，这一侵权的基本特征包括大规模侵权以及损害后果的潜伏性和持续性。从受害人接触到有害物质到表现出相应的症状存在相当长的潜伏期，甚至长达十几年。这种潜伏性和持续性给美国责任保险造成了巨大影响。

美国责任险发展初期主要承保石棉、污染和健康损害引起的保险责任，因此，石棉赔案占据了很大的比例。石棉因其危害面广、给人身造成的疾病潜伏期长、法庭判决的赔付金额高而闻名于世，这让保险公司和再保险公司受到重创。由于石棉危害的潜伏性导致以期内发生式为承保基础的责任保险面临大量的长尾责任，使得保险人和再保险人不得不处在处理几年前的未了责任的过程中，而不再做新业务，这给保险经营者产生了巨大挑战。

Equitas 公司是闻名于保险界、专门处理劳合社未了责任的一个典型例子。截至 2000 年 3 月 31 日，该公司中石棉、污染和健康损害责任已占未决赔款的 65%。石棉赔款的增长之快出乎整个市场的预料，这种趋势的持续使得 Equitas 面临倒闭的风险。石棉赔案使得 Equitas 自 1997 年以来增加了 22 亿英镑的损失，Equitas 不得不为这种赔款增加准备金，甚至面临准备金的耗尽。但问题是，这仅仅是冰山一角，石棉案件的赔付不仅给 Equitas 公司带来冲击，甚至成为美国最长赔偿期限和最大数额赔偿案件。从20世纪60年代起，保险公司就为石棉产品带来的危害进行赔偿，1999～2000年赔偿了200多亿美元，而且石棉赔偿案至今还未结束。

资料来源：任文殊．美国石棉赔案与保险［J］．中国保险管理干部学院学报，2001（5）．

第四节　责任保险的产生与发展

一、国外责任保险的发展历史

（一）发展历史

责任保险是市场经济发展到一定阶段的必然产物，它的产生和发展与国家法律制度、国民法律意识息息相关。从历史发展看，责任保险始于19世纪的欧美国家。19世纪末随着欧美等国家的法制环境逐渐成熟，人们的权利意识不断增强，司法体制逐渐完善，人们意识到自身所面临的法律责任危险大幅度增加，因而对责任保险的需求也逐渐增大。为顺应社会经济发展的需求，保险公司开发了一系列的责任保险产品，进一步推动了责任保险的发展，并于20世纪70年代以后在工业化国家得到迅速发展。

责任保险的初期发展主要集中于雇主责任保险。19世纪处于工业化革命进程中的英国，工业从业人员迅速增长，随之带来的是工伤事件的频繁发生和社会矛盾的加剧。1880年，英国颁布了雇主责任法，规定雇主经营业务中因过错致使雇员受到伤害时须负法律赔偿责任。当年英国就成立了专业的雇主责任保险公司，并开发了雇主责任保险产品。因此，雇主责任保险成为工人阶级保护自身权益的一种有效的手段。随后，美国也于1889年开设雇主责任保险业务，推动了雇主责任保险的迅速发展。其他种类的责任保险，最初都以附加责任的方式承保，随后才逐渐以新险种的方式出现。

（1）机动车第三者责任保险始于1875年的英国出现的马车第三者责任保险，随着汽车的问世，1898年英国推出了第一张汽车保险单。到了20世纪40年代很多国家将机动车第三者责任保险规定为法定的强制保险，推动了机动车辆责任保险的发展，并成为目前业务量最大的责任保险险种。

（2）公众责任保险始于19世纪80年代，最早开办的险种主要有承包人责任保险（始于1886年）、升降梯责任保险（始于1888年）、业主房东住户责任保险（始于1894年）等。到了20世纪40年代，随着西方工业化的发展，公众责任保险进入成熟阶段。随着社会公众法律意识的增强，公共场所损害赔偿额的急剧上升，公众责任保险已经成为公众活动场所、企业、其他团体的重要保障机制。

（3）在职业责任保险方面，1885年第一张药剂师职业责任保单问世，随后职业责任保险涵盖了会计师、医生、护士、药剂师、美容师、律师、公证人、建筑师、工程师、房地产经纪人、保险经纪人和代理人、公司董事和高级职员、教育工作者、情报处理者、退休人员等多种不同的职业，并在发达国家的保险市场占据了十分重要的地位。

（4）产品责任保险始于1910年的有毒物品责任保险，随着科学技术日新月异的发展，产品在研发和使用过程中的风险也在不断增加，产品缺陷等不安全因素不断增大。产品责任保险于20世纪60年代以后迅速发展起来，承保范围也扩大到轻纺、机械、石油、化工、电子等行业的产品。

（5）在环境责任保险方面。随着社会经济发展，环境污染重大事故也不断发生，环境责任保险应运而生。环境污染的后果往往极为严重，给人身、财产、环境和自然资源造成重大损害。环境污染往往是地域广阔、受害人数众多、赔偿数额巨大的严重社会灾难。在这种情况下，环境责任保险成为各国通过社会化途径解决环境损害赔偿问题的主要方式之一。1988年美国成立了专门的环境功能保护保险公司，承保被保险人因渐发、突发、意外的污染事故应承担的责任及第三者责任。目前，环境责任保险在西方发达国家已经有了较为成熟的发展，美国、德国、瑞典甚至将其纳入强制责任保险的范畴。

随着人们责任意识的不断增强，责任保险于20世纪70年代在工业化国家进入了黄金发展期，获得全面、迅速的发展，成为现代经济不可缺少的一部分。在这个时期，责任保险承保的领域不断扩展，形成了门类齐全、险种多样、专业性强的责任保险体系，成为企业、团体、家庭以及个人必不可少的转嫁责任、赔偿损失的工具，在保险市场上有举足轻重的地位。但是从总体来看，责任保险是在挫折中不断发展和完善的。

（二）责任保险的危机

尽管20世纪70年代是责任保险发展的黄金时期，但是伴随着责任保险的快速发展，在一些国家，特别是英美法系国家发生过多次

“责任保险危机”，严重阻碍了责任保险的发展。责任保险危机主要表现为责任人的民事责任不断增高，法院裁判的赔偿金额大幅上涨，保险赔款惊人地增长，保险公司不得不大幅提高责任保险费率，甚至退出个别责任保险市场，进而导致投保人难以获得保险或者需要极高的代价才能获得保险。责任保险危机中，产品责任保险和职业责任保险的危机表现最为显著，其中美国最具有代表性。

（1）产品责任保险危机。20 世纪七八十年代，美国产品责任逐步向绝对责任发展，产品生产商、销售商对因产品缺陷对消费者所造成的损害负有绝对的赔偿责任，进而导致产品责任诉讼数量大幅增长，原告胜诉率逐渐增大，保险人赔偿概率和数额也发生了爆炸性的扩张。例如 2002 年美国的产品责任保险的平均赔偿金额比 1996 年增长 167%。面对这种情况，保险人不得不提高保险费，或者缩减可保范围，20 世纪 70 年代中期，许多制造商的保险费增加了 2 倍或 3 倍，有的甚至增加了 10 倍，这导致产品责任保险曾一度面临毁灭性灾难。

（2）职业责任保险危机。该险种的危机主要表现为医疗责任保险危机和董事责任危机。20 世纪 70 年代中期到 80 年代，美国的医疗事故案件激增，而且法院对医疗事故受害人过分保护（医疗事故责任索赔的费用从 2000 年以每起 10% 的速度上升，每个裁决案件的平均赔偿金额为 100 万美元，为 1996 年的 2 倍多），导致医疗赔偿费用大幅上升，医疗责任保险公司为此支出了巨额赔款。在此背景下，各个保险公司不断提高费率水平，或者直接退出医疗责任保险市场。

就董事责任保险而言，20 世纪 80 年代中期北美出现了“董事责任和高级职员责任保险危机”，由于法院判决了众多的高额赔偿案件，保险公司为了弥补亏损，不得不大幅度提高费率，保险市场发生了剧烈的变化。进入 21 世纪以后，美国安然、世界通信等公司在证券市场上严重的虚假陈述、欺诈等行为，引发证券投资者对企业及其董事、高级职员的新一轮诉讼，董事和高级职员责任保险再一次陷入危机。

从责任保险经历的危机可以发现，责任保险的发展确实受到法律制度的深刻影响。一方面，随着法律制度的不断发展和完善，民事责任不断扩大。无过错责任制度的泛化和高额的惩罚性赔偿金制度使得法院倾向于支持受害者高额的赔偿请求，并更多地考虑保险因素，如果加害人购买了保险，则所判决的赔偿金额也高，这样虽然能够更好地保护受害人的利益，却过分地加重了责任人的负担，进而加重了保险人的负担，这是导致责任保险危机发生的根本原因。此外，司法功能的不断扩大，导致了所谓的“诉讼爆炸”，即诉讼数量多、赔偿额大、保险公司的赔付越来越高，加剧了责任保险危机的发生。另一方面，保险公司经营管理不善。由于责任保险经营所具有的特点，保险人从承保开始，到事故发生，往往事隔数年之久，这就对保险公司的经营管理提出了相当高的要求。很多保险公司在经营责任保险的过程中，存在对风险估计不充分，承保和理赔控制不严以及投资不善，再保险安排不当、准备金提取不足等问题，这也是造成责任保险危机的重要因素。

相比较而言，大陆法系国家无过错责任和惩罚性赔偿金制度适用范围有限，法律责任风险也相对有限，缺乏大范围责任保险危机的社会和法律环境。因此，类似于英美法系国家的大规模责任保险危机，很少在大陆法系国家发生。

专栏 10－3

责任保险争议

责任保险在开办之初，曾在国际上引起过激烈的争论，争议的主要焦点表现为责任保险的存在到底能否促进社会的稳定发展。大部分反面观点集中在责任保险的三个方面的副作用。一是认为在责任保险代替被保险人承担赔偿责任，不符合社会公共道德准则。责任保险的出现使得部分人提出质疑，认为责任保险人代替致害人承担赔偿责任，虽然看上去是在保护受害人的利益，但实际考虑的只是经济利益问题，泯灭了人性的善良，严重违背了道德标准，不符合社会公共道德准则，有损社会的发展和进步。二是认为责任保险在鼓励人们犯罪。反对开办责任保险的人认为，如果致害人将其侵权行为通过付费转嫁给保险人，致害人就可以漠视法律的存在，使他们不再害怕法律，导致犯罪现象大量增加。三是责任保险具有削弱民事责任制度的惩戒作用。对于民事损害赔偿责任制度，其目的就是想通过法律强制民事违法行为人通过经济补偿弥补受害人受到的损害，同时，也对致害人进行财产制裁，体现法律责任的惩罚性质。但是责任保险的存在使得侵权者将应承担的责任转嫁给保险人，不利于对侵权者的主观过错进行惩罚，其会导致侵权法的危机，具有削弱民事责任制度的惩戒作用。

关于责任保险的争议自责任保险产生之日起一直持续到20世纪中后期，但随着现代工业的迅猛发展，各种民事赔偿责任事故层出不穷，人们逐渐认识到责任保险作为保证民事损害赔偿责任得以兑现的经济措施，存在着强大的社会管理功能。一是，责任保险提高了责任人的赔偿能力，使得受害者能够及时获得更多的补偿，保证了受害人的赔偿利益；二是，责任保险具有强化风险管理、预防损害发生的功能。保险人在承保责任保险后，还要向被保险人提供防灾防损的风险管理服务，从而强化投保人的守法意识，避免或减少保险事故的发生；三是，责任保险是社会稳定器和经济助推器，可以推动风险管理制度的健全和完善，促进经济发展和社会进步。因此，有关责任保险的争议慢慢销声匿迹了。

资料来源：许飞琼．责任保险［M］．北京：中国金融出版社，2007.

二、我国责任保险的发展

（一）发展历史

尽管新中国成立以前，我国就存在零星的电梯责任保险、旅客责任保险和第三者责任保险业务。但是，责任保险真正的产生与发展始于20世纪50年代初期开办的汽车公众安全责任保险，随后出现了飞机附加第三者责任保险和船舶碰撞责任保险，但由于人们认为责任保险“弊多利少，副作用大”，使得责任保险不得不停办。70年代初，为满足外国驻华机构、人员的需要，恢复了涉外保险业务，承保各国驻华使馆等外国人拥有的汽车及其相关责任风险。但责任保险业务在这个时期实质上基本处于休业状态。

1979年，经国务院批准，决定从1980年开始逐步恢复已经停办了20多年的国内保险业务，相应地，责任保险也开始恢复。因此，现阶段的责任保险业务的起步实际上是20世纪80年代恢复国内保险业务时才开始的，随后我国陆续开办了以附加条款承保的机动车辆第三者责任保险、承运货物运输责任保险、公众责任保险、雇主责任保险、产品责任保险、展览会责任保险、修船责任保险、海上石油开发第三者责任保险等。到80年代末期，我国保险业又开办了国内独立的责任保险业务，如产品责任保险、医疗责任保险等，责任保险作为一类独立的责任保险业务渐成雏形，并从此进入了前所未有的发展时期。

（二）发展现状

进入21世纪，随着经济的加速发展和行业竞争的日趋激烈，在责任事故频频发生、责任追究趋严的背景下，责任风险也不断提高，我国的责任保险获得了前所未有的发展契机。从法制环境的完善看，继《民法通则》外，已陆续出台的《产品质量法》《消费者权益保护法》《产品质量法》《食品卫生法》《医疗事故处理条例》等几十部关于损害赔偿的法律法规条例，以及国务院等部门提出的一系列的指导意见和推行的强制责任保险的政策都大大促进了我国责任保险的发展。从责任保险的险种看，各家保险公司也不断推出新的险种适应社会中责任风险的发展。目前各保险公司开办了公众责任保险、雇主责任保险、产品责任保险、职业责任保险等责任保险险种，并且在每个大的险种之下，推出了一些适应当前人们生产和生活需要的一些新的险别或附加险。如公众责任保险从最初的展览会责任保险、旅馆责任保险等几个有限的险别，发展到目前的校方责任保险、物业管理责任保险、监护人责任保险、血站采供血责任保险、机动车辆停车场责任保险、餐饮娱乐场所责任保险、住宅责任保险、汽车个人责任保险等多个险别。职业责任保险也创新出猎人职业保险、高尔夫运动员责任保险、个人职业责任保险等。此外，近年来在新常态经济发展背景下，责任保险也不断创新充分发挥责任保险社会治理的功能。例如，产品责任保险作为科技保险补贴险种，为企业科技创新提供更加有力的保障；创新型药品置换责任保险推动药品研发与创新；软件首版次质量安全责任保险，给软件“上保险”，排除行业发展的“路障”。

在政策引导及市场刺激的双重作用下，责任保险已成为近年来保险行业重点发展的险种之一，保费收入一直处于高速增长态势。根据《中国保险年鉴》以及中国银行保险监督管理委员会的数据统计，2012～2019 年责任保险的保费收入不断提高，由 2012 年的 183.77 亿元增加到 2019 年的 753 亿元，平均年增长率超过 20%（如图 10－5 所示）。责任保险在财产险市场份额中占比不断提高，而且责任保险的保险密度和保险深度也在增加，尤其是保险密度的增长速度更为明显，这也反映了责任保险未来的发展空间和发展潜力，能够成为保险业中的“朝阳产业”。但是 2019 年责任保险占财产保险比重仅为 5.79%，也表现出责任保险的发展仍未走在整体财产保险市场的前面。而且与发达国家相比，保险深度和保险密度相对较低（如图 10－6 所示），揭示了我国责任保险市场的发展仍然任重道远。

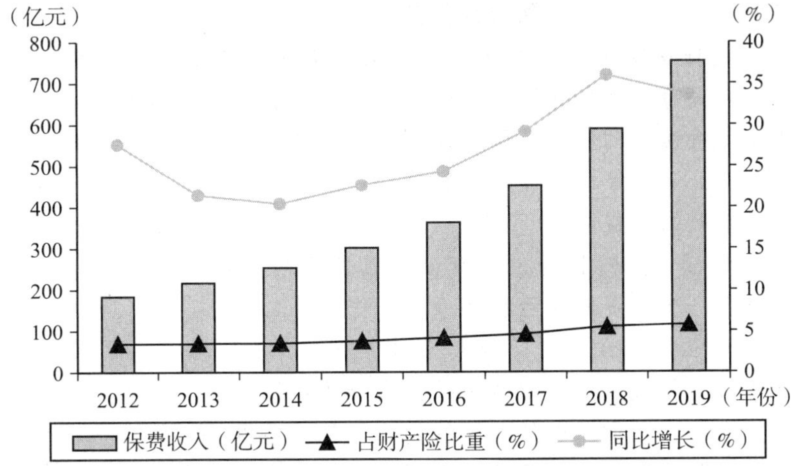

图 10－5 我国 2012～2019 年责任保险保费情况

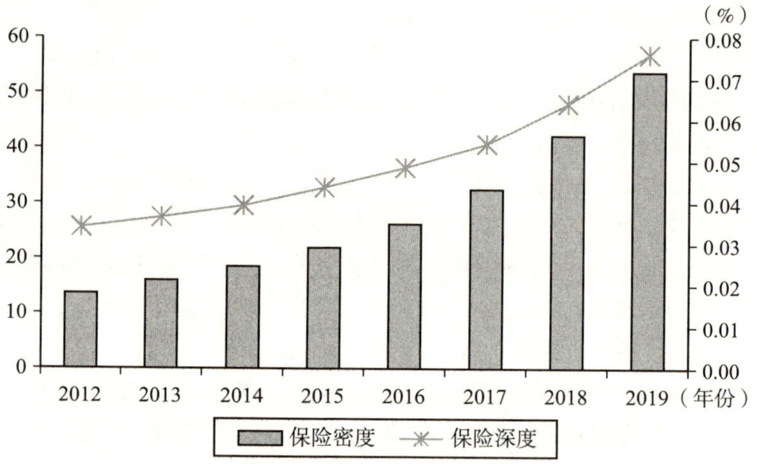

图 10－6　我国 2012～2019 年责任保险深度和密度

资料来源：根据《中国保险年鉴》和中国银保监会统计数据整理得到。

本章小结

1. 责任风险实质上是指行为主体在从事各项活动中，因疏忽、过失或故意行为造成他人的财产损失或人身伤亡以及精神损害，根据法律规定必须负有经济赔偿责任、行政责任或刑事责任的可能性。

2. 民事责任体系包括侵权责任和违约责任。只有侵权责任中的过失责任、法定的无过错责任，违约责任中经过特别约定且具有侵权性质的部分责任，因其具有补偿性、财产性和恢复原状等特点而具有可保性，可以成为责任保险的保险标的。

3. 责任保险是指以被保险人对第三者依法应负的赔偿责任为保险标的的保险。责任保险业务开展的基础是健全的法律制度。最显著的特征是将保险的保障范围扩展到保险人和投保人以外的因事故遭受损害的第三者，第三者在理赔程序中享有直接请求权，能够充分享受到保险带来的利益。

4. 责任保险的种类主要有公众责任保险、产品责任保险、雇主责任保险、职业责任保险和环境责任保险等。

5. 责任保险合同的投保人相对广泛，几乎涵盖一切可能造成他人财产损失与人身伤亡而承担赔偿责任的经济组织、团体、家庭和个人。具体而言，责任保险合同的投保人包括各种公众活动场所的所有者、经营管理者，各种产品的生产者、销售者、修理者，雇用员工的经济组织和团体，提供专业技术服务的组织和个人，各种运输工具的所有者、经营管理者、驾驶者和工程项目的所有者、承包者、技术人员，造成环境污染的组织和个人。

6. 责任保险合同的承保基础分为期内发生式和期内索赔式。

思考与练习

1. 什么是责任风险？如何进行责任风险的分类？
2. 民事责任制度的分类有哪些？
3. 侵权责任和违约责任的区别是什么？
4. 责任保险承保的责任风险有哪些？
5. 责任保险的分类有哪些？
6. 责任保险的特征有哪些？
7. 责任保险合同的保险责任是什么？
8. 请分析我国责任保险发展缓慢的原因。

第十一章
公众责任保险

本章提要

本章对公众责任保险进行探讨。本章在对公众责任风险进行分析的基础上，主要介绍了公众责任保险的基本内容，包括公众责任保险的概念、特点、分类、附加条款。此外，还从合同的角度分析了公众责任保险的责任范围、合同的承保与理赔以及合同的赔偿限额等内容。

学习目标

了解公众责任与公众责任保险的关系。
掌握公众责任保险的概念、基本特征以及分类。
了解公众责任保险与其他责任保险的区别。
理解公众责任保险合同的内容、承保与理赔。

第一节　公众责任风险与保险

一、公众责任风险

公众责任又称公共责任或综合责任，是指公民或法人因自身的疏忽或过失等侵权行为致使他人的人身或财产遭受损害而依法应当承担的经济赔偿责任。公众责任有两个特征：一是致害人所损害的对象不是事先特定的群体或个人；二是损害行为是对社会大众利益的侵犯。由于责任人的行为损害了公众利益，因此这种责任被称为公众责任。

公众责任既包括侵权责任，也包括违约责任，其构成以在法律上负有的经济赔偿责任为前提，其法律依据是各国的民法及各种有关的单行法规制度。《民法通则》中对民事责任及其损害赔偿作出比较具体的规定：凡损害他人财产或身体的，除受害人故意造成的以外，均应承担赔偿责任，这些基本规定适用于公众责任。同时，《中华人民共和国侵权责任法》《公众场所卫生管理条例》《娱乐场所管理条例》《中华人民共和国道路交通安全法》《中华人民共和国道路运输条例》《中华人民共和国消费者权益保护法》《物业管理条例》《中华人民共和国消防法》以及《中华人民共和国环境保护法》等法律法规也对公众责任作出了一些规定。公众责任保险正是基于分散和转嫁公众责任风险的需求而产生并迅速发展的。

公众责任损失风险是指致害方对受害方的财产损失或人身伤害负有法律责任的可能性，这种风险普遍存在。无论是在商场、展览馆、宾馆、娱乐场所、运动场所、动物园、医院等各种公众活动场所营业或活动期间，或者在企业厂区、办公楼、学校等一些非公众活动场所工作期间，或者在建筑、安装工程施工期间，或者在承运人运输承运货物期间，甚至在个人住宅和个人日常活动中都会面临公众责任损失风险，这些场所的所有者、经营管理者等均有可能因意外事故的发生，造成他人的人身伤害或财产损失，而必须依法承担相应的民事损害赔偿责任。随着经济的快速发展，法制的逐步健全和完善，公众索赔意识的增强，各企事业单位、机关团体和个人在生产经营活动和日常活动中所面临的公众责任损失风险不断加大，赔偿金额不断上升，客观上需要一种风险分散和转嫁机制，使风险和损失最小化，这为公众责任保险的产生和发展奠定了基础。

专栏 11 - 1

公共安全问题不容忽视

公众安全是一个世界性话题，也是一个永恒的话题。1984 年 12 月，印度博帕尔农药厂发生毒物外泄事故，造成 3 150 人死亡，5 万人眼睛失明，2 万多人受到严重毒害，受到影响的人数高达 50 万人，占全市人口的 50%，事故引发社会危机且一直震荡至今。进入 21 世纪，恐怖事件又使整个世界公众安全问题的严重性得到了升级。2001 年 9 月 11 日，美国纽约世贸中心遭飞机撞击导致 3 000 多人死亡的事件，是世界有史以来最大的恐怖事件。随后，2002 年 10 月 13 日夜晚，印度尼西亚旅游胜地巴厘岛发生连环恐怖爆炸造成 200 余人丧生，300 多人受伤。除了恐怖事件带来的公众安全问题，其他食品中毒、交通工具失联以及流行病等多种灾害导致的公众安全事故也时有发生。例如，2006 年 6 月 16 日，韩国首尔、仁川等地 22 所学校的 2 000 多名学生发生食物中毒事件；2014 年马来西亚航空公司的航班 MH370 失联，导致机上人员下落至今不明；2019 年底全球暴发的新型冠状病毒疫情，截至 2020 年 7 月 13 日，全球累计确诊 1 289 多万人，其中死亡人数达到 57 万左右。公众场所的安全事故每时每刻在世界各地一桩一桩地接连发生，它成了各国政府日常工作中处理的重要问题。

在我国，公众安全事故发生得越来越频繁、损失越来越惨重，使其成了社会公众的关注点。例如，单就火灾而言，1991～2000年，全国共发生公众聚集场所特大火灾264起，造成1 750人死亡，直接经济损失10多亿元。进入21世纪后，我国公众火灾发生数量并没有得到削减，如2002年，全国公共场所发生火灾9 499起，333人死亡，464人受伤。食品安全问题也层出不穷，2008年中国奶制品污染事件导致婴儿罹患肾结石等疾病，随后2020年固体奶粉导致大头娃娃的事件又一次引发了社会关注的浪潮。此外，2014年的“12·31 上海外滩踩踏事件”造成36人死亡，49人受伤；2015年“8·12 天津滨海新区爆炸事故”造成165人遇难、8人失踪，798人受伤，304幢建筑物、12 428辆商品汽车、7 533个集装箱受损。无论是在国外还是在国内，公众安全事故频繁发生带来的损害后果是相当严重的，同时也说明公众安全事故必然会给相关主体带来相应的公众责任风险。

资料来源：本书根据相关新闻搜集整理而得。

二、公众责任保险

（一）公众责任保险的定义

公众责任保险（public liability insurance）是承保被保险人在各种固定场所进行生产、经营或其他活动时，因发生意外事故而造成他人（第三者）人身伤亡和财产损失，依法应由被保险人承担的经济赔偿责任。由于这种经济赔偿责任普遍存在于各种公共场所和各种与公众发生联系的社会活动中，因此，公众责任保险适用范围相当广泛，是责任保险中一项独立的、适用范围较广的险种。

公众责任保险的界定有广义和狭义之分。广义的公众责任保险几乎承保所有的损害责任，如英国、美国的保险市场，公众责任保险也称为一般责任保险。狭义的公众责任保险主要承保企事业单位、社会团体、个体工商户、其他经济组织及自然人在保险单明细表中列明的地点范围内依法从事生产经营活动或其他活动因意外事故发生造成他人人身伤亡或财产损失，依法应由被保险人承担的民事赔偿责任。在我国，公众责任保险通常是指狭义的公众责任保险。

（二）公众责任保险的特征

（1）公众责任保险的保险人只承担被保险人在保险单明细表中列明的地点范围所发生的灾害事故依法应该承担的经济赔偿责任，对超出固定场所范围所造成的被保险人的经济赔偿责任一般作为除外责任。

（2）由于限定了损害事故发生的场所，所以公众责任保险的受害人不是特定的群体，而是进入固定场所的任何人。因此从这个意义上说，其受害人的范围比产品责任保险（受害人大多是产品的直接消费者或用户）、雇主责任保险（受害人仅限于与雇主有雇佣关系的雇员）以及职业责任保险（受害人一般是接受职业技术服务的特定对象）的受害人的范围更加广泛。

（3）产生这种法律赔偿责任的原因可以是侵权责任，也可以是违约责任。其中侵权责任主要为场所责任保险，而违约赔偿责任需要进行特别的约定，主要适用于工程承包、物资供应及修理服务等行业，包括承运人责任保险和承包人责任保险。

（4）公众责任保险的适用范围较为广泛。该险种可适用于工厂、办公楼、旅馆、住宅、商店、医院、学校、影剧院、展览馆等各种公众活动的场所。世界上大多数国家和地区都十分重视公众责任保险的推行，以保障公民和消费者在公众场所的安全和权益。

第二节 公众责任保险险种

公众责任保险自 19 世纪 80 年代产生以来，随着意外事故造成的公众损害日趋严重以及公众索赔意识的增强，公众责任保险在近年来得到了迅猛发展，种类不断增加，成为责任保险中适用范围最广的一个险种。通常情况下，公众责任保险主要的险种包括：综合公共责任保险、场所责任保险、承包人责任保险、承运人责任保险和个人责任保险等，此外还有一些险种是在公众责任险的基础上按被保险人的具体需要适当加贴补充条款的方式承保。以下是几种主要的公众责任保险种类。

一、场所责任保险

（一）场所责任保险的概念

场所责任保险是指承保固定场所（包括房屋、建筑物及其设备、装置等）因存在结构缺陷或管理不善，或者被保险人在被保险场所内进行生产经营活动时因疏忽而发生意外事故，造成他人人身伤亡或财产损失的经济赔偿责任。

场所责任保险是公众责任保险中的主要业务来源，广泛适用于办公楼、学校、医院、娱乐休闲场所、旅馆、展览馆、公园、动物园等各种公共场所及工厂等。场所责任保险不适用于私人住宅内的对第三者损害的经济赔偿责任，因为该项责任属于个人责任，应在个人责任保险项下承保。

（二）场所责任保险的责任范围

场所责任保险的保险责任除特定业务以外，均适用公众责任保险中保险责任的规定，但在除外责任方面，除公众责任保险的一般除外责任外，还有基于其自身性质另外规定的除外责任，具体如下：

（1）任何工业或家用水管、排水管、空调、消火栓、自喷淋等装置漏气、漏水引起的损害事故不予承保，但经过特别约定的，可以扩展承保。

（2）通过屋顶、通风装置进入房屋、建筑物内的雨、雪所造成的损害事故。

（3）被保险人所有、使用、操作或维修的交通工具（飞机、机动车、船舶等）造成对他人的损害，场所责任保险人不予负责，该项责任属于运输工具第三者责任。但娱乐场所内的船舶、单轨车辆等造成的损害事故，仍属场所责任保险的范围。

（4）承包人在被保险场所内进行修理、重建或拆毁作业时造成他人的损害。这项责任属于承包人责任，承包人可以通过投保承包人责任保险获得该项责任保障。

（5）被保险人饲养的动物造成的损害事故不予承保，但动物园的动物例外。

（6）售出的商品造成的损害事故，应在产品责任保险项下承保，因此不属于场所责任保险范围。

（三）场所责任保险的主要险种

场所责任保险又可分为若干个具体险种，如旅馆责任保险、展览会责任保险、娱乐场所责任保险、餐饮场所责任保险、机动车辆停车场责任保险等。这些险种有的是独立场所责任保险业务，有的是附加业务或扩展责任，还有的将此项责任列入综合性财产保险（如旅馆综合保险）的一项内容。总之，保险人可以根据被保险人的要求灵活选择适用。

1. 展览会责任保险

展览会责任保险承保被保险人及其工作人员或雇用人员在展览场所进行展出工作，进行展场布置、展品展示、装卸展品、操作机器的过程中，由于被保险人的过失、疏忽行为所引起的损害赔偿责任，应该由被保险人承担的经济赔偿责任。该险种是场所责任保险中常见的保险业务。

展览会责任保险的保险责任主要包括：（1）被保险人对所出租场所包括建筑物、各种固定设备，以及地面、地基等造成的损失。

(2) 被保险人在展出期间因疏忽或过失造成公众的人身伤害或财产损失。对于被保险人的展品设备的损失，以及被保险人及其工作人员或雇用人员的故意行为、违法行为所引起的财物损失、人身伤亡等，保险人不予负责赔偿。

展览会责任保险的责任限额可以根据被保险人的要求和展览会的性质、内容、展品、展出方式，以及展览场所结构、价值、可能参观的人数、对象等综合考虑分项（如展览、场所、第三者人身伤害、第三者财产损失）确定，并须在保险单上注明。保险责任期限为整个展览期间。展览会责任保险的保险费率除依其责任限额确定以外，还要考虑展览会的内容、展品的性质、展出单位的组织管理水平，以及同类业务的经营经验等因素，再根据对展览场所造成损坏的赔偿责任，以及对第三者造成损害收取保险费。

2. 校方责任保险

校方责任保险是为幼儿园、小学、中学、中专、职业学校、技工学校、工读学校、特殊学校、高等院校（以下称普通教育机构）提供校方责任保障，维护学校教育而设立的。凡取得合法资格的普通教育机构均可作为被保险人。

校方责任保险的保险责任主要包括在被保险人的教学活动中或由被保险人统一组织或安排的活动过程中，因教职员工擅离工作岗位，不履行职责；学校安排学生集体活动，未采取必要的防护措施；学校的教育教学设施和设备不符合安全标准等情况导致注册学员的人身伤亡，依法应由被保险人承担的全部或部分直接经济损失赔偿责任，由保险人负责赔偿。

3. 旅馆责任保险

旅馆责任保险主要承保因旅馆建筑物及设备、设施的原因，或者旅馆工作人员过失或疏忽造成他人人身伤亡、财产损失应由旅馆人或管理人承担的损害赔偿责任，它是最典型的场所责任保险业务之一。

保险人在承保此项责任保险时，要对被保险人的情况进行实地调查，主要考察旅馆的业务情况，旅馆的管理制度、安全检查制度是否完善，客房的设施情况，旅馆建筑物的结构、等级，建筑的年限、设计者、有无明显缺失损坏情况以及建成后各部分的用途，维修、变更使用情况，旅馆历年的事故情况等。

4. 娱乐场所责任保险

娱乐场所责任保险承保的是在保险期间内，在保单载明的娱乐场所在营业期间因场地、设施或管理存在缺陷发生意外事故造成游客或第三者的人身伤害或财产损失，依法应由被保险人承担的经济赔偿责任。保险期限一般为一年，期满续保。保险费率的确定和保险费的计算应根据投保场所的具体情况分别处理。随着经济发展和人民生活水平的提高，娱乐场所的经营活动越来越丰富，随之而来的是公众责任事故的产生和增加。因此，在发达国家的各种娱乐场所都要投保娱乐场所责任保险作为其经营的必要措施。在我国，娱乐场所责任保险也开始出现，而且以后也必将发挥其重要的作用。

5. 餐饮场所责任保险

餐饮场所责任保险是指依法设立、有固定场所的餐饮单位，在保单中列明的餐饮场所现场提供与其营业性质相符的食品时，因疏忽或过失造成第三者的财产损失或食物中毒及其他食源性疾患造成的人身伤亡，由保险人赔偿依法应由被保险人承担的民事赔偿责任，以及事先经保险人书面同意的诉讼费用和其他必要的合理费用。

6. 机动车辆停车场责任保险

机动车辆停车场责任保险在英、美等国家或地区是一种常见的场所责任保险，这是因为其交通发达，国民拥有的车辆数量大，从而使停车场成为重要的公众场所，其责任保险业务也相应较大。机动车辆停车场责任保险承保在保险单明细表中列明的由被保险人所有或经营的机动车辆停车场内停放的汽车，在保险期限内，因被保险人的过失造成损失，依据中华人民共和国法律应由被保险人承担的损害赔偿责任。该险种主要的承保范围包括被保险人管理他人所有的财物造成的损失，第三者的身体伤害造成的医疗费用，以及身体伤害责任。但对于被保险人自己所有、借用或租用的车辆造成的损害责任，保险人不负责赔偿。

除了上述险种，场所责任保险还包括风景名胜区责任保险及游泳池责任保险等。风景名胜区责任保险主要承保在保险期间内，因被保险人的疏忽或过失发生意外事故，造成被保险风景名胜区内接待的境内外旅游者（包括根据被保险人的规定享受免票待遇的旅游者）人身伤亡或财产损失，依法应由被保险人承担的损害赔偿责任。游泳池公众责任保险承保在保险期间或保险合同载明的追溯期内，在保险合同中列明的游泳池馆内活动的泳客，由于保险原因遭受人身伤害，依法应由被保险人承担的赔偿责任。

二、电梯责任保险

电梯责任保险主要承保在保险期间，保险单中列明的电梯在正常运行过程中发生事故，导致第三者遭受财产损失或人身伤亡，依法应由电梯所有人、使用单位或维修单位承担的经济赔偿责任。电梯责任保险可以独立承保也可以归入场所责任保险之内附加承保。各种住宅、办公楼、宾馆、医院、学校等公众场所内使用的电梯，其所有人或经营人都可以按规定投保。

（一）电梯责任保险的保险责任

（1）因使用被保险电梯发生意外事故致使乘坐或出入该电梯的人死亡或受伤依法应由被保险人负责赔偿的，由保险人予以赔偿。

（2）因使用被保险电梯发生意外事故致使乘坐或出入该电梯的人携带的财物受到损害依法应由被保险人负责的，由保险人予以赔偿。尽管公众责任保险或场所责任保险中，一般规定“被保险人照管、控制的财产损失除外不保”，但在电梯责任保险中，习惯上被保险人要对因电梯事故造成被保险人照管或控制的财物损失负赔偿责任。

（3）由于发生保险事故而产生的应由被保险人支付的诉讼、抗辩费用或事先经保险人同意支付的费用，保险人予以偿付。

（二）电梯责任保险的除外责任

（1）被保险人故意行为造成的损失。

（2）在电梯进行修理、改装过程中发生的损害事故。

（3）受害者自身的故意行为所致的损害。

（4）对被保险人及其家属、驾驶人员的损害。

电梯责任保险的保险费除按赔偿限额确定以外，还要考虑电梯的使用性质、乘客人数、楼房层数等因素。从电梯安全管理的角度出发，保险人要依具体情况收取保险费，风险越大则保险费越高，如电梯中有电话或有专人驾驶或装有应急装置，就应比无电话或无专人驾驶或未安装应急装置的电梯收费要低。在责任限额和保险期限方面，均按公众责任保险的确定并在保险单上载明。

三、承包人责任保险

承包人责任保险作为公众责任保险中的专用险种，始于 1886 年的英、美保险市场，是最早出现的责任保险险种之一。承包人责任保险专门承保承包人在施工、作业或工作中造成他人人身伤害或财产损失而应承担的赔偿责任。在保险人的实务经营中，被保险人（承包人）的分承包人也可以作为共同被保险人而获得保障。

（一）承包人责任保险的责任范围

承包人责任保险承担的损害赔偿责任必须是保险单中列明的原因造成的，不仅仅包括承包人依法应负的对其他人的人身伤害和财产损失，还包括承包人造成承包作业对象损失的损害赔偿责任。其除外责任除适用公众责任保险的一般除外责任外，还有专门的除外责任均可根据承保作业的对象、风险进行具体规定。

（二）承包人责任保险的保险期限

承包人责任保险的保险期限一般采用工期保险单，即从承包作业的开工之日起，至完工之日止；但加工及其他承揽作业亦采用定期保险单，具体规定应根据承包作业规模及其连续性等确定。

（三）承包人责任保险的保险费

承包人责任保险的保险费率主要以不同性质的承包作业及承包价格来分别确定，如分为建筑工程承包人、安装工程承包人、装卸或搬运作业承包人、修理作业承包人、加工承揽作业承包人等，或者分为法人单位与个体经营者等。然后，再根据承包作业的具体对象来调查、评估风险责任，如高层建筑与低层建筑工程、大型机器安装与一般安装工程、装卸玻璃与装卸机床、加工纺织品与加工机械零部件等，均应在承保时区分清楚，再参照承保这种业务的财产保险（如建筑工程保险、机器损坏保险、安装工程保险和普通财产保险等）的费率科学计算出承包人责任保险的费率。

（四）承包人责任保险的主要险种

1. 建筑安装工程责任保险

建筑安装工程责任保险承保建筑、安装施工单位在承包施工期间因疏忽或过失行为造成的事故所导致的法律赔偿责任，是承包人责任保险中的主要业务，主要的承保范围包括施工中造成第三者的财产损失以及人身伤害，施工中造成发包方的财产损失，及有关的场地清理费等其他费用。

2. 修船责任保险

修船责任保险承保修船企业在修理船舶的期间造成损害事故并依法或依据修船合同或协议应由修船方负责的经济赔偿责任，是承包人责任保险中的专用险种之一。该险种的保险期间采用工期保险单，责任限额一般规定累计限额和每次事故限额两部分，可以不分项。

四、承运人责任保险

（一）承运人责任保险概念

承运人责任保险承保承运人（被保险人）对承运对象（包括旅客或货物）在运输过程中因疏忽或过失导致的人身伤亡或财产损失

依法应承担的经济赔偿责任。其中承运人是指根据运输合同、规章或提货单的条款等与发货人或乘客建立承运关系，并承担客户、货物运输义务的单位或个人，如民用航空公司、出租车公司、铁路局、汽车运输公司等。承运人责任保险合同承保的标的是合同责任，这是其与货物运输保险合同和财产保险合同之根本区别之处。

（二）承运人责任保险的种类

由于运输工具种类繁多，运输对象可分为客运、货运两种，运输方式又可分为直接运输和间接运输，承运人责任保险只能基于以上分类，设计各种保险方案以满足投保人的需要。比较常见的承运人责任保险有以下几类：旅客责任保险、承运货物责任保险、运送人员意外责任保险等。

1. 旅客责任保险

旅客责任保险是承运人责任保险的专用险种，其承保被保险人在运送旅客的途中，因发生意外事故而致使旅客人身伤亡或财产损失，依法应由被保险人（承运人）承担的经济赔偿责任。这里的旅客是指购买了车票、机票的乘客或被保险人同意免费搭载的乘客，但不包括为完成被保险人的任务而免费搭载的人员，如飞机、火车上的乘务员、驾驶员等。由于各国的旅客责任保险普遍采取强制保险的方式，故在保险市场上又称为旅客法定责任保险。

承运人责任保险按照区域划分，可以分为境内的旅客责任保险和国际旅客责任保险，前者受到国家法律法规及保险合同的约束，后者由国际公约、国家法律和保险合同进行规范。旅客责任保险保险费的确定除了要依据赔偿限额外，还要考虑运输工具、运输区域、运输中的风险，以及运输工具的座位数、赔偿限额等因素。

2. 承运货物责任保险

承运货物责任保险承保承运人对其所运输货物的损害赔偿责任，一般分为航空货物责任保险和水陆货物责任保险两类。航空货物责任保险承保航空公司在受托运送货物时可能发生的损害赔偿责任，该项责任贯穿于从货物交由航空公司承运时开始至到达目的地交付收货或办妥转运手续时日为止的整个运输过程。水陆货物责任保险适用于各种船舶、火车、汽车及其他各种水陆交通运输工具承运的货物。参加这项保险后，如其所运的货物因承运车、船等遭遇火灾、爆炸倾覆，以及船舶的触礁搁浅、沉没等意外事故所造成的货物损失，在法律或合同中规定应由承运人负责赔偿时，保险人予以负责。但承运货物的损耗、货物本质上的缺陷、霉烂、变质、装卸过程中所致的损失，以及运输过程中的丢失、短量，被保险人或其代理人及其驾驶人员的违章装卸和其他故意行为所致的损失，保险人不负责赔偿。

使用两种或两种以上的交通工具承运货物，即为联运。对于联运的货物发生灭失、短少、变质、污染、损坏等损失，应由承运人承担赔偿责任的，由终点阶段的承运方按照规定赔偿，再由终点阶段的承运方向负有责任的其他承运方追偿。如果保险人承保的是终点承运方的赔偿责任，在补偿被保险人的损失后即取得向其他承运方的追偿权益；如果被保险人承保的是有责任的其他承运方的赔偿责任，则代被保险人补偿终点承运方的损失。承运人承担的货物损失依法律或合同规定的赔偿责任，是按货物的实际损失，包括货物本身的价值、包装费、运杂费、保险费等标准赔偿，保险人在赔偿限额的条件下亦按此标准承担责任，若有免赔额时，还应先扣除免赔额。

3. 运送人员意外责任保险

运送人员意外责任保险承保被保险人承运的合法货物在装、卸及运送过程中发生意外事故使货物受损，依法应由被保险人承担的损害赔偿责任，其以已投保车辆保险或意外责任保险的运输公司为被保险人。

五、个人责任保险

（一）个人责任保险的概念

个人责任保险承保自然人或其家庭成员在保险期间内，因为过失造成第三者的人身伤亡或财产损失，依法应负的经济赔偿责任。一般分为个人法律责任和个人合同责任。个人法律责任是指基于法律规定应由行为人承担的他人的损害赔偿责任，其受害方是不确定的第三者；个人合同责任是行为人依照合同规定对造成合同另一方的损害应承担的经济赔偿责任，其受害人是确定的合同相对方。

早在20世纪30年代，欧美国家就开办了个人责任保险。由于西方国家在法律上强调私有财产神圣不可侵犯和个人价值，相应地使个人责任风险日益扩大，责任范围逐渐由住宅内扩展到住宅外的个人一切日常活动乃至专业工作，人们投保个人责任保险的需求也日益高涨，因此，个人责任保险在西方国家发展迅速，在一些国家已成为保险人重要的业务来源之一。在我国，个人责任保险还是尚待开拓的领域。随着经济的发展，人们生活水平的提高，以及公民法制观念的逐步加强，个人责任也不可避免地出现在人们生活的各个领域。适时开办并发展个人责任保险，无论对社会、保险人、被保险人、受害人均有着积极的意义。

（二）个人责任保险的特点

（1）个人责任保险的投保人仅限于自然人及其家庭，其被保险人可以解释为被保险人个人，也可以解释为被保险人的配偶、子女及与他们共同居住一起生活的亲属和其他人。

（2）个人责任保险的承保区域范围比其他公众责任保险广，包括被保险人的住宅内、住宅外活动和各种个人娱乐、职业活动等。即凡是个人的活动范围（个人在单位工作时除外），均可以通过个人责任保险获得保障。

（3）个人责任保险一般承保的是被保险人在工作时间之外的活动引起的损害赔偿责任，经过特别约定，也可以承保其在工作中的损害赔偿责任。

（三）个人责任保险的保险责任及除外责任

个人责任保险的责任范围包括在被保险人所有、使用或支配的住宅内发生意外事故并造成了第三者的人身伤害或财产损失，依法应当由被保险人承担的经济赔偿责任；被保险人所有、使用或支配的静物，饲养、看护的动物造成第三者的人身伤害及财产损失应该承担的经济赔偿责任，其含义是被保险人本人及其行为并无过失或故意行为，而是由其静物或者动物的行为造成的损害事故；被保险人造成第三者的人身伤害或财产损失；以及由损害事故所导致的有关费用，例如，造成第三者财物损毁的场地清理费等。

个人责任保险的除外责任包括被保险人及其家庭成员的故意或者恶意行为导致的损害赔偿责任，但是对于限定年龄以下的家庭成员（如10岁以下的儿童）的故意行为经过特别约定并加收保险费，保险人亦可扩展承保；被保险人业务活动中引起的法律赔偿责任；被保险人在精神错乱的情况下所引起的损害赔偿责任；被保险人或在被保险人指使下的违法行为、格斗等引起的损害赔偿责任；被保险人及其配偶、子女，以及与其一起居住的亲属和其他人之间互相造成的损害而产生的任何损失，保险人不负责任。此外，还有一些责任属于其他责任保险承保范围，也不属于个人责任保险的责任。

（四）个人责任保险的主要险种

1. 住宅责任保险

住宅责任保险是一种个人静物责任保险，承保由于被保险人的住宅及住宅内的静物（如家用电器、液化气灶、阳台上的花盆等）发生意外事故致使其雇用人员（如保姆、家庭教师）或客人或通行的他人在住宅内部或附近遭受伤害或其财物被损毁，根据法律应由被保险人负责的经济赔偿责任。

2. 农民个人责任保险

农民个人责任保险是专为农民提供的一种综合性个人责任保险，承保农民在日常活动过程中因故致使他人的身体伤害或财物损毁，应该承担的经济赔偿责任。该险种的承保区域范围包括被保险人的住宅内、住宅外的日常生活活动，以及田间、山地生产活动；其保险责任包括农民及其家庭成员的过失侵权行为所致的损害赔偿责任，以及农民的静物责任和动物责任，如被保险人饲养的牲畜损坏他人的庄稼而导致的损害赔偿责任。

3. 运动责任保险

运动责任保险承保个人或其家庭成员在运动时由于意外事故或过失致使他人的人身伤亡或者财物损毁，根据法律应由被保险人负责的经济赔偿责任，其承保区域范围一般指住宅外的运动，如户外长跑、舞蹈、骑车、投掷标枪、铅球等活动。

4. 综合个人责任保险

综合个人责任保险是普遍适用的综合个人责任保险，承保个人或其家庭成员在居住、从事体育运动及其他一切日常生活活动中致使他人身体伤害或财物损毁，根据法律应由被人负责的经济赔偿责任，其承保区域范围广，承担的责任风险大，保险是很受欢迎的个人责任保险业务。

5. 个人职业责任保险

个人职业责任保险承保私人医生、律师、会计师及其他个体专业技术人员，如摄影师、发型师等的职业风险责任。凡是上述人员因工作中的疏忽或过失而导致他人身体伤害或财物损毁，根据法律应由上述人员承担损害赔偿责任的，保险人均予负责补偿。其特点是责任事故发生及损害后果与被保险人的职业活动有关，且不包括被保险人日常生活中的个人责任，由于个人职业责任保险风险较大，其承保条件和赔偿条件一般比普通职业责任保险更为严格。

6. 个人超额责任保险

个人超额责任保险是个人责任保险的附加险，承保各种个体专业技术人员、企业家在业务活动中可能造成他人财产损失或人身伤亡依法应负的超出个人责任保险所规定的最高赔限额的赔偿责任。被保险人要获得个人超额责任保险，须先投保个人责任保险或个人职业责任保险，即投保主险是投保附加险的基础和先决条件。

在国外个人责任保险市场上，还有射击运动员责任保险、猎人责任保险、高尔夫球员意外责任保险等若干具体险种。在众多险种中，住宅责任保险、综合个人责任保险是个人责任保险的主要业务来源，其更易被人们接受，更符合大众化的需要，运动责任保险和个人职业责任保险在西方发达国家虽然业务量不大，但普及程度高，因而也是有影响的个人责任保险业务。

除上述险种外，公众责任保险还有许多险种，如油污责任保险承保由于油类污染海面、河道、湖泊而带来的法律赔偿责任；核责任保险承保由于核事故导致的依法应由被保险人负责的损害赔偿责任。此外，还有受托人责任保险、石油天然气供应商责任保险、汽车间责任保险、飞机库责任保险、机场责任保险、广告橱窗责任保险、飞机表演责任保险、马戏表演责任保险、野外作业责任保险，以及店主责任保险、房屋主责任保险等。

第三节　公众责任保险合同

一、公众责任保险的投保人和被保险人

公众责任保险适用于广泛的各种不同的对象，凡依法设立的企业、团体、其他经济组织及自然人均可作为投保人。当投保人为其自身在业务活动或日常生活中的意外事故可能造成他人的人身伤害或财产损失的赔偿责任而投保公众责任保险时，则投保人和被保险人是同一人。此外，公众责任保险的被保险人除了投保人本身以外，还可以是其他人。例如，在自然人被保险人死亡后须承担对他人的损害赔偿责任的被保险人的个人代表，也是被保险人；经被保险人的要求，被保险人的董事、合伙人、雇员等均可以成为被保险人。

二、公众责任保险的责任范围

（一）保险责任

公众责任保险的保险责任分为三项，即损害赔偿责任、法律费用和其他必要的、合理的费用。

1. 损害赔偿责任

公众责任保险的损害赔偿责任是指被保险人造成的第三者的人身伤亡或财产损失。其中，人身伤害，仅指受害人身体上的伤残、疾病、死亡，一般不包括受害人的精神伤害。对于受害人精神上的伤害是否应列入赔偿范围则存有争议。精神损害赔偿制度最近几年在我国有较大的发展，随着人们权利意识的加强，在诉讼中要求精神损害赔

偿的案例越来越多，而且精神损害赔偿往往数额巨大，将精神损害赔偿排除在公众责任保险范围以外，是不利于弥补第三者遭受的损害并影响公众责任保险的发展的。但目前我国明确指出人身伤亡是指受害人身体上的伤残、疾病、死亡，不包括其精神损害；财产损失指物质财产的损坏和灭失，包括由此引起的丧失使用的损失和其他费用。

（1）受害人遭受人身损害，由此产生的就医治疗支出的各项费用以及因误工减少的收入，包括医疗费、误工费、护理费、交通费、住宿费、住院伙食补助费、必要的营养费，赔偿义务人应当予以赔偿。

（2）受害人因伤致残的，其因增加生活上需要所支出的必要费用以及因丧失劳动能力导致的收入损失，包括残疾赔偿金、残疾辅助器具费、被扶养人生活费，以及因康复护理、继续治疗实际发生的必要的康复费、护理费、后续治疗费，赔偿义务人应当予以赔偿。

（3）受害人死亡的，赔偿义务人除应当根据抢救治疗情况赔偿上述规定的相关费用外，还应当赔偿丧葬费、被扶养人生活费、死亡补偿费以及受害人亲属办理丧葬事宜支出的交通费、住宿费和误工损失等其他合理费用。

对于财产损失赔偿，根据《民法通则》第一百一十七条规定，凡侵占非己财产的，应当返还财产，不能返还财产的，应当折价赔偿。损坏非己财产的，应当恢复受害人财产的原状或者折价赔偿。

2. 因保险事故引起的诉讼费用及事先经保险人书面同意的其他费用

诉讼费用一般是指进行民事诉讼和行政诉讼时发生的依法应由当事人缴纳的费用。诉讼费用包括案件受理费、申请费和其他诉讼费用三种。保险人承担的诉讼费用是指，对于被保险人因侵权行为而应付给索赔人（受害人）的法律诉讼费用以及经保险人事先同意的被保险人自己支出的诉讼费用。其中，应付索赔人（受害人）的法律诉讼费用是指受害人诉诸法律程序向被保险人索赔而支出的，根据法院判决应由被保险人偿还索赔人的费用；被保险人自己支出的诉讼费用是指保险人认为有必要以被保险人名义直接和受害人在法院进行诉讼或抗辩而支出的合理的费用，该项费用必须在支出前得到保险人的同意，以便让保险人视情况决定这样做的后果及可行性。

3. 其他合理、必要的费用是指发生保险责任事故后，被保险人为缩小或减少对第三者人身伤亡或财产损失的赔偿责任所支付必要的、合理的费用。

这包括保险事故发生后，被保险人抢救伤员和受灾财产所支出的费用；通过诉讼以外的方式达成赔偿协议的调解费用；以及保险人为防止或者减少保险标的的损失所支付的必要的、合理的费用。

（二）除外责任

我国公众责任保险的除外责任，采取了概括式和列举式并举的规定方式。公众责任保险的除外责任可以分为三个方面：绝对除外责任，即不能承保的风险；相对除外责任，即不能在公众责任保险中承保但可以在其他保险中承保的风险；可以附加承保的除外责任，即经过加具批单、增收保险费才能承保的风险。

1. 绝对除外责任

绝对除外责任又可分为基于原因的绝对除外责任和基于损失的绝对除外责任。

（1）基于原因的绝对除外责任。

①被保险人及其代表的故意或重大过失行为。

②地震、雷击、暴雨、洪水、火山爆发、地下火、龙卷风、台风、暴风等自然灾害。

③烟熏、大气、土地、水污染及其他污染。

④核反应、核子辐射的放射性污染。

⑤政府有关当局的没收、征用。

⑥战争、敌对行为、军事行为、武装冲突、罢工、骚乱、暴动、盗窃、抢劫。

⑦被保险人需要缴纳的罚款、罚金或处罚性赔款。

⑧未经有关监督管理部门验收或经验收不合格的固定场所或设备发生火灾爆炸事故造成第三者人身伤亡或财产损失的赔偿责任，保险人不负责赔偿。

（2）基于损失的绝对除外责任。

①锅炉爆炸、空中运行物体坠落。

②被保险人或其代表、雇用人员人身伤亡的赔偿责任及上述人员所有的或由其保管或控制的财产的损失。

③被保险人或其雇员因从事医师、律师、会计师、设计师、建筑师、美容师或其他专门职业所发生的赔偿责任。

④不洁、有害食物或饮料引起的食物中毒或传染性疾病，有缺陷的卫生装置，以及售出的商品、食物、饮料存在缺陷造成他人的损害。

⑤对于未载入本保险单而属于被保险人的或其所占有的或以其名义使用的任何牲畜车辆、火车头、各类船只、飞机、电梯、升降机、自动梯、起重机、吊车或其他升降装置造成的损失。

⑥由于震动、移动或减弱支撑引起任何土地、财产、建筑物的损害责任。

⑦被保险人因改变、维修或装修建筑物造成第三者人身伤亡或财产损失的赔偿责任。

⑧被保险人及第三者的停产、停业等造成的一切间接损失。

2. 相对除外责任

相对除外责任是指可以投保其他保险险种，但不能投保公众责任保险的风险。

3. 可以附加承保的除外责任

本类除外责任经过加批加费可予以承保，但未经加批加费，均属于公众责任保险的除外责任，保险人对由此引起的损害赔偿事故不承担任何责任。

①被保险人与他人签订协议所约定的责任，但应由被保险人承担的法律责任不在此列。

②被保险人因在本保险单列明的地点范围内所拥有、使用或经营的游泳池发生意外事故。

③被保险人因在本保险单列明的固定场所内布置的广告、霓虹灯、灯饰物发生意外事故造成的第三者人身伤亡或财产损失。

④被保险人因在本保险单列明的地点范围内所拥有、使用或经营的停车场发生意外事故造成的第三者人身伤亡或财产损失。

⑤被保险人因出租房屋或建筑物发生火灾造成第三者人身伤亡或财产损失的赔偿责任。

三、公众责任保险的赔偿限额与免赔额

（一）赔偿限额

赔偿限额也称保单限额，是公众责任保险人承担经济赔偿责任的最高限额，也是厘定费率、计算保险费的重要因素。赔偿限额一般按人身伤害和财产损失分别确定，也可以确定一个总的限额。确定公众责任保险责任限额规定有以下几种情况：

（1）仅规定每次事故总的责任限额，不再分项规定人身伤害和财产损失的限额，也不规定保险单累计责任限额。这种规定的方式只能让保险人控制其对每次事故的赔偿责任，无法控制对保险有效期内的总赔偿责任。

（2）规定每次事故总的责任限额，不再分项规定人身伤害和财产损失的限额，同时规定保险单累计责任限额。这种规定的方式既能让保险人控制其对每次事故的赔偿责任，又能控制对保险有效期内的总的赔偿责任；但在对每次事故赔偿责任的限制上，只能控制一个总的限额，而无法分项控制每次事故的人身伤害和财产损失赔偿责任。

（3）分项规定每次事故人身伤害责任限额和每次事故财产损失责任限额，再规定保险单累计责任限额。这种规定的方式能让保险人

分项控制每次事故的人身伤害和财产损失赔偿责任，同时控制对保险有效期内总的赔偿责任。

公众责任保险赔偿限额的高低，由保险双方当事人在签订保险合同时根据可能发生的赔偿责任风险大小协商订立；或保险人事先确定若干赔偿限额，由被保险人选定。对于保险责任范围内各种可能发生的费用，一般在赔偿金外另行计算，每次事故产生的费用以每次事故的赔偿限额为限。也有保险人规定此类费用支出，不受责任限额的限制。但二者都要在保险单上载明，并按保险单上载明的条件计算和执行。

（二）免赔额

公众责任保险一般有绝对免赔额的规定。保险人主要根据承保业务的风险大小来确定免赔额，并在保险单上注明。我国的公众责任保险对人身伤害责任的赔偿不规定免赔额，但对受害的第三者财产损失则一般规定每次事故的绝对免赔额，即无论受害人财产损失程度如何，免赔额以内的损失保险人均不负责，由被保险人自己承担。

四、保险费率和保险费

在业务经营上，公众责任保险与财产损失保险有一个明显的区别，那就是它一般没有固定的费率表，即使厘定了固定费率表，也不完全以该费率表上的费率为依据。保险人采用根据每一个被保险人的风险情况逐笔议定费率的做法，以保证费率与自己所承担的风险责任相适应。

公众责任保险的费率厘定采用国际保险界的习惯做法，一般按每次事故的责任限额和免赔额分别制订人身伤害和财产损失两项费率，如果责任限额和免赔额需要增减时，费率也适当地但并非是按比例地上下浮动，然后根据其他因素进行调整。相应的因素包括被保险人的业务性质、经营活动规模等产生损害赔偿责任可能性的大小；被保险人的风险类型；承保区域范围的大小；被保险人的经营管理水平及管理效果；被保险人以往损失赔偿的记录。

费率厘定后，保险人在区分一年期业务和短期业务的基础上，根据责任限额选择适用的费率，然后以责任限额乘以该费率计收保险费。由于公众责任保险的责任限额规定有不同的情况，保险费的计算也就因此有差异。

五、承保和理赔

公众责任保险的保险期间可以按照日历年、航程以及工期等多种方式确定。公众责任保险通常采用以事故发生为基础的承保方式即“期内发生式”来确定其承担责任的有效期。只要责任事故发生在保险有效期内，即使隔了一段时间才发现伤残或损失的事实，甚至发现损害的时间是在保险责任终止以后保险人依然承担赔偿责任。该种承保方式也要注意长尾风险。此外，公众责任保险大多是采取自愿方式承保，但是随着公众责任风险的频发，针对一些险种，我国逐渐采取强制保险形式。

在认定保险责任及核定损害赔偿责任的条件下，保险人按以下要求处理赔偿。

（1）对被保险人依法承担的损害赔偿责任，保险人在保险单规定的责任限额内予以负责，超过责任限额的损害责任由被保险人自负。如果保险单规定有免赔额，还应扣除免赔额。

（2）对被保险人在发生保险责任事故后，为缩小或减少对他人的损害赔偿责任，以及为向（被保险人以外的）肇事者保留索赔权或进行追偿所需支付的费用，保险人可将它们列入损害责任的赔款，但其总和不得超过责任限额。有些公众责任保险对施救费用采用按一定比例赔偿的做法。

（3）对被保险人为处理保险责任范围内的索赔纠纷或诉讼案件所支出的法律费用，以及其他事先经保险人同意的有关费用，不同的公众责任保险处理规定也有异同：有的在责任限额以外按一定比例另行计算赔偿，有的则与损害责任合在一起赔偿，以不超过责任限额为限。

不管上述法律费用是另行计算还是合并计算，如果被保险人最终对他人损害所支付的赔偿金额在责任限额之内或等于责任限额，保险人承担全部法律费用的赔偿；如果被保险人最终对他人损害所支付的赔偿金额超过了责任限额，保险人只按责任限额与被保险人最终赔偿金额的比例承担法律费用。

（4）被保险人对保险人请求赔偿的诉讼时效期间为两年，自其知道或者应当知道保险事故发生之日起算。

第四节　公众责任保险常用附加条款

公众责任保险的险种丰富多样，除了上述类别外，保险人通常还设置很多条款，公众责任保险的附加扩展条款多达几十个，这是与其适用范围广、险种多的特点相适应的，从事不同性质业务的被保险人在获得基本责任风险保障的基础上自然有各自不同的特殊保障需要。本书介绍几个主要的附加条款。

一、交叉责任条款

该条款适用于一个公众责任保险项下有若干个被保险人的业务。在附加了该条款以后，各被保险人之间因事故发生而造成相互的第三者责任不再进行追偿，每个被保险人如同都有一张自己的独立的保险单，他们对其他被保险人所负的责任都可以在保险单项下得到保障。保险人对所有被保险人的每次事故赔偿金额不得超过保险单规定的责任限额。

二、公共卫生缺陷责任条款

该条款扩展承保由于卫生缺陷引起污染物的意外排放、疏散、释放或泄漏从而造成第三者人身伤害或财产意外损坏，被保险人依法对此应承担的赔偿责任。

三、承租人责任条款

该条款扩展承保被保险人作为承租人对保险单列明的营业场所由于意外事故造成财产损坏而依法应承担的经济赔偿责任。

四、出租人责任条款

该条款扩展承保被保险人因出租的房屋建筑发生火灾造成第三者人身伤害和财产损失而依法应承担的经济赔偿责任。

五、广告及装饰装置责任条款

该条款扩展承保被保险人因在保险单列明地点或其他列明场所布置的广告、霓虹灯、装饰物损坏或坠落造成第三者人身伤害或财产损失而依法应承担的经济赔偿责任。

六、食品、饮料条款

该条款扩展承保被保险人因在保险单列明的场所内销售或提供的食品、饮料掺有异物或有毒造成他人人身伤害或财产损失，而依法应承担的赔偿责任。被保险人应恪尽职守防止出售或提供任何不洁的或不符合消费标准的食品和饮料。

七、社交及娱乐活动条款

该条款扩展承保由被保险人在营业场所举办的任何社会活动或运动比赛期间所引致的第三者人身伤害、财产损失而在法律上应由其承担的经济赔偿责任。

八、营业处所外工作条款

该条款扩展承保由于被保险人及其代表在保险单列明的处所外工作发生意外事故造成第三者的人身伤害或财产损失，依法应由被保险人承担经济赔偿责任。

九、疏散费用特约条款

该条款扩展承保被保险人因保险单列明的营业区域内发生意外事故，从发生事故现场撤离第三者的人员和财产到安全地点所发生的费用。

十、契约责任款

该条款扩展承保被保险人因契约而承担的对第三者人身伤亡或财产损失赔偿的赔偿责任。

十一、罢工、暴乱、民众骚动及恶意破坏条款

该条款扩展承保本保险单明细表中列明的地点范围内，直接由于罢工、暴乱、民众骚动及恶意破坏造成第三者人身伤亡或财产损失时被保险人应负的赔偿责任。

十二、董事及高级管理人员个人第三者责任条款

该条款扩展承保被保险人的董事及经理人员于保险期限内外出进行与经营业务有关活动或业务旅行时因意外事故造成第三者人身伤亡或财产损失应负的赔偿责任。

本章小结

1. 公众责任是指公民或法人在其民事活动中因为意外事故导致社会公众遭受人身伤亡或财产损失，依法对受害者应承担的民事赔偿责任。

2. 公众责任保险是指在保险期限内，被保险人由于意外事故造成社会公众（第三者）的人身伤亡或财产损失依法应承担的经济赔偿责任，保险人在约定的限额内进行赔偿。

3. 公众责任保险的特点：只承担被保险人在保险单明细表中列明的地点范围所发生的灾害事故依法应该承担的经济赔偿责任；公众责任保险的受害人不是特定的群体，而是进入固定场所的任何人；法律赔偿责任的原因可以是侵权责任造成的，也可以是违约责任造成的；公众责任保险的适用范围较为广泛。

4. 公众责任保险的险种很多，是责任保险中适用范围最广的一项业务，由公众责任保险发展而形成的独立的运输工具第三者责任保险和环境责任保险外，其中最主要的险种有场所责任险、电梯责任险、承包人责任险、承运人和个人责任险。

5. 公众责任保险合同的保险责任范围包括三项：(1) 第三者人身伤亡或财产损失；(2) 事先经保险人书面同意的诉讼费用；(3) 发生保险责任事故后，被保险人为缩小或减少对第三者人身伤亡或财产损失的赔偿责任所支付的必要的、合理的费用。

思考与练习

1. 什么是公众责任？其法律依据是什么？

2. 公众责任保险的定义是什么？

3. 公众责任保险的适用范围以及主要的险种是什么？

4. 公众责任保险的费率厘定一般要考虑哪些因素？

5. 如何确定公众责任保险的赔偿限额？

6. 简述公众责任保险的社会管理作用。

7. 某年12月7日下午，北京市民李某购票进入周口店北京人遗址博物馆参观游览，当他行至北京人头盖骨化石挖掘现场之一的地点时，突然遭到几名不明身份的儿童用石块袭击。李某当即被一石块击中鼻梁，眼睛受伤、眼镜被击碎。肇事儿童趁乱逃离现场，此后，李某被送到周口店卫生院对伤口进行缝合治疗，被诊断为双眼钝挫伤，右角膜划伤。李某要求博物馆进行赔偿。

问：(1) 李某是否能得到博物馆的赔偿？为什么？

(2) 遗址博物馆若将类似风险转移给保险公司，其购买的是什么类型的险种？保险公司赔偿吗？

(3) 案例中的儿童家长应该通过什么险种规避相应的责任？

第十二章
产品责任保险

本章提要

本章对产品责任保险进行探讨。本章在对产品、产品缺陷以及产品责任风险进行分析的基础上，主要介绍了产品责任保险的基本内容，包括产品责任保险的概念、特点及与其他保险的区别。此外，还从合同的角度分析了产品责任保险的责任范围、合同的承保与理赔以及合同的赔偿限额等内容。

学习目标

了解产品责任与产品责任保险的关系。

掌握产品责任保险的概念、基本特征以及作用。

了解产品责任保险与其他产品保险的区别。

理解产品责任保险合同的内容、承保与理赔。

第一节 产品责任风险

一、产品及产品缺陷

（一）产品定义

产品具有广泛的含义，一般来说，产品应包括天然产品和工业产品，而不论是未加工还是加工过的，是动产还是不动产，世界各国对产品的定义及其范围的限定是不相同的。《中华人民共和国产品质量法》规定，产品是指经过加工、制作，用于销售的产品。按照我国法律的规定，产品必须具备两个条件：一是必须经过加工、制作，加工、制作包括工业上的和手工业上的。电力、煤气等虽然是无体物，但属于工业产品，因此也属于产品。但是原煤、原矿、天然气等是未经加工的天然品，因此不属于产品。二是用于销售，即为了自己使用的加工、制作品不属于产品质量法中的产品。

由此可见，包括我国在内的世界各国对产品的定义及其范围的限定虽不相同，但是各国关于产品的规定存在共同点，即：一是产品一般指动产；二是多数国家立法未将初级农产品列入产品责任法范围，原因在于农产品易受到自然因素影响，其产生的潜在缺陷难以确定缺陷来源，而且农产品没有明确的质量标准；三是产品一般指有形物品。因此，所谓产品，是指经过加工、制作，用于销售的动产。

（二）产品缺陷

产品缺陷，是指产品存在不合理危险性或不符合国家有关质量、安全的强制性标准，或者违反明示担保或默示担保而形成的，其结果可能会造成人身伤害或财产损失的产品瑕疵。产品缺陷的产生可能是生产者在制造产品时已经了解的，而因为疏忽没有告知使用者；也可能是生产者在制造产品时尚未发现的，但是一定是产品在制造或销售过程中业已存在的。即产品制造商的产品在投放市场之前，确实存在缺陷或处于不合格的危险状态。

根据产品的生产和制造过程，产品缺陷可以分为四种：

1. 设计上的缺陷

设计缺陷是指生产者在设计产品时，其产品的结构、配方等方面存在不合理的危险。这种缺陷是因设计产品时忽视产品应有的安全性所致，因而是产品的先天不足，在生产和销售过程中无法克服。我国产品责任案件中，大部分缺陷产品属于制造缺陷。

2. 制造上的缺陷

制造缺陷是指因产品原材料或配件存在缺陷，或者在制作、铸造及建设过程中疏于监督、控制，而导致产品具有不合理的危险。由此可见，该缺陷是基于设计以外的一切制造行为所致，它使产品的质量与设计要求的质量出现差异，因此可以通过对其规格、技术要求的检验，或者通过对正常产品的对比加以主观识别。

3. 开发上的缺陷

开发缺陷又称发展缺陷，是指产品在制造或投入流通时，根据当时的科学技术水平难以发现产品具有不合理的危险性，而在使用一段时间后，证明产品存在不合理的危险性。开发缺陷的特点包括：一是，属于相对缺陷，当科学技术难以发现时，该产品即视为无缺陷产品；二是，不属于具体的缺陷，只有当科学技术水平发展到足以认识这一缺陷的时候，该缺陷才可能被判定为设计缺陷、制造缺陷或指示缺陷。

4. 指示上的缺陷

这也称告知缺陷，是指产品缺乏在使用上或危险防止上必要的、适当的说明或警告，致使该产品存在危及人身、财产安全的不合理的危险。这里的“说明”是指有关产品的主要性能、正确的使用方法，以及错误使用可能招致的危险等事项的文字表达。“警告”是指对产品本身所具有的危险性运用标志或文字所作的警告性标记。

二、产品责任的概念

产品责任，是指由于产品存在的缺陷，在使用或消费过程中发生意外造成产品用户、消费者或其他第三者的人身伤害或财产损失依法应由该产品制造商、销售商或修理商承担的经济损害赔偿责任。由于产品责任的存在，产品制造商、销售商或修理商面临被用户、消费者或其他第三者就其遭受的人身伤害或财产损失索赔的风险，此为产品责任风险。

产品责任作为一种法律关系具有以下特点：

（1）产品责任法律关系是由缺陷产品损害事故引起的，产品损害事故是引起法律关系产生的法律事实。

（2）就产品责任法律关系的主体而言，在责任方有制造商、销售商及修理商（义务主体），与之相对的是受损害方（权利主体）。

（3）就产品责任法律关系的内容而言，是制造商、销售商对受害的消费者、使用者或第三者所负的损害赔偿义务。这种损害赔偿包括对人身损害的赔偿和对财产损害的赔偿。

三、产品责任的构成条件

产品责任是因产品缺陷导致的损害赔偿责任，是指产品存在缺陷给受害人造成人身伤害或产品以外的财产损失所产生的法律后果。因此，产品责任的构成条件可以归纳为三个方面。

第一，产品存在缺陷。产品缺陷是确定产品责任的前提条件。产品没有缺陷，就没有产品责任。产品缺陷满足存在危及他人人身、财产安全的危险，并且这种危险是不合理的情况下，才能确定产品存在缺陷。例如有的产品本身不应当存在危及人身、财产安全的危险性，但因设计、生产上的原因，导致存在一定的危险，则定义为存在产品缺陷。但是某些产品本身就带有一定的危险性，但在正常合理的使用情况下，不会发生危险，这类危险属于合理危险，则不存在缺陷。如菜刀在被罪犯用来杀人时，对人身就具有危险，但是我们不能因此说菜刀有缺陷。

第二，有缺陷的产品已经造成了损害事实。这里的损害是指因为产品缺陷而使人受到人身伤害或财产损失。例如，有缺陷的手机电池发生爆炸，除手机本身被炸坏外，人也被炸伤，人和手机的损失即为损害事实。

第三，损害致因与结果存在客观的因果关系。即受害人的人身、财产损害必须是因为产品缺陷而引起的，产品缺陷与损害事实之间存在近因关系。如上述手机电池爆炸导致的人和手机的损害后果必须是手机电池本身有缺陷所致，如果是使用者不小心将电池掉入火中引起的爆炸所致，则不属于产品缺陷所导致的产品责任。

以上产品责任的三方面构成要件必须同时具备，产品提供人才能承担产品责任。对于受害方的当事人来说，在产品责任诉讼过程中，他必须证明产品存在缺陷，确有损害事故发生，并且产品缺陷与损害之间存在近因关系，其所受到的损害才能得到赔偿。

四、产品责任的归责原则

产品责任的归责原则是指确定行为人责任归属所依据的准则，即要求行为人承担责任的根据、标准和理由。产品责任事故发生后，责任方如何承担经济赔偿责任，由当地法院根据有关产品责任法律判定。产品责任与各国的产品责任法律制度密切相关，责任方所负责任的划分及大小，因各国产品责任法律制度的不同而有较大差异。我国的产品责任的归责制度基本经历了合同责任原则、疏忽责任原则和严格责任原则三个阶段。

1. 合同责任原则

最初的产品责任是一种合同责任，即产品责任以合同为基础，产品责任事故的受害者只有在与产品的制造商、销售商事先签订有生产合同或销售合同的前提下，才能向制造商或销售商提起诉讼，根据合同的范围要求被告赔偿，即无合同，无责任。事实上，随着商贸活动的日益复杂，市场流通环节出现越来越多的情况，产品的消费者往往与生产者和销售者并无契约关系，从而无权向制造商或销售商进行追偿，可见，合同责任原则显然对受害者极为不利。

2. 疏忽责任原则

疏忽责任原则又称过失责任原则，是从保护产品责任事故受害者的权益出发，只要产品责任事故的受害者能够通过举证的形式，证明产品的制造商、销售商有过失，就可以向产品制造商、销售商提出索赔，而不需要受害者与产品制造商、销售商签订合同。但当受害者提起疏忽责任的诉讼时要提供以下证明。

（1）产品在设计、制造、销售过程中存在着缺陷。

（2）这种缺陷直到产品责任事故发生时仍然存在。

（3）产品责任事故的受害者对于该项缺陷的存在和产生必须是未知的，即使经过检查也未能发现。

（4）产品责任事故的受害者对于产品的使用与产品的规定用途相一致。

疏忽责任的产生是产品责任归责制度的一个进步。但是，在实践中，让受损害者承担举证之责，证明产品有缺陷并且制造商或销售商有疏忽责任往往是很困难的。随着商品经济的进一步发展，疏忽责任原则指导下的产品责任法难以充分有效地保护受害人的利益，并引起了广泛的关注。各个国家开始逐步废弃疏忽责任原则，转为实行严格责任原则。

3. 严格责任原则

严格责任原则又称绝对责任原则，是指只要产品存在缺陷，对使用者或消费者存在不合理的危险，并导致他们的人身伤害或财产损失，则该产品的制造商、销售商或修理者都应该承担赔偿责任。以严格责任为依据起诉对受害者最为有利。

我国目前对产品责任归责原则并未作出明确的规定，从总体来说，我国目前对产品制造者采取的是严格责任原则，而对销售者则适用有条件的过错责任和严格责任共存的归责原则。在有些情况下，消费者可以依据自己的具体情况来选择适用严格责任原则或疏忽责任原则。

第二节　产品责任保险概述

一、产品责任保险定义

产品责任保险是指以产品的制造商、销售商因生产和销售的产品造成产品使用者人身伤害或财产损失而应当承担的损害赔偿责任为标的的责任保险。产品责任保险的目的是保护产品的制造商、销售商或修理商免受因其产品的使用而造成他人人身或财产损害而承担赔偿责任的损失。

产品责任保险主要分为国内产品责任保险和出口产品责任保险两大类。其中，国内产品责任保险是指在我国境内，以被保险人产品因存在缺陷，造成使用、消费该产品的人或其他任何人的人身伤害、疾病、死亡或财产损失，依据我国法律应由被保险人承担的经济赔偿责任为保险标的的保险。出口产品责任保险则是指以外资企业、外贸出口企业单位为被保险人，以被保险人所生产、出售的产品或商品在境外承保区域内发生事故，造成使用、消费或操作该产品或商品的人或其他任何人的人身伤害、疾病、死亡或财产损失，依法应由被保险人承担的法律责任为保险标的的保险。值得注意的是，出口产品责任保险一般采用以事故发生为基础的产品责任保险保单，因此责任期限往往很长，例如前文提到的美国石棉产品案件，保险索赔还在继续。

我国的产品责任保险始于1980年，当时主要是涉外业务以解决我国外贸出口产品的责任纠纷，其业务量不大，保障范围也比较小。1985年以后，上海、杭州、广州等地的保险机构率先将产品责任保险面向国内市场，如中国人民保险公司上海市分公司20世纪80年代就开办了触电保安器、电热毯、电视机、洗衣机、电冰箱等产品的责任保险业务。随着我国商品经济发展程度的提高，产品责任法律制度的完善，以及消费者也有着强烈的自我保护意识和索赔意识，产品的制造商、销售商和修理者对制造、销售、修理的产品持着越来越谨慎的态度，这推动了我国产品责任保险的发展。目前我国产品责任保险承保范围已逐渐扩大到儿童玩具、食品、机械、药品等10余类产品，甚至火箭和卫星也逐步进入了产品责任保险的承保标的行列中。我国产品责任保险发展在风险转移和维护消费者权益方面发挥了重大作用。

专栏12－1

产品责任保险为我国产业升级保驾护航

2019年4月26日，广州赛特智能科技有限公司与中国人民财产保险股份有限公司（PICC）正式签署协议，为旗下全系机器人产品购买了产品责任险，为机器人的安全使用提供了更全面的保障，这是粤港澳大湾区首份无人驾驶领域产品责任保险生效，意味着产品责任保险进军高科技领域，为其提供风险保障。自粤港澳大湾区国家战略提出以来，这是PICC在该区域内承保的首份人工智能低速无人驾驶领域的产品责任险。对于保险行业来说，这份保险协议具有里程碑的意义，代表了“智能＋”趋势下保险行业对人工智能产品领域的积极探索和尝试。对于赛特智能来说，这份保险则代表了赛特对客户与合作伙伴的一份承诺和保障，同时展现了对自身产品安全性能上强有力的信心。

此外，产品责任保险为我国生物医药人体临床试验、生物医药产品责任保险提供保障。2017年11月，上海市科学技术委员会发布了关于开展生物医药人体临床试验责任保险、生物医药产品责任保险试点工作的通知。2020年上海银保监局联合上海市科委、市金融工作局联合下发专项文件，将生物医药人体临床试验责任保险、生物医药产品责任保险的优惠政策延长两年至2021年12月31日，继续为符合条件的医药生产企业提供50%的保费专项财政补贴。目前已有多家保险机构为新冠肺炎的临床项目提供保险保障，恒康保险代理制定了专门保险方案，保障额度达500万元。

这充分体现了产品责任保险在促进产业转型升级以及防控疫情方面的重要作用。产品责任保险有助于降低产品生产者和销售者面临的风险，提高厂商的财务稳健性，同时有利于引导和鼓励产品的创新和技术创新，并有效地展示了企业的责任心，表明了企业对产品品质问题的关注和采取的完善风险防范措施，从而向消费者传递产品安全的信息，进而扩大产品市场。

资料来源：上海市人民政府，http：//www. shanghai. gov. cn. 金投网 - 保险，https：//insurance. cngold. org/c/2019 - 04 - 29/c6344231. html.

二、产品责任保险特点

（一）产品责任保险的特点

（1）产品责任保险强调以产品责任法为基础。因为受害者（用户、消费者或其他人）与致害者（生产商、销售商或修理者等）之间为侵权关系，必须通过一定的法律来规定责任的划分和索赔的依据。

（2）产品责任保险虽然不承担产品本身的损失，但与产品本身有着内在的联系。即产品质量越好，产品责任的风险就越小，反之亦然；产品种类越多，产品责任的风险就越复杂，反之亦然；产品销售量越大，产品责任的风险就越广泛，反之亦然。

（3）由于产品是连续不断的生产和销售的，因此，产品责任保险的保险期限虽然仍为一年期，但强调续保的连续性和保险的长期性。

（4）产品责任保险强调保险人与被保险人的协作与信息沟通。随着产品更新的加快，以及技术、工艺、材料的创新，生产者和销售者在投保时要向保险人提供相应的数据及材料，以便保险人准确评估风险。

（二）产品责任保险与产品质量保证保险的区别

1. 保险人提供的业务性质不同

对产品责任保险，保险人提供的是代替责任方承担因产品责任事故造成的对受害方的经济赔偿责任，属于责任保险范畴；对产品质量保证保险，保险人提供的是带有担保性质的保证保险，仅仅承担不合格产品本身的损失，而不负责因为产品缺陷导致第三者的损害责任。

2. 保险标的不同

产品责任保险的保险标的是产品的侵权责任；而产品质量保证保险的保险标的是产品质量违约责任。

3. 承担责任的条件不同

产品责任保险赔偿的前提是因产品缺陷导致消费者或使用者的损

害发生；而产品质量保证保险不以消费者或使用者的损害为要件，只要产品不符合合同规定的质量要求即可提出索赔。

4. 责任范围不同

产品责任保险承保的是被保险人因产品缺陷造成消费者人身伤害或财产损失依法应负的经济赔偿责任。至于缺陷产品本身的损失，则不属于产品责任保险的赔偿范围。产品质量保证保险承保的是被保险人因制造或销售的产品质量有缺陷而对有缺陷的产品本身的赔偿责任。

专栏 12－2

产品召回保险

产品召回保险是承保由于被保险产品存在缺陷而导致或可能导致消费者人身伤害或财产损失所引起的“召回费用”，包括告知费用、运输费用、仓储费用、销毁费用、雇佣额外劳动力的费用、员工加班费用、重新配送费用、聘请专业顾问进行危机处理的费用，以及双方约定的其他费用的保险。与产品责任保险保障的是制造商与经销商在消费者因使用其产品而遭受身体伤害或财产损失时应承担的法律责任不同，产品召回保险保障的则是召回的相关费用或损失，它不属于责任保险产品，但与产品责任保险有一定的联系，即产品召回保险所保的是产品因存在缺陷而导致或可能导致消费者或其他人的人身伤害或财产损失所引起的“召回费用”，它属于费用损失保险产品。因此，产品召回保险一般作为产品责任保险的附加险进行销售。也正因为如此，这里特增加产品召回保险险种的介绍。

产品召回，必然会给企业带来成本增加、信誉降低等经营风险，为了更好地化解企业因产品召回带来的经营风险，有效控制和降低产品召回所产生的巨额费用，及时恢复产品信誉，国外生产厂商大多都是通过购买保险来规避风险，有些进口商在产品进口时都要求厂商购买产品责任保险和产品召回保险。2003年，我国产品召回保险正式由外资保险公司—美国的亚美财产保险公司引进到国内。随后，华安、大地、人保、华泰等财产保险公司相继推出各自的产品召回保险险种。

三、产品责任保险的作用

产品责任风险是生产商、销售商以及修理商面临的重要风险，这一风险会导致巨额赔款从而产生财务波动性。此外，产品声誉会受损甚至遭受信用危机，使得企业因为产品责任问题而陷入困境或倒闭。因此，开展产品责任保险无论是对产品消费者还是对生产者、销售者或修理者等责任主体，其意义都是重大的。

1. 有利于保障消费者权益

任何产品发生问题，都会损害消费者的人身权利和财产权益。受害者权益是否能够得到保障，不仅取决于国家法律制度和社会的保护措施，而且还要取决于生产者、销售者、修理者的经济承受能力。以生产者、销售者、修理者而言，在某些情况下，即使法律保护消费者的权益，致害人也无力赔偿或无力全部赔偿。而产品责任保险可以在最大限度内起到保护消费者权益不受损害的作用。

2. 有利于生产者、销售者、修理者转嫁其不确定的产品责任风险，促进科学技术的发展

产品责任风险是客观存在的，不论是过去，还是现在或将来，由于技术和知识的限制，企业生产的合格品也往往包含着某些缺陷或不确定的风险。从社会发展趋势来看，科学技术越发展，社会产品就越丰富，而产品风险的种类也会越多变。既然产品责任风险在所难免，那么，产品生产者、销售者、修理者在提高产品质量的同时，只有靠产品责任保险来分散风险、促进科技创新并稳定经营。

3. 有利于提高产品质量

产品责任保险承保过程中，保险人承保产品责任保险是有选择和限制条件的，即只承保那些产品质量优秀或合格的产品，对于产品质量低劣的生产者、销售者、修理者是不接受其投保的。因此，产品责任保险的承保有利于企业提高产品质量。另一方面，保险公司承保产品责任保险，从某种意义上来说，它参加了产品质量综合治理，协助企业抓好产品质量管理工作，还可以与有关经济主管部门，如工商行政管理部门、质量监督机构和司法部门配合，按照有关法规、质量标准和合同要求，参与对投保企业的产品质量的监督和管理，促使企业增强质量观念，不断提高产品质量。

4. 有利于扩大产品出口，促进经济发展

随着对外贸易的发展，产品责任的国际化趋势将更加明显，不符合国际标准的产品不可能走出国门，即使走出了国门，也面临着巨大的销售风险。产品责任保险成为进入更多国外市场的重要通行证。

第三节　产品责任保险合同

一、投保人与被保险人

在产品责任保险中，制造商、销售商以及修理商等可能对产品事

故所致损害负有赔偿责任的人，均可以投保产品责任保险。根据具体情况，可以由他们中间的任何一个人投保，也可以由他们中间的几个人或全体联名投保。产品责任保险的被保险人，除投保人外，经投保人申请，保险公司同意后，可以将其他有关方也作为被保险人，并规定对各被保险人之间的责任互不追偿。产品制造商包括产品生产者、加工者、装配者等；产品销售者包括批发商、零售商、出口商、进口商等各种商业机构；产品修配者指被损坏产品或陈旧产品或有缺陷产品的修理者，如汽车修理厂。

二、保险责任与除外责任

（一）保险责任

产品责任保险的保险责任可以分为以下两项。

第一项，在保险有效期内，由于被保险人所生产、出售、修理的产品在承保区域内发生事故，造成使用、消费或操作该产品的人的人身伤害或财产损失，依法应由被保险人负责时，保险公司在保险单规定的赔偿限额内负责赔偿。在这项保险责任里，需要明确以下问题。

一方面，保险人承担产品责任赔偿责任以产品有缺陷为前提，而该缺陷必须是在离开生产者、销售者、修理者控制以前已经存在。因产品存在缺陷造成他人的损害，保险人才负责赔偿。另一方面，产品责任保险人承担缺陷产品损害赔偿责任是需要限制条件的。一般而言，保险人在产品责任险项下承担的赔偿责任要受两个条件的制约。首先，造成用户损害的事故，必须具有“意外”“偶然”的性质，而不是被保险人事先所能预料到的。保险人承保的是偶然的而不是必然的产品缺陷引起的索赔。其次，保险事故必须发生在制造或销售场所以外的地方，而且产品的所有权已经转移至用户。如果造成伤亡、损失的有缺陷产品仍在被保险人的生产场地内，则不属于产品责任险的赔偿范围。但是，在承保餐厅、旅馆等的产品责任险时，由于其本身生产或销售的食品、饮料等，一般均由消费者在其场馆内食用，为了使被保险人因这类产品责任事故引起的赔偿责任能在产品责任险项下获得保障，可以加收保险费后在产品责任险项下扩展承保。

第二项，被保险人为产品事故所支付的诉讼、抗辩费用及其他经保险公司事先同意支付的费用，保险公司也予以赔偿产品责任事故发生后，是否应由被保险人承担损害赔偿，以及赔偿数额的多少，一般是通过诉讼由法院裁定，由此而产生的诉讼费用、抗辩费用、律师费用、取证费用等，保险人可予以负责。但是，有时因诉讼费用很高，或者被保险人为了避免在法院诉讼影响其声誉，保险人也可以对一些索赔金额不大、责任比较明确的案件，与受害人协商解决或通融赔付，对于这些费用的支付，保险人亦可承担，但必须坚持自己的原则。通常情况下，保险人支付的诉讼费用在额外的赔偿限额内计算，或者在双方约定的限额内赔付。

（二）除外责任

（1）被保险人根据与他人的协议应承担的责任。保险人根据相关的产品责任法规确定的法律责任来厘定费率、确定保险责任，然而被保险人与他人订立的合同或协议则可能与保险人所了解的产品责任法规有出入，往往增大了风险。比如，如果被保险人提供的产品在各方面都完好无缺，消费者却因使用不当而受伤。但制造商根据与消费者订立的赔偿合同，接受赔偿这种损失的条件。制造商承担的这种合同责任就不在保险责任范围之内。

本条除外责任可以应被保险人的要求，有条件地加保，但被保险人应在投保时将所有的契约责任向保险公司申报并提供契约的副本。保险人可根据被保险人所承担的契约责任大小适当调整赔偿限额，加收保险费。

（2）根据《中华人民共和国劳动法》或雇佣合同应由被保险人对雇员承担的责任。根据雇佣关系，雇主对雇员既可能承担法律规定的赔偿责任，又可能承担雇佣合同上规定的赔偿责任。这种风险，可以由被保险人投保雇主责任保险来转嫁，所以在产品责任险中将此列为除外责任。

（3）保险产品本身的损失或退换回收的损失，这属于产品质量保证保险的承保范围。

（4）被保险人所有、保管或控制的财产的损失，被保险人可以投保财产保险来转嫁此类风险。

（5）被保险人故意违法生产、出售的产品造成任何人的人身伤害、疾病、死亡或财产损失。

（6）产品仍在制造或销售场所，其所有权尚未转移至用户或消费者的产品责任事故，属于除外责任。

（7）保险产品造成的大气、土地及水污染及其他污染所引起的责任。

（8）由于战争、类似战争行为、敌对行为、武装冲突、恐怖活动、谋反、政变直接或间接引起的任何后果所致的责任。

（9）由于罢工、暴乱、民众骚乱或恶意行为直接或间接引起的任何后果所致的责任。

（10）由于核裂变、核武器、核材料、核辐射及放射性污染所引起的直接或间接的责任。

三、赔偿限额与免赔额

在产品责任保险中，通常规定两个赔偿限额，即每次事故赔偿限额和保险期限内累计赔偿限额。以上限额还可以分别划分为人身伤害和财产损失两个限额，因产品事故导致使用者或消费者人身伤害或财产损失时，分别适用各自的限额。

赔偿限额应根据不同产品的销售区域发生事故后可能引起赔偿责任的大小来确定，有些产品，如食品、药品、某些机电设备，发生事故后可能造成众多的人员或财产的损害，应考虑设立较高的限额。

免赔额以内的损失保险人概不负责。免赔额的高低视风险的大小以及被保险人的承受能力并由保险双方协商确定。免赔额的形式，可以设立为百分比（如免赔额为损失金额的5%）或确定免赔金额。保险人为了控制风险，目前的趋势是提高免赔额。

四、承保基础

责任保险的承保基础有“期内发生式”和“期内索赔式”。传统的产品责任险保单大多采用“期内发生式”作为承保基础。期内发生式要求保险事故必须发生在保险有效期内而不论受害方是否在保险有效期内提出索赔。但是，使用这种方式常会出现在保险期限内发生的事故，到保险期限结束后较长一段时间才提出索赔。因此，保险人必须随时准备处理那些保险期限早已到期却刚刚报来的索赔案子。

为了避免这一弊端，目前产品责任保险多采用“期内索赔式”作为承保基础。这是因为很多产品责任事故的发生和损害后果的发现往往间隔一定时间。对于具有缺陷“潜伏期”的产品投保产品责任保险时，保险人以“期内索赔式”进行承保，有利于风险控制。此外，保险人为了防止出现过多的索赔，提出“追溯期”的概念，即产品事故造成人身伤害或财产损失而提出的索赔必须是在保险单追溯期以内、保险期限结束前发生的事故引起的。保险人提供的追溯期一般为1~5年，但对于第一年投保的产品（即新保险单）不给予追溯期。例如某制药厂从2017年1月1日开始投保其制造药品的产品责任保险，当年没有追溯期，而该厂在2018年续保时，保险单就可以规定追溯期从2017年1月1日起。

究竟采用何种方式作为承保基础，应根据具体情况而定。原则上，凡保险事故发生后能够立即得知或发现的，宜采用“期内发生式”；反之，如果事故的发生不能立即得知或发现的，宜采用“期内索赔式”。

五、承保区域

承保产品责任保险必须明确投保产品的销售区域，保险人确认投保产品是在保险单规定的销售区域内发生事故引起赔偿责任才予以承担，超出保险单规定的销售区域发生责任事故引起的赔偿责任，保险人不予负责，这一规定的销售区域就是承保区域。承保区域是保险人承担赔偿责任的地理范围限制。因此，产品的承保区域必定是销售区域，但产品的销售区域并不一定是承保区域。承保区域的范围大，风险就会相对增加、费率也会相应提高。如果是出口产品，承保区域扩展到北美、欧洲等产品责任事故赔偿额和法律费用较高的国家，费率就应适当提高。

六、保险费率和保险费

产品责任保险承保的是各种不同类型的产品，产品的多样化和风险程度的差异，均要求保险人对不同的产品制定不同的费率。在厘定费率时，保险人主要考虑以下因素：

（1）产品种类及其可能产生的危险。不同种类的产品对人体或财产的风险不同。如药品的危险比衣服的风险大得多。

（2）承保的地区范围。一方面，承保的地区范围大，风险也大，费率就较高。如果产品不仅在国内销售，还要出口，则其费率比仅供国内市场要高；另一方面，承保销往产品责任严格的国家或地区，比其他国家或地区风险大，费率相应也高。

（3）产品制造者的技术水平和质量管理情况。产品制造者的技术水平高，质量控制好，产品检测严格，其产品的合格率就高，产品责任风险相应降低，费率应低些。

（4）赔偿限额与免赔额的高低。在产品其他条件相同的情况下，赔偿限额越高，费率越高；与此相反，免赔额越高，费率越低。

（5）以往承保的经验。根据保险人以往的承保经验，某种产品的赔付率高，产品责任风险大，应在费率上反映出来。

（6）分保接受人的开价。为了保证保险人的财务稳定性，对于承保金额比较高的产品责任保险，往往寻求分保，因此需要参考再保险人的报价。

产品责任保险的保险费按照产品的销售额和费率乘积确定。产品责任保险可实行预收保险费制，即在签订产品责任保险合同时，按投保生产、销售的全部产品价值计算收费，待保险期满后再根据被保险人在保险期内的实际生产、销售的产品价值计算实际保险费，对预收保费实行多退少补，但实收保险费不得低于保险人规定的最低保险费。

本章小结

1. 产品责任是指由于产品存在的缺陷，在使用或消费过程中发生意外造成产品用户、消费者或其他第三者的人身伤害或财产损失，依法应由该产品制造商或销售商分别或共同承担的经济损害赔偿责任。

2. 产品责任保险具有强调以产品责任法为基础、不承担产品本身损失、强调续保的连续性和保险的长期性以及强调保险人与被保险人的协作与信息沟通的作用。

3. 产品责任保险发挥着重要的社会管理功能，有利于保障消费者的权益；有利于生产者、销售者、修理者转嫁其不确定的产品责任风险，促进科学技术的发展；有利于提高产品质量；有利于扩大产品出口，促进经济发展。

4. 产品责任保险与产品质量保证保险有本质的区别。

5. 产品责任保险合同的保险责任可以分为两项，除外责任一般都可以归纳为三项。

6. 产品责任保险合同的承保基础采用“期内发生式”，但很多产品责任事故的发生不是立即能知道或发现的，因此对于某些具有缺陷“潜伏期”的产品投保产品责任保险时，就要在保险单上加批“期内索赔式”。

思考与练习

1. 产品缺陷的种类有哪些？
2. 产品责任是什么？
3. 阐述产品责任的归责制度。
4. 产品责任保险的定义、特点及作用。
5. 产品责任保险与产品质量保证保险的区别是什么？
6. 产品责任保险与产品召回保险的关系是什么？
7. 产品责任保险合同的责任有哪些？
8. 保险公司为什么要进行产品责任保险的经营风险管理？

第十三章
雇主责任保险

本章提要

本章对雇主责任保险进行探讨。首先介绍雇佣关系和雇主责任风险的概念、分类；其次引入雇主责任保险，介绍其概念、特点、发展历程及分类；最后详细讲述雇主责任保险合同的条款内容，并对其在承保、保费计算与理赔中的一些问题进行阐述。

学习目标

了解雇主责任风险定义，准确理解两类雇主责任的内涵。

掌握雇主责任保险的概念和特点，准确理解雇主责任保险与工伤保险、工伤责任保险、安全责任保险等其他类似险种的区别。

掌握雇主责任保险合同的主要内容，了解雇主责任保险的常见附加险条款内容。

了解雇主责任保险从承保到理赔的经营过程，理解费率厘定的原则和方法。

第一节　雇主责任风险

市场经济发展下的社会分工日益明细，用人单位或个人可以通过雇佣他人完成工作，从而扩大活动能力范围。但是，雇员在执行职务时因故意或者过失导致他人合法权益受损的情况时有发生，因此对雇主责任保险的研究应首先从雇主责任风险入手。

一、雇主责任

（一）雇主与雇佣关系

要理解雇主责任的含义，首先要明确什么是雇主以及什么是雇佣关系，世界各国通常对雇主和雇员有明确定义。以英国为例，雇主（employer）是指占用或雇用某人，并对其实施权力和管制的人。雇主的权利包括选择受雇人、控制工作方法、中止或解雇受雇人，同时雇主负有向雇员支付工资或其他酬金的义务以及保证雇员安全的义务。雇员（employee）则是指同意执行雇主的雇工指令的人，包括雇主工资名单上的人、雇主根据合同借用的人、劳务分包合同雇用的人以及正在接受工作培训或实习的人等。

雇佣关系（employment）是一种劳动合同关系，是当事人一方（受雇者）向对方（雇主）提供劳动力以从事某种工作、由对方提供劳动条件和劳动报酬的协议或契约。在雇佣关系中，雇员相对于雇主来说在经济上处于弱势地位，雇员的收入依靠雇主开出的工资，而雇主使用雇员为其工作是为了追求经济利益，对由此而产生的责任风险，除非雇员有故意或重大过失，雇主应对此负责。

在我国的劳动立法中，“雇主”一词仅指私有制关系中的用工者，公有制关系中的用工者则用“法人”来表示。为对应国际劳动立法和国际保险市场的说法，本章所指的“雇主”和“雇员”，不对公有制和私有制加以区分，它包含所有性质的合法雇佣关系。

（二）雇主责任概念

雇主责任是指国家通过立法，规定雇主对其雇员在受雇期间从事业务活动时，因发生意外事故或职业病，造成雇员伤残或死亡时应承担的经济赔偿责任。构成雇主责任的前提条件是，雇主与雇员之间存在着直接的雇用合同关系。雇主责任为绝对责任，即雇主对雇员在工作期间的人身伤害，不论雇主有无过失，都应承担赔偿责任。在我国，现行的约束雇佣关系的法律法规有《中华人民共和国劳动法》《中华人民共和国劳动合同法》《中华人民共和国侵权责任法》《工伤保险条例》《中华人民共和国中外合资经营企业劳动管理规定》等。

一般而言，雇主所承担的对雇员的责任，包括雇主自身的故意行为、过失行为乃至无过失行为所致的雇员人身伤害赔偿责任。但保险人所承担的责任风险并非与此一致，即保险人所承担的责任风险均将被保险人（雇主）的故意行为列为除外责任，主要承保被保险人（雇主）的过失行为所致的损害赔偿，或者将无过失风险一起纳入保险责任范围。构成雇主责任的前提条件是雇主与雇员之间存在着直接的雇用合同关系。即雇主有解雇该雇员的权利，雇员有义务听从雇主的管理从事业务工作，这种权利与义务关系均通过书面形式的雇用或劳动合同来进行规范。

（三）雇主责任归责原则

一般而言，雇主责任风险的发生源于雇主的三类行为：故意行为、过失或疏忽行为、无过失行为。雇主的过失或疏忽行为通常表现为雇主本人直接的过失行为、未能选聘适任的雇员、未能提供足够安全的工作场地和机器设备、未能制定或执行安全生产的规章制度等。

大陆法系国家如德国、日本、瑞士等以雇主的过错确定雇主责任，该过错为选任监督雇员方面的过错，由法律推定，无须受害人举证，即奉行过错推定责任原则；而英美法系国家及法国、意大利等主张无论雇主有无过错，均应对雇员执行职务中的侵权行为负责，雇主不得主张选任或监督雇员已尽相当注意而免责，即奉行无过错责任原则。

在我国，雇主责任的归责原则存在分歧，但根据2004年生效的《最高人民法院关于审理人身损害赔偿案件适用法律若干问题的解释》第九条、第十一条等有关规定可以看出，我国的雇主责任归责原则采纳无过错责任原则。虽然如此，雇主责任仍可用免责事由进行抗辩，在某些情况下可以不承担雇主责任风险带来的经济赔偿责任，免责事由根据《中华人民共和国侵权责任法》和《最高人民法院关于审理人身损害赔偿案件适用法律若干问题的解释》的规定，包括受害人的故意或重大过失行为、不可抗力等。

二、雇主责任风险

雇主责任包括职业伤害责任和用工责任。这部分主要援引我国法律条例，详细介绍两类雇主责任中责任事故如何界定，损害赔偿责任的标准如何规定等问题。

（一）职业伤害责任风险

职业伤害又称工伤，是指雇员受到工作过程中或与工作有关的突发事故所导致的伤害，或因工作环境和条件长时间侵害健康而导致的职业病。

1. 职业伤害种类

关于工伤的种类，在《工伤保险条例》中有详细阐述。根据我国《工伤保险条例》第十四条的规定，职工有下列情形之一的应当认定为工伤：

（1）在工作时间和工作场所内，因工作原因受到事故伤害的；

（2）工作时间前后在工作场所内，从事与工作有关的预备性或者收尾性工作受到事故伤害的；

（3）在工作时间和工作场所内，因履行工作职责受到暴力等意外伤害的；

（4）患职业病的；

（5）因工外出期间，由于工作原因受到伤害或者发生事故下落不明的；

（6）在上下班途中，受到非本人主要责任的交通事故或者城市轨道交通、客运轮渡、火车事故伤害的；

（7）法律、行政法规规定应当认定为工伤的其他情形。

根据《工伤保险条例》第十五条的规定，职工有下列情形之一的，视同工伤：

（1）在工作时间和工作岗位，突发疾病死亡或者在48小时之内经抢救无效死亡的；

（2）在抢险救灾等维护国家利益、公共利益活动中受到伤害的；

（3）职工原在军队服役，因战、因公负伤致残，已取得革命伤残军人证，到用人单位后旧伤复发的。

上述列举的职业伤害种类依照其性质，通常将职业伤害分为两大类：一类是由安全事故引发的死亡、伤残等意外伤害；另一类是由工作环境长期侵害而引发的职业病。

就安全事故伤害来说，据统计，1990～2002年我国安全事故总量年均增长6.28%，全国每年因安全事故死亡13万多人，伤残70万多人，造成直接经济损失超过2 500亿元。随着安全生产工作取得积极进展和明显成效，从2002年起生产安全事故数量和死亡人数逐年下降：全国生产安全事故起数2002年为107万起，2014年为29万起，下降近73%；死亡人数2002年为14万人，2014年为6.6万人，下降约53%；重特大事故2002年为128起，2014年为42起，下降约67%。虽然近年来全国安全生产连续实现了“三个下降和两个明显提升”（事故总量下降、重特大事故下降、主要相对指标下降；煤矿等重点行业领域安全生产状况好转、各地区安全生产状况好转），但各地区行业监管的漏洞和单纯以生产数量为衡量绩效标准的思想为生产安全埋下隐患，严重影响着企业的正常生产经营和从业人员的切身利益。

就职业病来说，《中华人民共和国职业病防治法》第二条第二款对其有明确定义：“本法所称职业病，是指企业、事业单位和个体经济组织等用人单位的劳动者在职业活动中，因接触粉尘、放射性物质和其他有毒、有害因素而引起的疾病。”根据国家卫生与社会保障部门对职业病的分类，它包括十大类，分别是尘肺、职业性放射病、职业中毒、物理因素职业病、生物因素所致职业病、职业性皮肤病、职业性眼病、职业性耳鼻喉疾病、职业性肿瘤以及其他职业病。据国家部委的数据统计，2014 年全国 30 个省、区、市共报告职业病 29 972 例，同比增加 16.1%，其中职业性尘肺病 26 873 例，占新增病例的 89.7%，是最主要的职业病类型；从行业分布来看，煤炭开采和洗选业、有色金属矿采选业和开采辅助活动行业的新发职业病例数之和占到全国报告病例数的 62.52%。

2. 职业伤害赔偿依据

雇主承担职业伤害风险损害赔偿责任的标准是根据《最高人民法院关于审理人身损害赔偿案件适用法律若干问题的解释》第十二条规定确定的，即“依法应当参加工伤保险统筹的用人单位的劳动者，因工伤事故遭受人身损害，劳动者或者其近亲属向人民法院起诉请求用人单位承担民事赔偿责任的，告知其按《工伤保险条例》的规定处理”。具体赔偿标准依据修订后的《工伤保险条例》和各省市地区规定的具体标准。《工伤保险条例》和地方规定不仅规范了哪些赔偿应由工伤保险基金负担，哪些赔偿应由雇主自行承担，还规定了不同类型职业伤害的赔偿数额和比例。

以雇员死亡为例，《工伤保险条例》第三十九条规定一次性工亡补助金从工伤保险基金中领取，且赔偿标准是上一年度全国城镇居民人均可支配收入的 20 倍。按照国家统计局公布的 2014 年我国城镇居民人均可支配收入 28 844 元计算，每人的工亡标准达到 576 880 元。雇主自行承担的赔偿内容根据《中华人民共和国社会保险法》第三十九条规定，包括“（一）治疗工伤期间的工资福利；（二）五级、六级伤残职工按月领取的伤残津贴；（三）终止或者解除劳动合同时，应当享受的一次性伤残就业补助金”。如果雇员未参加工伤保险，则雇主需承担由《工伤保险条例》规定的全部经济损害赔偿。

《最高人民法院关于审理人身损害赔偿案件适用法律若干问题的解释》第十一条对雇员职业伤害是由第三者造成的情形作出了规定：“雇佣关系以外的第三人造成雇员人身损害的，赔偿权利人可以请求第三人承担赔偿责任，也可以请求雇主承担赔偿责任。雇主承担赔偿责任后，可以向第三人追偿。”

（二）用工责任风险

用工责任是指雇员因执行工作任务或劳务而造成他人损害，由雇主应承担的侵权责任。雇主作为承担用工责任损害赔偿的主体的主要法律依据为《中华人民共和国民法通则》第四十三条：“企业法人对它的法定代表人和其他工作人员的经营活动，承担民事责任。”

《中华人民共和国侵权责任法》将用工责任的概念具体定义为三种类型：用工单位责任、劳务派遣责任和个人劳务责任，并在第三十四条和第三十五条分别规定了三种类型的赔偿责任承担主体。关于用工单位责任，“用人单位的工作人员因执行工作任务造成他人损害的，由用人单位承担侵权责任”。关于劳务派遣责任，“劳务派遣期间，被派遣的工作人员因执行工作任务造成他人损害的，由接受劳务派遣的用工单位承担侵权责任；劳务派遣单位有过错的，承担相应的补充责任”。关于个人劳务责任，“个人之间形成劳务关系，提供劳务一方因劳务造成他人损害的，由接受劳务一方承担侵权责任。提供劳务一方因劳务自己受到损害的，根据双方各自的过错承担相应的责任”。

《中华人民共和国侵权责任法》第二十八条对用工责任损害是由第三者造成的情形作出了规定：“损害是因第三人造成的，第三人应当承担侵权责任。”第三人作为直接侵权人，是第一位的赔偿义务人；雇主虽承担连带责任或者补充责任，但只有在侵权人无力赔偿、赔偿不足或无法确定时才承担第二位的赔偿责任，雇主赔偿以后可向直接侵权人追偿。

第二节 雇主责任保险概述

一、雇主责任保险概念与特点

（一）雇主责任保险概念

雇主责任保险，又称为劳工赔偿保险，是以雇主责任为保险标的的保险。即以被保险人即雇主的雇员在受雇期间从事业务时，因遭受意外导致伤残、死亡或患有与职业有关的职业性疾病，依法或根据雇用合同应由被保险人承担的经济赔偿责任为承保风险的一种责任保险。雇主责任保险在责任保险中最先产生，且最先成为许多发达国家的法定保险。有部分国家或地区将类似业务纳入社会保险范围，即以工伤社会保险取代雇主责任保险，或者采用工伤社会保险与雇主责任保险并存的方式。不论采用何种方式经营，都表明了雇主需承担相当的民事责任风险。

（二）雇主责任保险特点

雇主责任保险是责任保险中的一个大险种，它除了具有责任保险的一般特征外，还具有其他特征，包括：

1. 承保范围的特殊性

雇主责任保险承保的事故，其发生的场所和时间主要以工作场所和工作时间为主，但不限于工作场所和工作时间，只要雇员所受的伤害源于雇佣，而保险事故具体发生于何处何时并不重要。

如果事故发生的地点和时间超出了工作场所和时间，只要源于雇佣，被保险人都应承担赔偿责任，例如未规定具体工作地点的外勤人员的职业伤害，非正常工作时间的因工作需要而进行的加班、必要的教育训练和必要的应酬；反之，若事故发生于工作场所或工作时间，但并非源于雇佣，责任保险人都可以以伤害非源于雇用而进行抗辩。例如已有心脏病史的某雇员，其工作相对轻松，却在工作地点因心脏病而死亡，或某雇员在工作时间办私事或兼办私事，此时被保险人不承担赔偿责任。

由于承保区域一般不仅限于被保险人的固定场所，因此雇主责任保险与公众责任保险等的承保区域有着明显的区别。

2. 承保对象的特殊性

雇主责任保险的承保标的是雇主对雇员的职业伤害责任风险，与其他责任保险相同，其承保对象均为第三者。然而，雇主责任保险的第三者为被保险人所聘用的员工，第三者与被保险人之间存在合同雇佣关系，职业伤害责任风险既是合同责任也是侵权责任，主要是合同责任。与场所责任保险、产品责任保险的承保标的主要为侵权责任相比，雇主责任保险的承保对象具有特殊性。

3. 保险期间的特殊性

雇主责任保险的保险期间一般是以劳动合同为基础的，通常情况下保险期间为一年。若雇主限于某些特殊的劳动合同期限的需要，也可按该劳动合同的期限投保不足一年或一年以上的雇主责任保险。一般情况下，雇主雇用的一切雇员，无论长期固定工、短期工、临时工、季节工、徒工等均可包括在内，因此保险期间具有灵活性。

二、雇主责任保险发展概况

雇主责任保险是责任保险中最早兴起的险种之一，其起源的直接原因是工业革命。19 世纪的工业革命对该险种起源的推动作用包括两个方面：一是工业革命前的英国是极为封闭的庄园式或家庭作坊式的社会构成模式，而工业革命导致所有权和管理权分离，大量雇员队伍出现；二是随着工业革命的开展，工矿企业中的工伤事故越来越多，使得广大工人不断罢工以争取自己的合法权益，雇主责任保险就是早期工人罢工争取来的一项福利政策。

最早的雇主责任保险产生于工业革命的起源地英国，1880 年英国颁布《雇主责任法》，并在同年成立雇主责任保险公司，承保雇主在经营过程中因过错致使雇员受到人身伤害时应负的法律赔偿责任；此后，雇主责任保险在英国、美国等西方发达国家获得了较快发展。到 20 世纪初，欧洲许多国家大都实施了类似的劳工赔偿制度。从 20 世纪 60 年代起，投保雇主责任保险在西方国家已成为企业主必须履行的法定义务之一，雇主责任保险在西方国家普遍较发达。

我国的雇主责任保险是 1980 年恢复国内保险业务后，由中国人民财产保险股份有限公司（以下简称“人保公司”）及其分支机构最早开办的。在计划经济时期，社会主要的经济实体为国有企业和集体所有制企业，企业员工均享受着公费医疗制度，而当时新兴的外资企业雇员则无法享受公费医疗制度，为此人保公司借鉴国际同类产品开发了雇主责任保险条款，为国内的外资企业提供雇员的工伤意外事故保障。此后，人保公司研发的 1999 年版雇主责任保险条款，主要是为了解决随着市场经济的发展和我国经济体制的改革而大量出现的私营企业、合作企业、股份企业中劳动者的劳动权益保障问题，同时也是为了配合劳动用工制度的改革，对未受到劳保制度保障的合同工、季节工、临时工和个体劳动者提供保障；2004 年版雇主责任保险条款是适应 2004 年 1 月 1 日起施行的旧《工伤保险条例》出台后对雇主责任产生的影响，将原有条款保险责任部分比照旧《工伤保险条例》进行修改，使其更加符合当时的市场需求；2008 年 5 月 6 日，人力资源和社会保障部就工伤认定、待遇核定等问题，对《工伤保险条例》作了补充说明，其中对于职工上下班途中因机动车事故受伤可否认定为工伤作了解释；2011 年 1 月 1 日，《国务院关于修改〈工伤保险条例〉的决定》正式实施，新《工伤保险条例》扩大了工伤保险的适用范围，调整了工伤认定范围，简化了工伤认定、鉴定和争议处理程序，提高了部分工伤待遇标准，2015 年版雇主责任保险条款就是为适应法规的一系列变化应运而生的。人保公司目前除雇主责任保险外，承保职业伤害与用工风险的险种还包括雇员补充工伤保险（工伤责任保险）、建筑施工企业雇主责任保险、安全生产责任保险、教职员工校（园）方责任保险等。

三、雇主责任保险与相关保险

在实务中，社会保险领域的工伤保险、商业保险领域的工伤责任保险、意外伤害保险、安全生产责任保险与雇主责任保险存在功能上的相似，但事实上，它们与雇主责任保险有着根本区别。

（一）雇主责任保险与工伤保险

工伤保险属于社会保险的范畴，它是指劳动者在生产经营活动中或在规定的某些特殊情况下遭受意外伤害、职业病，以及因这两种情况造成死亡、劳动者暂时或永久丧失劳动能力时，劳动者及其遗属能够从国家、社会得到必要的物质补偿。2011 年 7 月 1 日起实施的《中华人民共和国社会保险法》第一次以法律形式确立了包括工伤保险在内的全面社会保险制度，与 2011 年 1 月 1 日生效的新《工伤保险条例》一起构成了规范和约束我国劳动者职业伤害保障的法律依据。

工伤保险和雇主责任保险在功能上非常相似且影响着用工者的抉择，其对比如下：

（1）保险性质。工伤保险是社会保险，由国务院社会保障行政部门负责统筹实施；而雇主责任保险属于商业保险，由商业保险公司经营。这是二者最大的区别。

（2）投保人（被保险人）。工伤保险作为社会保险，其参保人为法律法规规定强制参加的企事业单位、社会团体、个体工商户等；而雇主责任保险的投保人是自愿投保，任何符合投保条件的企事业单位、国家机关、社会团体及其他组织，有雇工的个体工商户等，均可投保。

（3）投保方式。工伤保险必须采用记名投保方式；而雇主责任保险没有规定必须采用记名投保方式，在实务中，若保险所覆盖的雇员人数过多，可采用不记名方式投保。

（4）责任范围。工伤保险的保险责任在《工伤保险条例》第十四条和第十五条详细列明，但同时列明了需由雇主自行承担的部分责任，雇主的自担风险是由法律规定的，自己无权改变；而雇主责任保险的保险责任以保险合同为主要依据，雇主可按投保意愿选择不同的承保条件，包括赔偿限额和免赔额，雇主可通过保险合同改变自担风险的大小。

（5）赔付方式。工伤保险规定对于工伤保险基金支付的部分，直接支付给劳动者；而雇主责任保险的保险金赔偿则是赔付给应负赔偿责任的雇主。

专栏 13－1

雇主责任保险案

[案情]

2001 年 9 月 30 日，某货物运输公司为其所雇用的 50 名驾驶员与某保险公司订立了雇主责任保险合同。合同约定：每人死亡赔偿限额是 40 个月工资，伤残赔偿最高限额为48个月工资。投保人按保险单约定交纳了保险费。保险期间内某日，公司驾驶员任某驾驶的大货车运输途中发生车祸，任某本人受伤，发生医疗费用10万元。之后，运输公司向保险公司提出索赔。在理赔过程中，保险公司获知运输公司参加了工伤保险，并已获得7万元赔付。因此，保险公司根据《中华人民共和国保险法》规定及《雇主责任保险条款》约定作出拒赔决定。运输公司不服，于2002年2月以保险公司对保险合同违约无理拒赔为理由，向保险公司所在地人民法院起诉，请求法院判令保险公司支付保险金及利息、诉讼费用。

［分析］

本案所涉及的问题主要是：雇主责任保险与工伤保险的关系及雇主责任保险的办理和理赔的问题。

雇主责任保险是以雇主为被保险人，以雇主对其所雇用员工在从事保险合同列明的被保险人的业务工作时，发生意外所致疾病、伤亡而应承担的赔偿责任为保险标的的一种责任保险。在该险种中，根据劳动合同及法律规定，雇主对雇员应承担的民事法律责任，由保险人按照保险条款的约定给付医疗、伤残或死亡赔偿金等，但其赔偿金额一般约定有责任限额。

从我国现行法律看，雇主责任保险与工伤保险具有显著的差异。我国现行的《工伤保险条例》制定的依据是《中华人民共和国劳动法》，工伤保险的性质属于社会保险性质，是一种政府与企业共同筹资为劳动者提供的福利保障。而雇主责任保险是商业保险，由保险公司经营，企业自愿投保，它是工伤社会保险制度的有益补充。对于既参加工伤保险又参加雇主责任保险的单位而言，雇主责任保险起到了工伤保险赔偿之外的一种补充保障作用，即在工伤保险赔偿不足于弥补根据劳动合同雇主应当承担的责任的部分，可以在工伤保险赔付之后，由商业保险公司对于不足部分在保险合同约定的限额内承担补充赔偿责任。

本案中，因工负伤的员工已得到7万元工伤保险赔偿，对运输公司所应承担的其余3万元赔款，因其并未超过保险合同约定的赔偿限额，保险公司应予赔偿。

资料来源：唐金成．现代财产保险［M］．北京：清华大学出版社，2012：401－409.

（二）雇主责任保险与工伤责任保险

工伤责任保险又称雇员补充工伤保险，是与《工伤保险条例》配套开发的险种，其承保对象为中华人民共和国大陆地区（不包括中国香港、澳门和台湾地区）的各类企业、有雇工的个体工商户依照《工伤保险条例》的规定参加工伤保险，已为其全部雇员缴纳工伤保险费的，均可作为保险合同的被保险人。保险责任为《工伤保险条例》中规定的工伤事故，负责赔偿《工伤保险条例》中规定应由用人单位负责赔偿的部分。

虽然雇主责任保险与工伤责任保险都属于商业保险，但它们仍存在显著区别。

1. 投保人（被保险人）不同

工伤责任保险的投保人（被保险人）只能为依照《工伤保险条

例》的规定参加工伤保险，已为其全部雇员缴纳工伤保险费的境内各类企业、个体工商户；而雇主责任保险的投保人（被保险人）为境内各类符合投保条件的企事业单位、国家机关、社会团体及其他组织，有雇工的个体工商户等，范围较广。

2. 投保方式不同

工伤责任保险与工伤保险一样，必须采用记名投保方式，保险人按照投保时被保险人提供的雇员名单承担赔偿责任，被保险人对名单范围以外的人员承担的赔偿责任，保险人不负责赔偿；雇主责任保险没有限定必须采用记名投保方式。

3. 责任范围不同

工伤责任保险的保险责任限于依照《工伤保险条例》应由被保险人自行承担的经济赔偿责任，被保险人对其未参加工伤保险的雇员承担的赔偿责任，或被保险人未在《工伤保险条例》规定的时限内提交工伤认定申请，导致所承担责任扩大的部分，保险人不予赔偿；而雇主责任保险的保险责任以保险合同为主要依据。

（三）雇主责任保险与安全生产责任保险

安全生产责任保险是雇主责任保险的派生险种，是经国家安全监督管理总局、中国保监会特批的专业险种，在综合分析工伤保险、各种商业保险利弊的基础上，借鉴国际上一些国家的做法和经验提出来的一种带有一定公益性质、采取“政策扶持、市场运作”、由商业保险机构受理的保险险种和制度。安全生产责任保险承保境内合法成立的煤矿、非煤矿、化学危险品、烟花爆竹及其他高危行业企业在从事生产、储存、经营等活动中，因遭受条款约定的生产安全事故，造成雇员或第三者伤残，依法应由其承担的经济赔偿责任及应负担的必要的、合理的紧急抢险救援费用。

雇主责任保险与安全生产责任保险的主要区别包括以下几个方面。

1. 保险性质

安全生产责任保险是经国家安全监督管理总局、中国保监会特批的专业险种，按照“政府主导、市场运作”的模式着力推行；而雇主责任保险是纯粹的商业保险，按照市场运作的方式经营。

2. 投保人（被保险人）

安全生产责任保险的投保人（被保险人）为指定高危行业中的企业，包括煤矿、非煤矿、化学危险品、烟花爆竹等企业；而雇主责任保险的投保人（被保险人）为境内各类符合投保条件的企事业单位、国家机关、社会团体及其他组织，有雇工的个体工商户等，范围较广。

3. 责任范围

安全生产责任保险的保险责任为列明责任，且与从事行业的安全事故密切相关，如煤矿企业的保险责任列明为瓦斯爆炸、火灾、矿井水害、煤尘爆炸、冒顶等顶板事故及其他安全生产事故，同时安全生产责任保险的保障范围除了综合雇主责任保险、团体意外伤害保险条款的有关内容，还综合了第三者责任保险的内容，针对安全事故，还包括施救费用项目；而雇主责任保险的保险责任以保险合同为主要依据。

4. 赔付方式

安全生产责任保险的保险金通常是先赔付给应负赔偿责任的雇主，但由于其保险责任涉及高危事故的特殊性，也规定被保险人及其代表在生产安全事故发生后不履行救护职责或逃逸等特殊情况下，雇员受伤需要抢救的，保险人根据当地县级以上人民政府安全生产监督管理部门的要求对抢救费用在保险单约定的各单项赔偿限额内先行垫付；而雇主责任保险保险金的赔偿则是赔付给应负赔偿责任的雇主，且相比而言手续较为复杂，赔付时间较长。

（四）雇主责任保险与人身意外伤害保险

雇主责任保险与人身意外伤害保险保障的虽然都是自然人的身体和生命，但作为两个单独的险种，它们有着本质的区别。

1. 性质不同

雇主责任保险承保的是雇主的民事赔偿责任，是一种无形的利益标的，属于责任保险范畴；人身意外伤害保险承保的是被保险人自己的身体和生命，是一种有形的实际标的，属于人身保险范畴。

2. 保险责任不同

雇主责任保险仅负责赔偿雇员在执行任务时及工作场所内（有些国家规定职工上下班路程也包括在内）遭受的意外伤害，即剔除雇员自己的故意行为和被保险人的故意行为所致的伤害；人身意外伤害保险则对被保险人不论是否在工作期间及工作场所内遭受的伤害均予负责。此外，前者还负责雇员因职业性疾病引起的伤残或死亡及医药费用，而后者不负责此项责任。因此两者在责任范围上有着明显的差异。

3. 承保条件不同

雇主责任保险需要以民法、雇主责任法或雇主与雇员之间存在雇佣合同作为承保条件；而人身意外伤害保险只要是自然人均可向保险人投保。

4. 责任范围不同

雇主责任保险除负责保险期间内雇员的人身伤害外，还负责雇员因职业性疾病所引起的伤残、死亡；而人身意外伤害保险不承担此项责任。

5. 保障效果不同

雇主责任保险的被保险人是雇主，但在客观上却直接保障雇员（第三者）的权益，而保险人与被保险人的雇员不存在保险关系，加之越来越多地对雇主责任保险采取法定强制的形式实施保险，更使其含有社会保障的因素；人身意外伤害保险的保险对象是被保险人，直接保障的也是被保险人，保险人与被保险人之间是直接的保险合同关系，作为纯粹的商业保险，只能采取自愿保险方式，成为社会保障的补充。

应当注意的是，由于人的身体和生命是没有客观价值标准的，因此即使上述保险同时存在，雇员所获的赔偿金（医药费用除外）也不使用比例分摊赔款的方式。

第三节　雇主责任保险合同

一、雇主责任保险的主体

雇主投保雇主责任保险的目的，是通过缴付保险费的方式，转嫁其对雇员在受雇期间发生的责任事故，依法应承担的赔偿责任于保险人。投保雇主责任险，在保障雇主、企业稳定经营的同时，也有效保障了其员工的利益。雇主责任保险合同的主体为被保险人的雇主及其聘用的员工和保险公司。

（一）被保险人

雇主责任保险的被保险人是与雇主签订了雇用合同的，承担着对雇员在受雇期间遭受伤害的法律赔偿责任的雇主。这里的“雇主”不仅包括作为自然人的公司、企业的老板，还包括作为法人的各类公司、企业或事业单位社会团体。在实践中，雇主责任保险的被保险人多为各种类型的企业及个体工商户，这主要是由于这类单位较一般机关、社会团体更容易产生雇主责任问题。

《雇主责任保险条款》第十五条至第二十三条的部分内容详细规定了投保人和被保险人的义务以及不履行义务的后果。这些义务包括如实告知、缴纳保险费、合理预防、及时通知、协助调查、提交证明等一般义务，其中有一些是雇主责任保险特有的，值得注意，如第十七条遵守安全生产规定、加强管理、采取合理预防措施的义务，以及第二十二条提交劳动关系证明、医疗单证、伤残程度证明、死亡证明等特殊单证的义务。由于一般义务的具体条款内容已在前述其他责任保险中列出，此处仅介绍特殊义务的条款内容。

“第十七条　被保险人应严格遵守国家有关消防、安全、生产操作、劳动保护等方面的规定，加强安全管理，采取合理的预防措施，尽力避免或减少雇员伤害事故的发生。”

“保险人可以对被保险人遵守前款约定的情况进行检查，向投保人、被保险人提出消除不安全因素和隐患的书面建议，投保人、被保险人应该认真付诸实施。”

“投保人、被保险人未按照约定履行上述安全义务的，保险人有权要求增加保险费或者解除合同。”

“第二十二条　被保险人请求赔偿时，应向保险人提交下列索赔文件：

（一）保险单正本。

（二）索赔申请书。

（三）能够确认被保险人与受伤害雇员存在劳动关系的人事、薪资证明。

（四）公安等有关主管部门出具的事故证明。

（五）该雇员就医治疗的诊疗证明、病历（原件）及医疗费用原始单据；该雇员残疾的，由保险人认可的伤残鉴定机构出具的伤残程度证明；该雇员死亡的，由公安机关或医疗机构出具的死亡证明；宣告死亡的，由人民法院出具的宣告死亡判决。

（六）被保险人与该雇员或其代理人签订的赔偿协议书或和解书，经判决或仲裁的，应提供判决文书或仲裁裁决文书。

（七）投保人、被保险人所能提供的其他与确认保险事故的性质、原因、损失程度等有关的证明和资料。”

“被保险人未履行前款约定的索赔材料提供义务，导致保险人无法核实损失情况的，保险人对无法核实部分不承担赔偿责任。”

被保险人的权利主要为请求索赔的权利，即向保险人提出在赔偿限额内代为支付其依法应对受害人支付赔款的要求。一般来说，被保险人的索赔请求权时效为自被保险人知道事故发生之日起两年。此外，被保险人还拥有行使或保留行使向有关责任方请求赔偿的权利。

在我国，国家机关、事业单位、国企的职工均应按国家有关劳动保险条例实行强制保险，它以雇员为被保险人，是依政府法令强制要求必须投保的保险，属于社会保险的范畴。但在私营企业、外商投资企业及外国驻华机构中，往往依靠雇主责任保险将风险转嫁给保险公司，属于商业保险范畴。为了配合我国劳动用工制度和社会保障制度的改革，国有企业、事业单位、国内股份制公司也可以为其员工投保雇主责任保险。

（二）被保险人聘用的员工

中国人民保险公司1999年推出的国内《雇主责任保险条款》规定，三资企业、私营企业、国内股份制公司、国有企业、事业单位、集体企业以及集团或个人承包的各类企业都可为其所聘用员工（包括正式在册职工、短期工临时工、季节工和学徒工）依照保险条款的规定向中国人民保险公司投保雇主责任保险。“所聘用员工”是指在一定或不一定期限内，接受被保险人给付薪金工资而服劳务，年满16岁的人员及其他按国家规定的法定途径审批的特殊人才。虽然《中华人民共和国劳动法》第九十四条规定了用人单位不得非法招用未满16周岁的未成年人，但如果雇主能证明其并非因故意或重大过失而不知情的，保险人仍应因损害之发生负赔偿责任。国外惯例来看雇主雇用违反法律规定年龄或性别的雇员为除外责任。

（三）保险人

雇主责任保险的保险人或承保人为与投保人订立产品责任保险合同的依法成立的保险公司。保险人的义务主要为按时核定并给付保险金的义务、说明义务、调查义务和建议义务。值得一提的是，《雇主责任保险条款》第十七条规定了雇主责任保险的保险人负有向投保人、被保险人提出消除不安全因素和隐患的书面建议的义务。

保险人的权利主要包括收取保险费的权利、解除保险合同的权利、索赔处理权和代位求偿权。第十三条、第三十二条分别对不同情况下保险费的收取和保险合同的解除作出了规定，第二十条明确了保险人认为必要时，拥有以被保险人的名义就任何索赔进行辩护和处理解决的权利，第二十三条规定了保险人向被保险人赔偿保险金后，可在赔偿金额范围内代位行使被保险人对有关责任方请求赔偿的权利。

二、雇主责任保险的责任范围

（一）保险责任

《雇主责任保险条款》第三条和第四条明确指出了该险种的保险责任，具体内容如下：

“第三条　在保险期间内，被保险人的雇员因从事保险单载明的业务工作而遭受意外，包括但不限于下列情形，导致负伤、残疾或死亡，依法应由被保险人承担的经济赔偿责任，保险人按照本保险合同约定负责赔偿：

（一）在工作时间和工作场所内，因工作原因受到事故伤害；

（二）工作时间前后在工作场所内，从事与工作有关的预备性或者收尾性工作受到事故伤害；

（三）在工作时间和工作场所内，因履行工作职责受到暴力等意外伤害；

（四）因工外出期间，由于工作原因受到伤害或者发生事故下落不明；

（五）在上下班途中，受到非本人主要责任的交通事故或者城市轨道交通、客运轮渡、火车事故伤害；

（六）在工作时间和工作岗位，突发疾病死亡或者在 48 小时之内经抢救无效死亡；

（七）在抢险救灾等维护国家利益、公共利益活动中受到伤害；

（八）原在军队服役，因战、因公负伤致残，已取得革命伤残军人证，到用人单位后旧伤复发；

（九）法律、行政法规规定应当认定为工伤的其他情形。”

“第四条　保险事故发生后，被保险人因保险事故而被提起仲裁或者诉讼的，对应由被保险人支付的仲裁或诉讼费用以及事先经保险人书面同意支付的其他必要的、合理的费用（以下简称‘法律费用’），保险人按照本保险合同约定也负责赔偿。”

由此，可总结出雇主责任保险的保险责任主要有下述四项责任：

（1）被保险人所聘雇员在保险单列明的地点和保险期限内，从事与其职业有关的工作时（包括上下班途中）遭受意外而致伤、残、死亡，被保险人依据法律或雇用合同应承担的经济赔偿责任。

（2）因聘用员工患有与业务有关的职业性疾病而致伤、残、死亡的经济赔偿责任。我国卫生部、劳动保险部 2002 年在《职业病目录》对职业病有明确规定，法定职业病名单分 10 类共 115 种，分别是：

①尘肺。有硅肺、煤工尘肺等。

②职业性放射病。有外照射急性放射病、外照射亚急性放射病、外照射慢性放射病、内照射放射病等。

③职业中毒。有铅及其化合物中毒、汞及其化合物中毒等。

④物理因素职业病。有中暑、减压病等。

⑤生物因素所致职业病。有炭疽、森林脑炎等。

⑥职业性皮肤病。有接触性皮炎、光敏性皮炎等。

⑦职业性眼病。有化学性眼部烧伤、电光性眼炎等。

⑧职业性耳鼻喉疾病。有噪声聋、铬鼻病等。

⑨职业性肿瘤。有石棉所致肺癌、间皮癌，联苯胺所致膀胱癌等。

⑩其他职业病。有职业性哮喘、金属烟热等。

对职业病的诊断，应由省级以上人民政府卫生行政部门批准的医疗卫生机构承担。

（3）被保险人依法应承担的雇员的医药费，此项医药费的支出以雇员遭受前述两项事故而致伤残为前提条件。

（4）被保险人应支出的法律费用，包括抗辩费用、律师费用、取证费用以及经法院判决应由被保险人代雇员支付的诉讼费用，但该项费用必须是用于处理保险责任范围内的索赔纠纷或诉讼案件，且是合理的诉诸法律而支出的额外费用。

在理解雇主责任保险的基本责任时，应注意以下四点：

（1）受雇过程是指雇员的受雇用期间。

（2）从事与其职业有关的工作，是指在保险单中列明的每一个雇员所从事的工种，雇员从事的工种必须是列明的或与列明的工种有关。

（3）职工疾病是指经过医院确认的与职业有关的疾病。

（4）雇主责任保险承保的对象是雇主对其雇员应承担的赔偿责任，但雇主自身包括其企业董事会成员，在工作地点和工作期间的人身伤害不属于保险责任范围内。

（二）责任免除

《雇主责任保险条款》第五条和第六条详细列明了该保险的责任免除项目，除一般责任保险的除外责任外，一些除外责任项目是雇主责任保险特有的，它们包括：

（1）雇员犯罪、自杀自残、斗殴，或因受酒精、毒品、药品影响造成自身人身伤亡的；

（2）雇员因疾病（包括职业病）、分娩、流产以及因上述原因接受医疗救治的，但属于《雇主责任保险条款》第三条第（六）项约定的不在此限；

（3）雇员无有效驾驶证驾驶机动车辆或无有效资格证书而使用各种专用机械、特种设备、特种车辆或类似设备装置，造成自身人身伤亡的；

（4）超出雇员所在地工伤保险诊疗项目目录、工伤保险药品目录、工伤保险住院服务标准的医疗费用；

（5）被保险人对其承包商的雇员的赔偿责任。

其中，第（1）、（3）项为绝对责任免除，这些风险一旦承保，将造成严重的道德风险。第（2）、（4）项为相对责任免除，不属于雇主责任保险这个险种的承保范围，但可在其他险种如人身意外伤害保险、医疗保险、生育保险中进行承保。第（5）项中所述风险在一定条件下为可附加承保的责任免除，因为被保险人与其承保商雇用的员工之间并无直接的雇佣合同关系。如被保险人的指示有过失之处，间接造成其承包商雇用的员工疾病或伤亡，被保险人应对其承包商及其承包商雇用的员工负赔偿责任，但这并不属于雇主责任保险主险的范畴，在实务中保险人可在加收保险费的基础上加贴批单承保。

（三）雇主责任保险的扩展责任

1. 一般雇主责任保险的扩展责任

（1）附加第三者责任保险。该项附加险承保被保险人（雇主）因其疏忽或过失行为，导致雇员以外的他人人身伤害或财产损失的法律赔偿责任。此项责任实质上是属于公众责任保险范围，雇主可以投保公众责任保险来转嫁风险。但如果雇主在投保雇主责任保险时要求加保，也可以采用第三者责任保险的方法予以扩展承保，并另行收取保费。

（2）附加雇员第三者责任保险。该项附加险扩大承保雇员在本保险单有效期内，在执行从事本保险单所载明的被保险人的业务有关工作时，因其过失或疏忽行为，导致除雇员以外的第三者的人身伤亡或财产损失，以及所引起对第三者的医疗费和赔偿费用，依法应由雇主承担的经济赔偿责任。例如，雇员在工作中造成他人伤害并因此导致的医疗费、误工工资、赔偿金或抚恤金等，根据法律或雇用合同应由雇主承担赔偿责任，雇主面临的这些由雇员带来的责任风险，就有借第三者责任保险转嫁的必要。

（3）附加医药费用保险。该项附加险承保被保险人的雇员在保险期限内，因患有疾病等所需的医疗费用的保险，实质上属于普通人身保险或健康医疗保险的范畴。除另有约定外，保险单只限于在中国境内的医院或诊疗所治疗，并凭其出具的单证赔付。医疗费的最高赔偿金额，不论一次或多次赔偿，每人累计以不超过保险单附加医药费的保险金额为限。

（4）附加战争等保险。战争、罢工骚乱等均是责任保险的常规除外责任，但在雇主责任保险实务经营中，若被保险人要求加保雇员因战争、类似战争行为、造反、罢工、暴乱、民众骚乱原因而遭受的人身伤害，保险人应在保险单上列明，并规定限制条件。

通常，附加上述风险责任的限制条件有如下几条：

①被保险人及其雇员不能是上述事件的制造者或参与者；

②除保险单列明的上述事件以外的原因所致的雇员人身伤害除外；

③保险人有权提前 24 小时之前通知被保险人取消该项附加责任。

2. 我国雇主责任保险的常用扩展责任

我国雇主责任保险经保险双方约定后，一般可以扩展承保以下五项保险责任。

（1）第三者责任。该项附加险承保被保险人在保单有效期间，因其雇用人员从事保单列明的被保险人的业务工作时，由于意外或疏忽，造成第三者人身伤亡或财产损失，以及所引起对第三者的抚恤、医疗费用和赔偿费用，依法应由被保险人负责的赔偿责任。

（2）由于罢工、暴动、民众骚乱引起的责任。该项附加险承保在保单明细表中列明的地点范围内，直接由于罢工、暴动、民众骚乱而导致被保险人所雇用人员在保单有效期间，从事保单列明的被保险人的业务时，发生意外造成其伤残或死亡，被保险人依照雇用合同应承担的医疗费和经济赔偿责任。

（3）核子辐射责任。该项附加险承保从事核工业生产、研究、应用的被保险人，由于其所聘员工在从事被保险人的工作期间，由于突然发生的核泄漏事件造成的伤残、死亡或由于核辐射使员工患有职业病而致伤残、死亡，被保险人依照雇用合同及相关法律而应承担的医疗费和经济赔偿责任。

（4）员工公（劳）务出国有关的责任。该项附加险承保被保险人所聘用的员工在保单有效期间，因从事保单列明的被保险人的工作时，因公（劳）务出国发生意外或患职业病而致伤残死亡，被保险人依照雇用合同及相关法律而应承担的医疗费和经济赔偿责任。该项附加险应规定每次事故赔偿限额。

（5）2000年问题除外责任。2000年问题是指因涉及2000年日期变更，或此前、期间、其后任何其他日期变更，包括闰年的计算，直接或间接引起计算机硬件设备、程序、软件、芯件、媒介物、集成电路及其他电子设备中的类似装置的故障。进而直接或间接引起和导致保险财产的损失或破产问题。

当然，保险人还可以根据雇主责任保险的特点，针对被保险人的不同要求开发出相应的扩展责任条款。

（四）赔偿限额、免赔额

1. 赔偿限额

雇主责任保险的赔偿限额是根据劳动合同及《工伤保险条例》中的有关规定，结合被保险人的实际情况及需求而约定的。一般而言，死亡伤残、医疗费用和诉讼费用分别设赔偿限额，其中，死亡伤残、医疗费用又分设有每人赔偿限额及累计赔偿限额，诉讼费用只设累计赔偿限额。为有效控制风险，每人赔偿限额较高、风险较大的保单还应设每次事故赔偿限额。

目前国内保险实务中有两种不同的赔偿限额设定方式：

(1) 根据若干个月工资标准设定。这种方式通常会在保险合同中约定一个具体的计赔月工资额度，个别保单未约定月工资额度的，则按出险员工在事故发生前12个月的平均工资计算得出计赔月工资标准。再根据死亡、伤残等不同损害程度，约定赔偿限额为承保员工数月的工资水平。例如，死亡按36个月工资计算，伤残按48个月工资计算，并在此基础上上调，如分别上调为60个月和72个月等，随着赔偿月份的增大，费率也会同时上调。

此种赔偿限额设定方式是国际上普遍采用的一种做法，但由于我国各地区工资标准差异较大，且不同企业计发工资的标准也不相同，以月工资额度约定赔偿责任限额具有很大的不确定性；由于道德风险，投保人在承保理赔过程中虚报工资的情况也较为普遍，使得保险公司的经营成本很高，也易使保险人与被保险人在赔偿限额上产生不同的理解和争议。因此，此种方式目前占我国雇主责任保险业务的比例很小，仅用于专为某地区设计的险种，以及一些基于国外投保习惯仍要求采用此种承保方式的外资企业。

(2) 根据需求直接设定。这种方式的赔偿限额设定主要依据投保人的意愿和缴费能力，还需考虑当地法律、员工工资等因素，由保险人和投保人商议设定。此种赔偿限额设定方式较之以工资标准设定的方式而言，便于保险人在不同地区制定统一的设定标准，且能有效降低道德风险，已为国内各保险公司普遍采用。由《雇主责任保险条款》第七条可看出，此条款采用的赔偿限额设定方式为根据需求直接设定；《雇主责任保险条款》第二十七条也规定了赔偿处理中各项责任限额的具体情况。

“第七条 除另有约定外，责任限额包括每人伤亡责任限额、每人医疗费用责任限额、法律费用责任限额、每次事故责任限额及累计责任限额。”

“各项责任限额由投保人和保险人协商确定，并在保险单中载明。”

“第二十七条 在保险期间内，发生一次或多次保险事故时，保险人按照以下方式处理：

(一) 保险人针对每名雇员赔偿的伤亡赔偿金、误工费用之和不超过每人伤亡责任限额；针对每名雇员赔偿的医疗费用不超过每人医疗费用责任限额。

(二) 对应由被保险人支付的法律费用的累计赔偿金额不超过法律费用责任限额。

(三) 发生一次保险事故造成一名及以上雇员伤害的，保险人针对雇员伤亡赔偿金、误工费用、医疗费用以及法律费用的赔偿金额之和不超过每次事故责任限额。

（四）保险人对多次保险事故的累计赔偿金额不超过累计责任限额。”

2. 免赔额

一般而言，免赔额主要针对医疗费用部分的赔付，免赔额高低需视具体项目风险不同而有所区别。从我国雇主责任保险实务来看，手工艺的小五金、木器厂或家具厂发生的小工伤事故多，宜设定较高的免赔额。《雇主责任保险条款》第八条规定：“每次事故每人医疗费用免赔额由投保人和保险人协商确定，并在保险单中载明。”

（五）雇主责任保险的保险期限

该保险的保险期限一般是一年期，自起保日的零时起到期满日的24时止，期满时另办理续保手续。既可以保险双方当事人约定的时间为基础，也可以工程期为保险期间。一般情况下，多以“期内索赔式”来承保雇主责任保险，也就是以索赔提出的时间是否在保险单有效期间内计算保险单的责任期限。

若雇主限于某些特殊的劳动合同期限的需要，也可按该劳动合同的期限投保不足一年或一年以上的雇主责任保险。如果保险责任期限不足一年，应按短期费率表相应的比例收取保费；如果保险责任期限为两年或两年以上，保险费应以年费率乘以年数计算，也可按年计收保费。

三、雇主责任保险的承保与理赔

（一）雇主责任保险的承保

保险公司在承保雇主责任保险时，应向投保人及有关方详细了解其相关情况，必要时采取现场查勘等手段，以便对所承保业务的风险做出较为科学的评估。在雇主责任保险中，保险人应调查和核实的特殊事项包括：

（1）被保险人经营业务场所所处的地理环境和周边情况，是否有有损于健康的危险情况存在。

（2）行业类别。参照政府统一制定的《国民经济行业分类与代码》（GB/T4757－2011）可知企业风险的大小，行业风险类别表将风险划分为风险较小行业、中等行业及风险较大行业。

（3）被保险人的生产过程。是否有高空作业，是否有放射性物质、石棉制品、含硅粉尘、含铅物质、易燃易爆或有毒腐蚀性气体或液体，工作现场是否有严重的持续性噪声等。

（4）员工工种类别及其技术熟练程度。需了解被保险人的雇员按工种分类的各工种情况，如办公室文职人员、动力机械操作人员、外勤销售人员等各类人员的比例及接受教育和培训情况。

（5）员工工作场所的安全设施及应急抢救措施或手段如何，有无医务室及专职医疗人员、合同医院及与最近医院的距离。

（6）被保险人是否有专门的安全管理机构或人员，管理人员结构及水平如何，是否规定了详细的安全生产规章并有相应措施保障其实施，员工上岗前是否经过岗位培训，对于赔偿限额水平较高的高级管理人员有何风险防范措施。

（7）劳资关系。良好的劳资关系可降低道德风险的发生。

（8）被保险人以往的事故记录和保险记录，包括事故损害情况和员工及家属的索赔情况如何，被保险人是否参加社会医疗保险、工伤保险，是否存在重复保险情况，是否有被保险公司解除保险合同的情况发生等。

（9）被保险人有无扩展责任要求及与扩展责任相应的风险如何。为避免道德风险如人为拖长住院期的现象，对于扩展住院赔偿或各种费用类补助的责任要控制在一个合理的范围。

通过对以上事项的了解，保险人能够对被保险人及其所聘用员工的情况有一个较清晰的认识，有利于保险人合理制定承保方案。

（二）费率与保费计算

这部分以中国人民财产保险股份有限公司 2015 年版的雇主责任保险费率表为例，介绍雇主责任保险费率与保费计算的一般内容。

1. 雇主责任保险的费率

一般而言，影响雇主责任保险费率的因素包括：

（1）被保险人所属行业，高危行业费率较高，低风险行业费率较低；

（2）同一被保险人所属行业中的不同工种，从事危险职业工种的雇员费率最高，从事一般职业工种的雇员费率中等，办公室职员费率最低；

（3）被保险人的公司管理水平，管理水平越高，费率越低，一些条款中对管理规范的被保险人设定较低的费率调整系数；

（4）被保险人的过往责任事故记录，一些条款中对以往赔付记录良好的被保险人也将设定较低的费率调整系数；

（5）被保险人所雇用的员工人数，一些条款中通常按照投保的员工人数有相应的优惠比例，设定人数调整系数。

为了便于实行同一行业适用一个费率，使可操作性更强，各保险机构在行业风险类别表的基础上细化了行业风险等级。中国人民财产保险股份有限公司的雇主责任保险基准费率表，将行业类别分为 20

个一级门类，进一步细化为96个二级大类，例如20个一级门类包括采矿业、制造业、建筑业、金融业、教育行业等，其中采矿业又分为煤炭开采和洗选业、石油和天然气开采业、黑色金属矿采选业、有色金属矿采选业、非金属矿采选业、开采辅助活动、其他采矿业7个二级大类，各个二级大类行业适用不同的人身伤亡或医疗费用基准费率。表13－1为上述基准费率表的部分摘录示例。

表13－1　　　雇主责任保险行业基准费率表（摘录）

门类	行业	大类	类别	人身伤亡基准费率（%）	医疗费用基准费率（%）
I	信息传输、软件和信息技术服务业	63	电信、广播电视和卫星传输服务业	0.8	3.1
		64	互联网和相关服务业	0.8	3.1
		65	软件和信息技术服务业	0.8	3.1
J	金融业	66	货币金融服务业	0.9	3.1
		67	资本市场服务业	0.9	3.1
		68	保险业	1	3.1
		69	其他金融业	1.4	4
K	房地产业	70	房地产业	0.9	3.1
L	租赁和商务服务业	71	租赁业	1.1	4
		72	商务服务业	0.8	3.1
M	科学研究和技术服务业	73	研究和试验发展	0.9	3.1
		74	专业技术服务业	0.9	3.1
		75	科技推广和应用服务业	0.9	3.1
N	水利、环境和公共设施管理业	76	水利管理业	2	5.5
		77	生态保护和环境治理业	2	5.5
		78	公共设施管理业	1	3.1
O	居民服务、修理和其他服务业	79	居民服务业	1	3.1
		80	机动车、电子产品和日用产品修理业	2	5.5
		81	其他服务业	1.5	4.5

此外，条款中规定的法律费用责任费率为2.5‰。

2. 雇主责任保险的保费计算

雇主责任保险的保险费 =（人身伤亡责任保险费 + 医疗费用责任保险费 + 法律费用责任保险费）×核保经验系数

其中，人身伤亡责任保险费 = 每人伤亡责任限额×人身伤亡基准费率×投保人数×费率调整系数

医疗费用责任保险费 = 每人医疗责任限额×医疗费用基准费率×投保人数×费率调整系数

法律费用责任保险费 = 法律费用责任限额×法律费用基准费率核保经验系数≥0.7

上述公式中的“费率调整系数”通常与投保人数有关，人数调整系数见表13－2；医疗费用责任保险费部分通常也有每人医疗费用责任限额调整系数，见表13－3。此外，一些保险公司也会根据被保险人连续投保情况以及过往赔付记录调整经验保费，最终的费率调整系数为上述各项系数的乘积。

表13－2　雇主责任保险人数调整系数

投保人数（个）	调整系数
0～50	1.5～1.2
50～100	1.2～1.0
100～500	1.0～0.9
500～1 000	0.9～0.8
1 000及以上	0.8～0.7

表13－3　雇主责任保险每人医疗费用责任限额调整系数

每人医疗费用责任限额（元）	调整系数
0～5 000	4.0～3.5
5 000～1万	3.5～2.5
1万～2万	2.5～1.7
2万～3万	1.7～1.3
3万～5万	1.3～1.0
5万～10万	1.0～0.8
10万及以上	0.8～0.7

（三）雇主责任保险的理赔

雇主责任保险的理赔是其经营的重要环节，同其他责任保险相同，被保险人对保险人的索赔以雇员对被保险人的索赔为前提条件。如果雇员没有向被保险人提出索赔，那么被保险人不得向保险人提出赔偿请求。

1. 理赔工作的程序

（1）受理案件。即对被保险人的出险案情进行记录、了解和核实，以待理赔处理。同时与有关执法机关（公安、交通、消防、卫生等）进行联系，反映情况，请执法机关对事故进行责任裁决。

《雇主责任保险条款》第二十四条规定："保险人的赔偿以下列方式之一确定的被保险人的赔偿责任为基础：（一）被保险人和受伤害雇员或其代理人协商并经保险人确认；（二）仲裁机构裁决；（三）人民法院判决；（四）保险人认可的其他方式。"

（2）现场查勘。现场查勘的目的主要有：查明出险时间是否在保险责任有效期内；查明出险原因，对伤亡事故的原因及伤残等级的划分，要经过医疗机构或其他部门的鉴定，并取得证明；确定责任范围是否严格依照签订的保险单内列明的责任范围。

（3）核实赔偿数额。保险人应根据被保险人提出的索赔清单，有关机构出具的事故证明书、事故处理报告书，保险人认可的医疗机构的医疗证明、伤残证明，法院判决书，医疗费用单据，发生死亡时提供死亡及户口注销的证明文件等，逐项认真核实，计算出准确可靠的赔偿数额。

2. 死亡、伤残和医疗赔付

《雇主责任保险条款》第二十六条对死亡、伤残、医疗三种情况下的具体赔付内容做了详细说明。

（1）死亡赔付。应在保险合同约定的每人伤亡责任限额内据实赔偿。

（2）伤残赔付。由保险人认可的伤残鉴定机构依据职工工伤与职业病致残等级的现行国家标准鉴定残疾程度，保险人按照本保险合同所附伤残赔偿比例表（见表 13－4）规定的百分比，乘以每人伤亡责任限额赔偿。

雇员暂时丧失工作能力超过五天（不包括五天）的，经二级以上（含）或保险人认可的医疗机构证明，保险人依据所在地的最低工资标准，按照每人每天补助误工费用，医疗期满或确定残疾程度后停发，最长不超过 365 天；如最终鉴定为残疾的，保险人对残疾赔偿金与误工费用的赔偿金额之和，以上述按百分比计算的责任限额为限。

表 13 - 4　　　　　雇主责任保险伤残赔偿比例表

项目	伤害程度	保险合同约定每人伤亡责任限额的百分比（%）
（一）	一级伤残	100
（二）	二级伤残	80
（三）	三级伤残	65
（四）	四级伤残	55
（五）	五级伤残	45
（六）	六级伤残	25
（七）	七级伤残	15
（八）	八级伤残	10
（九）	九级伤残	4
（十）	十级伤残	1

（3）医疗费用赔付。被保险人承担的诊疗项目、药品、住院服务及辅助器具配置费用，保险人均按照国家工伤保险待遇规定的标准，扣除每次事故每人医疗费用免赔额，在每人医疗费用责任限额内据实赔偿。

除另有约定外，医疗费用具体项目包括：挂号费、治疗费、手术费、检查费、医药费；住院期间的床位费、陪护费、伙食费、取暖费、空调费；就（转）诊交通费、急救车费；安装假肢、义齿、假眼和残疾用具费用。

除紧急抢救外，雇员均应在二级以上（含）或保险人认可的医疗机构就诊。

3. 雇主责任保险和其他相似险种竞合时的理赔

当同一雇主向两个或两个以上的保险人投保雇主责任保险，或者另有其他保障性质相同的保险存在，为避免重复保险，减少因被保险人为追求重复保险利益而造成的道德风险，保险人对工伤津贴、医疗费用和诉讼费用仅承担比例责任。

在雇主责任保险理赔中，最常见的冲突是工伤保险和雇主责任保险发生竞合时应如何赔偿。《工伤保险条例》明确规定了工伤基金以及雇主对于工伤职工分别应承担的赔偿项目和标准，对于雇员已参加工伤保险，又投保了雇主责任保险的雇主来说，基金承担的赔偿项目不属于雇主责任，《工伤保险条例》规定的雇主应自行承担的赔偿项目和赔偿比例属于雇主责任；对于应当参加工伤保险统筹而未参加的雇员，因工伤事故遭受的人身损害，原本应由工伤基金承担的，现全部由雇主承担，全部属于雇主责任。

专栏13－2

雇主责任保险赔偿

［案情］

某企业于2010年6月18日向保险公司投保了雇主责任保险，保险期限为一年。保险单约定伤残赔偿限额为每个雇员的36个月的工资。在保险期限内，雇员甲某因工作遭受意外，丧失全部右手拇指和全部右脚脚趾，支付医疗费13 000元，又因伤休养了3个月。甲某的月均工资收入为4 800元。

［分析］

保险公司审查后，认为符合保险承保的范围和条件，且经过了合法手续，应由保险公司赔偿的保险金为：

（1）甲某的伤残赔偿限额为：4 800×36＝172 800（元）

（2）应付的伤残赔款：172 800×(25%＋15%)＝69 120（元）（此处25%与15%均根据保险合同规定的赔偿额度标准）

（3）因伤误工工资：4 800×3＝14 400（元）

医疗费用：13 000元

总赔款：69 120＋14 400＋13 000＝96 520（元）

由于96 520元没有超过赔偿限额，因此保险人可以全额赔付。

资料来源：王绪瑾．财产保险［M］．北京：北京大学出版社，2017：267－268.

此外，在具体的保险合同中，对其他保险和雇主责任保险的竞合有相关规定，如《雇主责任保险条款》第六条规定“工伤保险已经支付的医疗费用”为责任免除，即保险人仅承担差额责任。总之，由于责任保险的补偿性，工伤基金与保险公司的补偿总和应不得高于损失额。

本章小结

1. 雇佣关系是一种劳动合同关系，是当事人一方（受雇者）向对方（雇主）提供劳动力以从事某种工作、由对方提供劳动条件和劳动报酬的协议或契约。

2. 雇主责任是雇主依法或依雇佣合同应承担的民事责任，包括职业伤害责任和用工责任两大类。职业伤害又称工伤，是指雇员受到工作过程中或与工作有关的突发事故所导致的伤害，或因工作环境和条件长时间侵害健康而导致的职业病，其种类在《工伤保险条例》中有详细阐述；用工责任是指雇员因执行工作任务或劳务而造成他人损害，由雇主应承担的侵权责任，包括三种类型：用工单位责任、劳务派遣责任和个人劳务责任。

3. 雇主责任保险是以被保险人的雇员在受雇期间从事业务时因遭受意外导致伤、残、死亡或患有职业性疾病而依法或根据雇佣合同应由被保险人承担的经济赔偿责任为承保风险的一种责任保险。与其他责任保险险种相比，其特殊性体现在承保区域、承保对象、保险期间三个方面。

4. 在实务中，社会保险领域的工伤保险、商业保险领域的意外伤害保险、安全生产责任保险与雇主责任保险存在功能上的相似，但事实上，它们与雇主责任保险在保险性质、投保人（被保险人）、投保方式、责任范围、赔付方式方面有着根本区别。

5. 雇主责任保险的保险责任包括：被保险人的工作人员因《雇主责任保险条款》所列的职业伤害情形导致伤残或死亡，应由被保险人承担的经济赔偿责任，包括医药费、赔偿金以及法院判定的其他经济补偿费用；被保险人为雇主责任事故所支付的诉讼费用，包括抗辩费用、律师费用、取证费用等，以及其他事先经保险人书面同意支付的合理的、必要的费用。

6. 目前国内保险实务中有两种不同的赔偿限额设定方式：根据若干个月工资标准设定和根据需求直接设定。一般而言，死亡伤残、医疗费用和诉讼费用分别设赔偿限额，其中死亡伤残、医疗费用又分设有每人赔偿限额及累计赔偿限额，每人赔偿限额较高、风险较大的保单还应设每次事故赔偿限额。

7. 为满足投保人的保险需求，一部分基本险不能承担的赔偿责任，经保险双方约定后，投保人支付相应附加保费可扩展承保。雇主责任保险的附加险包括：附加第三者责任保险，附加误工补助补充责任保险，附加罢工、暴动、骚乱责任保险，附加核子辐射责任保险，附加公务出国责任保险。

8. 雇主责任保险费率厘定的依据是各保险机构在行业风险类别表的基础上细化的行业风险等级。标准保费的计算方法根据赔偿限额确定方式的不同分为两类；在实务中，一些保险公司会根据被保险人连续投保情况以及过往赔付记录调整经验保费。

9. 当同一雇主向两个或两个以上的保险人投保雇主责任保险，或者另有其他保障性质相同的保险存在，为避免重复保险，减少因被保险人为追求重复保险利益而造成的道德风险，保险人对工伤津贴、医疗费用和诉讼费用仅承担比例责任。最常见的冲突是工伤保险和雇主责任保险发生竞合时应如何赔偿。

思考与练习

1. 分别简述职业伤害责任风险和用工责任风险的主要表现。

2. 试从保险性质、投保人、投保方式、责任范围、赔付方式等方面，比较雇主责任保险与团体人身意外伤害保险的区别。

3. 雇主责任保险是如何确定责任限额和保险费率的？

4. 雇主责任保险承保的主要责任有哪些？

第十四章
职业责任保险

本章提要

本章主要介绍职业责任保险。在明确职业责任和职业责任风险的基础上，讲解职业责任保险的概念、特点、分类及发展状况；并且对职业责任保险合同中的一般性内容做简单说明；详细介绍了包括医疗责任保险、律师职业保险、建筑工程设计责任保险、注册会计师责任保险在内的一些主要险种。

学习目标

理解职业责任的概念、分类及法律依据，以及职业责任风险存在的客观性。

理解职业责任保险的概念和特征，了解职业责任保险的发展状况。

了解职业责任保险合同的一般内容，以及职业责任保险的承保、理赔和费率厘定原则。

了解职业责任保险的几大主要险种的保险责任和经营实务。

关注医疗纠纷和医疗责任保险等社会热点问题。

第一节　职业责任风险

随着社会经济的快速发展，因职业过失引起的诉讼案件日益增多。依照法律规定，职业技术人员在履行自己的职责过程中，凡因疏忽行为、遗漏过失行为而造成他人的损失和伤害，都要承担相应的经济赔偿责任。医生、律师、会计师、工程设计师等职业高度专业化，从业人员面临着前所未有的风险。虽然职业责任事故是由人为因素所造成的，但也具有客观性、偶然性等特点，是不以人的主观意志为转移的，是不可能绝对避免的。为减少纠纷和保障受害方的经济利益，人们要采取各种积极的预防措施和善后措施，转嫁、分散、控制职业责任风险。

一、职业责任

（一）职业责任的概念

职业责任（professional liability）是指从事各种专业技术工作的单位或个人因工作上的疏忽或过失造成他们的当事人或第三者的人身损害或财产损失，依法应当由提供服务的专业技术人员本人或所在单位承担经济赔偿责任。如医生在治疗过程中因错误判断病情、手术操作失误或用药错误等给病人造成的人身伤害或费用损失；律师在执业中处理大量诉讼和非诉讼事务时，因过错、过失、疏忽等致使委托人遭受的经济损失；会计师对其负有法律责任的人，因违反会计业务上应尽的责任及义务而造成的他人损失等。

“职业责任”中的“职业”是指高度专业化的职业。这类职业的从业人员需要具有相关的专门学科教育和专业训练背景，并需通过政府有关部门根据相关法规组织的专业技能考试后获得从业资格，其从业活动须接受相关部门依据专业法规进行的管理监督。在很多国家，律师、医生、会计师、美容师、部分领域的工程设计师等职业具备上述要求。

在我国，有关职业责任的法律依据除《民法通则》《中华人民共和国侵权责任法》《中华人民共和国合同法》规定的一般性侵权责任与合同责任外，还包括各类职业的相关法律和行政法规，《中华人民共和国执业医师法》《中华人民共和国律师法》《中华人民共和国注册会计师法》《中华人民共和国建筑法》《中华人民共和国公司法》等进一步明确了相关职业从业人员的职业责任。

（二）职业责任的特征

（1）从行为主体来看，职业责任具有明确的规定性，它是由从事专业技术工作的专业人员导致的责任事故，且责任事故发生的时间限于从业人员从事本职工作的过程中。

（2）从事故原因来看，职业责任与物质利益存在直接关系，它不仅与人的疏忽或过失等因素有关，同时也与知识、技术水平及原材料等的欠缺有关，这是职业责任区别于其他民事责任的显著特征。

（3）从损害对象来看，其受害人为从业人员的当事人或第三者，赔偿责任为受害人的人身损害或财产损失。

（4）职业责任具有法律及其纪律的强制性。

（三）职业责任的分类

1. 按产生的法律原因分类

职业责任既可以是一种违约责任，也可以是一种侵权责任。

作为违约责任的职业责任表现为，由于委托人与专业人员或执业机构之间存在服务合同关系，专业人员或其执业机构不履行合同义务或履行合同义务不符合约定，给对方造成损失时应承担的责任。损失赔偿额应等于因违约而造成的损失，包括间接损失，即合同按约定履行后预期可获得的利益。例如注册会计师违反了与被审计单位审计业务协定书、保密协定书等，给他人造成损失时，应负违约责任。《中华人民共和国注册会计师法》第四十二条就规定了注册会计师违约给被审计单位造成损失应承担的民事赔偿责任。

作为侵权责任的职业责任表现为，专业人员或执业机构因违反法律规定或专业服务规范，违法侵害委托人或其他第三人的人身、财产利益时应承担的责任。例如当会计师事务所出具虚假的审计报告误导证券投资者时，证券投资者可要求会计师事务所承担民事赔偿责任。

2. 按行为主体与责任主体是否相统一分类

行为主体是指具体从事专业活动的从业人员，责任主体则是指因专业活动存在瑕疵而引发赔偿责任时的责任承担主体。职业责任既可以是行为主体与责任主体相统一，也可为行为主体与责任主体相分离。

行为主体与责任主体相统一的情形表现为，专业人员单独或与他人共同开业，不依附于某一执业机构，如个体医生。此时，专业人员在执业活动中因故意或过失造成其当事人或第三人损害的，应由行为人承担民事责任；两名或两名以上专业人员共同签署法律文件或提出专业咨询意见、做出专业决策造成他人损害的，承担连带责任。

行为主体与责任主体相分离的情形表现为，专业人员受雇于专门的执业机构并以该执业机构的名义对外从事执业活动。此时，专业人员在执业活动中给其当事人或第三人造成损失的，应由执业机构承担民事责任。例如律师、会计师、医师等通常受聘于律师事务所、会计师事务所、医院，在这种情况下，律师、会计师、医师等是行为主体，而律师事务所、会计师事务所、医院等为责任主体，行为主体与责任主体相分离。

二、职业责任风险

由前述职业责任的特征可知，职业责任风险不同于其他民事责任风险。职业责任风险是指，从事各种专业技术工作的单位或个人因工作上的疏忽或过失造成他们的当事人或第三者的人身损害或财产损失，依法应当由提供服务的专业技术人员本人或所在单位承担的经济赔偿责任的风险。

从事故原因来看，不仅与人的疏忽或过失等因素有关，也与知识、技术水平及原材料等的欠缺有关，即职业责任风险与其他民事责任风险相比，具有一定程度的客观性。除故意或恶意行为外，职业责任风险的发生常常不以人们的意志为转移，它虽是人为原因所致，但与自然风险相似，有着存在的客观性、发生的偶然性等特征。

同时，职业责任风险还随着外部环境，如法律环境、维权意识等的变化而变化。例如近年来在《中华人民共和国执业医师法》和《中华人民共和国侵权责任法》等法律基础上，医疗机构职业责任风险进一步加大，不但有将医疗责任列为严格责任的倾向，而且规定医疗机构在因器械缺陷而造成损害时需承担连带责任。在现代生活、工作中，不仅可以通过提高技术、勤勉尽职来抑制风险，还可以通过投保职业责任保险来转移风险。客观存在的职业责任风险为职业责任保险提供了产生和发展的基础。

第二节　职业责任保险概述

专业技术人员为转嫁风险，纷纷求助于职业责任保险，职业责任保险在此背景下以较快速度发展起来。作为应对职业责任风险的一种重要措施，职业责任保险有利于高度专业化行业中的从业机构经营的稳定，更对接受专业服务的当事人或第三人提供了利益保障。已由最初的单一医疗失职保险发展到包括医生、护士、药剂师、美容师、律师、会计师、工程师、保险经纪人和代理人、公司董事等在内的数十种不同的职业责任保险。

一、职业责任保险概念及特征

（一）职业责任保险概念

职业责任保险（professional liability insurance）是承保专业技术人员或单位在从事职业技术工作时因过失造成服务委托人或第三方损失时依法应承担的经济赔偿责任的保险。一般由提供各种专业技术服务的单位（如医院、设计院、律师事务所、会计师事务所等）投保，适用于医生、药剂员、设计师、律师、会计师等专业技术工作者。个体专业技术人员如私人诊所医生等只能投保单独的个人职业责任保险，其承保条件和普通职业责任保险相比有很大的区别。

（二）职业责任保险特征

由职业责任保险的概念可知，它除了具有责任保险的一般特征外，还具有其他特征，具体包括以下几种。

1. 被保险人必须为专业技术人员或单位

成为职业责任保险的被保险人需满足一定的条件，“职业责任”中的“职业”是指高度专业化的职业，如律师、医生、会计师、美容师、工程设计师等。只有从事高度专业化职业的工作人员才能成为职业责任的行为主体或责任主体，才能够成为职业责任保险的被保险人。

2. 事故原因为被保险人的过失

职业责任保险人将被保险人有无过失行为作为理赔要件，被保险人因无过失行为所承担的经济损害赔偿责任一般不属于保险责任范围。但被保险人可与保险人经过特别约定，要求保险人承保无过失行为所致的职业责任风险，如人保的《附加意外伤害医疗保险条款》即可承保无过失行为所致的责任风险。

3. 事故对象不仅包括被保险人的服务委托方，也包括第三者

被保险人由于过失导致事故时应依法对服务对象或委托方承担侵权责任或违约责任，但其经济赔偿责任对象并不限于服务对象，还包括第三者。例如建筑工程设计单位、监理单位对因过失导致事故造成第三者损害的，依法对第三者承担赔偿责任。职业责任保险则将承保对象规定为被保险人对服务委托方的经济赔偿责任和对第三者的经济赔偿责任两个方面。

4. 承保方式一般采用期内索赔式

从各国经营职业责任保险业务的惯例来看，职业责任保险业务多采用以索赔为基础的承保方式，而很少采用以事故发生为基础的承保方式。这是由于被保险人从事专业技术工作过程中的过失往往不能很快被发现，保险事故索赔的时间可能远远晚于保险事故发生的时间，采用期内索赔式可避免经营中的“长尾风险”，有利于保险公司的正常经营，充分发挥职业责任保险的风险转移作用。同时，一些职业责任保险产品在投保人缴纳附加保费后可以设立“延长报告期”，保险人对延长报告期内首次提出的因被保险人过失行为导致的索赔也负责赔偿。

二、职业责任保险分类

（一）以条款设计为依据

职业责任保险按条款设计分类可分为专一式产品和开放式产品。专一式产品从产品名称可知晓其设计对象，专门针对某种职业设计，如注册会计师职业责任保险；开放式产品的条款产品名称一般为“职业责任保险”或“专业责任赔偿保险”，未针对某种职业单一设计，其被保险职业需在保单中列明。目前我国保险市场上的开放式职业责任保险产品主要由外资保险公司提供。

（二）以承保方式为依据

职业责任保险按承保方式分类可分为期内索赔式产品和期内发生式产品。目前我国保险市场提供的职业责任保险普遍是期内索赔式产品。

（三）以投保人为依据

职业责任保险按投保人分类可分为普通职业责任保险和个人职业责任保险，普通职业责任保险投保人为单位，被保险人为在投保单位工作的个人；个人职业责任保险多以个人为投保人和被保险人，保障的也是投保人自己的职业责任风险。

（四）以承保的职业类型为依据

职业责任保险按承保的职业类型分类，可划分为医疗责任保险、律师责任保险、会计师责任保险、建筑师责任保险、设计师责任保险等。

以被保险人从事职业的性质为划分依据，可分为两类：一类是被保险职业与人体有接触的保险产品，承担的是被保险人因过失造成服务对象人身损害时依法承担的经济赔偿责任，包括医疗责任保险、美容师职业责任保险等；另一类是被保险人职业不与人体接触的保险产品，一般承担被保险人因过失行为导致委托方经济损失时依法应承担的经济赔偿责任，如律师职业责任保险、注册会计师职业责任保险、建设工程设计责任保险等，此外，建设工程设计责任保险也承保被保险人因过失行为导致的第三者的人身伤亡和财产损失。

三、职业责任保险发展状况

1896 年，英国一药剂师开错处方，北方意外保险公司为其提供职业损害补偿，开了职业责任保险的先河；20世纪70年代以来，英国、美国、澳大利亚等国为迎合市场需求，以国家相关法律为依据，发展形成了专门的职业责任保险公司。1974年，英国通过立法，强制律师事务所的律师参加律师职业责任保险，英联邦各国纷纷效仿，开展强制律师职业责任保险；德国在法律上要求许多服务性行业或专业人员如医院、诊所、律师事务所、职业护士等，必须投保职业责任保险。自此在西方国家，职业责任保险步入强制保险的行列。尽管法律未要求所有职业（如工程设计师等）一定参加职业责任保险，但这些职业机构也在承担一笔远远高于业主报酬的赔偿风险，不但被委托人难以承受巨大的风险，而且委托人也不愿意委托没有参加职业责任保险的专业技术人员从事该项工作。随着市场竞争的加剧，专业技术人员需要利用保险公司的相关保障来提高自己的信誉，吸引更多的客户，因此，西方发达国家对职业责任保险具有较为迫切的需求，职业责任保险市场比较发达。

目前，我国的职业责任保险发展较为缓慢，业务面较为狭窄。近年来，随着我国经济技术的不断发展与民事赔偿法律制度的完善，各种专业技术人员面临的职业损害赔偿责任风险日益增大，对职业责任保险需求提高，职业责任保险正逐渐被了解、运用，有着广阔的发展前景。1999年，中国人民保险公司陆续制定并经中国保险监督管理委员会核准备案了《建设工程设计责任保险条款》《医疗责任保险条款》《律师职业责任保险条款》以及《注册会计师执业责任保险条款》，初步形成了职业责任保险的险种体系。此后，中国人民保险公司陆续开发出新的职业责任保险险种，包括美容师职业责任保险，保险代理人职业责任保险，保险经纪人职业责任保险，董事、监事及高级管理人员职业责任保险等；同时，2009年中国人民保险公司改进了原有职业责任保险条款，制定出各险种新版条款。目前，国内保险公司开办得比较成熟的职业责任保险主要为医疗责任保险和建设工程设计责任保险。

专栏14-1

医疗责任保险案例

［案情］

2002年3月16日，李某在单位办理退休手续时突然晕倒，其随行家属立即拨打120求救。120急救指挥中心即通知某医院出动救护车进行急救。该医院离出事地点仅4公里，正常情况下，车程只需10余分钟。但因救护车故障，救护车竟用了1个小时才赶到。救护车赶到时，李某已经死亡。李某家人认为，120急救指挥中心和该医院对救护车疏于检查维护，以致延误抢救时机，是导致李某得不到及时抢救而身亡的原因。李某家人即把120急救指挥中心和某医院告上法庭，要求赔偿死者丧葬费及死亡赔偿金共计15万元。法院认为，120急救指挥中心在接到求救电话后，及时指挥救护车前往救护，属于履行及时指挥调度职责；医院在接到指示电话后，主观上并无拖延出车的故意，车辆检查修好后，主动履行了救护义务。法院审理后判决：双方不存在医疗服务关系，但医院履行急救义务上有过错，被告医院自判决之日起赔偿死者家属1万元整，驳回原告其他诉讼请求。因该医院投保了医疗责任保险，医院即向保险公司索赔。保险公司认为医院的损失不属于保险责任范围，遂拒绝赔偿。

[分析]

本案的焦点是：在医疗机构与受害人之间不存在医疗服务关系的情形下，医疗机构的赔偿责任是否属于保险责任。从本案的赔偿关系来看，法院判决医院承担赔偿责任并无不当。在本案的审理中，法院认为：120急救指挥中心不属于医疗机构，与李某不存在医疗服务关系，不适用医疗赔偿。被告医院虽是医疗机构，但其出车属社会救助义务，不属于医疗机构的医疗活动，双方并无医疗关系存在。因此，对医院的责任不能适用医疗事故处理、消费者权益保护等方面的法律。同时，从李某晕倒后所表现的症状及其原本自身所存的病症，结合其年龄综合考虑，李某死亡是自身疾病的发作而引致，与医院救护车延迟出救没有必然的因果关系。但是，作为救护车辆的使用人，医院应该知道车辆在出救工作中的重要性，对车辆应该妥善保管和维护。医院的延迟出救，违反了及时救护的工作原则，在履行急救义务上有过错。因此，医院应给予原告一定的赔偿。医院虽然因救护不当被法院判决赔偿，但其行为并非是在履行医疗服务合同，因此，本案不属于保险责任范围，保险公司拒赔并无不当。

资料来源：根据张洪涛、王和主编《责任保险理论、实务与案例》中的相关内容整理得来。

四、职业责任保险主要险种

（一）医疗责任保险

1. 概述

医疗责任保险，又称医生失职保险，承保医疗机构及医务人员在从事与其资格相符的诊疗护理工作中，因过失发生医疗事故造成的依法应由医院及医务人员承担的经济赔偿责任。既可由医生个人投保，也可由医院投保。医疗责任保险，是职业责任保险中历史最长、占主导地位的险种。

中国人民保险公司《医疗责任保险条款》第二条明确规定："凡依照中华人民共和国法律设立、有固定场所并取得《医疗机构执业许可证》的医疗机构，可作为本保险的被保险人。"因此，医疗责任保险的保险对象包括中资、合资、外资的综合性医院、专业医院、中医医院、康复医院、个体诊所等。医疗机构投保职业责任保险后，其取得国家认可的执业资格的执业人员将自动获得保险保障。

2. 合同

（1）保险责任。从《侵权责任法》对医疗损害责任的规定可知医疗机构和医务人员应承担赔偿责任的侵权行为有多种，但我国现行的医疗责任保险产品一般只承担医疗机构的医务人员因过失行为导致患者人身损害的经济赔偿责任及法律费用。虽然精神损害赔偿是责任保险的一般除外责任，但我国部分医疗职业责任保险产品也承保精神损害赔偿责任。

中国人民保险公司《医疗责任保险条款》第三条和第四条详细规定了医疗责任保险的保险责任："第三条在本保险单明细表中列明的保险期限或追溯期及承保区域范围内，被保险人的投保医务人员在诊疗护理活动中，因执业过失造成患者人身损害，在本保险期限内，由患者或其近亲属首次向被保险人提出索赔申请，依法应由被保险人承担民事赔偿责任时，保险人根据本保险合同的约定负责赔偿。"

"第四条　保险责任范围内的事故发生后，事先经保险人书面同意的法律费用，包括事故鉴定费、查勘费、取证费、仲裁或诉讼费、案件受理费、律师费等，保险人在约定的限额内也负责赔偿。"

（2）除外责任。中国人民保险公司《医疗责任保险条款》第五条至第八条规定了该保险的除外责任，第五条和第八条为责任保险的一般除外责任，第六条和第七条的部分内容为医疗责任保险的特殊除外责任。

"第六条　下列情形造成的损失、费用和责任，保险人不负责赔偿：

（一）未经国家有关部门认定合格的医务人员进行的诊疗护理工作；

（二）不以治疗为目的的诊疗护理活动造成患者的人身损害；

（三）被保险人或其医务人员从事未经国家有关部门许可的诊疗护理工作；

（四）被保险人或其医务人员被吊销执业许可或被取消执业资格以及受停业、停职处分后仍继续进行诊疗护理工作；

（五）被保险人的医务人员在酒醉或药剂麻醉状态下进行诊疗护理工作；

（六）被保险人或其医务人员使用伪劣药品、医疗器械或被感染的血液制品；

（七）被保险人或其医务人员使用未经国家有关部门批准使用的药品、消毒药剂和医疗器械，但经国家有关部门批准进行临床实验所使用的药品、消毒药剂、医疗器械不在此限；

（八）被保险人或其医务人员在正当的诊断、治疗范围外使用麻醉药品、医疗用毒性药品、精神药品和放射性药品。"

“第七条 下列损失、费用和责任，保险人不负责赔偿：

（一）被保险人的医务人员或其代表的人身伤亡；

（二）直接或间接由于计算机2000年问题引起的损失；

（三）罚款或惩罚性赔款；

（四）本保险单明细表或有关条款中规定的应由被保险人自行负担的免赔额；

（五）被保险人及其医务人员对患者在诊疗护理期间的人身损害无过失，但由于发生医疗意外造成患者人身损害而承担的民事赔偿责任；

（六）被保险人与患者或其近亲属签订的协议所特别约定的责任，但不包括没有该协议被保险人仍应承担的民事赔偿责任；

（七）自被保险人的医务人员终止在被保险人的营业处所内工作之日起，所发生的任何损失、费用和责任。”

（3）赔偿限额与免赔额。除投保人和保险人另有约定外，医疗责任保险的赔偿限额一般包括医疗责任每人赔偿限额、医疗责任累计赔偿限额、精神损害每人赔偿限额、法律费用每次索赔赔偿限额、法律费用累计赔偿限额。医疗责任保险的免赔额一般设医疗责任每次索赔免赔额，通常按每人赔偿金额的5%或1 000元计，两者以高者为准；法律费用一般不设免赔额。各项责任限额和免赔额由投保人和保险人协商确定，并在保险合同中载明。

此外，一些保险公司为了便于经营管理和计算保险费，按照医疗机构的不同类别设定医疗责任各项责任限额基准值，例如表14－1列举的人保财险医疗责任基准责任限额。

表14－1　　医疗责任保险医疗责任基准责任限额　　单位：万元

医疗机构类别	医疗责任 每人基准责任限额	医疗责任 累计基准责任限额
三级甲等医疗机构	20	200
三级医疗机构（除甲等外）	20	200
二级甲等医疗机构	20	100
二级医疗机构（除甲等外）	20	100
一级甲等医疗机构	20	60
一级医疗机构（除甲等外）	20	60
非一级医疗机构、有住院床位的社区医疗服务机构	20	60
无床位医疗机构	20	40

（4）费率与保费计算。本小节以中国人民财产保险股份有限公司医疗责任保险费率规章为例，阐述医疗责任保险的费率与保费计算的基本内容。医疗责任年度基准保险费为医疗机构年度基准保险费和医务人员年度基准保险费的总和。

医疗机构年度基准保险费 =（床位数 × 床位基准保险费 + 住院病人手术人次 × 住院病人手术人次基准保险费）× 医疗机构类别系数

在医疗责任基准责任限额项下，无床位或无手术医疗机构以及有床位或有手术医疗机构年度基准保险费不足 2 000 元的，按照 2 000 元计收。

医务人员年度基准保险费分为按照统扯方式投保和按照分类方式投保两种：

按照统扯方式投保的医务人员年度基准保险费 = 医务人员总数 × 统扯保险费 × 医疗机构类别系数

按照分类方式投保的医务人员年度基准保险费 =（医生人员数 × 医生保险费 + 护士和医技人员数 × 护士和医技人员保险费）× 医疗机构类别系数 × 岗位系数

上述计算公式中，床位基准保险费为每年 450 元/床位，住院病人手术人次基准保险费为 50 元/人次。按统扯方式投保的医务人员统扯保险费为 670 元/人，按分类方式投保的医生保险费为 1 180 元/人，护士和医技人员保险费为 525 元/人。此外，医疗责任保险医疗机构类别系数和医务人员岗位系数分别见表 14 - 2 和表 14 - 3。

表 14 - 2　　医疗责任保险医疗机构类别系数

医疗机构类别	系数（非民营）	系数（民营）
三级甲等医疗机构	1.00	1.50
三级医疗机构（除甲等外）	0.96	1.20
二级甲等医疗机构	0.89	1.0
二级医疗机构（除甲等外）	0.85	0.95
一级甲等医疗机构	0.78	0.85
一级医疗机构（除甲等外）	0.74	0.80
非一级医疗机构、有住院床位的社区医疗服务机构	0.60	0.75
无床位医疗机构	0.38	0.60

表 14 - 3　　医疗责任保险医务人员岗位类别

岗位类别	医务人员岗位	岗位系数
高风险科室	骨科、手术科室、麻醉、整形美容（非营利性、因伤病性）、产科、小儿内外科、急诊、ICU、ECU、SICU、重症监护室、介入治疗	1.15
一般风险科室	内科、肿瘤、病理、放疗、化疗、精神科、放射、药剂	1
低风险科室	其他科室	0.8

最终，医疗责任保险的保险费还会根据某些特殊因素，在年度基准保险费的基础上加以调整，调整系数包括责任限额调整系数、赔偿处理标准调整系数、区域调整系数、续保调整系数等。最终保费为基准保险费与各项调整系数的乘积。

（二）律师责任保险

1. 概述

律师责任保险，承保被保险人或其前任作为一个律师在自己的能力范围内的职业服务中发生的疏忽行为、错误或遗漏过失行为所导致的法律赔偿责任，包括一切侮辱、诽谤以及被保险人在工作中发生或造成的对第三者的人身伤害或财产损失。律师责任保险复杂、保费高昂，缺乏精通业务的代理人和经纪人，在我国是一个新开办的险种，所以近年来，能够开展此项业务的保险公司仍是少数。

2. 合同

（1）保险责任。律师职业责任保险的保险责任一般包括损失赔偿和诉讼费用，人保《律师职业责任保险条款》第三条对此有详细规定：

“第三条　被保险人在本保险单明细表中列明的追溯期或保险期限内，在中华人民共和国境内（中国香港、澳门和台湾地区除外）从事诉讼或非诉讼律师业务时，由于疏忽或过失造成委托人的经济损失，并在本保险期限内由委托人首次向被保险人提出索赔申请，依法应由被保险人承担经济赔偿责任的，保险人负责赔偿。”

“事先经保险人书面同意的诉讼费用，保险人负责赔偿……”

“发生保险责任事故后，被保险人为缩小或减少对委托人遭受经济损失的赔偿责任所支付的必要的、合理的费用，保险人按照本合同约定负责赔偿。”

（2）除外责任。人保《律师职业责任保险条款》第四条至第七条详细规定了律师职业责任保险的除外责任，除责任保险的一般除外责任外，律师职业责任保险的特有除外责任在第五条有详细规定，内容如下：

“第五条　下列原因造成的损失、费用和责任，保险人也不负责赔偿：

（一）被保险人无有效律师执业证书，或未取得法律、法规规定的应持有的其他资格证书办理业务的；

（二）未经被保险人同意，被保险人的在册执业律师私自接受委托或在其他律师事务所执业；

（三）被保险人与对方当事人或对方律师恶意串通，损害当事人利益的；

（四）被保险人被指控对委托人诽谤，经法院判决指控成立的；

（五）委托人提供的有关证据文件、账册、报表等其他资料的损毁、灭失或盗窃抢夺，但经特别约定加保的不在此限……”

（3）赔偿限额。除投保人和保险人另有约定外，律师职业责任保险的责任限额一般包括每次事故赔偿限额和累计赔偿限额，累计赔偿限额一般为每次事故赔偿限额的2倍。法律费用每次事故赔偿金额包含在每次事故赔偿限额之内。各项赔偿限额由投保人和保险人协商确定，并在保险合同中载明。人保《律师职业责任保险条款》第二十三条至第二十五条对此有明确规定：

“第二十三条　保险人对每次索赔赔偿金额以法院或政府有关部门依法裁定的或经被保险人、受害人及保险人协商确定的应由被保险人赔偿的金额为准，但在任何情况下，保险人对本保险条款第三条第一款和第二款的赔偿金额之和不超过本保险单明细表中列明的每次索赔赔偿限额。”

“第二十四条　保险人根据本保险条款第三条的规定，对每次索赔中被保险人为缩小或减少对委托人的经济赔偿责任所支付必要的、合理的费用予以赔偿，最高不超过每次事故赔偿限额。”

“第二十五条　保险人对本保险期限内多次索赔的累计赔偿金额不得超过本保险单明细表中列明的累计赔偿限额。”

（4）费率和保费计算。以中国人民财产保险股份有限公司律师职业责任保险费率规章为例。

保险费 = 被保险人预计当年业务收入 × 基准费率 × 责任限额调整 × 核保经验系数

基准费率见表14 -4，责任限额调整方法与核保经验系数的使用与上述建设工程设计责任保险类似，不再赘述。当保险期间终止时，根据被保险人当年实际业务收入调整当年保险费，多退少补。

表 14－4　　律师职业责任保险基本费率

每次索赔赔偿限额（万元）	50	100	200	300	400	500
每次索赔免赔额（率）	每次索赔免赔额为 5 万元，或者将免赔率定为每次索赔赔偿金额的 5%，两者取高者为限					
累计赔偿限额（万元）	100	200	400	600	800	1 000
保险费率（%）	0.9	1	1.05	1.1	1.15	1.2

（三）建设工程设计责任保险

1. 概述

建设工程设计责任保险承保的是建设工程设计单位对于工程设计人员因工作上的疏忽或过失造成建设工程本身的物质损失、第三者人身伤亡或财产损失所应承担的经济损害赔偿责任。建设工程设计责任保险的被保险人主要是经国家行政主管部门批准，取得相应资质证书并经工商行政主管部门注册登记依法成立的建设工程设计单位。

2. 合同

（1）保险责任。人保《建设工程设计责任保险条款》第三条对该险种的保险责任做了详细规定："被保险人在本保险单明细表中列明的追溯期或保险期限内，在中华人民共和国境内（中国香港、澳门和台湾地区除外）完成设计的建设工程，由于设计的疏忽或过失而引发的工程质量事故造成下列损失或费用，依法应由被保险人承担经济赔偿责任的，在本保险期限内，由该委托人首次向被保险人提出赔偿要求并经被保险人向保险人提出索赔申请时，保险人负责赔偿：

（一）建设工程本身的物质损失；

（二）第三者人身伤亡或财产损失。"

"事先经保险人书面同意的诉讼费用，保险人负责赔偿……"

"发生保险责任事故后，被保险人为缩小或减少对委托人的经济赔偿责任所支付的必要的、合理的费用，保险人负责赔偿。"

（2）除外责任。人保《建设工程设计责任保险条款》第四条至第七条规定了该险种的除外责任，第五条、第六条明确了其特有的除外责任，内容如下：

"第五条　下列原因造成的损失、费用和责任，保险人也不负责赔偿：

（一）委托人提供的账册、文件或其他资料的损毁、灭失、盗窃、抢劫、丢失；

（二）他人冒用被保险人或与被保险人签订劳动合同的人员的名义设计的工程；

（三）被保险人将工程设计任务转让、委托给其他单位或个人完成的；

（四）被保险人承接超越国家规定的资质等级许可范围的工程设计业务；

（五）被保险人的注册人员超越国家规定的执业范围执行业务；

（六）未按国家规定的建设程序进行工程设计；

（七）委托人提供的工程测量图、地质勘察等资料存在的错误。”

“第六条　被保险人的下列损失、费用和责任，保险人不负责赔偿：

（一）由于设计错误引起的停产、减产等间接经济损失；

（二）因被保险人延误交付设计文件所致的任何后果损失；

（三）被保险人在本保险单明细表中列明的追溯期起始日之前执行工程设计业务所致的赔偿责任；

（四）未与被保险人签订劳动合同的人员签名出具的施工图纸引起的任何索赔；

（五）被保险人或其雇员的人身伤亡及其所有或管理的财产的损失；

（六）被保险人对委托人的精神损害；

……

（八）因勘察而引起的任何索赔……”

（3）赔偿限额与免赔额。除投保人和保险人另有约定外，建设工程设计责任保险责任限额一般包括累计赔偿限额、每次索赔赔偿限额和第三者人身伤亡每人最高赔偿限额；其免赔额通常设每次索赔免赔额，当免赔额每提高一个额度，保险费随之减收一定比例。各项赔偿限额和免赔额由投保人和保险人协商确定，并在保险合同中载明。

人保《建设工程设计责任保险条款》第二十五条规定：“保险人对被保险人每次索赔的赔偿金额以法院或政府有关部门依法裁定的或经双方当事人及保险人协商确定的应由被保险人赔偿的金额为准，但在任何情况下，保险人对本保险条款第三条第（一）项和第（二）项以及事先经保险人书面同意支付的诉讼费用的赔偿金额之和不超过本保险单明细表中列明的每次事故赔偿限额。如本保险合同约定了每人人身伤亡赔偿是限额的，保险人对每次事故每人人身伤亡的赔偿金额不超过每人人身伤亡赔偿限额。”第二十七条规定：“在本保险期限内，保险人对被保险人多次索赔的累计赔偿金额不得超过本保险单明细表中列明的累计赔偿限额。”

（4）费率与保费计算。本小节以中国人民财产保险股份有限公司建设工程设计责任保险费率规章为例，阐述建设工程设计责任保险的费率与保费计算的基本内容。全年保险费 = 被保险人预计当年业务收入 × 基准费率 × 核保经验系数。基准费率见表 14 – 5，在保险期间终止时，根据被保险人当年实际业务收入调整当年保险费，多退少补。

表 14 – 5　　　　建筑工程设计责任保险基准费率

资质等级	甲级	乙级	丙级
基准费率（%）	1.00	1.20	1.40

核保经验系数是核保人参考其他因素，在授权范围内用以确定最终应收取的保费数的系数，其范围为 70% ~200%。核保人确定核保经验系数时主要参考的因素包括：投保人的行业性质、企业规模、风险管理水平、法律环境、社会风气等。

此外，基准保险费倍数与赔偿限额的调整有关。当赔偿限额增加时，保险费也会增加相应倍数。增加赔偿限额后的保险费见表 14 – 6。

表 14 – 6　　建筑工程设计责任保险增加赔偿限额后的保险费

每次索赔赔偿限额（万元）	300	500	1 000	3 000	5 000
累计赔偿限额（万元）	600	1 000	2 000	6 000	10 000
基本保险费倍数（倍）	1	1.4	1.8	2.5	3

（四）注册会计师责任保险

1. 概述

注册会计师责任保险，承保被保险人或其前任或被保险人对其负有法律责任的人，因违反会计业务上应尽的责任及义务而造成他人损失，依法应负的经济赔偿责任（包括损失金额和法律费用）。国内的会计责任保险是新近开办的险种，投保人可以是依法设立的会计师事务所。

目前在西方发达国家，注册会计师保险已被许多国家列入强制保险的范围，世界著名的五大会计师事务所每年购买保险的金额约有几亿美元，占到了其营业收入的 8%，足见国外业界对注册会计师责任险的重视。

其特点如下：

(1) 保险合同中的被保险人一般是依法设立的会计师事务所，而非单个的注册会计师。

（2）利害关系人是指按照法律法规的规定使用注册会计师审计报告的投资人、债权人等。

（3）注册会计师执业责任保险在我国通常采用期内索赔式。

（4）注册会计师执业责任保险承担的范围不仅限于审计服务，而是根据注册会计师风险转移的需要，扩展到会计咨询等相关领域。

2. 合同

（1）保险责任。人保《注册会计师执业责任保险条款》第三条、第四条对注册会计师责任保险保险责任有详细规定：

“第三条　因被保险人的注册会计师在中华人民共和国境内承办下列业务而在保险期间内出具的相关报告不实，造成委托人或其他利害关系人的经济损失，依中华人民共和国法律应由被保险人承担的民事赔偿责任，保险人根据本保险合同的约定负责赔偿：

（一）审计企业会计报表，出具审计报告；

（二）验证企业资本，出具验资报告；

（三）办理企业合并、分立、清算事宜中的审计业务，出具有关的报告；

（四）法律、行政法规规定的其他审计业务；

（五）会计咨询业务和会计服务业务。”

“上述审计报告、验资报告、有关报告及提供会计咨询或会计服务时出具的报告统称为会计执业报告。”

“投保人仅就部分业务范围投保的，保险人仅对投保业务范围内发生的保险事故承担保险责任。”

“第四条　由被保险人支付的因保险事故导致的下列费用，保险人也负责赔偿：

（一）仲裁或诉讼费用及事先经保险人书面同意支付的律师费用；

（二）发生保险事故后，被保险人为了防止或减少对委托人或其他利害关系人经济损失的赔偿责任所支付的必要的、合理的费用。”

“因被保险人的注册会计师在中华人民共和国境内承办本保险合同约定的业务而在保险期间内出具的会计执业报告不实，造成委托人或其他利害关系人的经济损失，视为保险事故发生。由委托人或其他利害关系人首次向被保险人提出赔偿请求，视为被保险人知道保险事故发生。”

“被保险人的委托人或其他利害关系人就被保险人对同一委托事项出具的同一会计执业报告而提出的一系列赔偿请求为一次保险事故。”

（2）除外责任。除责任保险的一般除外责任外，注册会计师执业责任保险还有特有的除外责任，人保《注册会计师执业责任保险条款》第六条有详细规定，内容如下：

“第六条 下列原因造成的损失、费用和责任，保险人不负责赔偿：

（一）被保险人或其注册会计师的故意行为、重大过失行为或非执业行为；

（二）委托人提供的账册、报表、文件或其他资料的损毁、灭失、被盗、被抢、丢失，但本保险合同另有约定的除外；

（三）被保险人或其注册会计师被指控诽谤委托人或泄露委托人的商业秘密，经人民法院判决指控成立的；

（四）被保险人的注册会计师私自接受委托业务或在其他会计师事务所执行的业务；

（五）被保险人或其注册会计师执行依法注册的承办业务范围之外的业务；

（六）被保险人或其注册会计师对外担保所承担的连带责任；

（七）他人冒用被保险人或其注册会计师的名义执行业务。”

（3）赔偿限额。注册会计师执业责任保险的责任限额一般包括每次事故赔偿限额和累计赔偿限额，也可以不设每次事故赔偿限额，仅设定累计赔偿限额。各项赔偿限额由投保人和保险人协商确定，并在保险合同中载明。人保《注册会计师执业责任保险条款》第五条和第二十七条对此有明确规定：

“第五条 责任限额包括累计责任限额和法律费用责任限额。累计责任限额由投保人和保险人在签订保险合同时协商确定；法律费用责任限额为累计责任限额的30%。累计责任限额和法律费用责任限额分别列明于保险单中。”

“第二十七条 保险事故发生后，保险人按第二十五条确定的应由被保险人承担的赔偿金额扣除保险合同约定的免赔额后计算赔偿，但最高不超过保险单列明的累计责任限额。在保险期间内，保险人的累计赔偿金额最高不超过保险单列明的累计责任限额。

在保险期间内，对于被保险人因保险事故而发生的法律费用，保险人的赔偿金额总额不超过保险单列明的法律费用责任限额。

在保险期间内，对于被保险人在知道保险事故发生时为控制或减少对委托人的损失而支付的必要的、合理的费用，保险人的赔偿金额在本条前两款约定的责任限额以外另行计算，最高不超过保险单列明的累计责任限额。”

（4）费率和保费计算。预付保险费和实际保险费：

注册会计师执业责任保险费以被保险人在保险期间内保险单列明的业务范围内的全部业务收入为计算基础，因此在投保时计算的保险费为预付保险费。

预付保险费 = 投保时保险单列明的业务范围在上一年度的业务收入总额 × 基准费率 × 核保经验系数

其中，基准费率根据投保人选择的累计责任限额在费率表中对应的费率确定（见表 14－7）。

表 14－7　　注册会计师执业责任保险基准费率

项目	累计责任			限额 L（万元）		
	L≤100	100＜L≤200	200＜L≤400	400＜L≤600	600＜L≤800	800＜L≤1 000
费率（%）	0.8	1.1	1.3	1.5	1.3	1.4

待保险期间结束后，保险人将根据被保险人提交的保险期间内保险单列明的业务范围的全部业务收入总额计算实际保险费，并对预付保险费进行多退少补的调整。其计算公式如下：

实际保险费 = 保险期间内保险单列明的业务范围的全部业务收入总额 × 基准费率 × 核保经验系数

保险费调整 = 实际保险费 － 预付保险费

对于新成立的会计师事务所，则以估计的年度业务收入总和计算预付保险费，待保险期间届满后再根据该事务所在保险期间内的实际业务收入总和计算实际保险费，并对预付保险费多退少补。

附加险保险费的计算：

附加账册文件丢失保险保费 = 保险合同约定的赔偿限额 ×1% × 核保经验系数

首次投保追溯期扩展条款的费率与主险的费率相同，保险费计算公式也基本相同，不同之处在于前者用扩展的追溯期间内的实际业务收入之和的一定比例作为保险费计算基础。

附加险保费 = 扩展的追溯期间内的实际业务收入之和 × 条款约定的比例 × 主险对应的费率 × 核保经验系数

（五）其他职业责任保险

此外，还有如下职业责任保险种类：美容师责任保险；药剂师责任保险；教育工作者责任保险；保险代理人及经纪人责任保险；退休人员责任保险等。

其中，退休人员责任保险承保已退休的各种专业技术人员在退休前可能发生的职业赔偿责任，适用于律师、会计师、建筑师、股票经纪人等各种专业技术人员。

专栏 14－2

注册会计师责任保险案例

［案情］

1995 年 10 月，李某、王某、郝某共同出资筹办 A 公司。当时除李某外，其他股东均未按公司章程规定足额交纳股金，而是以 A 公司名义存入某市农行房地产信贷部 10 万元，该信贷部却为 A 公司出具了 50 万元的存款证明。在此基础上，某会计师事务所为 A 公司出具了注册资金为 50 万元的验资报告。随后，A 公司领取了企业法人营业执照，经营范围为商品零售服务。1998 年 10 月，A 公司因未按规定参加工商年检而被工商行政管理机关吊销营业执照。在经营期间，A 公司与宋某签订了商品买卖协议，协议期满后 A 公司未履行协议，A 公司实际欠款 30 万元。宋某遂以 A 公司设立瑕疵、出资不实、拒不履行协议及虚假验资为由，将 A 公司股东、某会计师事务所诉至法院，要求偿还原告本息。在法庭审理过程中，当事人达成调解协议，A 公司股东同意偿还所欠款项，某会计师事务所愿意在 5 万元的范围内承担补充赔偿责任。此前，某会计师事务所投保了注册会计师职业责任保险。某会计师事务所遂向保险公司请求赔偿。

［分析］

在本案的理赔过程中，保险公司理赔人员对某会计师事务所的损失是否属于保险责任范围产生了分歧。

一种观点认为：本案纠纷业经人民法院调解，各方已达成调解协议。根据我国法律的规定，人民法院的调解书具有和判决书同等的法律效力。调解书既然已经明确了某会计师事务所的补充赔偿责任，保险公司不应再对责任问题重新认定。因此，保险公司应当直接根据人民法院的调解书认定某会计师事务所的赔偿责任，并按照保险合同的约定支付保险金。

另一种观点认为：某会计师事务所不应承担对债务的补充赔偿责任，某会计师事务所的赔偿要求不属于保险责任范围。理由是：

（1）保险公司有权就被保险人向第三人所作的承诺进行核定。尽管人民法院的调解书具有和判决书同等的法律效力，但对于被保险人自行承诺或支付的赔偿金额，保险公司有权独立判断是否为保险责任。

（2）某会计师事务所不应承担赔偿责任。根据现行法律规定，结合本案事实，某会计师事务所根据银行的存款证明出具验资报告，并无过错。因为，银行作为法定的存贷款机构，理应对其出具的存款证明的真实性负责，如果银行蓄意出具虚假存款证明，注册会计师即使进行严格的审验也无法查出其中的欺诈行为。作为验资单位，某会计师事务所对作为验资结论基础证据的资金到位证明的真实性无法作出保证。此种证据的真实性，应当由出具证明的银行负责。由于该证明是虚假的，某会计师事务所不应承担赔偿责任。因此，本案不属于保险责任范围。

笔者认为，第二种观点符合现行法律的有关规定，保险公司对某会计师事务所自行承诺支付的款项不予赔偿。

资料来源：根据张洪涛、王和主编《责任保险理论、实务与案例》中的相关内容整理得来。

第三节 职业责任保险合同

职业责任保险合同是指保险人与投保人之间达成的，由保险人承保各种专业技术人员在从事专业技术工作过程中，因过失造成他人人身伤害或财产损失而依法应当承担的民事赔偿责任的保险合同。又称职业赔偿保险合同或业务过失责任保险合同。

一、合同当事人

（一）投保人或被保险人

在职业责任保险中，被保险人可以为专业人员或执业机构本身，即依前述行为主体与责任主体是否相统一而进行的分类。

1. 专业人员

在我国法律制度中，专业人员个人直接对委托人或者受害第三人承担赔偿责任的情形不多见，所以目前我国职业责任保险合同中只有少数险种将专业人员个人列为被保险人。例如，人保《律师职业责任保险条款》第二条规定："凡在中华人民共和国境内依法设立的律师事务所及持有有效律师执业证书的律师，均可作为本保险合同的被保险人。"这一规定将持有有效律师执业证书的律师个人列为被保险人。再如人保《董事、监事及高级管理人员职业责任保险条款》第二条规定："凡依照中华人民共和国法律设立的上市公司的董事、监事及公司章程中规定的高级管理人员，均可作为本保险的被保险人。"这一规定也将作为上市公司董事、监事、高级管理人员的个人作为被保险人。

2. 执业机构

我国目前多数职业责任保险单通常只将执业机构列为被保险人。凡经主管部门批准，取得相应资质证书、执业许可证或者经工商行政管理部门注册登记，有固定执业场所、依法设立的执业机构，皆可作为职业责任保险合同项下的被保险人。需注意的是，此时被保险人的职业责任风险不仅包括被保险人自己，还包括被保险人的前任、被保险人的雇员及从事该业务的雇员的前任的疏忽行为所导致的职业责任。在这种情况下，专业人员因疏忽、过失等原因致使委托人或者第三人损害的，其责任由执业机构承担。

（二）保险人

职业责任保险的保险人或承保人是与投保人订立产品责任保险合同的依法成立的保险公司。

二、保险责任和除外责任

（一）保险责任

由于职业类别较多，且差异较大，职业责任保险并无统一条款及保险单格式，一般由保险人根据不同种类的职业责任设计制定专门的保险单承保。职业责任保险承保的是各种职业技术人员由于职业上的疏忽行为、错误或失职而造成的损失，其保险责任通常包括以下两项内容：

一是由于被保险人、被保险人从事该业务的前任、被保险人的雇员及从事该业务的雇员的前任，因职业上的疏忽、错误，或失职行为而造成委托人或其利益相关者的人身伤害和经济损失，依法应由被保险人承担的经济赔偿责任。

职业责任保险人将被保险人有无“过失”的行为作为理赔的要件，被保险人因无过失行为所承担的经济损害赔偿责任一般不属于保险责任范围。

二是被保险人为缩小或减少对委托人或其他利害关系人的经济赔偿责任而支付的必要的、合理的费用，以及保险公司同意支付的、在约定限额内的诉讼费用、鉴定费、取证费等。

以上费用一般在赔偿限额以外另行赔付，但若最终总的赔偿金额超过了赔偿限额，保险人只能按比例分担法律诉讼费用。

（二）除外责任

职业责任保险责任免除项目一般包括：

（1）被保险人无有效执业证书，或未取得法律法规规定的应持有的其他资格证书办理业务的。

（2）被保险人在投保时或保险有效期间不如实向保险人报告应报告的情况而引起的任何索赔，例如使用将要过期的药物，建筑工地地下情况复杂等。

（3）被保险人、被保险人从事该业务的前任、被保险人的雇员及从事该业务的前任的故意、欺诈、隐瞒或犯罪行为所致的任何索赔，例如医生利用药物谋杀他人，被保险人借机报复或打击合同对方。

（4）未经被保险人同意，被保险人的从业人员私自接受业务，或他人冒用被保险人的名义执业所导致的任何索赔。

（5）职业责任事故造成的间接损失或费用（经保险人同意支付或保险单上载明支付的法律诉讼相关费用除外），例如建筑工程设计师提供有缺陷的图纸给建筑单位，使建筑单位不能如期施工、不能如期投入运营而导致的预期利润损失，保险人不予负责。

（6）被保险人被指控对委托人有诽谤、恶意中伤或泄露其商业机密行为而引起的索赔，例如公证人员不真实公证导致纠纷、律师诽谤其当事人原告或被告而导致的索赔、记者利用报道诽谤或中伤他人等。

（7）因委托人提供的有关证据文件、账册、报表等其他资料的损毁、灭失或盗窃抢夺引起的任何索赔。经过特别约定后该项责任也可以特约承保，但必须加收保费。

三、赔偿限额

一般而言，保险人承保的赔偿责任包括赔偿金和法律费用两项。

在赔偿金方面，保险人通常不规定每次事故的赔偿限额，而是规定一个累计赔偿限额，也可采用每次索赔或每次事故赔偿限额而不规定累计限额；法律费用则在赔偿限额之外另行计算赔付，若被保险人最终的总赔偿金额超过了保险赔偿限额，则保险人只能按比例分担法律费。

四、保险费率及保险费

（一）费率厘定考虑因素

由于职业类别多如牛毛，而且各类职业都有其自身的风险与特点，因此也需要有不同的费率。职业责任保险费率厘定十分复杂，而只有科学地厘定费率，才能既保证保险人有足够的偿付能力，又维护投保人的利益。从总体上讲，厘定职业责任保险的费率或收取职业责任保险的保费，应着重考虑以下几项共性因素：

（1）职业种类，即被保险人及其雇员所从事的专业技术工作类型。

（2）工作场所，即被保险人从事专业技术工作的所在地，如医院所在地、会计师事务所所在地。

（3）业务数量，即被保险人在保险期间内提供专业技术服务的数量、服务对象的多寡等，被保险人为执业机构的，还需考虑其从业人员的人数。

(4) 被保险人的单位性质及公司治理结构，如营利性或非营利性，合伙制或股份制等。

(5) 被保险人及其雇员的专业技术水平和执业资质。

(6) 被保险人及其雇员的社会声誉、工作责任心和个人品质。

(7) 被保险人职业责任事故的历史统计资料及索赔情况。

(8) 赔偿限额、免赔额和其他承保条件。

在计算保险费时，应选择与投保职业相对应的保险费率，并根据所投保职业特点，作相应的调整。

(二) 保费计算

职业责任保险保费的计算通常有两种方式：

全年保费 = 费率（人均保费）× 专业人员数量

全年保费 = 费率 × 预计的全年业务收入

保费的计算通常与每次索赔的限额、累计赔偿的限额或免赔额直接相关。

本章小结

1. 职业责任是指从事各种专业技术工作的单位或个人因工作上的疏忽或过失造成他们的当事人或第三者的人身损害或财产损失，依法应当由提供服务的专业技术人员本人或所在单位承担的经济赔偿责任。“职业”是指高度专业化的职业。这类职业的从业人员需要具有相关的专门学科教育和专业训练背景，并需通过政府有关部门根据相关法规组织的专业技能考试后获得从业资格，其从业活动须接受相关部门依据专业法规进行的管理监督。

2. 职业责任保险是承保专业技术人员或单位在从事职业技术工作时因过失造成服务委托人或第三方损失时依法应承担的经济赔偿责任的保险。随着社会经济飞速发展，职业种类越来越多，职业责任保险产品也日渐丰富，除医疗责任保险、律师职业责任保险、建筑及工程技术人员责任保险、注册会计师执业责任保险外，我国保险主体还面向美容师、药剂师、教育工作者、保险代理人、保险经纪人、建设工程勘察单位、建设工程监理单位、董事监事及高管人员等提供专门设计的职业责任保险产品。

3. 医疗责任保险是以医疗机构的医务人员在诊疗护理活动中，因执业过失造成患者人身损害的经济赔偿责任为保险标的的保险，它是目前我国职业责任保险中占主导地位的险种，是新医改的重要组成部分。

4. 律师职业责任保险是以律师事务所或律师在从事诉讼业务时，因工作过错给委托人造成经济损失时依法应当承担的经济赔偿责任为保险标的的保险。

5. 建设工程设计责任保险承保的是建设工程设计单位对于工程设计人员因工作上的疏忽或过失造成建设工程本身的物质损失、第三者人身伤亡或财产损失所应承担的经济损害赔偿责任。其被保险人主要是经国家行政主管部门批准，取得相应资质证书并经工商行政主管部门注册登记依法成立的建设工程设计单位。

6. 注册会计师执业责任保险承担的是注册会计师在执行审计业务或其他相关业务的过程中，因疏忽或过失行为造成委托人或者其他经济利害关系人直接经济损失而依法应承担的民事赔偿责任。

7. 职业责任保险的保险责任包括由于被保险人职业上的疏忽或过失行为而造成委托人或其利益相关者的人身伤害和经济损失，依法应由被保险人承担的经济赔偿责任，以及被保险人为缩小或减少对委托人或其他利害关系人的经济赔偿责任而支付的必要的、合理的费用，另外还有保险公司同意支付的、在约定限额内的诉讼费用、鉴定费、取证费等。

8. 职业责任保险合同当事人中，被保险人可以为专业人员或执业机构本身，目前我国职业责任保险合同中只有少数险种将专业人员个人列为被保险人，多数职业责任保险单通常只将执业机构列为被保险人。保险人或承保人是与投保人订立产品责任保险合同的依法成立的保险公司。

9. 职业责任保险合同保险责任通常包括两项：一是由于被保险人、被保险人的从事该业务的前任、被保险人的雇员及从事该业务的雇员的前任，因职业上的疏忽、错误，或失职行为而造成委托人或其利益相关者的人身伤害和经济损失，依法应由被保险人承担的经济赔偿责任。二是被保险人为缩小或减少对委托人或其他利害关系人的经济赔偿责任而支付的必要的、合理的费用，以及保险公司同意支付的、在约定限额内的诉讼费用、鉴定费、取证费等。

10. 职业责任保险种类繁多，费率厘定复杂，但都应着重考虑职业种类、工作场所、业务数量等几项共性因素。在计算保险费时，应选择与投保职业相对应的保险费率，并根据所投保职业特点，作相应的调整。保费的计算通常有两种方式：全年保费 = 费率（人均保费）× 专业人员数量，全年保费 = 费率 × 预计的全年业务收入。

思考与练习

1. 如何理解职业责任中的“职业”？如何理解职业责任风险的客观性？

2. 简述职业责任保险的概念和特点。

3. 我国现有的职业责任保险品种有哪些？各有什么特点？

4. 简述职业责任保险的投保人或被保险人。

5. 职业责任保险合同的保险责任有哪些?

6. 简述职业责任保险费率厘定方式。

7. 注册会计师执业责任保险的保险责任和除外责任有哪些? 你认为规定每一条除外责任的原因是什么?

8. 目前我国医患矛盾突出，暴力伤人事件不断，你认为主要原因是什么? 应当采取什么措施来解决?

第十五章
环境责任保险

本章提要

本章阐述了环境责任的含义，介绍了环境民事责任的含义、构成、免责情形与形式，说明了环境责任保险的含义、特点，描述了国内外环境责任保险的发展状况，以及环境污染责任保险合同的主要内容。

学习目标

理解环境责任的含义，理解环境民事责任的含义、法律依据、构成要件、免责情形。

掌握环境责任保险的含义和特征。

了解环境责任保险的国内外发展状况。

理解环境污染责任保险合同的主要内容。

关注国内环境污染强制责任保险制度的建设等热点问题。

第一节　环境责任

一、环境责任的含义

环境责任（environmental liability）是指根据人在环境中所处的地位在对环境整体维护中应承担的责任。这是广义的环境责任。环境责任包含以下四个方面的内容。

一是污染者付费。污染者付费是指对环境造成污染的单位或个人必须按照法律的规定，采取有效措施对污染源和被污染的环境进行治理，并赔偿或补偿因此造成的损失。

二是开发者保护。开发者保护是指对环境将进行开发利用的单位或个人，有责任对环境资源进行保护、恢复和整治。

三是利用者补偿。利用者补偿也称谁利用谁补偿，是指开发利用环境资源的单位或个人应当按照国家的有关规定承担经济补偿责任。

四是破坏者恢复。破坏者恢复也称谁破坏谁恢复，是指造成生态环境和自然环境破坏的单位和个人必须承担将受到破坏的环境资源予以恢复和整治的法律责任。

狭义的环境责任，是从法律角度定义的环境法律责任。环境法律责任是指环境法主体因违反其法律义务而应当依法承担的，具有强制性、否定性法律后果的责任。按其性质可以分为环境行政责任、环境民事责任和环境刑事责任三种。

环境行政责任，是指违反了环境保护法，实施破坏或者污染环境的单位或者个人所应承担的行政方面的法律责任。环境行政责任的主体可以是行政相对人，也可以是环境行政主体。环境保护法主要规定了环境行政相对人的环境行政责任。

环境民事责任，是指单位或者个人因污染危害环境而侵害了公共财产或者他人的人身、财产所应承担的民事方面的责任。

环境刑事责任是指行为人故意或过失实施了严重危害环境的行为，并造成了人身伤亡或公私财产的严重损失，已经构成犯罪要承担刑事制裁的法律责任。

由于环境责任保险中应承担的民事损害赔偿责任主要是环境民事责任，因此仅阐述环境民事责任的内容。

二、环境民事责任的法律依据

在我国，环境民事责任的主要法律依据分散于《中华人民共和国民法典》[①]《中华人民共和国环境保护法》《中华人民共和国水污染防治法》《中华人民共和国大气污染防治法》等法律规定之中。此外，《最高人民法院关于审理环境侵权责任纠纷案件适用法律若干问题的解释》（2015）等规定也与之密切相关。

2020 年 5 月颁布的《中华人民共和国民法典》第七章环境污染和生态破坏责任对环境民事责任做了直接规定“因污染环境、破坏生态造成他人损害的，侵权人应当承担侵权责任”（第一千二百二十九条）。第一千二百三十五条规定：“违反国家规定造成生态环境损

① 2020 年 5 月 28 日，十三届全国人大三次会议表决通过了《中华人民共和国民法典》，自 2021 年 1 月 1 日起施行，现行《婚姻法》《继承法》《民法通则》《收养法》《担保法》《合同法》《物权法》《侵权责任法》《民法总则》同时废止。

害的，国家规定的机关或者法律规定的组织有权请求侵权人赔偿下列损失和费用：（一）生态环境修复期间服务功能丧失导致的损失；（二）生态环境功能永久性损害造成的损失；（三）生态环境损害调查、鉴定评估等费用；（四）清除污染、修复生态环境费用；（五）防止损害的发生和扩大所支出的合理费用。”第一千二百三十条规定：“因污染环境、破坏生态发生纠纷，行为人应当就法律规定的不承担责任或者减轻责任的情形及其行为与损害之间不存在因果关系承担举证责任。”第一千二百三十一条规定：“两个以上侵权人污染环境、破坏生态的，承担责任的大小，根据污染物的种类、浓度、排放量，破坏生态的方式、范围、程度，以及行为对损害后果所起的作用等因素确定。”第一千二百三十三条规定：“因第三人的过错污染环境、破坏生态的，被侵权人可以向侵权人请求赔偿，也可以向第三人请求赔偿。侵权人赔偿后，有权向第三人追偿。”这些规定对环境民事责任制度的建立产生深远影响。

《中华人民共和国民法典》第八章高度危险责任规定：“从事高度危险作业造成他人损害的，应当承担侵权责任（第一千二百三十六条）。”“占有或者使用易燃、易爆、剧毒、高放射性、强腐蚀性等高度危险物造成他人损害的，占有人或者使用人应当承担侵权责任。但是，能够证明损害是因受害人故意或者不可抗力造成的，不承担责任。被侵权人对损害的发生有重大过失的，可以减轻占有人或者使用人的责任”（第一千二百三十九条）。“从事高空、高压、地下挖掘活动或者使用高速轨道运输工具造成他人损害的，经营者应当承担侵权责任；但是，能够证明损害是因受害人故意或者不可抗力造成的，不承担责任。被侵权人对损害的发生有重大过失的，可以减轻经营者的责任”（第一千二百四十条）。

《中华人民共和国环境保护法》（2014 年修订）第六十四条规定：“因污染环境和破坏生态造成损害的，应当依照《中华人民共和国侵权责任法》（其内容已并入《民法典》中）的有关规定承担侵权责任。”《中华人民共和国水污染防治法》（2017 年修订）第九十六条第一款规定：“因水污染受到损害的当事人，有权要求排污方排除危害和赔偿损失。”《中华人民共和国海洋环境保护法》（2017 年修订）第八十九条规定：“造成海洋环境污染损害的责任者，应当排除危害，并赔偿损失；完全由于第三者的故意或者过失，造成海洋环境污染损害的，由第三者排除危害，并承担赔偿责任。对破坏海洋生态、海洋水产资源、海洋保护区，给国家造成重大损失的，由依照本法规定行使海洋环境监督管理权的部门代表国家对责任者提出损害赔偿要求。”

《最高人民法院关于审理环境侵权责任纠纷案件适用法律若干问题的解释》（2015）第一条规定：“因污染环境造成损害，不论污染者有无过错，污染者应当承担侵权责任。污染者以排污符合国家或者地方污染物排放标准为由主张不承担责任的，人民法院不予支持。污染者不承担责任或者减轻责任的情形，适用海洋环境保护法、水污染防治法、大气污染防治法等环境保护单行法的规定；相关环境保护单行法没有规定的，适用侵权责任法的规定。”这表明环境污染侵权责任的判定不以过错为原则。

三、环境民事责任的构成要件与免责情形

（一）环境民事责任的构成要件

传统民事侵权责任构成要件包括四个方面：主观上具有过错；行为具有违法性；发生损害结果；违法行为与损害结果之间具有因果关系。但是环境民事责任作为特殊侵权责任，在其构成要件上有所不同。

违反环境保护法规的民事责任，是特殊侵权责任的一种，其构成要件在一般民事侵权责任的基础上，已有重要发展和变化，主要表现为：

（1）在行为人主观方面，不以过错为原则，而实行无过错责任。如上述《最高人民法院关于审理环境侵权责任纠纷案件适用法律若干问题的解释》第一条第一款的规定。

（2）在行为方面，不以违法性为必要前提，而更加注重损害事实的客观性，有些合法行为（如排放污染物没有超过标准但造成损害）也要承担民事责任。如《最高人民法院关于审理环境侵权责任纠纷案件适用法律若干问题的解释》第一条第二款规定。

在因果关系的认定和举证责任的承担方面，放松了传统法律规定的要求，在国外和我国地方性环境立法中已经开始实行因果关系的推定和举证责任的转移。如我国《最高人民法院关于审理环境侵权责任纠纷案件适用法律若干问题的解释》第六条规定：“被侵权人根据侵权责任法第六十五条规定请求赔偿的，应当提供证明以下事实的证据材料：（1）污染者排放了污染物；（2）被侵权人的损害；（3）污染者排放的污染物或者其次生污染物与损害之间具有关联性。”第七条规定：“污染者举证证明下列情形之一的，人民法院应当认定其污染行为与损害之间不存在因果关系：（1）排放的污染物没有造成该损害可能的；（2）排放的可造成该损害的污染物未到达该损害发生地的；（3）该损害于排放污染物之前已发生的；（4）其他可以认定污染行为与损害之间不存在因果关系的情形。”

主观上的过错和行为的违法性不是环境民事责任的构成要件。首

先，关于过错，我国民法通则、环境保护法及相关法律都没有把故意或过失作为环境损害赔偿的要件。环境民事责任实行无过错责任的原因在于环境侵害行为本身创造社会财富有一定的正当性，追究其过错几乎不可能；另外，由排污者从营利中赔偿受害人的损失，符合公平原则。其次，关于行为的违法性，行为人即使达标排污，只要从事排污并发生了危害后果的，也要承担民事责任。行为人不得以达标排放作为免除其民事责任的抗辩理由。

环境民事责任的构成要件包括：（1）实施了环境致害行为；（2）发生了环境损害结果；（3）环境致害行为与环境损害结果之间具有因果关系。

（二）环境民事责任的免责情形

《中华人民共和国环境保护法》规定，即使具备环境民事责任构成要件，在三种情形下也免予承担环境民事责任。这三种情形分别是：

（1）由不可抗力造成并且行为人及时采取合理措施。环境保护法规定：完全由于不可抗拒的自然灾害，并经及时采取合理措施，仍然不能避免造成环境污染损害的，免予承担责任。

（2）受害者自我致害。污染损失由受害者自身的责任所引起的，排污单位不承担责任。

（3）第三者过错。污染损失由第三者责任所引起的，第三者应当承担责任。

四、环境民事责任的形式

根据《中华人民共和国环境保护法》（2014 年修订）规定，污染环境和破坏生态造成损害的，要求按照《中华人民共和国侵权法》即现时的《中华人民共和国民法典》承担侵权责任。在《中华人民共和国民法典》中规定的承担侵权责任的形式有污染环境破坏生态的惩罚性赔偿、因第三人过错的赔偿、生态环境修复责任、赔偿相关生态环境损害的损失和费用等。此外，《中华人民共和国民法典》对侵权行为还规定了其他侵权责任承担方式，如侵权行为危及他人人身、财产安全的，被侵权人有权请求侵权人承担停止侵害、排除妨碍、消除危险等侵权责任（第一千一百六十七条）。停止侵害、排除妨碍、消除危险、恢复原状等（《中华人民共和国民法典》第一百七十九条）承担民事责任的方式也适用于环境民事责任。

赔偿损失是环境民事责任形式中应用最广泛的一种责任形式。赔偿损失的范围，既包括财产损害赔偿，也包括对人身损害引起的财产损失赔偿；既包括直接损失，也包括间接损失。

排除危害也是环境民事责任形式中经常使用的形式。赔偿损失是事后补救，排除危害则是针对环境侵害的特点所采用的典型的预防性民事责任形式。排除危害既包括对实际发生的污染危害的排除，也包括对可能发生但尚未发生的污染危害的排除。

第二节 环境责任保险概述

一、环境责任保险的含义

环境责任保险又称绿色保险，是以被保险人因玷污或污染水、土地或空气等环境依法应承担的民事损害赔偿责任为保险标的的一种责任保险。美国的环境责任保险称为污染法律责任保险（pollution legal liability insurance），英国则称其为环境损害责任保险（environmental impairment liability insurance）。其中，以环境污染责任保险最具代表性。

环境污染已经直接影响到我国人们的生活与身体健康，与环境污染有关的疾病在许多地区出现。面对愈发严重的环境污染，我国正逐步建立起环境污染责任保险制度，旨在发挥环境责任保险在分散风险、保护受害者利益、为环境侵权人提供风险监控等方面的社会管理功能，为我国环境保护提供服务。

二、环境责任保险的特征

环境责任保险除具有一般责任保险的特征外，还存在着其他不同的特征。

（一）环境责任保险的承保技术要求高、赔偿责任大

由于每一个企业的生产地点、生产流程各不相同，经营环节、技术水平各有特点，对环境造成污染的可能性和污染的危害性都不同。这就要求保险公司在承保时有专门通晓环保技术和知识的工作人员对每一个标的进行实地调查和评估，单独确定其保险费率，成本较高。而且随着社会进步、科学发展和技术的进步，环境侵权事故的影响程度与范围呈现动态变化趋势，也导致了环境风险测量的复杂性，评估难度大，承保技术要求高。

环境问题具有高度科技性、复杂性、损害程度深刻性以及范围的

广阔性等特点。一次污染事故的发生，可能造成很多人身伤亡和财产损失，加上相关的罚款和清理费用，保险人可能承担巨额的赔偿金额。因此，为降低保险公司所面临的风险，在设计保单时，保险公司一般要确定其承担的责任限额，有时也会要求被保险人共同承担赔偿金。

（二）环境责任保险具有第三者责任保险和自保险的性质

污染破坏环境产生的影响具有综合性和牵连性，传统的第三者责任险的赔偿范围远远不能适应环境损害赔偿和环境保护的需要。如果被保险人的自有场地受到污染破坏而无能力抢救治理，相邻地区的人乃至整个人类将会受到牵连。因此，投保人的自有场地因自然灾害、意外事故受到污染侵害产生的抢救费用和治理责任应当作为环境责任保险的保险标的。可见，环境责任保险的保险范围比一般责任保险大，环境责任保险不仅具有第三者责任保险的性质，也具有自保险的性质。投保人基于自有场地得到的保险赔偿必须是由于外来原因（自然灾害和意外事故）所造成的损失，对于由于投保人的原因（故意或过失或无过失）所致的损失，保险公司通常不予赔偿。

（三）环境侵权对象包括财产权、人身权和环境权

环境污染事故往往造成受害者的人身伤亡和财产损失，即受害者的人身权和财产权受到侵害。但是仅从这两方面考虑具有一定的局限性。环境污染事故还会造成环境功能的损害和资源无法有效利用，许多重要的环境要素像空气、阳光、水等并非传统意义上的个人财产，不能成为所有权的客体，无法以财产权作为对其救济的根据。为增强人们的环境权利意识和法制观念，有效保护受害者的合法权益，提高企业的环保责任感，实践中把环境权与财产权、人身权并列作为环境侵权的对象。

（四）保险人承担的保险赔偿责任是一种民事责任

环境责任保险只调整平等主体之间的私权关系，属于民事责任的范畴。环境责任保险中保险人与被保险人之间的权利义务由保险合同规定，保险人的保险赔偿是基于环境责任保险合同约定的经济赔偿责任。行政责任与刑事责任强调的是投保人对国家承担的惩罚性责任，不在环境责任保险承保范围内。

（五）环境责任保险合同遵循因果关系推定原则

环境责任保险合同在侵权因果关系的认定上，遵循因果关系推定原则。因果关系推定原则是举证责任倒置的一种证明方法。在环境责

任保险中，由于环境污染事故具有潜伏性、累积性、长期性、技术性等特点，侵权行为与损害结果的因果链相当复杂而不易确定。根据该原则，只要求环境污染受害者在相当程度上举证，即只要证明“如无该行为，就不会发生此结果”的某种程度上的盖然性（或然性）即可推定因果关系的存在。除非保险人或被保险人能举出反证来证明因果关系不存在，否则就不能免除其赔偿责任。

（六）环境责任保险的承保方式多为期内索赔式

相比其他责任保险，环境责任保险的长尾风险较为严重。一般而言，环境损害的后果虽有立即显现性，如突发性的环境污染事件，但最常见的仍是累积性的环境侵害。环境侵害的累积性是由于环境因子的自然作用需要一个累积、迁移、转化的过程。在该过程中，从何时起确认侵权责任往往难以判断，而且环境侵害具有连续性，若采取期内发生式，被保险人的理赔要求可能发生在保单失效后的若干年甚至数十年后，这给保险人的经营造成很大风险。保险人为控制其经营风险，普遍采取期内索赔式承保环境责任保险。

三、环境责任保险的发展状况

（一）国外环境责任保险的发展状况

20 世纪 60 年代以前，环境风险并不突出，环境责任案件较少，因此环境责任保险起步较晚。20 世纪 60 年代以后，特别是进入 70 年代以来，环保浪潮席卷西方工业发达国家。各国的环保法案纷纷出台，对环境污染行为进行严厉处罚，旨在遏制日益严重的工业污染。

随着环境污染事故的频繁发生和公众环境权利意识的不断增强，污染企业面临的破产倒闭风险不断增大，迫切需要转嫁环境责任风险，环境责任保险由此出现。最初的环境责任保险由综合普通责任保险（CGL）发展而来。CGL 保单由两个附加的污染责任保险条款，一种是指定地点污染责任条款，其承保责任包括：污染事件所引起的身体伤害和财产损失；清除被保险人处所内污染所产生的费用。该保险在索赔基础上承保，且仅适用于发生在追溯日期之后的污染事故。指定污染责任保单的除外责任有十项。另一种是指定地点有限污染责任条款，该条款仅承保污染事故所引起的身体伤害和财产损失责任，不承保污染清理费用。除此之外，该条款内容与上一条款类似①。到

① 所罗门·许布纳，小肯尼·思布莱克，伯纳德·韦布著，陈欣等译．财产和责任保险（第 4 版）［M］．北京：中国人民大学出版社，2002：417.

1973 年，几乎所有的 CGL 保单都将故意造成的环境污染和逐渐性的环境污染引起的环境责任排除在保险责任之外。在这样的背景下，环境责任保险迅速发展起来。

英国 1965 年的核装置法要求核装置安装者负责最低 500 万英镑的责任保险。在 1970 年规定，对实验型飞机造成的声震必须给予赔偿，并在此基础上开办了声震环境责任保险。1969 年《国际油污损害民事责任公约》第七条第一款规定在缔约国登记的载运 2 000 吨以上散装货油的船舶所有人必须购买保险或取得其他财务保证，这项规定促进了国际油污损害环境保险的发展。1988 年美国成立了专门的环境保护保险公司，并于同年 7 月售出了第一张污染责任保险保单，承保范围包括被保险人渐发的、突发的、意外的污染事故和第三者责任及其清理费用等，责任限额最高为 100 万美元。1991 年，德国将环境损害责任保险定为强制性保险，要求所有工商企业都要投保。20 世纪 90 年代初，意大利的 76 家保险公司组成联合承保集团，开始承担环境责任保险。其他国家如丹麦、法国等也以强制保险的形式开办了环境责任保险。环境责任保险在西方国家快速发展，不但在分散排污企业环境风险、保护第三人环境利益和减少政府环境压力等方面发挥了独特的作用，还强化了保险公司对企业保护环境、预防环境损害的监督管理。

专栏 15 -1

绿色保险，国外是怎么做的？（美国篇）

绿色保险是管理生态环境风险的市场手段，环境污染责任保险最具代表性。环境污染责任保险指的是企业发生污染事故对第三者造成的损害依法应承担的赔偿责任为标的的保险。

国际上对绿色保险的模式选择主要可以分为三种：以强制环境责任险为主；强制责任保险与财务保证或担保制度相结合；以任意环境责任保险为主，强制责任保险为辅。

美国以强制环境责任保险为主，绿色保险实践经验丰富。

美国虽然没有对环境责任保险制度的专门立法，但其环境政策十分重视成本效益分析和经济的合理性，在政府的干预下，广泛采用了各种经济刺激手段，也包括环境责任保险。

美国的环境责任保险制度发展主要可以分为三个阶段：（1）1966 年之前，环境责任由一般的公众责任保险单来承担，并且此时公众责任保险单承担的仅指突发的或者偶然的环境责任。（2）1966～1973 年，环境污染危害日益突出，公众责任保险单在承担突发性环境责任的同时，开始承担持续性环境污染导致的环境责任。(3) 1973 年之后，公众责任保险单将故意造成的污染以及持续性污染导致的环境责任列入除外责任，保险人只接受突发性以及偶然性的环境责任。然而在大量相关诉讼中关于“突发性和偶然性”的定义出现了纷争，部分法院认为即使是渐进性污染，但是如果其发生是无意识且不能预料的，那么也属于突发性和偶然性范畴。

尤其到20世纪70年代末期，由于当时环境问题日益突出，大部分法院开始站在不利于保险人的立场，保险人不得不承担巨大的环境损害赔偿。于是，保险人将环境责任保险从公众责任保险中独立出来，成为独立的新保险种类，企业想要分散环境风险，则必须独立购买环境责任保险。此后，美国于1988年成立了专门的环境保护保险公司，同年，该公司开出了第一张环境责任保险单，该保险单的承保范围包括了被保险人突发的污染事故，同时也包括了持续性的污染事故，其责任限额最高额为100万美元。随后，在1989年，美国保险服务业在综合一般责任保险单中加贴“有限污染责任扩展批单”，将污染责任扩展到被保险人的工作场所或操作过程之中。此外，“污染责任保险”和“有限污染责任保险”作为独立的责任保险单，在保险市场上可供被保险人选择投保。

经过半个世纪的发展，美国保险市场上与环境保险有关的保险涉及产品责任（product liability）保险、综合一般责任（comprehensive general liability，CGL）保险以及取代它的商业一般责任（commercial general liability）保险和专业环境损害责任（environmental impairment liability，EIL）保险。EIL保险因为有更高的责任风险，通常是索赔型保单，排除了故意破坏法律的情形，包含追溯限制条款。因为EIL保险所包含的除外责任和高费用，最初并未吸引美国市场，但是在EIL保险承保费用和保险费稳定并且保险险种拓宽后，这种保单开始变得很受欢迎。巩固环境规则刺激了人们对EIL保险险种的需求，一些保险人也感到有足够的自信在环境保险市场成熟的时候以事故型承保一些保单。除了EIL保险，超过20种责任保险产品相继呈现，对订约人、运输者和其他类型的经营人提供保险。

从美国的环境责任保险相关立法来看，其环境责任保险制度以强制责任保险为原则，针对有毒物质和废弃物的处理、处置可能引发的损害赔偿责任实行强制保险制度。1976年《资源保全与恢复法》（resource conservation and recovery act，RCRA）授权国家环保署（environmental protection agency，EPA）署长对毒性废弃物的处理、储存或处置制定管制标准，其中包括必要或可期待的财务责任。环保署署长在其依法发布的行政命令中，要求业主就日后对第三人的损害赔偿责任（包括对人身和财产的损害）、关闭估算费用以及关闭后30年内所可能引发的监测与维护费用必须进行投保，投保的额度因突发性事故或非突发性事故而有区别：设施所有人或营运人必须就每次突发性事故投保100万美元，每年至少投保200万美元；同时必须就每一非突发性事故投保300万美元每年至少投保600万美元。上述规定自1980年起对年营业额在100万美元以上者才适用。

美国的环境强制责任保险特点如下：

第一个特点是美国的强制责任保险所涵盖的风险期间往往较长，通常将生产、存放有毒、有害物质的设施关闭以后若干年的时间也纳入其中。比如美国环保署根据美国1965年《固体废物处置法》（solid waste disposal act）第3004（t）条的“财政责任条款”中就保险事项制定条例的授权，对“危险废物”的污染责任保险做了相关的规定—建立了关闭保险（closure insurance）和关闭后保险（post-closure insurance），后者将保险期间延长到该设施关闭之后的30年期间。

第二个特点在于在环境责任保险中逐渐取消原有保险单中的“日落条款”(sunset clause)规定。而索赔型环境责任保险中则没有“日落条款”的规定。因此，现代美国的环境责任保险已逐步发展成为索赔型环境责任保险，将整个保单的有效期限内发生的环境索赔事件纳入环境责任保险承保时限内。

第三个特点在于司法实务中法院对于保险公司的除外责任普遍采用严格解释。

第四个特点是美国式的专门政策性公办保险机构。美国在1982年成立了污染责任保险承保联合体——污染责任保险协会，1988年又成立了一个专门应对污染风险而承保危险的新保险集团——环境保护保险公司。从性质上看，其是由政府出资设立并受政府实际控制与监督，因此在运营中具有公办特征，不以盈利为目的。

第五个特点在于根据《综合环境反应、赔偿和责任法》成立了The Hazardous Substance Response Trust Fund基金（即超级基金），其主要解决的是被弃或者无人照管废物丢弃场所的废物问题，遵循的处理原则是谁污染谁负担。对于属于超级基金清理范围的垃圾场，首先确定潜在责任人并由这些人或者组织承担清理费用，直至依法确定了真正的责任人。该规定扩展了承担环境责任的主体，从而促使企业加大对环境责任保险的需求。

第六个特点是美国的《综合环境反应、赔偿和责任法》制定了追溯责任、无过错责任和连带责任的理论原则，用以在最大程度保障受害者能够获得赔偿的同时，促使企业、银行等各方利益相关者必须提高对环境风险的重视。

第七个特点是保险公司的突出作用得以体现，保险公司以低廉保费促使企业积极降低污染程度，并且通过环境专家对保险公司的风险预防与控制来使保险公司避免环境风险、监控企业活动，真正实现双赢的局面。

资料来源：蓝虹、穆康德，中国银行保险报网，2020-02-06.

（二）我国环境责任保险的发展状况

我国环境责任保险的发展较西方国家较晚，发展也较缓慢。我国的环境责任保险始于20世纪80年代以后，该险种产生之初是为了履行相关国际公约。我国于1980年加入《国际油污损害民事责任公约》，该公约明确规定了油污损害强制保险制度，并就油污损害强制保险制度的适用范围、责任主体、责任限额、时效、民事赔偿责任和免责事项、管辖权以及判决的承认和执行等事项作出了详细规定。为与该公约的对接，1982年的《中华人民共和国海洋环境保护法》第二十八条第二款规定，“载运200吨以上的散装货油的船舶，应当持有有效的《油污损害民事责任保险》或其他财务保证证书，或《油污损害民事责任信用证书》，或提供其他财务信用保证。”1999年修订的《中华人民共和国海洋环境保护法》第六条进一步规定：“国家完善并实施船舶油污损害民事赔偿责任制度，按照船舶油污损害赔偿责任由船东和货主共同承担风险的原则，建立船舶油污保险、油污损害赔偿基金制度，其具体办法由国务院规定。”

1991年，人保财险和环保部门在大连试点，联合推出了我国第一张环境污染责任保险单。但除了为履行国际公约而承保的油污损失责任外，我国环境责任保险的发展比较缓慢。随着工业的高速发展和环境问题的日益突出，环境责任保险又在21世纪初重新成为各界关注的热点，一系列政策措施相继出台，推动了环境责任保险制度的建立。2006年国务院在《国务院关于保险业改革发展的若干意见》中强调要“采取市场运作、政府引导、政府推动、立法强制等方式，发展……环境污染责任等保险业务”。2007年，国务院又在《国务院关于印发国家环境保护“十一五”规划的通知》中提出“探索建立环境责任保险和环境风险投资”。同年，国家环境保护总局和保监会联合发布了《关于环境污染责任保险工作的指导意见》，绘出了我国环境责任保险的路线图，即“十一五”期间，初步建立符合我国国情的环境污染责任保险制度，到2015年，环境污染责任保险制度相对完善，并在全国范围内推广。2008年，江苏、湖北、湖南、重庆、深圳等地积极地展开了环境污染责任保险的试点。2011年，《国务院关于加强环境保护重点工作的意见》首次提出“健全环境污染责任保险制度，开展环境污染强制责任保试点”，同年保监会发布的《中国保监会关于保险业参与加强和创新社会管理的指导意见》和2013年环境保护部和保监会联合发布的《关于开展环境污染强制责任保险试点工作的指导意见》明确了环境污染强制责任保险的试点企业范围为包括涉重金属企业、按地方有关规定已被纳入投保范围的企业和其他高环境风险企业。2014年修订的新《中华人民共和国环境保护法》第五十二条规定“国家鼓励投保环境污染责任保险”，正式将环境责任保险制度写入法律。

2015年5月，国务院在《关于加快推进生态文明建设的意见》中，提出深化环境污染责任保险试点。2015年9月，国务院出台《生态文明体制改革总体方案》（第四十五条），2016年8月，中国人民银行、财政部等七部委联合发布《关于构建绿色金融体系的指导意见》（第二十二条），均明确要求“在环境高风险领域建立环境污染强制责任保险制度”。2018年5月，国家生态环境部审议并原则通过《环境污染强制责任保险管理办法（草案）》，对前期试点实践进行总结，进一步规范和健全环境污染强制责任保险制度。2018年6月24日国务院公布的《中共中央国务院关于全面加强生态环境保护坚决打好污染防治攻坚战的意见》也明确提出，“推动环境污染责任保险发展，在环境高风险领域建立环境污染强制责任保险制度”。

在国家各项政策的不断推动下，从自愿投保到自愿与强制投保相结合，环境污染强制责任保险制度也在各地推广实施，我国环境污染责任保险的发展进入了一个新的阶段。从最近几年的实施情况来看，2014年，全国22个省份共有超过5 000家企业投保环境污染责任保险，而到2015年12月，仅剩4 000多家企业投保，其中大量企业没有续保意向。2015年，共签订环境污染责任保险保单1.4万单，签单保费达2.8亿元，提供风险保障244.21亿元。2016年，环境污染责任保险保费收入2.84亿元，投保企业1.44万家，保险公司承担风险责任263.73亿元，累计为涉及污染责任的相关企业提供超过1 300亿元的风险保障。2017年，环境污染责任保险为1.6万余家企业提供风险保障306亿元[①]。

随着我国经济建设的快速发展和工业化进程的不断推进，生态环境污染问题日益严重，我国已经进入环境污染事故高发期，出现了生态环境保护滞后于经济发展的问题。因此，全方位推进经济建设与生态环境的协调发展，推进生态文明建设，已成为当前经济高质量发展迫切需要解决的关键问题。十九大报告中指出要“构建政府为主导、企业为主体、社会组织和公众共同参与的环境治理体系”，环境污染责任保险制度作为环境污染治理体系的组成部分，必将对加强我国生态文明建设、提高生态环境领域的治理体系和治理能力发挥重要作用。

第三节 环境责任保险合同的主要内容

根据国内外经营实践，环境责任保险有环境污染责任保险、油污责任保险、渗漏污染保险、核责任保险等几类。由于环境污染责任保险是我国最具典型性的环境责任保险，因此以环境污染责任保险合同为例，说明环境责任保险合同的主要内容。

一、环境污染责任保险的投保人或被保险人

通常，凡是依法设立的企事业单位、社会团体及其他组织，都可作为环境污染责任保险的被保险人。如“凡依法成立、依法经营的法人单位，均可作为本保险合同的被保险人。[②]”或者“凡在中华人民共和国境内依法设立的各类企业，均可作为本保险合同的被保险人。[③]”这表明对于环境污染责任保险的被保险人的条件比较宽松。也有的保险公司严格要求“凡依法成立并符合国家环评标准、其场

---

① 周延礼．绿色保险守护绿水青山［EB/OL］．中国银行保险报网，http：//xw.sinoins.com/2019-12/25/content_320195.htm.2019-12-25.

② 中国保险行业协会．中华联合财产保险股份有限公司环境污染责任保险条款［EB/OL］.http：//www.iachina.cn/col/col7069/index.html.

③ 中国保险行业协会．中国大地财产保险股份有限公司环境污染责任保险（期内索赔制）条款［EB/OL］.http：//www.iachina.cn/col/col5350/.

所及设备经有关环境保护管理部门验收合格的企事业单位、社会团体，均可作为本保险合同的被保险人。[①]”表明当前各家保险公司对环境污染责任保险保障对象的条件存在不同。

二、环境污染责任保险的保险责任与除外责任

（一）环境污染责任保险的保险责任

环境污染责任保险保障范围一般由以下三部分组成：

1. 第三者责任

在保险期间或保险合同载明的追溯期内，被保险人在保险单列明的保险地内依法从事生产经营活动时，由于突发意外事故导致有毒有害物质释放、散布、量漏、溢出或逸出，造成本保险合同列明的承保区域内的第三者遭受人身伤亡或直接财产损失，经国家县级以上（含县级）人民政府环境保护管理部门或具有相关资质的鉴定机构认定为突发意外环境污染事故，由第三者在保险期间内首次向被保险提出损害赔偿请求，依照中华人民共和国法律（不包括港澳台地区法律）应由被保险人承担的经济赔偿责任，保险人按照本保险合同的约定负责赔偿。

2. 清污费用

被保险人因发生保险事故而对承保区域内非自有场地的支出的合理、必要的清污费用。

3. 法律费用

保险事故发生后，被保险人因保险事故而被提起仲裁或者诉讼的，对应由被保险人支付的仲裁或诉讼费用以及事先经被保险人书面同意支付的其他必要、合理的费用，保险人按照本保险合同约定也负责赔偿。

（二）环境污染责任保险的除外责任

环境污染责任保险的除外责任一般包含三部分内容：

1. 原因除外责任

（1）投保人、被保险人或其工作人员的故意行为、犯罪行为或重大过失行为；

（2）战争、敌对行动、军事行为、武装冲突、罢工、骚乱、暴动、恐怖活动、盗窃、抢劫；

---

① 亚太财产保险有限公司环境污染责任保险条款（2017 年版）[EB/OL]. https：//www. apiins. com/maechannel/product/details. do? id = 28141&rn = null.

（3）核反应、核子辐射、电磁辐射、核污染及其他放射性污染和光电、噪声微生物质污染；

（4）硅、石棉、转基因物质及其制品引起的索赔；

（5）行政行为或司法行为；

（6）自然灾害；

（7）因交通工具导致的任何索赔；

（8）因酸雨导致的任何索赔；

（9）被保险人生产流程本身固有原因导致的污水、废气等污染物排放造成的累进式、渐变式污染。

2. 损失除外责任

（1）被保险人或其工作人员的任何损失或赔偿责任；

（2）水体、大气、土壤等自然资源的损失以及其他生态损害；

（3）由于石油、天然气勘探、开采所造成的任何损失、费用、责任；

（4）由于船舶上的油或其他有害物质的排放或泄漏，或由于存在这种威胁而导致的任何损失、费用、责任；

（5）保险单列明的追溯日期之前发生的污染事故引起的损失、费用和责任；

（6）由于被保险人所生产或销售的产品自身原因导致保险地址之外发生的任何污染损失、费用和责任；

（7）被保险人应该承担的合同责任，但无合同存在时仍然应由被保险人承担的法律责任不在此限；

（8）因环境污染间接受损的第三者的人身伤亡和财产损失；

（9）罚款、罚金、惩罚性赔偿；

（10）精神损害赔偿；

（11）本保险合同中载明的免赔额或者按本保险合同中载明的免赔率计算的免赔额。

3. 保险事故发生时被保险人具有下列情形的，保险人不负责赔偿

（1）生产设备、生产装置、仓储等未依法批准建造，或擅自改变设施且未依法办理相应手续的；

（2）生产设备、装置、仓储或承保区域被转让、弃置、赠予或被查封，或不在被保险人控制范围内的。

三、环境污染责任保险的赔偿限额与赔偿处理

（一）赔偿限额

除投保人和保险人另有约定外，环境污染责任保险合同一般设置

每次事故第三者责任限额、每次事故清污费用责任限额、累计责任限额、每次事故法律费用责任限额和法律费用累计责任限额。除另有约定外，每次事故第三者责任限额项下设每次事故每人人身伤亡责任限额和每次事故每人财产损失责任限额，每次事故每人人身伤亡责任限额项下设每次事故每人医疗费用责任限额。以上各项责任限额由投保人和保险人协商确定，并在保险合同中载明。

（二）赔偿处理

保险人对于每次污染事故的赔偿金额，按照法院判决、政府机构裁定、仲裁裁决或索赔方与被保险人达成并经保险人同意的调解书、和解协议确定的应由被保险人偿付的金额，扣减绝对免赔额的方式计算，但不得超过保险单明细表中列明的每次事故责任限额。清理费用赔偿金额包括在每次事故责任限额内，但不得超过保险单明细表中列明的清理费用责任限额。

对于保险期间内的所有保险责任，保险人的总赔偿金额不得超过保险单明细表中列明的累计责任限额。在保险期间或扩展报告期内，保险人的总赔偿金额达到保险单明细表中列明的累计责任限额时，保险责任终止。

四、保险期间与追溯期

环境污染责任保险的保险期间一般为一年。保单上通常指出，除另有约定外，保险期间为一年，以保险单载明的起讫时间为准。如果续保，被保险人需重新向保险人提出保险申请。

由于大多采用期内索赔式的承保方式，环境污染责任保险合同条款中通常规定了追溯期。具体在保险合同条款中明确：追溯期是指自保险期间开始向前追溯约定的时间期间，投保人连续投保，追溯期可以连续计算，但最长不得超过三年。追溯期的起始日不应超过首张保险单的保险期间起始日。追溯期由保险合同双方约定，并在保险合同中载明。

五、环境污染责任保险的附加条款

环境污染责任保险常用的附加条款包含以下四种。

（一）附加盗窃抢劫责任保险条款

保险人承担在保险期间内，被保险人在保险单中列明的保险地址内，依法从事生产经营活动过程中，由于外来盗窃、抢劫引起的突发意外事故导致主险合同约定的突发意外环境污染事故，造成第三者人身伤亡或直接财产损失，由第三者在保险期间内首次向被保险人提出损害赔偿请求，依照中华人民共和国法律（不包括中国香港、澳门和台湾地区法律）应由被保险人承担的经济赔偿责任。

（二）附加精神损害赔偿责任保险条款

保险人承担在保险期间内，被保险人在保险单中列明的保险地址内，依法从事生产经营活动过程中，因主险或附加险条款列明的突发意外环境污染事故发生，使第三者遭受精神损害，在保险期间内由第三者首次向被保险人提出损害赔偿请求，经法院判决或调解或仲裁裁决应由被保险人承担的精神损害赔偿责任。

（三）附加自有场地清污费用保险条款

保险人承担在保险期间内，在保险单中列明的保险地址内，被保险人在依法从事生产经营活动过程中，因主险或附加险条款列明的突发意外环境污染事故发生导致保险地址被污染而需要清理的，对被保险人为清理保险地址而支出的合理、必要的清污费用。

（四）附加自然灾害责任保险条款

保险人承担在保险期间内，被保险人在保险单中列明的保险地址内，依法从事生产经营活动过程中，由于自然灾害导致主险合同约定的突发意外环境污染事故造成承保区域内第三者的人身伤亡或直接财产损失，并且由第三者在保险期间内首次向被保险人提出损害赔偿请求，依照中华人民共和国法律（不包括中国香港、澳门和台湾地区法律）应由被保险人承担的经济赔偿责任。

本章小结

1. 广义环境责任指的是根据人在环境中所处地位在对环境整体维护中应承担的责任。包含污染者付费、开发者保护、利用者补偿、破坏者恢复等四方面的内容。狭义的环境责任指的是环境法律责任，即环境法主体因违反其法律义务而应当依法承担的，具有强制性、否定性法律后果的责任。按其性质可以分为环境行政责任、环境民事责任和环境刑事责任三种。

2. 环境民事责任的法律依据分散于《中华人民共和国民法典》《中华人民共和国环境保护法》《中华人民共和国水污染防治法》《中华人民共和国大气污染防治法》等环境基本法与单行法之中。

3. 环境民事责任的构成要件包括：(1) 实施了致害行为；(2) 发生了损害结果；(3) 致害行为与损害结果之间具有因果关系。在由不可抗力造成并且行为人及时采取合理措施、受害者自我致害与第三者过错三种情形下也免予承担环境民事责任。

4. 赔偿损失是环境民事责任形式中应用最广泛的一种责任形式。赔偿损失的范围，既包括财产损害赔偿，也包括对人身损害引起的财产损失赔偿；既包括直接损失，也包括间接损失。排除危害也是环境民事责任形式中经常使用的形式。

5. 环境责任保险又称绿色保险，是以被保险人因玷污或污染水、土地或空气等环境依法应承担的民事损害赔偿责任为保险标的的一种责任保险。

6. 环境责任保险除具有一般责任保险的特征外，还存在着其他不同的特点。包含：环境责任保险的承保技术要求高、赔偿责任大；环境责任保险具有第三者责任保险和自保险的性质；环境侵权对象包括财产权、人身权和环境权；保险人承担的保险赔偿责任是一种民事责任；环境责任保险合同遵循因果关系推定原则；环境责任保险的承保方式多为期内索赔式。

7. 依法设立的企事业单位、社会团体及其他组织，都可作为环境污染责任保险的被保险人。环境污染责任保险保障范围一般由第三者责任、清污费用与法律费用三部分组成。环境污染责任保险的除外责任一般包含三部分内容：原因除外责任、损失除外责任、保险事故发生时被保险人具有其他保险人不负责赔偿的两种情形。环境污染责任保险一般设每次事故第三者责任限额、每次事故清污费用责任限额、累计责任限额、每次事故法律费用责任限额和法律费用累计责任限额。环境污染责任保险的保险期间一般为一年。通常规定了追溯期，最长不得超过三年。

8. 环境污染责任保险常用的附加条款包含四种：附加盗窃抢劫责任保险条款；附加精神损害赔偿责任保险条款；附加自有场地清污费用保险条款；附加自然灾害责任保险条款。

思考与练习

1. 什么是环境责任？广义环境责任包括哪些内容？
2. 环境民事责任的构成要件和形式是什么？
3. 规定环境污染法律责任的法律法规有哪些？
4. 环境污染责任保险的保险责任与除外责任是什么？
5. 试述我国环境污染责任保险的发展状况。

第十六章 信用与保证保险

本章提要

本章阐述了信用保险与保证保险的概念、特征及发展历程，分析了信用保险与保证保险之间的区别和联系。介绍了不同种类信用保险的功能，重点阐述出口信用保险的发展历程、责任范围、经营模式。保证保险主要包括履约保证保险、忠诚保证保险和产品保证保险。

学习目标

掌握信用保险与保证保险的概念、区别和联系。

理解信用保险的特征，熟悉国内信用保险和出口信用保险的特点和基本类型。

掌握保证保险的特色及风险控制措施，明确忠诚保证保险包含的具体险种及其业务流程。

第一节　信用与保证保险概述

信用与保证保险是随着商业信用的发展而产生的。信用与保证保险一方面反映市场经济的成熟程度；另一方面又维护以信用经济为主要特征之一的市场经济的正常秩序，促进一个国家的国内和国际贸易活动，起着重要的作用。

一、信用与保证保险的含义

信用与保证保险分为信用保险和保证保险两种。信用保险是指权利人向保险人投保义务人信用风险的保险。信用保险建立在信用关系或经济合同基础之上，它以权利人与义务人之间的信用风险为承保风险，以权利人的经济利益作为保险标的，当义务人未能如约履行债务清偿而使权利人遭受损失时，由保险人承担经济赔偿责任。保证保险是指保险人为被保证人向权利人提供信用担保的保险。当被保险人的行为或不行为致使权利人遭受经济损失时，由保险人对权利人承担赔偿责任。信用与保证保险就其性质而言是一种担保业务，它是以保险人作为保证人对权利人的一种担保。

信用与保证保险产生于美国，随后西欧各国和日本等发达国家也纷纷开办此业务。目前，国际上经营信用保证保险业务的除一般保险公司外，还有一些专门性的保险公司。

二、信用与保证保险的特点

信用保证保险因其保险标的是一种无形财产——经济利益，故也属于广义财产保险范畴，但是信用保证保险又是一类特殊的财产保险。其特点如下：

1. 信用保证保险承保的是一种信用风险

与一般财产保险不同，信用保证保险承保的是人的信用风险，而不是由于自然灾害和意外事故造成的风险损失。

2. 保险合同一般涉及三方关系人

一般保险合同在投保人与保险人之间确定保险关系，不涉及第三方。信用保证保险建立在信用经济关系与经济合同之上，其保险合同一般涉及三方关系人，即权利人、义务人和保险人（保险公司）。保险人充当保证人角色；权利人可以是也可以不是投保人，但其一定是被保险人；义务人即被保证人，可以是投保人。

3. 保险合同属于附属式合同

在信用保证保险中，权利人和义务人之间首先有贸易、借贷等经济合同——主合同，保险合同建立在主合同的基础之上，因此属附属合同。信用保证保险合同是保险人对义务人的作为或不作为造成权利人的损失承担附属性责任的书面承诺，这种承诺是在保险合同规定的履行条件已具备而被保证人不履行合同义务的条件下，保险人才能替被保证人对权利人履行赔偿责任。

4. 经营条件严格

信用保证保险必须由政府批准的保险人或专门经营信用保证业务的保险人办理，禁止一般保险人承保这项业务。例如，美国财政部每年公布一次被批准的信用保证保险人名单，并规定各公司承保的限额。我国的出口信用保险在 20 世纪 90 年代至 21 世纪初，由中国人民保险公司和中国进出口银行经营，2001 年底后，则交由新成立的中国出口信用保险公司专营。

5. 通过各种措施控制经营风险

信用保证保险承保的是信用风险，而信用风险是一种人为风险，其影响因素复杂，损失规律难循，所以要求保险公司采取各种措施控制经营风险。例如：在承保前对被保证人的资信情况进行严格的审查；在承保时要求被担保人提供反担保，以便在保险公司向权利人支付赔款后，能向被保证人追回赔款。

6. 保险费的性质

保证保险中保险人支付的赔款要由被保证人如数退还，因此从理论上讲，保险人并没有真正承担赔偿责任。保险人收取的保险费，实际上是一种手续费或服务费。但在信用保险中，保险人往往难以得到被保证人的反担保，只能事后向被保证人追偿，这就要求对被保证人的资信进行更严格的审查。

三、信用保险与保证保险的区别

信用保险与保证保险承保的都是信用风险，主要有以下三点不同。

1. 当事人不同

信用保险的被保险人是权利人，承保的是义务人的信用风险，除保险人外，信用保险涉及权利人和义务人两方。保证保险是义务人应权利人的要求投保自己的信用风险，义务人是被保证人，有保险公司出立保证书担保，保险公司实际上是保证人，保险公司为了减少风险往往要求义务人提供反担保，即除保险公司外，保证保险还涉及义务人、反担保人和权利人三方。

2. 承保手续不同

信用保险是签发保险单来承保的，其保险单同其他财产保险单并无大的差别，同样规定责任范围、免责范围、保险金额（责任限额）、保险费、损失赔偿、被保险人的权利义务等条款。而保证保险是通过出立保证书来承保的，该保证书同财产保险单有较大区别，其内容通常很简单，只规定担保事宜。

3. 保险人的风险不同

在信用保险中，被保险人交付保险费是为了把可能因义务人不履行义务而使自己受到损失的风险转嫁给保险人，保险人承担着实实在在的风险，必须把保险费的大部分或全部用于赔款，保险人赔偿后虽然可以向责任方追偿，但成功率很低。在保证保险中，义务人交付的保险费是为了获得向权利人保证履行义务的凭证，即保险人只出具保证书，履约的全部义务还是由义务人自己承担，从理论上讲，没有发生风险转移，而保险人收取的保险费则是凭借其信用资格而得到的一种服务费，风险或损失仍由义务人或反担保人承担，在二者都没有能力承担的情况下才由保险人代为履行义务。因此，经营保证保险对保险人来说，风险是相当小的。

四、信用与保证保险的风险控制

（一）展业中的风险控制

1. 对被保证人的资信严格审查后才能承保

在信用保险和保证保险中，保险人在“没有损失”这一概念基础上提供服务的，所收取的保险费实质上是一种手续费或服务费，当保险人提供担保服务时，往往要求被保证人向其提供反担保。但是，在向权利人提供信用保险的过程中，保险人就不能得到被保证人的反担保，只能在先行赔付权利人损失后再取代权利人向被保证人追偿，而是否能追偿回所赔偿的金额，要取决于被保证人的资信状况。因此，无论是权利人投保，还是被保证人投保，均须在严格审查被保证人资信的情况下才能确定是否承保。

对保证保险，保险人要审查承包商的信誉、财务报告、承包能力、与分包商的关系等情况，如果承包商的财务状况不够好，还可要求第三者向保险人提供担保。如果没有财务报告，也无第三者担保，保险人则要求被保证人提供抵押品。

2. 采取共保形式或规定免赔额，由被保险人自担部分风险

为了防止滥放款或赊销，保险人可要求被保险人必须自行承担部分风险。自行承担风险的方式有两种。一种方式为共保，即双方在约定共保的比例后，被保险人不得将自保部分向其他保险企业另行投保，而使自己避免承担责任。另一种方式是规定绝对免赔额，每项损失在免赔额以下的，由被保险人自行负责，超过部分才由保险人负责。如短期出口信用保险单规定，对商业风险的免赔率为10%，对政治风险的免赔率为5%～10%，免赔限额因买主的资信状况不同而有所区别，以此来增加被保险人的责任，促使被保险人减少保险事故的发生。

3. 准确分析国际政治经济形势，正确估价政治风险状况

对投资保险的承保，要了解东道国的政治风险状况，如有无战争、罢工、外汇管制或政府征用的风险等。对出口信用保险，要了解买方所在国的政治经济状况，有选择地承保，同时通过费率和免赔率来控制。

4. 对保证保险采取保全措施

一般而言，保险人承保被保证人自己信用的保险，通常采取下列

保全措施：要求投保人或被保证人事先提供实物抵押或现金保证。在保险单上明确规定，被保证人对保险人为其向权利人支付的任何补偿，有返还给保险人的义务，即保险人为被保证人支付权利人的任何赔偿后，有权利向被保证人追偿。

5. 明确保险人的有关责任

一方面，保险人要求被保险人以信用好或具有偿付能力的单位或个人为放款或赊销对象，如果被保险人在选择放款或赊销对象时有明显不谨慎的行为，并由此产生了损失，保险人可以不负责任。另一方面，保险人还会要求被保险人在发现被保证人有行为不轨的迹象时，停止让其经管钱财或对其放款、赊销，并及时报告保险人。

（二）保险期间的风险控制

1. 明确保险期间

信用保证保险的保险期间一般分为短期和长期两种，短期的保险期间一般为 180 天，到期可续保险，但最长不得超过 365 天。续保时，还应当另行约定相关条件。而对长期业务，保险期间为 3 年以上，最长为 20 年，可以通过控制保险期间而减少保险事故。

2. 规定赔偿等待期

对信用保险、保证保险索赔规定赔偿等待期是国际保险市场上的通常做法，其原因在于：一是保险标的风险已经发生，但出口商的货款或投资商的投资仍然有收回的可能性；二是为了使保险人有时间核实损失；三是有助于出口方或投资方采取一切必要的措施挽救或减少损失；四是有助于国家对拖欠违约有不同解释。根据不同的损失原因，索赔期限的规定有所不同。例如，在短期出口信用保险业务中，对于买方破产所致损失，在证实买方已被宣告破产后，即可索赔；对于买方拖欠贷款所致损失，赔偿日期要等付款期满 6 个月，方可赔偿；对于买方拒收货物并拒付货款所致损失，等待期为货物重新卖出或处理完毕后 1 个月；而对各种政治原因所致损失，需等造成损失的事件发生 4 个月之后才予以赔偿。当然，等待期的具体规定并不绝对，它会随着国际政治经济和交易环境的变化而不断变化。

经过审理可以确定被保险人已经投保的标的确实受到损失，这一损失的原因确实属于保险责任范围之内，而不属于除外责任，且保单规定的赔偿等待期已经到期，理赔人员即可编制理赔赔款计算书，报有关领导审定签字后赔付。在计算赔付时需注意：

（1）应扣除被保险人已经获得的补偿或已经丧失的权利，买方已付的款项，被保险人转卖货物或变卖抵押品所得的款项，被保险人因不必履约而节省的费用，被保险人与买方已商定的让价等。

（2）应按保单规定的赔偿百分比计算。在支付赔款时，还应要求被保险人签署权益转让书和追讨委托书，以利于赔付后的追偿。

3. 要求被保险人在保险期间如实履行保险合同规定的义务

这些义务包括：（1）在保险合同订立后，如情况发生变化，被保险人应及时报告保险人。（2）要求被保险人以信用较好或具有偿付能力的单位或个人为放款或赊销对象，如果被保险人在选择放款或赊销对象时有明显的不谨慎的行为，由此而产生的损失保险人可以不负责任。（3）被保险人发现被保证人有行为不轨的迹象，不宜继续让其经管钱财或对其放款赊销，并立即通知保险人。

此外，保险人还应随时追踪调查被保证人的信用安全状况，并及时采取相关对策。

（三）理赔中的风险控制

（1）要求被保险人发觉被保证人出现问题时，立即通知保险人，在短期内提出赔偿请求，并提供必要的账册和材料，以供查证。

（2）发生保险事故后，要求被保险人主动采取措施，深入追查，在各方面给予保险人有效的配合，因追查而支出的费用，由保险人负担。

（3）保险人在进行赔偿后可以以债权人（被保险人）的名义代位向被保证人或债务人进行追偿，也可以依法处分其财产或抵押物、质押物。

第二节　信用保险

信用保险是保险人根据权利人的要求担保被保证人信用的保险。它产生于19世纪中叶的欧美国家，当时称为商业信用保险，主要由一些私营保险公司承保，业务限于国内贸易。近二十年来，信用保险在世界各国均得到了不同程度的发展，许多国家的商业保险公司或专营保险公司都开办了信用保险业务，并促使这类业务随着国际贸易的迅速发展而成为有影响的国际性保险业务。

根据信用保险的业务内容，一般可将其分为国内信用保险、出口信用保险和投资保险三类。这三类又可进一步分为若干具体险种。

一、国内信用保险

国内信用保险，又称商业信用保险，是指在商业活动中，一方当事人为避免另一方当事人的信用风险，而作为权利人要求保险人将另一方当事人作为被保证人并承担由于被保证人的信用风险而使权利人遭受商业利益损失的信用保险。在国内信用保险中，投保人是卖方（同时也是权利人、被保险人），保险人承保的是买方（同时也是义务人、被保证人）的信用风险，负责赔偿被保险人在延迟或分期付款过程中由于买方拖延、逃避或无能力支付应该承担的付款义务而遭受的经济损失。

国内信用保险的种类主要包括商业信用保险、贷款信用保险和信用卡信用保险三种。

（一）商业信用保险

商业信用保险是指在商业活动中一方当事人为了避免另一方当事人的信用风险，而作为权利人要求保险人将另一方当事人作为被保证人并承担由于被保证人的信用风险而使权利人遭受商业利益损失的保险。商业信用保险承保的标的是被保证人的商业信用，这种商业信用的实际内容通过列明的方式在保险合同中予以明确，其保险金额根据当事人之间的商业合同的标的价值来确定。如果被保证人发生保险事故，保险人首先向权利人履行赔偿责任，同时自动取得向被保证人进行代位求偿的权利。同时，由于商业信用保险涉及各种形式的商业活动，商业信用保险也就可以针对各种不同的商业活动的需要进行业务设计，开发出为各种商业信用提供保险保障的商业保险业务。

（二）贷款信用保险

贷款信用保险是保险人对银行或其他金融机构与企业之间的借贷合同进行担保，以承保借款人信誉风险的保险。在贷款信用保险中，贷款方（即债权人）是投保人。当保单签发后，贷款方即成为被保险人。银行对贷出的款项具有全额可保利益。当企业无法归还贷款时，债权人可以从保险人那里获得补偿。贷款人在获得保险人补偿后，必须将债权转让给保险人，由保险人履行代位追偿权。贷款信用保险的目的是保证银行信贷资金的安全性。

贷款信用保险的承保金融应是银行贷出的全部款项，保险人在厘定保险费率时，应与银行利率相联系，并着重考虑下列因素：（1）企业的资信情况；（2）企业的经营管理水平与市场竞争力；（3）贷款项目的期限和用途；（4）不同的经济地区等。

（三）信用卡信用保险

信用卡保险是指以持卡人使用信用卡时由于恶意透支、信用卡遗失或被盗后被他人冒用、发行银行的员工利用信用卡贪污或挪用公款造成的损失为标的的保险。信用卡保险伴随着信用卡的广泛使用发展起来。虽然信用卡所具有的通用、便捷等特点极大地便利了购物和消费，但在其使用过程中潜在的信用风险却不可忽视。在我国，信用卡业务开展得比较晚，社会信用状况和制度仍有待完善，因此保险公司须开展信用卡保险业务来配合银行的信用卡业务。

信用卡保险主要包括信用卡信用保证险和信用卡意外责任险两种。在信用卡信用保证险中，银行的信用卡部为投保人和被保险人，保险人对因持卡人或其他原因给银行信用卡部造成无法追偿的经济损失给予赔偿；在信用卡意外责任险中，银行的信用卡部为投保人、持卡人为被保证人，保险人对于因信用卡丢失或被盗后在信用卡部规定的挂失生效期之前被他人冒用所造成的无法追偿的、本应由持卡人自负的经济损失给予赔偿。

我国信用卡保险的保险责任主要包括：（1）持卡人使用信用卡时由于恶意透支所造成的损失；（2）信用卡遗失或被盗后他人冒用所造成的损失；（3）被保险人的职工单独或与他人串通利用信用卡营私舞弊、贪污或挪用公款造成的损失。

信用卡保险单的有限期一般为一年，投保人在投保时须将当年的信用卡预计总交易额书面通知保险人，保险人据此确定一年内保险单的最高赔偿限额。当年预计总交易额是指所有使用被保险人签发的被保险信用卡于保险单有效期内换取现金、购买货物和获得服务的总发生额。如果一年内的损失超过保险单的最高赔偿限额，则超出部分由被保险人自行承担。

信用卡保险的保险费以信用卡当年的预计总交易额为基础预收。每年年初，保险人依据被保险人的预计总交易额测算保费，到第二年年初，保险人再根据被保险人的实际总交易额对预收保险费进行调整，多退少补。

二、出口信用保险

出口信用保险，是以出口贸易中的外国买方信用风险为保险对象，承保国内出口商在经营出口业务的过程中因进口商的商业风险或政治风险而遭受损失的一种信用保险业务。它是在国内信用保险的基础上发展起来的，目前已经成为信用保险中的一个重要险种。

专栏 16 – 1

伯尔尼联盟

1934 年，英国、法国、意大利和西班牙的私营和国营信用保险机构成立了“国际信用和投资保险人联合会”（International Union of Credit and Investment Insurers）。由于该协会初创于伯尔尼，因此简称为伯尔尼联盟，协会秘书处现设立在英国伦敦。该组织旨在便于相互交流出口信用保险承保技术、支付情况和信息，并在追偿方面开展国际合作。该组织的成立标志着出口信用保险已经被世界所公认。我国已于1998年10月由PICC为代表加入伯尔尼协会，成为其出口信用保险短、中长期险会员。

截至2005年底，该协会共有52名会员，分别由来自42个国家和地区的官方支持的出口信用机构以及国际金融组织（如世界银行下属的多边投资担保机构）等组成。该协会下设短期、中长期和投资保险三个专家委员会。每年召开两次全体会议和多个专题研讨会。由于它的成员大多为各国政府直接或者间接支持的本国出口信用保险机构，故它在国际金融、贸易，尤其是资本性或半资本性货物的出口活动中，占举足轻重的地位，在一定程度上反映出口国的对外经济贸易方面的重大政策方针。

资料来源：周玉坤．出口信用保险理论与实务［M］．北京：中国金融出版社，2020：37－38.

20世纪80年代在我国进行对外贸易体制改革之前，国家对出口贸易实行垄断政策，严格控制使用非信用证的收汇方式，而在对外贸易体制进行重大变革之后，出口企业开始向自主经营、自负盈亏过度，并且为了拓展海外市场，开始尝试改变过去单一的信用证结算方式，进而产生了收汇风险保险保障的需求。实际上，20世纪80年代中期，应我国对外贸易部门和一些对外贸易企业的需求，当时中国人民保险公司的部分分公司，已经零星地开展出口信用保险业务。

为促进和支持我国对外贸易的发展，参照国际惯例，1988年，国家决定正式建立出口信用保险制度，为此，我国出口信用保险在30年的探索与发展过程中，经历了四次主要的变革，前后经历了独家试办（6年）、两家主体承办（7年）、独家专业经营（12年）和多家主体经营（5年）四个阶段。

第一阶段（1988～1994年）：中国人民保险公司独家试办（代办），搭建起出口信用保险制度的基本框架。第二阶段（1994～2001年）：两家主体承办，出口信用保险初步发展。1998年正式加入伯尔尼协会。第三阶段（2001～2013年）：中国出口信用保险公司成立，独家专营信用保险业务。为了更好发挥出口信用保险在服务国家对外贸易政策、推动企业出口和对外投资，2001年12月，中国的出口信用保险机构（ECA）——中国信保正式营业。中国人民保险公司和中国进出口银行则停止办理政策性出口信用保险业务，其原有业务和未了责任全部划转至中国信保，这标志着我国出口信用保险体制进入新的发展阶段。第四阶段（2013年至今）：短期出口信用保险市场向商业保险公司适度开放，中长期出口信用保险仍由中国信保独家经营。自2013年1月1日以来，除中国信保之外，人保财险、平安产险、太保产险及大地保险四家商业保险公司均可以试点经营短期出口信用保险业务。

（一）出口信用保险的种类

目前，我国办理的出口信用保险主要包括短期出口信用保险、中长期出口信用保险和特约出口信用保险三种：

1. 短期出口信用保险

它是指承保支付贷款信用期超过180天的出口贸易的保险。它一般适用于大批量、重复性出口的初级产品和消费性工业制成品。短期出口信用保险是国际上出口信用保险适用面最广、承保量最大的一个险种。在实务经营中，强调被保险人必须在本国注册，按全部营业额投保，并及时向保险人申报出口情况。其保险责任包括商业风险与信用风险两类。经出口公司与保险人协商，保险期限也可延长到365天的出口贸易。

2. 中长期出口信用保险

它是指承保放账期在一年以上的出口贸易的保险。它适用于大型资本性货物（如飞机、船舶、成套设备等）的出口。海外工程承包和技术服务项目的费用结算的收汇风险也可以承保。

3. 特约出口信用保险

它适用于资信程度较高的被保险人因临时性的或比较特殊的业务需要在其他出口信用保险中不能承保的业务。

（二）出口信用保险的责任范围

1. 保险责任

出口信用保险承保的风险主要包括商业风险和政治风险。

（1）商业风险，又称买方风险，是指买方付款信用方面的风险，具体包括以下几种：

①买方破产或实际已资不抵债而无力偿付货款；

②买方逾期不付款，即买方在放账期满时仍不支付货款，但经买方要求且被保险人同意，买方在付汇期限上可增加付汇展延期；

③买方违约拒收货物并拒绝付款，致使货物被运回或降价转卖或放弃；

④开证行破产、停业或被接管；

⑤单证相符、单单相符时开证行拖欠或在远期信用项下拒绝承兑。

（2）政治风险，又称国家风险，是指因买方所在国禁止或限制汇兑、实施进口管制、撤销进口许可证、发生战争、暴乱等造成损失的风险，具体包括以下几种：

①买方所在国实行外汇管制，禁止或限制汇兑；

②买方所在国实行进口限制，禁止贸易；

③买方所在国撤销已经颁发给买方的进口许可证或不批准进口许可证的展期；

④买方所在国或货物经过的第三国颁布延期付款令；

⑤买方所在国发生战争、动乱、骚乱、暴动等；

⑥买方所在国或任何有关第三国发生非常事件。

2. 除外责任

出口信用保险的除外责任一般包括以下几项：

（1）由被保险人或其代表违约或违法行为导致买方拒付货款所引起的损失；

（2）由汇率变动所带来的损失；

（3）在交付货物时已经发生或通常能够由货物运输保险或其他保险承保的损失；

（4）在交付货物前，买方已有严重违约行为，被保险人在有权停止发货的情况下仍坚持向买方发货而造成的损失；

（5）在交付货物时，买方因没有遵守所在国法律、法令、命令或条例，未得到进口许可证或进口许可证展期所引起的损失；

（6）由于被保险人或买方的代理人或承运人破产、欺诈、违约或其他行为引起的损失；

（7）买卖合同规定的付款货币和金额违反买方国家外汇管理规定而发生的损失；

（8）被保险人在发货前信用限额已被取消、失效，或未经保险人批准信用限额且不适用被保险人自行掌握的信用限额的买方出口所发生的损失。

3. 责任限额及免赔额

（1）责任限额。在出口信用保险中，责任限额又称信用限额，通常包括保险单累计最高赔偿限额、买方信用限额及被保险人自行掌握信用限额。

保险单累计高赔偿限额是指保险人在保险期间内累计赔偿的最高金额，一般按被保险人当年预计适保出口总额的1/3～1/2确定。被保险人从保险人处得到的赔偿不得超过这一限额。

买方信用限额是指保险人对被保险人向特定买方所承担的最高赔偿限领。对于与被保险人进行贸易的每一个买方，都需要经历一次关于买方信用限额的申请和审批过程。对买方信用限额的设置是出口信用保险业务中的一个重要环节：一方面，它要尽量满足出口商对外放账的需要；另一方面，它还要在一定程度上控制出口商超量放账的情况，以避免可能导致的外汇风险。如果某一特定买方对被保险人造成的损失超过了其买方信用限额，则超过部分由被保险人自行承担损失。

（2）免赔额。出口信用保险单上通常会规定一个绝对免赔额，若被保险人的一笔出口损失金额未超过规定的免赔额，保险公司不负责赔偿，需由被保险人自行承担损失。

（三）出口信用保险的经营模式

由于政治、经济、法律制度等发展差异，各国办理出口信用保险的经营模式存在差异。总体来看，出口信用保险主要有以下几种经营模式：政府直接办理模式；政府全资公司经营模式；政府委托私营保险机构办理模式；政府控股公司经营模式；进出口银行兼营模式。

1. 政府直接办理模式

政府直接办理模式是指政府以其财力作为保证，成立直属政府管辖的出口信用保险部门，管理并经营本国政策性出口信用保险。这种模式的特点是办理出口信用保险业务的机构本身就是政府的职能部门，其业务收入与赔款支出是直接纳入国家预算的。英国出口信用担保局、澳大利亚出口融资和保险公司、日本通产省贸易局进出口保险等均属于这种经营模式。

2. 政府全资公司经营模式

政府全资公司经营模式是指政府依照国家法律或政府命令由财政出资组建全资国有公司，专门经营出口信用保险业务，政府只负责制定经营政策和方针，并提供资金上的支持，但不具体经营。在这种经营模式下，公司不仅要实现国家的政策性意图，同时也要通过市场化和商业化的运作机制实现公司保本的经营目标。一般各国都会设立出口信用保险风险基金，为信用保险机构全额提供资本金，并将根据业务规模的扩大，在资本金不足时由财政预算予以补充。同时，国家对信用保险机构实行全面的税收优惠政策。加拿大出口发展署、芬兰担保委员会、香港出口信用保险局、韩国输出保险公社等均属于这种经营模式。中国出口信用保险公司也是国家财政全资拥有的政策性公司。

3. 政府委托私营保险机构办理模式

政府委托私营保险机构办理模式是指政府制定政策、私人机构办理，对于超过其偿付能力的信用风险损失由国家提供金融风险担保的方式。这种模式由政府委托私营信用保险公司代理政府从事官方出口信用保险业务，这部分业务计入“国家账号”，所有风险由政府承担，政府每年付给该私营公司一定金额的代理费。该私营公司另设“公司账号”，在自负盈亏的基础上自主经营纯商业性业务。这种模式的特点是政府制定政策，私营机构办理，国家承担最终风险，政府负担较小，经营相对灵活，既体现了国家的支持，又发挥了私营机构的经营优势。德国和阿根廷采用这种经营模式。

4. 政府控股公司经营模式

在政府控股公司经营模式中，经营出口信用保险业务的是一家股份公司，政府部门或其他公共机构占有该公司半数以上的股份，作为最大的股东控制公司经营。这类公司经营的出口信用保险业务通常情况下分为自营业务与国家业务。在自营业务项下，一旦发生亏损，则全部由股份公司自行承担，国家不再为公司承担此部分亏损；在国家业务项下，如果发生亏损，则由政府承担。法国、新加坡等国家均采取这种经营模式。

5. 进出口银行兼营模式

进出口银行兼营模式是指进出口银行在直接进行出口融资业务的同时兼营出口信用保险业务。这种模式的特点是进出口银行既可提供出口信用保险及担保，又可提供出口信贷融资。美国进出口银行是这种经营模式的代表，该行是美国出口信用保险机构，是通过议会立法成立的独立于政府的机构，其宗旨是促进美国商品出口，承担私人出口商和金融机构不愿意或无力承担的风险。土耳其、泰国等国家采用这种经营模式。

三、投资保险

投资保险，又称政治风险保险，是指保险人承保在外国投资的本国投资者在投资期间因对方国家的政治局势动荡或政府某项法令变动所引起的在投资合同规定范围内的投资损失的保险。投资保险一般由国家出资经营或由国家授权商业保险机构经营，属于政策性保险业务。

第二次世界大战后，美国于 1948 年开始实施对外援助计划，同时建立了相应的投资保险制度。随后，其他国家开始效仿美国实行这一制度。自我国实行对外开放政策以来，为促进外资的引进，中国人民保险公司于 1979 年开展投资保险业务，但当时主要保障外国投资者的利益，即被保险人是外国投资者。直到 2003 年，中国出口信用保险公司签发了第一张海外投资保险单，才开始为我国投资者在外投资提供保障。2004 年 2 月，中国出口信用保险公司专门设立了投资保险部负责投资保险业务。近年来，中国出口信用保险公司的投资保险业务在秉承国际化经营原则、遵循国际惯例的基础上得到了迅猛发展。通过与国际知名商业银行、投资银行、咨询服务公司等的广泛合作和联络，中国出口信用保险公司有效地促进了中国企业与国际资本市场的对接。

（一）投资保险的种类

目前，我国投资保险业务主要由中国出口信用保险公司承保，包括海外投资保险、来华投资保险和租赁保险三种。

1. 海外投资保险

海外投资保险是针对我国投资者进行海外投资，保障投资者的海外投资免受征收、汇兑限制、战争和政府违约等事件造成的损失进行承保的保险产品，有利于鼓励境外投资。

2. 来华投资保险

来华投资保险是针对外国投资者来华投资，保障投资者的来华投资免受政治风险（尤其是次主权政治风险）造成损失进行承保的保险产品，有助于引进外资。

3. 租赁保险

租赁保险是针对企业进行跨境租赁交易，帮助出租人规避租赁项目所在国的政治风险以及承租人自身的信用风险进行承保的保险产品。

租赁保险的承保风险包括政治风险和承租人违约风险。政治风险是指承租方或项目所在国发生战争、征收、汇兑限制导致被保险人应收租金或租赁合同终止款发生损失。承租人违约风险是指承租人因不可抗力以外的原因，未能按期向出租人支付租赁协议中所约定租金的行为。

在租赁保险中，海外租赁物应满足以下条件之一：（1）为承租人的核心资产；（2）能独立运作并能产生经济效益；（3）具有良好的通用性能和较强的保值能力，便于移动。

（二）投资保险的责任范围

1. 保险责任

在投资保险中，对于被保险人的投资因下列原因造成的损失，保险人负赔偿责任：

（1）投资所在国发生战争、类似战争行为、恐怖行为、叛乱、罢工和暴动等行为，导致投资企业资产损失或永久无法经营。

（2）政府有关部门征用或没收，又称国有化风险，是指东道国政府采取国有化、没收、征用或未经适当法律程序的行为，剥夺了被保险人或项目企业对投资项目的所有权和经营权；或剥夺了被保险人或项目企业对投资项目资金的使用权和控制权。

（3）政府有关部门汇兑限制，即投资所在国政府实施的阻碍、限制投资者把当地货币兑换为投资货币或汇出投资所在国的措施，或者使投资者以高于市场汇率的价格将当地货币兑换为投资货币或汇出投资所在国的措施，致使被保险人在投资国与投资有关的款项无法兑换为投资货币并转移。

（4）政府违约风险，主要是指投资所在国政府非法或者不合理地取消、违反、不履行或者拒绝承认其出具、签订的与投资相关的特定担保、保证或特许权协议等，且拒绝按照仲裁裁决书中裁定的赔偿金额对被保险人或项目企业进行赔偿的行为。

（5）承租人违约，是指承租人因不可抗力以外的原因，不能向被保险人或出租人支付租赁协议下应付租金的行为。

2. 除外责任

在投资保险中，对于下列被保险人的投资损失，保险人不负赔偿责任：

（1）被保险人的投资项目受损后造成被保险人的一切商业损失；

（2）被保险人及其代表违背或不履行投资合同，或故意违法的行为导致政府有关部门的征用或没收造成的损失；

（3）被保险人未按有关部门所规定的汇款期限汇出汇款所造成的损失；

（4）由于原子弹、氢弹等核武器造成的损失：

（5）投资合同范围以外的任何其他财产的征用、没收所造成的损失。

3. 投资保险的保险期间

投资保险的保险期间有长期和一年期两种。长期保险期间最长为十五年，最短为三年，投保三年以后被保险人有权要求注销保险单，但若未满三年提前注销保险单的，被保险人须补足三年保险费。

在保险期间内，被保险人可随时提出退保，但保险人不能中途修正保险合同，除非被保险人违约。

4. 投资保险的保险金额

投资保险的保险金额分为最高保险金额和每年保险金额。

（1）最高保险金额。最高保险金额适用于长期投资保险，长期投资项目需要在项目总投资金额下设置一个最高保险金额，即该项投资的总保险金额。

（2）每年保险金额。每年保险金额由当年投资金额与合同双方约定比例的乘积确定。通常情况下，保险金额一般为投资金额的90%，即被保险人自己承担10%的责任。一年期项目的保险金额为该年投资金额乘以双方约定的百分比；长期投资项目的每年投资金额在投保时按照每年预算投资金额确定。

（三）投资保险的业务流程

1. 投资保险的费率厘定

这是根据项目以及地区条件等因素来确定。通常情况下，投资保险的费率分为长期费率和短期费率两种。长期投资保险的保险费率由年度基础费率和年度差额费率两部分组成，相应保险费是各年度保险费的总额。年度保险费的计算公式为：

年度保险费 = 当年保险金额 × 年度基础费率 +（最高保险金额 − 当年保险金额）× 年度差额费率

短期投资保险的保险费率即一年期保险费率，相应保险费为短期费率与保险金额的乘积。

2. 投资保险的承保

投资保险的承保一般包括以下几个步骤：

（1）在投资项目尚未经过核准时，投资者需填写投资保险意向申请书，并提交相关资料，保险人出具投资保险兴趣函。投保项目经过核准后，投资者填写投资保险意向申请书，经过项目风险评估审核，保险人出具投资保险承保意向书，该意向书的有效期一般为6个月，到期可申请展延一次。

（2）当投资项目所有相关文件齐全后，投资者填写投保单，并提交全部相关资料，具体包括：①投资者情况介绍，包括营业执照复印件、最近三年年报和财务会计报表、与投资项目相关的经验和能力证明资料等；②投资情况介绍，包括投资方式、投资金额、投资进度计划、自由资金金额和比例、融资金额和比例、融资方式、融资机构的名称及地址、进度计划、还贷计划、投资回报计划等；③投资项目情况介绍，包括项目背景情况介绍、项目建议书和可行性研究报告、建设期和经营期、项目目前进度、项目受政府关注程度、项目对所在地自然环境和人文环境的影响等；④项目企业情况介绍，包括企业的基本信息、登记文件、项目企业章程及投资者占项目企业股权比例等；⑤投资协议情况介绍；⑥政府有关部门批准文件等。根据对上述资料的审核结果，结合尽职调查情况，保险人提出承保方案。经双方同意后，保险人可签发保险单，被保险人在保险单签发之日起30日内缴纳保险费。

（3）在保险期间届满前60日，若被保险人需要续保投资保险，需要填写续保申请书。保险人经过审核后，可向被保险人签发续保申请书。

3. 投资保险的理赔处理

（1）赔偿金额。投资保险的赔偿金额通常有如下规定：

①当发生保险责任范围内的损失时，保险人一般按照保险金额与投资保险的比例进行赔偿，通常情况下，保险金额最高占投资金额的90%；

②若被保险人所受的损失将来追回，由被保险人与保险人按各自承担损失比例进行分摊。

（2）赔偿期限。由于各种政治风险造成的损失可能在不久后得到挽救，从而使被保险人损失的发生与否需要经过一段时间才能确定，因此，投资保险有赔偿期限的规定。

不同的保险责任规定不同的赔偿期限。通常情况下，规定如下：

①战争、类似战争行为、叛乱、罢工及暴动造成的投资项目的损失，在提出财产损失证明后或被保险人投资项目终止 6 个月后赔偿；

②政府有关部门征用、没收引起的投资损失，在征用、没收发生满 6 个月后赔偿；

③政府有关部门汇兑限制造成的投资损失，自被保险人提出申请汇款 3 个月后赔偿。

第三节　保证保险

保证保险的当事人涉及三方：保证人（即保险人）、被保证人（即义务人或投保人）、权利人（即受益人或被保险人）。根据保证保险业务内容的不同，又可细分为不同的种类。本节介绍履约保证保险、忠诚保证保险、产品保证保险。

一、履约保证保险

履约保证保险是指在被保证人不按约定履行义务，从而造成权利方受损时，由保险人负责赔偿的一种保险。保险标的是被保证人的违约责任。

1. 履约保证保险的特点

履约保证保险有两个主要特点：

（1）履约保证所承担的风险是被保证人履行一定义务的能力或意愿。

（2）履约保证保险的投保人是被保证人。

2. 履约保证保险的种类

现实中的履约保证保险主要有以下五种：

（1）合同履约保证保险。合同履约保证保险是承保因被保证人不履行各种合同义务而造成权利人的经济损失的保险，它包括供给保证保险、建筑保证保险、完工保证保险。

供给保证保险是指当供给方因违反合同规定的供给义务而使需求方遭受损失时，由保险人承担赔偿责任的保险。例如，一制造商与某加工厂订立合同，由前者按期供给后者一定数量的半成品，如果前者违反供给义务从而使后者遭受损失，保险人应承担经济赔偿责任。

建筑保证保险承保因建筑误期所造成的各种损失。它分为履约合同保证保险、投标保证保险、预付款保证保险和维修保证保险等。履约合同保证保险承保工程所有人因承包人不能按时、按质、按量交付工程而遭受的经济损失。投标保证保险承保工程所有人（权利人）因中标人不继续签订承包合同而遭受的损失。预付款保证保险承保工程所有人因承包人不能履行合同而受到的预付款损失。维修保证保险承保工程所有人因承包人不履行合同所规定的维修任务而遭受的损失。完工保证保险承保借款建筑人因未按期完工和到期不归还借款而造成的有关权利人的损失。

（2）司法履约保证保险。司法履约保证保险主要包括两大类：受托保证保险和诉讼保证保险。

①受托保证保险是承保经由法院所指定的受托人因其不尽职尽责而造成委托人的财产损失的保险。受托人主要包括遗嘱执行人、财产管理人、遗产管理人、监护人、清算人等。受托保证的财产主要有死亡人的遗产、未成年人的财产、无行为能力人的财产、破产或清算的财产等。

②诉讼保证保险又可分为保释保证保险、上诉保证保险、扣押保证保险、禁令保证保险。

保释保证保险承保被保释人不在规定的时间出庭受审而由法院罚没的保证金。上诉保证保险承保上诉人上诉失败所需承担的上诉费用。扣押保证保险承保原告败诉时因法院应原告要求临时扣押被告财产而使被告遭受的损失。

（3）特许履约保证保险。特许履约保证保险是承保从事经营活动的被保证人（营业执照或经营许可证领取人）违反政府法令或有损于国家利益和社会公共利益由此产生的赔偿责任的保险。

（4）公务员履约保证保险。公务员履约保证保险是指对政府工作人员的诚实信用提供保证的保险。它分为两种：①诚实总括保证保险。它是指对公务员不诚实或欺诈等行为所造成的损失承担赔偿责任的保险；②忠实执行职务保证保险。它是指对公务员因工作中未能忠于职守而给政府造成的损失承担赔偿责任的保险。

（5）存款履约保证保险。存款履约保证保险是指以银行为投保人，保证存款人的利益的保险。

二、忠诚保证保险

忠诚保证保险又称诚实保证保险，是指在权利人因被保证人的不诚实行为而遭受经济损失时，由保险人作为保证人承担赔偿责任的一种保险。此保险以被保证人（雇员）的诚实信用为保险标的，当雇员由于偷盗、侵占、伪造、私用、非法挪用、故意误用等不诚实行为使雇主受损时，保险人负责赔偿。

1. 忠诚保证保险的特点

忠诚保证保险有如下三个特点：

（1）保险合同涉及雇主与雇员之间的关系。（2）承保的危险只限于雇员的不诚实行为。（3）其投保人既可以是被保证人（雇员），也可以是权利人（雇主）。

2. 忠诚保证保险的种类

忠诚保证保险分为指名保证保险、职位保证保险、总括保证保险、伪造保证保险和三 D 保险单等。

（1）指名保证保险。它是指以特定的雇员为被保证人的忠诚保证保险。在雇主因被保证人的不诚实行为而遭受损失时，由保险人承担赔偿责任。雇员的名字和规定的保险金额均载明于保险单上。如果雇员离开了公司，这一保险将终止。它并不适用任何接替该雇员的人，除非保险单上作出了特别的说明。

（2）职位保证保险。它是指以各种职位及其人数作为被保证人的忠诚保证保险。它与指名保证保险的不同之处在于，它不列出被保证人的姓名，而只是列出各级职位及其人数。每一职位都有规定的保证金额。

（3）总括保证保险。它是指以所有的正式雇员为被保证人的忠诚保证保险。它有普通总括保证保险和特别总括保证保险之分。

普通总括保证保险的保险费通常按年计算，在缴费后一年内如人数增加，除企业合并外，不另加保险费。只要认定损失的是由雇员的不诚实行为所致，保证人均承担赔偿责任。

特别总括保证保险是专门承保各种金融机构的雇员由于不诚实行为造成损失的忠诚保证保险。它最早起源于英国伦敦劳合社保险人开办的银行总括保证，以后逐步增加到各种金融机构。各金融机构中的所有金钱、有价证券、金银条块以及其他贵重物品，因其雇员的不诚实行为造成的损失，保险人均承担赔偿责任。

（4）伪造保证保险。它是指承保因伪造或篡改背书、签名。收款人姓名、金额等造成的损失的忠诚保证保险。它又可以分为两种形式：一是存户伪造保证保险，承保被保证人或被保证人往来银行因他人以被保证人的名义伪造或篡改支票、汇票、存单及其他凭单票据等所导致的损失，此处的承保票据仅指支付票据；二是家庭伪造保证保险，承保个人在收支款项时因他人伪造所导致的损失，此处的承保票据包括支付票据、收入票据及收入伪钞。

（5）三 D 保险单。三 D 为不诚实（dishonest）、损毁（destruction）及失踪（disappearance）。三D保险单承保企业因雇员的不诚实、盗窃失踪、伪造或篡改票据遭受的各种损失。

专栏16-2

雇员忠诚保证保险的发展

在欧美发达国家，雇主因雇员的不忠诚行为所遭受的损失远高于雇员抢劫、盗窃或者天灾造成的损失。雇员的不忠诚是企业倒闭的致命原因之一。有关资料显示，在全球，雇员诈骗每年造成的损失金额达到了十几亿美元。雇员的这种犯罪长时间无法被发现，因为这类职员往往在公司有相当高的职位，受到尊重，并长时间得到雇主的信任。他们是模范工作的典范，同时又是一名杰出的罪犯。

在英国，为了维护雇主的利益，英国信用担保协会推出了忠诚保证保险，这是在英国唯一被指定的忠诚保险公司。该公司承担由于被保险雇员的欺诈或者不诚实行为而对雇主造成金钱和货物的损失，但不承担库存物质短缺的损失赔偿责任。

在美国，雇员不忠给雇主造成的损失比其他原因致损的后果更严重。雇主纷纷投保雇员忠诚保证保险。该险种与其他险种有很大的区别，一般保险是保险人和被保险人双方的合同，忠诚保证保险是雇主、雇员以及保证人三方的合同。雇主是契约的持有人，常成为被保险人，因为由他缴付保费，保障人对雇主因雇员的贪污、挪用、诈骗等不诚实行为所遭受的经济损失负责。

资料来源：郑云瑞．财产保险法［M］．北京：中国人民公安大学出版社，2004.

三、产品保证保险

产品保证保险又称产品质量保险或产品信誉保险，它承保被保证人因制造或销售的产品丧失或不能达到合同规定的效能而应对买主承担的经济赔偿责任，即保险人对有缺陷产品的本身以及由此引起的有关间接损失和费用承担赔偿责任。

1. 产品保证保险的责任范围

（1）对用户或消费者负责更换或整修不合格产品或赔偿有质量缺陷产品的损失和费用。

（2）赔偿用户或消费者因产品质量不符合使用标准而丧失使用价值的损失及由此引发的额外费用。例如，运输公司因购买不合格汽车而造成的停业损失（包括利润和工资损失）以及为继续营业临时租用他人汽车而支付的租费等。

（3）被保险人根据法院判决或有关行政当局的命令，收回、更换或修理已投放市场的质量有严重缺陷的产品造成的损失及费用。

产品保证保险的除外责任有产品购买者故意行为或过失引起的损失，不按产品说明书安装调试、使用的损失产品在运输途中因外部原因造成的损失或费用等。

2. 产品保证保险的保险金额、保险费率和保险期限

产品保证保险的保险金额一般按投保产品的出售价格或实际价值确定。在费率厘定方面，应以下列因素为依据：

（1）产品制造者、销售者的技术水平和质量管理情况，这是确定费率的首要因素。

（2）产品的性能和用途。

（3）产品的数量和价格。

（4）产品的销售区域。

（5）保险人承保该类产品以往的损失记录。

产品保证保险的保险期限是根据不同产品的性能、用途和行业规定的正常使用时间来确定的，也可以在行业规定的正常使用时间来确定的，也可以在行业规定的正常使用时间之内选择一段时间作为产品保证保险的期限。

3. 产品保证保险与产品责任保险的关系

产品保证保险和产品责任保险都与产品有关，但在保险标的和业务性质方面具有很大的区别。从两者的标的分析，产品保证保险的标的是产品质量；产品责任保险的标的是产品责任本身。从两者的性质分析，产品保证保险是保险人以担保人的身份为被保证人的产品质量提供的担保，只对产品本身的质量实施保险；产品责任保险是保险人为被保险的产品可能产生的民事损害赔偿责任提供的保险服务。

本章小结

1. 信用与保证保险分为信用保险和保证保险。信用保证保险建立在信用关系或经济合同基础之上，它以权利人与以义务人之间的信用风险为承保风险，以权利人的经济利益作为保险标的，当义务人未能如约履行债务清偿而使权利人遭受损失时，由保险人承担经济赔偿责任。信用保险是指权利人向保险人投保义务人信用风险的保险。保证保险是指保险人为被保证人向权利人提供信用担保的保险。当被保险人的作为或不作为致使权利人遭受经济损失时，由保险人对权利人承担赔偿责任。

2. 信用保险是保险人根据权利人的要求担保被保证人信用的保险。信用保险的作用主要表现在以下几方面：为企业提供向银行贷款的保证，有利于其获得资金周转的便利，促进企业生产经营的正常发展；有助于促进商业贸易健康发展；能推动我国银行业尽快走向商业化；能促进出口创汇。

3. 根据信用保险的业务内容，一般可将其分为国内信用保险、出口信用保险和投资保险三类。这三类又可进一步分为若干具体险种。

4. 出口信用保险是指以出口贸易中的外国买方信用风险为保险对象的信用保险，是保险人承保国内出口商在经营出口业务的过程中因进口商方面的商业风险或进口国方面的政治风险而遭受损失的一种信用保险业务。目前，我国办理的出口信用保险主要包括短期出口信用保险、中长期出口信用保险和特约出口信用保险三种。

5. 投资保险，又称政治风险保险，是指保险人承保在外国投资的本国投资者在投资期间因对方国家的政治局势动荡或政府某项法令变动所引起的在投资合同规定范围内的投资损失的保险。

6. 保证保险是一类特殊的财产保险。保证保险中保险人支付的赔款要由被保证人如数退还，因此从理论上讲，保险人并没有真正承担赔偿责任。保险人收取的保险费，实际上是一种手续费或服务费。

7. 保证保险分为履约保证保险、忠诚保证保险和产品保证保险。履约保证保险所承担的风险是被保证人履行一定义务的能力或意愿。忠诚保证保险又称诚实保证保险，是指在权利人因被保证人的不诚实行为而遭受经济损失时，由保险人作为保证人承担赔偿责任的一种保险。产品保证保险又称产品质量保险或产品信誉保险，它承保被保险人因制造或销售的产品丧失或不能达到合同规定的效能而应对买主承担的经济赔偿责任，即保险人对有缺陷产品的本身以及由此引起的有关间接损失和费用承担赔偿责任。

思考与练习

1. 简述信用保险的特点。
2. 简述信用保险与保证保险的区别。
3. 国内信用保险的种类有哪些?
4. 简述我国出口信用保险的发展历程。
5. 出口信用保险的经营模式有哪些?
6. 简述投资保险的基本内容。
7. 简述忠诚保证保险与履约保证保险的区别。

参考文献

［1］马克思恩格斯全集（第46卷）［M］. 北京：人民出版社，2003.

［2］Swiss Sigma. Trade Credit Insurance & Surety：Taking Stock after the Financial Crisis［J］. Sigma，2014.

［3］陈欣．保险法（第3版）［M］. 北京：北京大学出版社，2010.

［4］付菊．财产保险［M］. 上海：复旦大学出版社，2005.

［5］郭颂平，赵春梅．保险基础知识［M］. 北京：中国金融出版社，2001.

［6］郭颂平．责任保险［M］. 天津：南开大学出版社，2006.

［7］郭颂平．海上保险理论与实务［M］. 中国金融出版社，1998.

［8］何慎远，汪寿阳．中国出口信用保险研究［M］. 北京：科学出版社，2015.

［9］侯旭华．保险公司会计（第5版）［M］. 上海：复旦大学出版社，2016.

［10］胡炳志，刘子操．保险学［M］. 北京：中国金融出版社，2002.

［11］兰虹．保险学基础［M］. 成都：西南财经大学出版社，2003.

［12］兰虹等．财产保险［M］. 成都：西南财经大学出版社，2001.

［13］雷荣迪．国际货物运输保险［M］. 北京：对外经济贸易大学出版社，1991.

［14］李继熊，魏华林，李继雄．海上保险学［M］. 北京：中国金融出版社，1999.

［15］李加明．财产与责任保险［M］. 北京：北京大学出版社，2012.

［16］凌氤宝，康裕民，陈森松．保险学：理论与实务［M］.（中国台湾）华泰文化，2006.

［17］刘建勋．保险法典型案例与审判思路［M］. 北京：法律出

版社，2012.

［18］刘茂山．保险学原理［M］．天津：南开大学出版社，1998.

［19］罗熹．信用保险词典［M］．北京：中国金融出版社，2015：75.

［20］孟生旺，刘乐平，肖争艳，高光远．非寿险精算学（第4版）［M］．北京：中国人民大学出版社，2019.

［21］乔林，王绪瑾．财产保险［M］．北京：中国人民大学出版社，2008.

［22］粟榆，方晓梅，沈斌．责任保险［M］．成都：西南财经大学出版社，2013.

［23］孙祁祥．保险学［M］．北京：北京大学出版社，2005.

［24］孙蓉．保险法概论［M］．成都：西南财经大学出版社，1999.

［25］孙秀清，刘素春．保险学［M］．北京：经济科学出版社，2013.

［26］王绪瑾．财产保险［M］．北京：北京大学出版社，2011.

［27］所罗门·许布纳，小肯尼思·布莱克，伯纳德·韦布著，陈欣等译．财产和责任保险（第4版）［M］．北京：中国人民大学出版社，2002.

［28］唐运祥．保险经纪理论与实务［M］．北京：中国社会科学出版社，2000.

［29］汪租杰．现代保险学导论［M］．北京：经济科学出版社，2007.

［30］王绪瑾．财产保险（第2版）［M］．北京：北京大学出版社，2017.

［31］王绪瑾．保险专业知识与实务（中级）［M］．北京：中国人事出版社，2017.

［32］魏华林，李继熊．保险专业知识与实务［M］．北京：经济管理出版社，2000.

［33］魏华林，林宝清．保险学［M］．北京：高等教育出版社，2011.

［34］吴焕宁．海上法学［M］．北京：法律出版社，1996.

［35］许谨良．财产保险原理与实务（第4版）［M］．上海：上海财经大学出版社，2010.

［36］许谨良．保险学原理［M］．上海：上海财经大学出版社，1997.

［37］杨良宜，汪鹏南．英国海上保险条款详论（第五版）［M］．

大连：大连海事大学出版社，1996.

［38］姚新超．国际贸易保险［M］．北京：对外经济贸易大学出版社，1997.

［39］应世昌．新编海上保险学（第三版）［M］．上海：同济大学出版社，2016.

［40］詹姆斯．风险管理和保险［M］．北京：北京大学出版社，2006.

［41］张洪涛，郑功成．保险学［M］．北京：中国人民大学出版社，2002.

［42］张拴林．海上保险学［M］．大连：东北财经大学出版社，1999.

［43］赵春梅等．保险学原理［M］．大连：东北财大出版社，2000.

［44］赵苑达．保险学［M］．上海：立信会计出版社，2007.

［45］郑功成，孙蓉．财产保险［M］．北京：中国金融出版社，2002.

［46］中国精算师协会．非寿险精算［M］．北京：中国财政经济出版社，2010.

［47］周玉坤．出口信用保险—理论与实务［M］．北京：中国金融出版社，2020.

［48］周玉坤．形式与本质：出口信用保险基础问题研究［M］．北京：中国金额出版社，2017.

［49］朱南军．财产与责任保险［M］．北京：中国人民大学出版社，2016.

［50］卓志．保险经营风险防范机制研究［M］．成都：西南财经大学出版社，1998.